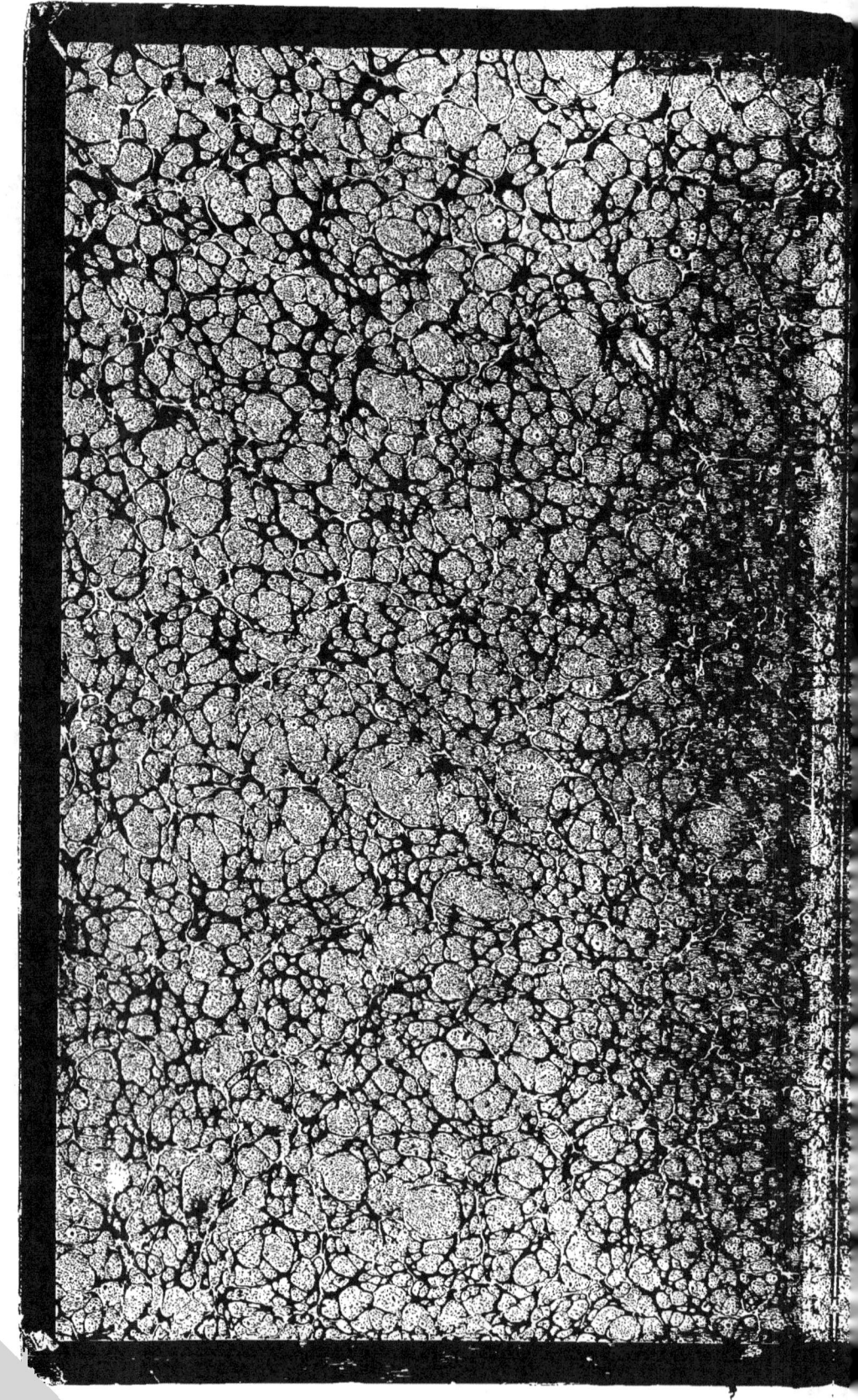

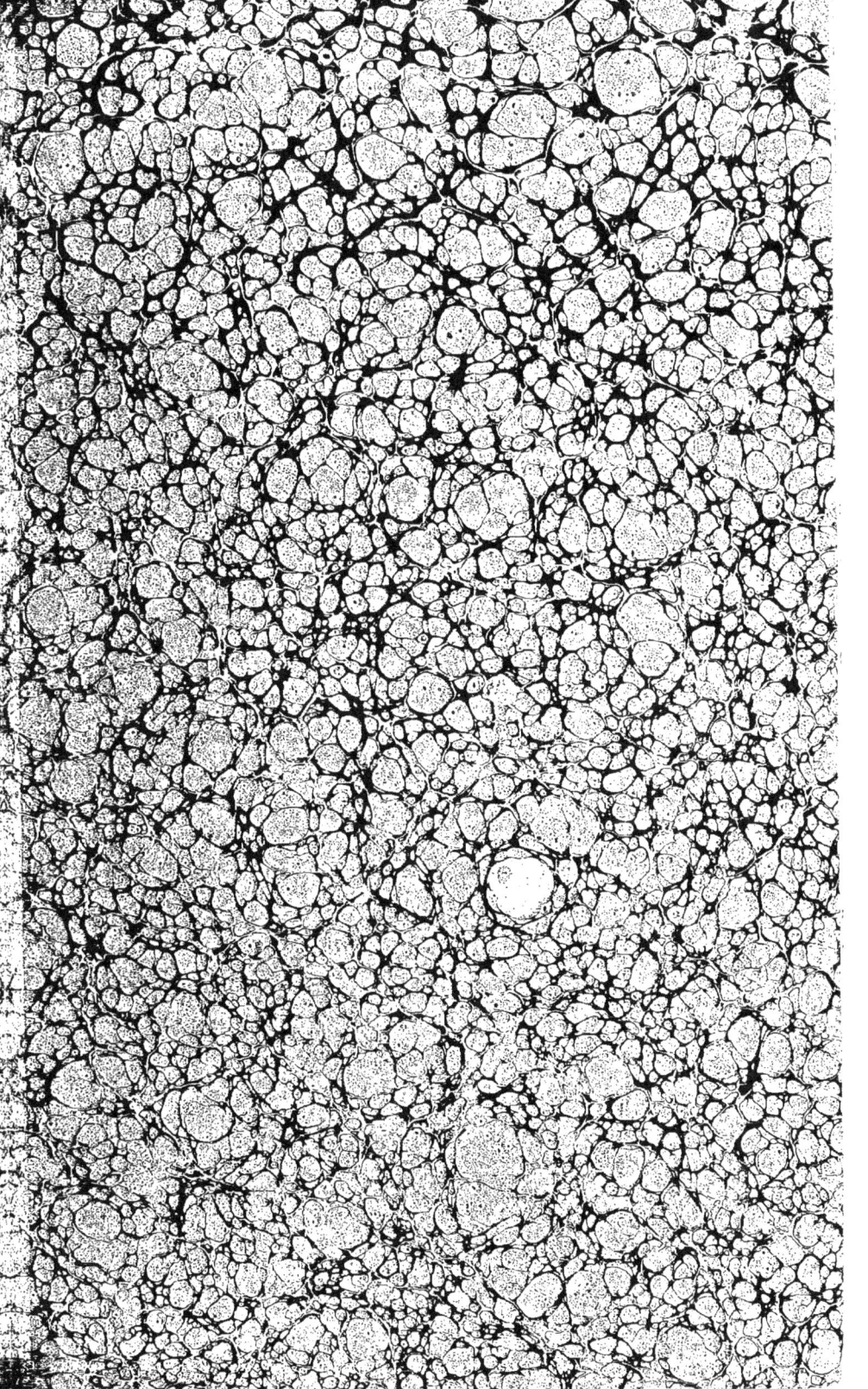

LA VIE ET LES LÉGENDES INTIMES

DES DEUX EMPEREURS

NAPOLÉON IER & NAPOLÉON II

JUSQU'A L'AVÉNEMENT DE NAPOLÉON III.

L'auteur et l'éditeur déclarent réserver leurs droits de traduction et de reproduction à l'étranger.

Ce volume a été déposé au Ministère de l'intérieur (direction de la librairie), en janvier 1867.

PARIS. TYPOGRAPHIE DE HENRI PLON,
IMPRIMEUR DE L'EMPEREUR,
RUE GARANCIÈRE, 8.

LA VIE
ET LES LÉGENDES INTIMES
DES
DEUX EMPEREURS
NAPOLÉON IER ET NAPOLÉON II
JUSQU'A L'AVÉNEMENT DE NAPOLÉON III

PAR

J. COLLIN DE PLANCY

> Acclamant magnum populi omnes Napoleonem
> Nomine primus erat. Successor, traditus infans
> Orphanus exilio, succumbit mœrore victus.
> Tertius ac veniet : florescet maximus ille.
> *Quatrain de 1848.*

PARIS
HENRI PLON, IMPRIMEUR-ÉDITEUR
RUE GARANCIÈRE, 10.

1867
Tous droits réservés.

LA VIE ET LES LÉGENDES

DES DEUX EMPEREURS

NAPOLÉON IER & NAPOLÉON II.

I. — LA VOCÉRATRICE.

> Mea est ultio, et ego retribuam eis in tempore.
> *Deutéronome*, chap. XXXII, vers. 35.]

Les Corses, enfants d'une petite île riche et féconde, ont été opprimés et pillés successivement par les Carthaginois, par les Romains, par les Goths, par les Sarasins, par les Pisans, par les Génois; et les défauts que les divers historiens leur ont reprochés, ils les tenaient des Génois, qui les ont tyrannisés quatre cents ans. Depuis les premiers temps de l'Église, ils ont toujours été catholiques dévoués. Une multitude de faits établissent qu'ils ont le cœur fidèle.

Ils n'ont jamais eu d'amis sincères que les Francs et le Saint-Siége. Pépin, Charlemagne, Louis le Débonnaire, les ont traités en alliés. Dans des temps plus rapprochés de nous, Henri II, Henri IV et un grand nombre de princes et de seigneurs français se sont intéressés à ce vaillant petit peuple. Les Papes recevaient de cette île leur garde la plus sûre.

Ils ont eu des hommes illustres, qui malheureusement ont manqué d'historiens; ils ont donné à l'Église des martyrs et des saints. Dès avant le dix-septième siècle, l'île de Corse s'était consacrée à Marie immaculée.

Néanmoins au dix-septième siècle, et même jusqu'aux premières années du siècle où nous avançons, c'était encore un peuple neuf. Comme les premiers Grecs et les premiers Romains avaient leurs sibylles, les Gaulois et les Francs leurs druidesses, les Corses avaient, aussi bien que les Écossais, leurs femmes à la seconde vue, leurs femmes inspirées, qu'ils appelaient des *vocératrices*, et qu'ils entouraient d'une sorte de vénération. M. Prosper Mérimée parle de ces femmes et de leurs chants en assonances dans son beau récit de *Colomba*.

Ces préliminaires sont nécessaires pour l'intelligence de ce qui va suivre.

Au dix-septième siècle donc, les Papes continuaient à tirer de la Corse leurs gardes incorruptibles; et personne jamais n'avait élevé contre eux aucun reproche ni aucun blâme (1), lorsque Louis XIV, alors dans la fougue de ses passions (il avait trente-quatre ans), et déjà le plus absolu des souverains de l'Europe, envoya à Rome, comme son ambassadeur, le duc de Créqui (2). C'était en 1662. Alexandre VII occupait avec éclat le Saint-Siége. Indépendamment ou à côté de sa sainteté éminente, ce pape était, comme on dirait aujourd'hui, un homme de progrès; il aimait et protégeait les lettres, les arts et les sciences; il s'occupait d'assainir et d'embellir Rome; il avait réformé plusieurs abus : entre autres il avait aboli par une loi, à la grande joie de son peuple, les franchises qui donnaient droit d'asile aux palais des ambassadeurs et qui mettaient à l'abri de la justice les assassins et les bandits. Tout le monde avait applaudi à la suppression de ces priviléges odieux;

---

(1) Les Corses ont, de leur fonds, des vertus héroïques et un beau sentiment de l'honneur. Nous n'en citerons qu'un fait. Deux grenadiers français du régiment de Flandre, étant en garnison à Ajaccio, furent pris de nostalgie et désertèrent. En s'enfuyant dans ce pays accidenté, ils aperçurent leur colonel et se cachèrent dans les maquis. Le colonel passa sans les voir; ils se croyaient sauvés, lorsqu'un paysan corse (était-il de la race?) les découvrit et alla dénoncer leur cachette. Il reçut pour cela quatre louis d'or; et il s'en alla, tout joyeux et tout fier, raconter sa bonne fortune (il la voyait ainsi) à ses amis et à sa famille. Mais sa famille et ses amis, ne voyant pas comme lui, s'indignèrent de sa trahison, se saisirent de lui, l'entraînèrent sous les murs d'Ajaccio, le firent confesser, le fusillèrent, comme un opprobre pour la nation corse, et renvoyèrent les quatre louis par le confesseur, en faisant dire au colonel qu'aucun vrai Corse n'oserait toucher à cet or, prix d'une infamie, sans se croire déshonoré.

(2) C'était Charles II de Créqui, fils de Charles Ier de Créqui et petit-fils de Lesdiguières.

et les ambassadeurs des autres puissances en avaient félicité le souverain Pontife.

Mais Créqui, bien que sorti d'une souche assez immonde, fier du renom brutal de Lesdiguières, qui était son grand-père, fier aussi de représenter le plus fier des potentats, entra dans Rome avec un train royal et s'y posa en maître dès le premier jour. Comme son père et comme son grand-père, que l'on a beaucoup trop vantés, à l'exemple de ses ascendants, il se croyait au-dessus des lois. Sans respect pour l'autorité souveraine, la plus sérieuse et la plus auguste qui soit dans le monde, en entrant dans le palais de l'ambassade française, il y rétablit fièrement le droit de refuge qu'on avait proscrit sans le consulter.

Son outrecuidance consterna, en même temps que ses mœurs plus que légères, qu'il étalait un peu trop, indignèrent à Rome et le sacré collége, et les seigneurs, et le peuple. Il n'en marcha pas moins la tête haute; et l'autorité réelle ayant voulu faire prendre des assassins réfugiés dans ce qu'il appelait son palais privilégié, il y eut des luttes où les gardes corses durent appuyer la loi. Des coups de fusil furent échangés entre les gardes et les spadassins que Créqui avait enrôlés à sa suite. En même temps, une de ces intrigues immorales que toutes les lois condamnent lui ayant attiré quelque insulte des officiers dont il inquiétait le repos, il fit enlever son pavillon et s'enfuit de Rome (1).

(1) On peut lire dans le tome 1er des Mémoires de Tallemant des Réaux l'histoire intime de Lesdiguières et de son fils Charles Ier de Créqui, père du Charles II qui fit cette ambassade. Si Lesdiguières était un rude batailleur, c'était aussi un homme très-impur de mœurs, ne reculant ni devant le rapt, l'adultère, les incestes, ni devant l'homicide. Pour ses mariages et les mariages incestueux de ses enfants, il lui fallait continuellement solliciter les dispenses. On lit dans Tallemant : « Le Pape, quand on lui demanda la dis- » pense pour le dernier, dit qu'il falloit un pape tout entier (c'est-à-dire occupé » uniquement) pour donner toutes les dispenses que ceux de cette maison » demandoient. »

Voyez aussi, sur les Créqui, *Le mariage déclaré abusif,* tome VII des *Causes célèbres* de Gayot de Pithaval.

Charles II de Créqui était digne de cette famille; et ses mœurs étaient si

Il se rassura dans la route et se présenta à Louis XIV, en se disant offensé. Le public ne fut pas dupe; on fit même sur lui à ce sujet des épigrammes et des chansons. Toutefois, quoique le pape Alexandre VII eût le droit de demander satisfaction à Louis XIV, Créqui (il avait eu le temps de dresser son thème, car on voyageait fort lentement alors), Créqui présenta les choses de telle sorte que ce fut Louis XIV qui exigea les plus énormes réparations. Le souverain Pontife fut contraint à casser et à renvoyer sa garde corse, et à faire élever devant l'ambassade française une pyramide sur laquelle seraient inscrits l'outrage fait à Créqui et la réparation obtenue.

Nous passons d'autres sacrifices.

Pendant qu'on bâtissait la pyramide, le Père des fidèles fut obligé d'envoyer le cardinal Chigi, son neveu, avec la qualité de légat *a latere*, faire des excuses formelles à la cour de Versailles. Ce qui eut lieu avec un grand éclat en l'an 1664.

Quand les fidèles Corses, qui se trouvaient si heureux de vivre auprès et sous les yeux du Saint-Père, quand ils apprirent que leur corps était dissous et qu'il leur fallait quitter Rome, ce fut pour eux une immense désolation; et alors une de leurs vivandières, qui était vocératrice, psalmodia quelques strophes d'assonances dont on a conservé celle-ci, que nous traduisons fidèlement :

> De cet abus de la force
> Le monde se souviendra ;
> Et l'affront fait à la Corse,
> Un jour, Dieu le vengera....

scandaleuses que Racine lança contre lui deux épigrammes sanglantes. Nous n'en citerons qu'une, à propos de la tragédie d'*Andromaque* :

> Créqui prétend qu'Oreste est un pauvre homme
> Qui soutient mal le rang d'ambassadeur;
> Et Créqui de ce rang connaît bien la splendeur.
> Si quelqu'un l'entend mieux, je l'irai dire à Rome.

C'est une allusion à ces intrigues peu honnêtes et peu avouables qui lui attirèrent quelque insulte de la part des officiers corses et qui l'obligèrent à partir de Rome.

Si les jours de Dieu sont comme mille ans et mille ans devant lui comme un jour (1), si Dieu est patient parce qu'il est éternel, comme dit saint Augustin, il agit à son heure.

Or, le père François Annat, de la compagnie de Jésus, homme de science et de solide vertu, devenu confesseur de Louis XIV, parvint à faire comprendre à son royal pénitent que Dieu lui demanderait compte des outrages faits par lui ou en son nom au successeur de saint Pierre; et le roi, que son orgueil retint encore quelque temps, se rendit, à la mort d'Alexandre VII. Il fit abattre et détruire la pyramide injurieuse, aux premiers jours du règne de son successeur Clément IX. Le 15 août 1669, toute trace de ce triste monument disparut, et ce même jour de l'an 1769, justement un siècle après, naissait en l'île de Corse un enfant qui allait grandir pour occuper le trône de Louis XIV.

Un an auparavant, la Corse était devenue française.

Pour compléter les réparations, la maison de Créqui s'éteignit en 1801 ; et la prévision de la vocératrice était accomplie.

II. — LE QUINZE AOUT 1769.

Que pensez-vous que sera un jour cet enfant?
Saint Luc, chap. i, vers. 66.

Et le 15 août de l'année 1769, la sainte Vierge, en ce jour de sa glorieuse fête, bénissait un enfant qui naissait de parents fidèles à Ajaccio, capitale de cette île de Corse, devenue terre française.

La mère de cet enfant, la noble dame Letizia Ramolino, tendrement dévouée à Marie, assistait, dans l'église de Notre-Dame d'Ajaccio, à la messe solennelle de ce grand jour. Vers

---

(1) Deuxième épître de saint Pierre, chap. iii, vers. 8.

la fin de l'auguste sacrifice, pressée par les premiers symptômes de la délivrance, elle regagnait en hâte sa demeure. Ce n'était pas le courage qui manquait en elle, car, quoiqu'elle n'eût alors que dix-neuf ans, elle avait suivi à cheval son mari dans les guerres dont la Corse sortait à peine, et l'enfant qu'elle portait avait assisté dans son sein à des batailles.

Dès qu'elle eut mis le pied dans sa maison, elle n'eut pas le temps de gagner son lit : elle s'affaissa au milieu de son salon, sur un tapis de famille qui représentait en broderies les paladins de la Judée autour du roi prophète, de ce roi David qui, de fils d'un berger, devint un grand monarque; et là, après de légères douleurs, elle mit au monde un enfant qui sera un jour Napoléon, premier de ce nom en France.

C'était à l'heure de midi; et cet enfant mystérieusement donné à la France cicatrisera les plaies que les philosophes et les jansénistes vont faire à l'Église : il ramènera à la Vierge divine les hommages voués par Louis XIII; et, fidèle à Marie, il verra son nom fêté dans l'auréole de la Reine des cieux triomphante.

On lui donna le nom de Napoléon, qui était aussi un présage de gloire.

Charles Bonaparte, l'heureux père, était absent lors de cette naissance. En attendant son retour et celui de son grand-oncle Napoléon Bonaparte d'Ornano, on ondoya l'enfant, avec licence de son autre oncle, Lucien, archidiacre d'Ajaccio; et il ne reçut le sacrement de baptême qu'à l'âge de près de deux ans. En voici l'acte :

» L'an 1771, le 21 juillet, ont été faites par moi soussigné, économe, les saintes cérémonies et les prières sur Napoléon, fils né du légitime mariage du seigneur Charles-Marie Bonaparte, et de dame Marie Letizia, son épouse; lequel avait été ondoyé à la maison, avec la permission du très-révérend Lucien Bonaparte, étant né le 15 août 1769. Ont assisté aux saintes cérémonies : pour parrain, l'illustrissime Laurent Giubega de Calvi, procureur du roi; et pour marraine, la dame

Geltrude, épouse du sieur Nicolas Paravicino ; présent le père. Lesquels ont signé ci-dessous :
» Jean-Baptiste Diamante, économe d'Ajaccio ; Laurent Giubega ; Geltrude Paravicino ; Charles Bonaparte (1)...
» Coté et paraphé par François Cunco, conseiller du Roi et juge royal de la province d'Ajaccio. »

III. — L'ENFANCE DE NAPOLÉON.

J'entrai à Brienne, dit Napoléon : j'étais heureux.   Mémoires d'Antomarchi.

L'enfance de Napoléon fit tout d'abord présager quelque chose de grand. Il avait une tête forte et remarquable. Ses délassements étaient sérieux. Il ne se plaisait qu'aux études précises, la géographie et l'histoire. Il était pieux et tendre.

« J'ai toujours trouvé, disait-il dans son exil de Sainte-Hélène, j'ai toujours trouvé un charme infini à me rappeler la piété de mon enfance et ces bonnes prières que je faisais sur les genoux de notre vieil oncle (l'archidiacre Lucien). Quand il nous enseignait la religion, il nous disait : « Priez, mes enfants, et Dieu vous aidera. »

---

(1) « L'anno mille settecento settant' uno a vent' uno luglio, si sono adoprate le sacre ceremonie e preci, per me infratto economo soprà di Napoleone, filio nato di legitimo matrimonio dal signor Carlo Bonaparte, del fu signor Giuseppe e dalla signora Maria Letizia, sua moglie, al quale gli fu data l'acqua in casa del Molto Rev° Luciano Bonaparte di lizenza, *e nato li quindici Agusto mille settecento settanta nove*, ed lanno, assissito ali sacre ceremonie per Padrisco l'illustrissimo Lorenzo Giubega di Calvi, procuratore del re, e per Madrina la signora Maria Geltrude, moglie del signor Nicolo Paravisino, presente il patre, quali unitamenta à me si sono sottoscritti.
» Signé : Giovanni-Battista Diamento, economo d'Ajaccio, Lorenzo Giubega, Geltruda Paravicina, Carlo Bonaparte. »
On peut remarquer que, dans cet acte officiel, le nom de Bonaparte est écrit deux fois sans *u*, quoique Charles Bonaparte signât souvent *Buonaparte*; ce que faisait aussi Napoléon dans ses jeunes années.

L'enfant du 15 août avait le cœur généreux. Un jour, une corbeille de raisins et de figues, envoyée par l'oncle archidiacre, fut dévorée en cachette par les enfants. On en soupçonna ou peut-être on en accusa Napoléon, qui nia le fait. En le voyant embarrassé de cette enquête, on le crut coupable. On l'engagea donc à confesser, pour obtenir son pardon. Mais il nia plus fermement. Alors il fut châtié, et condamné à ne manger pendant trois jours que du pain et du fromage. Il subit ces peines en silence.

Le quatrième jour, une amie d'Élisa, instruite de ces détails, vint déclarer que c'était elle qui, avec Élisa, avait dévasté la corbeille. On reconnut alors que Napoléon le savait et qu'il avait mieux aimé souffrir que dénoncer.

L'oncle Lucien fut frappé de ce caractère; et lorsqu'on parla de mettre les enfants aux études, ce qui devait les séparer, il demanda qu'on les lui amenât, car il était alité et sentait sa fin prochaine. Quand il les vit tous autour de lui, il prit la main de Joseph : « Tu es l'aîné de la famille, lui dit-il; mais n'oublie jamais que Napoléon en est le chef. »

C'était une prophétie, et nous avons vu son accomplissement.

Le père du jeune Napoléon l'emmena au collège d'Autun, où il entra le 1er janvier 1777. Mais Louis XVI avait établi en France douze écoles militaires. Charles-Bonaparte espérait obtenir du roi l'admission de son fils dans une de ces écoles. Il l'obtint assez vite; et l'enfant, qui se trouvait tristement dépaysé à Autun, avec des élèves dont il n'entendait pas la langue et qui ne comprenaient pas la sienne, avait subi là, pendant trois mois et demi, une espèce d'exil affligeant. Il fut donc comblé de joie lorsque son père vint lui annoncer qu'il était admis à l'école militaire de Brienne. Il y entra le 23 avril de cette même année 1777, et dès lors il respira.

On l'a représenté, dans cette école célèbre, comme un enfant bourru, taciturne, exigeant, ce qui est totalement faux. Le comte de Las Cases dit au contraire qu'au rebours de toutes les histoires apocryphes, « il était doux, tranquille, appliqué, d'une grande sensibilité; qu'il avait profondément l'estime de ses maîtres, l'affection de ses condisciples, et qu'on jugeait qu'il y avait en lui l'étoffe d'un homme extraordinaire. « Le vénérable abbé Fournerot, dans son beau pensionnat de Troyes, sous le Consulat et sous l'Empire, citait fréquemment à ses nombreux élèves l'illustre écolier de Brienne, dont il avait suivi toutes les études; il le représentait comme un modèle de régularité, de discipline, d'intelligence, de douceur, de respect pour ses parents et pour ses maîtres, de constance dans ses affections. »

A l'appui de ce que nous citons, Napoléon disait à Sainte-Hélène : « Dans ma pensée et dans mon cœur, Brienne est » toujours ma patrie. C'est là que j'ai reçu les premières » impressions qui font un homme. »

Cependant on a prêté à cette jeune âme, si belle et si pure, des actes singuliers. Nous voulons parler de lettres, supposées écrites par lui à son père, pour lui demander de l'argent, afin de ne pas paraître plus pauvre que ses camarades. Or ses camarades recevaient comme lui six sous par semaine pour leurs menus plaisirs, et aucun des élèves ne pouvait recevoir autre chose de ses parents.

La meilleure réponse à ces stupidités, c'est la conduite du jeune Corse à l'école militaire de Brienne. Il était pieux, très-assidu au travail, ennemi des lectures frivoles, lisant dans ses moments de repos les livres d'histoire et de géographie, les vies des hommes illustres de l'antiquité, étudiant Polybe et Arrien, faisant peu de progrès dans les langues, excepté le français, qu'il apprit très-vite.

Dans ses récréations il s'occupait avec ses condisciples, en hiver surtout, à des opérations militaires. Il était constamment le premier et le plus fort de tous les élèves dans les mathématiques.

Il se prépara admirablement à sa première communion, qui eut lieu le 14 juin de l'année 1781. Il a dit plus tard que ce jour-là était le plus heureux de sa vie.

En sortant de la messe de ce grand jour, qui était cette année-là le jour de la Fête-Dieu, il écrivait, dans le transport de sa pieuse joie, une longue et touchante lettre à celui de ses oncles qui fut depuis le cardinal Fesch. Le bon cardinal en a cité quelques passages à M. Olivier Fulgence, à Rome :

« Mon cher oncle, écrivait-il, rien n'est comparable aux
» joies que j'éprouve ; je voudrais consacrer à Dieu ma force
» tout entière et combattre pour lui, au moins de la parole.
» Les occupations de l'école ne me permettent pas de me
» livrer à la vie contemplative, mais au moins je sens avec un
» bonheur réel qu'à travers mes travaux et la carrière d'épée
» où je m'engage, je marche catholique et dans la foi de
» mon père.... »

Il avait fait sa première communion par les soins du bon et grave M. Geoffroy, curé de Brienne. Il fut confirmé peu après, et on a fait à ce sujet un conte encore. Le grand vicaire du prélat qui conférait le sacrement lui demandant son nom, il répondit : « Napoléon. » Le grand vicaire répliqua : « Mais ce saint-là n'est pas dans le calendrier ? »

Le conte dit que le jeune Bonaparte s'écria : « Je le crois bien, c'est un saint corse! » tandis qu'il répondit très-doucement : « Le calendrier ne peut pas contenir tous les saints que l'Église honore. »

Il avait douze ans.

Lorsqu'il était encore à Ajaccio, dans sa famille, où il croissait en âge et en intelligence, ses goûts militaires s'étaient révélés déjà. Il avait un petit canon de cuivre, qui faisait son bonheur et ses plus chers délassements. Dans les deux années qui suivirent sa première communion, quand il n'étudiait pas, pendant les récréations, il jouait au soldat. Il devint successivement, dans la petite troupe des élèves, caporal, sergent, sergent-major, commandant.

Il devait ces dignités à l'affection de ses camarades. Il n'était pas moins aimé et admiré de ses maîtres, qui voyaient en lui un bel avenir. En 1783, le duc d'Orléans, venu à

Brienne pour présider, de la part du Roi, la distribution des prix, assista à un examen où il fut si étonné des connaissances et du jugement solide du jeune Corse, qu'il lui mit sur la tête une couronne de chêne. Napoléon la conservait encore lorsqu'il fut élevé au trône.

Pendant le rude hiver de 1783 à 1784, il organisa avec la neige, qui était abondante, des siéges et des combats. Sous ses ordres, les élèves qui l'aimaient firent avec la neige des remparts et des tranchées. On attaqua et on résista avec des projectiles que la neige fournissait encore. Ces jeux vaillants ont été représentés plusieurs fois dans nos gravures et nos albums.

En 1784, il fut proposé pour être admis à l'École militaire de Paris; il y entra le 17 octobre de cette même année, avec des certificats qui le patronnèrent et que nous devons reproduire.

M. de Kéralio, inspecteur des écoles militaires et savant académicien, qui a laissé des ouvrages utiles, rendit de lui ce témoignage :

« Napoléon de Buonaparte, né le 15 août 1769, taille de
» 4 pieds 10 pouces 11 lignes, a fait sa quatrième. De bonne
» constitution; santé excellente; caractère soumis, honnête,
» reconnaissant; conduite très-régulière; s'est toujours dis-
» tingué par son application aux mathématiques. Il sait très-
» passablement son histoire et sa géographie. Il est assez
» faible pour les exercices d'agrément; et pour le latin, il n'a
» fait que sa quatrième. Ce sera un excellent marin. Il mérite
» de passer à l'École militaire de Paris. »

Et comme on objectait à Kéralio la grande jeunesse de Napoléon, il répondit : « Je sais ce que je fais. Je vois là un germe qu'on ne saurait trop cultiver. »

Le savant Domairon (car ces écoles de religieux et de prêtres avaient toujours d'excellents maîtres), professant les belles-lettres à l'école militaire de Brienne, disait des amplifications du jeune Napoléon que c'était du granit chauffé au volcan.

Son professeur d'histoire, M. de l'Éguille, le caractérisait ainsi : « Corse de naissance, il ira loin, si les circonstances le favorisent (1). »

Il fut bien accueilli par ses nouveaux condisciples, et parmi eux il se fit des amis, qu'il n'oublia pas plus que ses maîtres et ses camarades de Brienne (2). Mais l'École militaire de Paris n'était pas aussi sérieusement organisée que celle de Brienne. Les élèves étaient presque tous des viveurs, comme on dit aujourd'hui, qui ne recherchaient que le luxe, les dissipations et les jeux. Quoiqu'il n'eût que quinze ans, le jeune Bonaparte eut la hardiesse d'adresser au directeur de l'École un mémoire où il lui représentait que si on voulait faire de bons officiers, il fallait substituer aux vains délassements la discipline, le travail, la sobriété et l'ordre. Il posait là des règles qu'il devait établir plus tard dans les écoles militaires de Saint-Germain, de Fontainebleau, de Saint-Cyr et de la Flèche.

Il ne resta que dix mois à l'École militaire de Paris. A la fin d'août 1785, ayant subi devant le savant Laplace un examen dont il sortit avec triomphe, il fut inscrit sur la liste des élèves jugés capables d'être officiers, avec cette mention :

« Napoléon Bonaparte, né en Corse; réservé et studieux; préfère l'étude à toute espèce d'amusement; se plaît à la lecture des bons auteurs; très-appliqué aux sciences abstraites; peu curieux des autres; connaissant à fond les mathématiques

---

(1) Ce professeur admirait, dans l'analyse d'une leçon d'histoire faite par le jeune Bonaparte, le jugement que portait son élève sur le connétable de Bourbon, dont le plus grand crime, à son avis, n'était pas de s'être levé contre son roi, mais d'être venu avec des étrangers attaquer sa patrie.

(2) On cite, de ses nouveaux camarades, Lariboisière, qu'il fit dans la suite inspecteur général de l'artillerie; Sorbier, qui eut la même mission; Hédouville, qu'il nomma ministre plénipotentiaire; Desmazis, à qui il donna l'administration du garde-meuble de la couronne; comme de l'école de Brienne, il s'attacha Bourrienne et d'autres camarades. Il n'oublia pas non plus ses maîtres ni ses professeurs, ni même les domestiques qui l'avaient servi; et lorsqu'il eut le château de la Malmaison, il en fit concierge le vieux portier de l'école de Brienne, avec sa famille.

et la géographie, silencieux, aimant la solitude; parlant peu, énergique dans ses réponses, prompt et sérieux dans ses reparties. Ce jeune homme est digne d'être protégé. »

Il reçut son brevet de sous-lieutenant d'artillerie et prit rang dans l'armée le 1ᵉʳ septembre 1785.

IV. — NAPOLÉON OFFICIER.

L'avenir était gros de tempêtes.
BARRUEL.

Lieutenant en second au 4ᵉ régiment d'artillerie, le jeune Napoléon vit avec joie s'ouvrir devant lui l'avenir qui était son rêve. Il avait conquis l'estime et souvent l'admiration de ses camarades de Brienne et de ses émules de l'École militaire de Paris; il fut parfaitement accueilli à son régiment, qui partit bientôt pour Valence. Il resta là près de trois ans en garnison, sans rien négliger de ses habitudes régulières ni de sa vie laborieuse.

« J'aimais peu le monde, dit-il à Sainte-Hélène, et je vivais très-retiré. Le hasard m'avait logé près d'un libraire instruit et des plus complaisants. J'ai lu et relu sa bibliothèque pendant trois années de garnison, et je n'en ai rien oublié, même des matières étrangères à mon état. »

Mais le jeune officier était chrétien, et chrétien pieux; les soldats, pour se le désigner, disaient : « C'est celui qui fait si souvent le signe de la croix. » Il avait horreur des mauvais livres.

C'est à Valence qu'il fit les premiers essais de ce qu'on appelle sa *carrière littéraire*. Et David, son peintre célèbre, avait raison de dire que, si Napoléon n'avait pas eu d'autre ressource, il eût été poëte aussi grand que Corneille, orateur aussi sublime que Bossuet, historien aussi profond que Tacite.

C'est dans cette période de trois ans, que les écrivains qui ont osé gâter par des faits romanesques, complétement imaginés, une vie si pleine de grandeur, c'est en ces jours d'actives études qu'on a dit que le 5 mai de l'année 1786, trente-cinq ans exactement avant la sombre journée de 1821, Napoléon était devenu un Werther, et que, pris du dégoût de la vie, il se disposait à en sortir comme une âme incomprise.

On a été plus loin, en lui faisant écrire des phrases sentimentales sur le suicide. On n'eût jamais imaginé rien de tel en son vivant. A Valence, Napoléon se comprenait : il sentait qu'il avait une mission. Jean-Jacques Rousseau et le *Werther* de Gœthe n'avaient jamais été ses lectures, et il avait le cœur trop haut pour songer un instant à une lâcheté.

Il a dit, dans O'Méara : « Le suicide est l'acte d'un joueur qui a tout perdu ou d'un prodigue ruiné. J'ai toujours eu pour maxime qu'un homme montre plus de vrai courage en supportant les malheurs qui lui arrivent qu'en se débarrassant de la vie. » Il disait encore : « Les premiers principes de la morale chrétienne et le grand devoir imposé à l'homme de suivre sa destinée, quelle qu'elle soit, m'empêcheront toujours de mettre un terme à l'horrible existence de Sainte-Hélène. »

Il paraît que le jeune Bonaparte, en ses débuts dans la vie d'officier, avait à peu près chaque année un congé de quelques semaines pour aller revoir sa famille en Corse; car on a retrouvé une lettre de lui, datée d'Ajaccio, le 1ᵉʳ avril 1787, et adressée au célèbre médecin Tissot, qu'il consultait pour un de ses oncles attaqué de la goutte, lettre à laquelle le docteur ne répondit pas (1).

On le voit, en 1789, lieutenant-colonel de la garde nationale d'Ajaccio, secondant Paoli, que Louis XVI avait chargé d'organiser la Corse. On le revoit en France, au printemps

---

(1) Cette lettre, trouvée dans les papiers de Tissot, a été publiée.

de 1791, lieutenant en premier au 4ᵉ régiment d'artillerie : il y est capitaine le 6 février 1792.

A travers la marche rapide de la révolution et les excès qui assombrissaient cette marche, le jeune Bonaparte entrevoyait des guerres qui devaient nécessairement éclater et qui s'entamaient de toutes parts autour de la France. Il sentait qu'il allait y jouer un rôle, et son cœur s'enthousiasmait. Toutefois il s'indignait de voir Louis XVI si abandonné. L'émigration avait enlevé cent vingt mille nobles qui auraient dû se serrer autour du roi, disait-il, abandonner comme lui leurs priviléges et arrêter les brigandages. Il voyait dans les émigrés des déserteurs, et il le disait tout haut. Il frémit en gémissant de la faiblesse ou plutôt de l'impuissance du malheureux monarque, qui, entouré de cœurs hostiles, faisait tomber les armes des mains des Suisses fidèles, ses derniers défenseurs; et plusieurs historiens ont raconté que le jeune Bonaparte se trouvait à Paris le 10 août 1792, et que, témoin des excès de cette journée où les Tuileries furent souillées du sang français, il s'écria : « Comment laisse-t-on cette canaille s'approcher ainsi du roi! » Il s'enfuit indigné.

Il ne savait pas que le maire de Paris et le commandant en chef de la garde nationale, et ceux qui alors entouraient le monarque, sympathisaient avec cette tourbe, qu'il nommait de son vrai nom, et qui se composait des parias de Marseille et de l'écume des faubourgs de Paris.

Après le 10 août, il voulut se retirer dans sa famille. Il y pouvait respirer, il l'espérait du moins. Ses chefs, qui devinaient ses désirs, l'envoyèrent en Corse, où la fermentation des esprits inquiétait le gouvernement d'alors.

Paoli, qui s'était, en apparence du moins, rallié à la France, se laissait séduire par les Anglais, qui ne sont pas avares de promesses, et il voulait détacher la Corse de la France, espérant en devenir le souverain sous la suzeraineté de la Grande-Bretagne.

Le jeune Bonaparte était là. Paoli, qui avait pu juger des

heureuses dispositions de ce jeune homme, l'obsédait pour le détacher de la France et le rallier à ses projets. Il l'attaqua donc par les propositions les plus séduisantes. Un autre se fût laissé entraîner.

Mais Napoléon devait son éducation militaire à la France. Il était Français de cœur, et il s'indignait intérieurement à la pensée que la Corse, son cher berceau, pourrait devenir terre anglaise. Il demeurait donc sourd aux instances de Paoli, et le vieux batailleur qui l'entreprenait pouvait deviner que, fidèle à son honneur et à ses serments, le jeune Bonaparte ne songeait qu'à rejoindre son corps. Aussi, quoique toutes les côtes, excepté Calvi, fussent gardées par les partisans de l'Angleterre, sachant à l'habile officier un cœur résolu, Paoli donna tout à coup l'ordre de l'arrêter, et ses agents se mirent en marche.

Heureusement pour Napoléon, il était aimé. Un de ses amis, car il en avait de sûrs, entendant dicter cet ordre, se hâta, sans perdre un instant, de lui en faire parvenir secrètement la nouvelle. Aussitôt le jeune Napoléon, dont les résolutions étaient promptes comme l'éclair, vit que la seule voie de salut qui lui restât était de gagner la citadelle de Calvi, que les Français occupaient, et où sa famille s'était peu auparavant embarquée pour Marseille.

Le chemin était long et mauvais. Nimporte! il se rend lestement chez un berger nommé Marmotta, qu'il connaissait et qu'il savait dévoué à son nom. Il lui fait part de sa position :

« Comment! mon officier, s'écria le brave Corse, on oserait vous arrêter! Tant que Marmotta et ses gens pourront manier une arme, qu'on s'en garde! »

Le jeune Bonaparte prit donc la direction de Calvi sous l'escorte de quinze paysans bien armés. Dans la crainte de rencontrer les partisans de Paoli, ils durent s'écarter du chemin direct, tout mauvais qu'il était. Ils en prirent un plus affreux à travers des rochers, des maquis et des défilés où deux hommes ne pouvaient passer de front. Le premier qui allait en avant marchait en éclaireur, toujours prêt à faire feu.

La nuit étant devenue très-sombre, quand on eut franchi la chaîne de montagnes qui coupe la Corse du nord au sud, il eût été imprudent de se hasarder plus loin. Suivant donc l'avis de Marmotta, on attendit dans les maquis le lever de l'aurore, et dès qu'on vit poindre le jour, le jeune Bonaparte et son escorte s'avancèrent quatre lieues plus loin. Alors on aperçut à la distance de cinq lieues la citadelle de Calvi. Bonaparte, croyant n'avoir plus rien à craindre, s'obstina à congédier son escorte, qui insistait pour l'accompagner jusqu'au bout. Il tendit affectueusement la main à Marmotta, et après avoir témoigné généreusement sa gratitude aux braves qui l'avaient protégé jusque-là, il poursuivit tranquillement sa route.

Le chemin devenait moins âpre. Il voyait Calvi à une heure de marche, lorsqu'il aperçut assez loin, à sa droite, une colonne d'infanterie, précédée d'une nuée d'éclaireurs. Jugeant bien que c'était un corps qui venait entreprendre le blocus de Calvi, il quitta la route, se jeta dans des gorges profondes, où il perdit de vue la citadelle, et s'égara tout à fait dans les rochers. Après avoir assez longtemps erré, il rencontra un jeune homme qui chassait devant lui un mulet chargé de bois :

« Mon ami, lui dit-il, suis-je encore loin de Calvi?

— Non, signor. Quand vous aurez gravi cette montagne qui est devant nous et qu'on appelle la montagne Noire, vous apercevrez Calvi qui n'en est pas loin.

— Merci! Mais je suis étranger; voudriez-vous me servir de guide pour me tirer de ces chemins où je m'égare?

— Rien n'est plus facile, car je m'en retourne à Calvi.

— Eh bien, j'accepte. Songez seulement que l'ennemi rôde dans les environs, et si vous me trahissez, malheur à vous!

— Fiez-vous à moi, vous dis-je, je vous engage ma parole. Vous devez savoir qu'un brave Corse n'y a jamais manqué. Et d'ailleurs, ne vous eussé-je rien promis, ou l'intention de vous nuire fût-elle dans mon esprit, soyez sûr que je me rirais de vos menaces. »

Ces derniers mots produisirent sur le jeune lieutenant une impression agréable. Il s'abandonna à son guide inconnu, et trois quarts d'heure après il entrait dans Calvi.

Il remit à son guide deux pièces d'argent, qu'il eut de la peine à lui faire accepter. Puis, comme le caractère franc de ce jeune homme lui plaisait, il s'avisa de lui demander son nom.

« Je m'appelle Napolino, répondit le guide.

— Napolino! C'est un nom que je n'oublierai pas. Venez me voir à Paris, dans dix ans; j'y serai. »

Napolino s'éloigna, ravi de la générosité de l'étranger, qui lui dit aussi son nom, et songeant peu au reste.

Le lieutenant monta à la citadelle, pour faire la visite exigée au commandant de la place.

Mais l'amour de l'étude entravant les droits de l'étiquette, le jeune Napoléon se mit, après avoir parcouru les remparts, à lever le plan de la citadelle. Ceux qui le virent, le prenant pour un espion anglais, crièrent si haut à la trahison, que le capitaine Louis Flach, aide de camp du commandant, vint lui ordonner de se rendre aux arrêts.

« Comment, monsieur, s'écria-t-il, j'aurai échappé à Paoli, et ici où je suis en sûreté, dans la seule place que nous ayons conservée, moi, Corse attaché à l'armée française, je subirais une punition! » Voici mon nom, ajouta-t-il en donnant sa carte à l'aide de camp.

Louis Flach n'eut pas plutôt lu ce nom, qu'il tendit cordialement la main au jeune officier, dont le frère aîné Joseph était son ami intime. Il le présenta sur-le-champ au général commandant, qui l'obligea à loger chez lui et l'admit à sa table (1).

(1) C'est à l'honnête Louis Flach que l'on doit les détails de cette échappée.

Trois jours après, il s'embarqua pour la France, et nous retrouverons Napolino à l'île d'Elbe.

En apprenant que Napoléon avait rejoint sa famille et la France, les fanatiques de Paoli brûlèrent à Ajaccio la maison des Bonaparte le 18 juin 1793.

V. — LA PRISE DE TOULON.

> Mes pareils à deux fois ne se font pas connaître,
> Et, pour leur coup d'essai, veulent des coups de maître.
> PIERRE CORNEILLE.

Napoléon, en Corse, avait appris avec horreur le martyre de ce roi à qui il devait son éducation; et en admettant les idées nouvelles en tout ce qu'elles avaient d'équitable, il réprouvait ces jours de sang qu'on a si justement appelés le règne de la terreur.

La chute des Girondins et le triomphe de la Montagne, événements que nous ne pouvons décrire ici, avaient indigné jusqu'à la révolte le Midi et l'Ouest. Toulon, Marseille, Lyon, Bordeaux, Caen, Avignon et d'autres centres s'étaient insurgés contre Paris. La ville de Lyon fut reprise le 9 octobre 1793, saccagée, en partie détruite; le jeune Napoléon fut étranger à cette horrible affaire. On l'envoya comme officier du génie, avec deux canons, au siége de Toulon.

Cette ville, revenant au royalisme, entraînée par des étrangers, avait livré son port le 29 août aux Anglais, qui se présentaient et se disaient les alliés de Louis XVII. Lorsque les habitants apprirent que les montagnards avaient repris Lyon, et que Couthon, secondé d'autres bourreaux, décimait les habitants et brûlait leurs maisons, ils voulurent reculer sur leur insurrection. Mais ils ne le purent. Les Espagnols, unis alors aux Anglais, leur représentèrent qu'ils s'étaient trop compromis pour espérer qu'on leur fît grâce; et ils se virent réduits à reconnaître qu'en se livrant aux étrangers ils ne s'appartenaient plus : des Anglais, des Piémontais, des Espagnols et des Napolitains occupaient les forts et tous les postes, peu inquiets de ce qui pouvait arriver, puisqu'ils avaient des flottes prêtes à les recevoir.

Il était donc plus important de reconquérir Toulon que toute autre place. Pendant plus de deux mois, le général Cartaux, envoyé là avec huit mille hommes, et le général Lapoype avec quatre mille n'avaient fait autre chose qu'établir un blocus inutile, puisque la mer était ouverte aux assiégés.

Pendant ce temps-là le jeune Bonaparte, lieutenant d'artillerie, avait secondé le général Cartaux dans sa mission de repousser les Marseillais maîtres d'Avignon; et ce fut lui, le jeune officier, qui les en chassa; il expulsa les mêmes rebelles de Beaucaire, et enfin il arriva devant Toulon, avec le grade de chef de bataillon d'artillerie.

A Sainte-Hélène, il a raconté lui-même son entrée, et nous ne pouvons la décrire mieux que lui :

« Napoléon arrive au quartier général. Il aborde le général Cartaux, homme superbe, doré depuis les pieds jusqu'à la tête, qui lui demande ce qu'il y a pour son service. Le jeune homme présente modestement sa lettre, qui le chargeait de venir, sous ses ordres, diriger les opérations de l'artillerie. « C'était bien inutile, dit le bel homme en caressant sa moustache; nous n'avons plus besoin de rien pour reprendre Toulon. Cependant, soyez le bienvenu; vous partagerez la gloire de le brûler demain, sans en avoir la fatigue. » Et il le retint à souper.

» On s'assied trente à table; le général seul est servi en prince; tout le reste meurt de faim; ce qui, en ces temps d'égalité, choqua étrangement le nouveau venu. Au point du jour, le général le prend dans son cabriolet pour aller admirer, disait-il, les dispositions offensives. A peine a-t-on dépassé la hauteur et découvert la rade, qu'on descend de voiture et qu'on se jette sur les côtes, dans les vignes. Le commandant d'artillerie aperçoit alors quelques pièces de canon, quelques remuements de terre auxquels, à la lettre, il lui est impossible de rien comprendre.

« Sont-ce là nos batteries? dit fièrement le général, parlant à son aide camp, qui était son homme de confiance.

— Oui, général.

— Et notre parc?

— Là, à quatre pas.

— Et nos boulets rouges?

— Dans les bastides voisines, où deux compagnies les chauffent depuis ce matin.

— Mais comment porterons-nous ces boulets rouges?.... »

Et ici les deux hommes de s'embarrasser et de demander à l'officier d'artillerie si, par ses principes, il ne saurait pas quelque remède à cela. Celui-ci, qui eût été tenté de prendre le tout pour une mystification, si les deux interlocuteurs y eussent mis moins de naturel (car on était au moins à une lieue et demie de l'objet à attaquer), employa toute la réserve, le ménagement, la gravité possibles, à leur persuader, avant de se préoccuper des boulets rouges, d'essayer à froid pour bien s'assurer de la portée. Il eut beaucoup de peine à réussir, et encore ne fut-ce que pour avoir très-heureusement employé l'expression technique de *coup d'épreuve,* qui les frappa beaucoup et les ramena à son avis.

On tira donc ce coup d'épreuve; mais il n'atteignit pas au tiers de la distance; et le général et son aide de camp de vociférer contre les Marseillais et les aristocrates, qui auront, malicieusement sans doute, gâté les poudres. Cependant arrive à cheval le représentant du peuple : c'était Gasparin, homme de sens, qui avait servi. Napoléon, jugeant dès cet instant toutes les circonstances environnantes, et prenant audacieusement son parti, se rehausse tout à coup à six pieds, interpelle le représentant, le somme de lui faire donner la direction absolue de sa besogne, démontre sans ménagement l'ignorance inouïe de tout ce qui l'entoure, et saisit dès cet instant la direction du siége, où dès lors il commande en maître....

Les Anglais étaient dans Toulon, ville bien fortifiée, et ils occupaient les forts : élevés sur les montagnes qui environnent la place, ces forts la protégeaient contre une attaque du côté de la mer. L'un de ces bastions, qu'on appelait le fort Mulgrave et que les Anglais appelaient le petit Gibraltar, paraissait imprenable. Les Anglais l'avaient hérissé de mortiers et de canons. Napoléon, jugeant sur-le-champ, de son coup d'œil d'aigle, la situation, dit à Cartaux en désignant le fort Mulgrave : « C'est là qu'est Toulon! » Cartaux n'était pas de force à le comprendre. Il haussa les épaules, et, dirigeant son doigt vers la ville, il répondit : « Mais non, c'est là! »

Chargé seul du commandement et de la direction de l'artillerie, Napoléon, que soutenait Gasparin, s'occupa de l'organiser sérieusement. Par bonheur pour lui, Cartaux, qui n'avait rien pu faire, fut rappelé et remplacé par Dugommier, qui comprit sur-le-champ son jeune commandant d'artillerie, agit de concert avec lui, et le siége devint plus actif. Mais les préparatifs sérieux avaient pris du temps. Ce ne fut que vers le milieu de décembre que le commandant d'artillerie put fructueusement attaquer le petit Gibraltar avec un matériel suffisant. Les Anglais vomissaient leurs boulets avec tant d'ardeur contre la batterie assise par Napoléon, que les plus intrépides artilleurs reculaient. Le jeune commandant appela Junot, qu'il avait distingué déjà et qui n'était encore que simple soldat; il le chargea d'écrire, sur un épaulement de la batterie, une inscription qui devait avoir de l'effet. Quand Junot eut écrit en grandes majuscules ce qui lui était dicté, un boulet de canon tomba à trois pas de lui et le couvrit de terre, lui et son papier.

« Bon! dit-il froidement; je n'ai plus besoin de sable. »

Et il attacha à un poteau ce qu'il venait d'écrire. On n'y lisait que ces mots, en lettres d'un pied : BATTERIE DES

HOMMES SANS PEUR. De ce moment aucun artilleur n'osa hésiter, et de ce jour Junot ne quitta plus Napoléon.

Le 17 décembre, la batterie des Hommes sans peur avait fait taire le feu du petit Gibraltar. Le 18 au matin, le commandant de l'artillerie y entra et vit les Anglais qui se préparaient à partir en brûlant l'arsenal, les chantiers et tous les navires qu'ils ne pouvaient emmener. La ville évacuée fut rendue le 19. Les envoyés de la Convention, Saliceti, Ricord, Fréron, Robespierre jeune et Barras, arrivèrent alors envoyés comme commissaires de la République. Sous prétexte de la venger, ils organisèrent des massacres inouïs. Un de ces hommes écrivait à la Convention qu'on fusillait deux cents traîtres tous les jours, et que ces exécutions se poursuivraient jusqu'à ce qu'il n'y en aurait plus.

Dans ces horreurs, Napoléon put sauver plusieurs victimes, qu'il enleva de Toulon, à minuit, dans les équipages de l'artillerie, et qu'il emmena au camp. Il était secondé en ce sauvetage par les généraux Bisannet et Dugommier. C'est là que Barras remarqua le jeune Bonaparte; c'est de là aussi que Dugommier le recommanda vivement au pouvoir établi, qui le nomma général de brigade.

C'est, dit-on, dans les jours de repos que lui laissa sa conquête qu'il écrivit sa curieuse brochure intitulée *le Souper de Beaucaire*.

Après la délivrance de Toulon, le général Bonaparte passa au corps d'armée du général Dumerbion, qui luttait contre les étrangers aux frontières d'Italie. Il se distingua à la prise de Saorgio, dans le comté de Nice, journée héroïque, qui n'a pas fait tout le bruit que comportait son influence, car les victoires étaient fréquentes alors.

Mais par ses succès et sa probité incorruptible, le jeune Bonaparte avait mérité d'avoir des ennemis. Il fut dénoncé comme on dénonçait alors, et on voulut l'envoyer combattre les insurgés de la Vendée. L'horreur qu'il avait et qu'il eut toujours pour les guerres civiles, souillées constamment d'odieux excès, lui fit refuser cette mission. On l'enferma aussitôt au fort carré d'Antibes. Or, s'il avait des envieux, il s'était fait estimer de quelques hommes de cœur. On lui rendit la liberté, toutefois en le destituant. Puis on le réintégra pour le charger d'aller commander l'artillerie en Hollande, où il n'y avait rien à faire, puisque le pays était conquis. Par bonheur pour lui, Barras, qui savait sa valeur, le retint, dans la prévision d'un besoin plus réel; et pendant ces agitations, 1794 et les neuf premiers mois de 1795 avaient passé.

VI. — LE TREIZE VENDÉMIAIRE.

Qui entreprend doit être sûr de soi.
GIBBON.

Le 12 vendémiaire an IV (4 octobre 1795), il y avait épouvante au sein de la Convention nationale, siégeant aux Tuileries : des mesures qui tendaient à perpétuer au pouvoir cette assemblée avaient révolté tout Paris. Les quarante-huit sections s'étaient ébranlées; partout l'émeute avait surgi; des escarmouches faisaient pressentir une grande lutte; et une attaque avait préludé à marcher sur les Tuileries, lorsque le général Menou, au lieu de la repousser par les troupes qu'il commandait, enhardit les révoltés en parlementant avec eux.

On reconnut à la nuit qu'une lutte acharnée aurait lieu le lendemain. La Convention destitua Menou et nomma à sa place, pour commander l'armée de Paris, le général Barras, l'un de ses membres. Barras, doutant de lui-même et connaissant le jeune général Bonaparte, se l'adjoignit, de l'agrément de la Convention, et le chargea de la besogne qui lui était confiée. Il ne pouvait faire mieux.

Bonaparte ne vit là qu'une occasion de signaler ses aptitudes militaires. — Considérant que les émeutes se renouvelaient tous les quinze jours et plus souvent quelquefois, pour le plus grand trouble des affaires, il prit ses mesures aussitôt. Il n'avait que cinq mille hommes pour disperser quarante mille gardes nationaux armés, doublés d'autant de ces hommes de bruit qui se mêlent à toutes les agitations. Il disposa sa petite armée de manière à protéger toutes les approches des Tuileries, où siégeait le pouvoir, que, comme militaire, il ne pouvait juger.

La Convention s'était déclarée en permanence.

Les révoltés s'ébranlèrent dès le matin du 13 vendémiaire et ne se décidèrent à attaquer qu'après midi. Le général Bonaparte voulait sauver l'Assemblée et ménager le sang du peuple. Il avait recommandé à tous ses lieutenants de ne commencer aucune agression, de supporter les insultes, mais d'accepter le combat.

Après de longs pourparlers, devant lesquels la troupe restait inébranlable, les révoltés s'élancèrent en colonnes serrées; le canon les dispersa sur tous les points. Ils envahirent toutes les voies en masses compactes pour se rendre maîtres de la rue du Dauphin, appelée alors rue de la Convention, parce qu'elle était l'avenue qui menait au siége du pouvoir. Mais quatre canons chargés à mitraille firent parmi les assaillants une trouée qui joncha les marches de Saint-Roch de morts et de blessés. Les quatre pièces, vivement rechargées, mais à poudre seulement, s'élancèrent aussitôt dans la rue Saint-Honoré, qu'elles balayèrent des deux côtés. De tous les autres points, le calme était rétabli, et à six heures du soir la Convention fut complètement rassurée (1).

(1) On lit dans le *Mémorial ou Journal historique de la Révolution* de P. C. Le Comte, qui suit les événements pas à pas, que deux jours avant le 13 vendémiaire, les murs de Paris étaient couverts d'affiches portant l'empreinte de la rébellion, et à travers ces placards une adresse de la Convention dont voici le résumé : « La Convention nationale, toujours pénétrée des obli-
» gations d'un gouvernement paternel, mais invariablement décidée à faire
» respecter la loi et à punir ses infracteurs, déclare qu'il ne sera fait aucune
» recherche ni poursuite contre ceux qui, jusqu'à ce jour, se sont laissé
» entraîner à des mesures illégales; mais elle invite tous les citoyens à l'union

On a raconté (ce détail est écrit dans quelques relations, et il nous a été attesté par des voisins du fait, aux dernières années de l'Empire) qu'au premier étage d'une maison de la rue Saint-Honoré, dont une fenêtre plonge un peu sur la rue du Dauphin, un Parisien furieux contre le général Bonaparte, car en l'investissant du commandement de Paris on lui avait donné ce titre, avait tiré, pendant l'échauffourée qui eut lieu devant Saint-Roch, dix coups de fusil derrière une persienne sur le jeune général et l'avait toujours manqué. Ce qui confirme encore ce détail, l'insurgé qui avait fait cela s'en vantait tout haut en avril 1814; des personnes qui l'ont entendu existent encore.

On a écrit que la journée du 13 vendémiaire avait laissé douze cents morts. Mais des calculs plus exacts comptent dans ces douze cents victimes plus de neuf cents qui ne furent que blessées. La Convention trouva le châtiment suffisant, et ne fit pas d'autres recherches des meneurs.

Le général Bonaparte fut nommé, peu après cette victoire, général en chef de l'armée de l'intérieur. Il avait déjà sous ses ordres Junot, Brune, et quelques autres noms qu'on retrouve plus tard avec éclat dans nos fastes.

Après ce succès si décisif, Bonaparte fut présenté à la Convention. Baudin, des Ardennes, qui la présidait, lui donna

» et au calme, et appelle, pour faire cesser l'anarchie, le concours de tous les » amis de la République, etc. » Cette adresse eut peu d'effet, et, le 13 vendémiaire, les insurgés s'emparèrent de la trésorerie nationale, des dépôts de chevaux, des dépôts de subsistances, etc., etc. Les jeunes gens qui étaient à la tête de l'insurrection étaient vêtus d'un habit gris, avec collet noir ou vert; comme c'était le costume des insurgés de la Vendée, on y voyait le royalisme.

Cet historien ajoute que l'on reconnut que si la Convention avait triomphé, c'était uniquement par les talents militaires d'un jeune officier d'artillerie (Bonaparte), dont le nom deviendra cher à la France. On rapporte, dit-il encore, qu'un de ses amis, le voyant promu au grade de général en chef d'une armée de la République, lui dit : « Tu es bien jeune pour aller commander une armée; » et qu'il répondit : « J'en reviendrai vieux. » Le même écrivain dit enfin, à propos des faits du 13 vendémiaire, que « si le gouvernement de 1789 avait montré la fermeté du héros de vendémiaire, le fer, le feu, les proscriptions et les émigrations n'auraient pas dépeuplé la France. »

l'accolade. On releva très-haut le service qu'il venait de rendre au pays, qui sans sa victoire tombait dans la plus effroyable anarchie. On exalta ce qu'il avait fait, surtout n'ayant eu que quelques heures pour prendre ses mesures; et il fut élevé au grade de général de division, alors le plus élevé dans la carrière militaire.

VII. — JOSÉPHINE.

> Une prédiction qui flatte a des chances heureuses, car elle encourage.
> KOTZEBUE.

Dès que la Convention se sentit délivrée par l'habileté du jeune général, elle eut la hardiesse que donne la victoire sur l'insurrection. Elle ordonna le désarmement des masses, ce qui s'exécuta plus facilement qu'on ne l'espérait.

Peu de jours après cette mesure, le général Bonaparte reçut la visite d'un enfant de quatorze ans, dont la figure belle et digne le charma. C'était Eugène de Beauharnais, qui venait le prier de lui faire rendre l'épée de son père.

« Et quel est votre père, mon enfant? dit-il.

— Le général Beauharnais, que le comité de salut public a assassiné le 23 juillet 1794, cinq jours avant la mort du tyran. »

Il désignait ainsi Robespierre, mort à son tour sur l'échafaud, dont il avait fait si grand usage.

Eugène Beauharnais n'était pas tout à fait un étranger pour Bonaparte, car il avait remarqué sa mère dans les brillantes sociétés qui se réunissaient quelquefois chez Barras.

Voyant dans ce noble jeune homme un avenir, il lui fit présent d'un beau sabre, et quatre jours après il lui renvoya l'épée de son père.

L'enthousiasme et la vive affection pour le général Bonaparte naquirent de là et ne s'affaiblirent jamais dans le cœur d'Eugène. Sa mère, partageant ses joies, crut devoir aller remercier l'homme généreux qui pouvait être un protecteur pour son fils; et ce léger incident fit connaître un peu plus Joséphine à Bonaparte. Veuve d'un homme honorable, elle n'avait que deux enfants (Eugène et Hortense); sa fortune était fort ébréchée, mais elle était chrétienne fidèle, en même temps que charmante et bonne.

Joséphine Tascher de la Pagerie était née d'une famille noble à la Martinique, le 24 juin 1763. Elle avait été emprisonnée avec le vicomte de Beauharnais, son mari, mort, comme on l'a vu, sur l'échafaud. Elle devait l'y suivre; mais Tallien, dont la femme estimait grandement Joséphine, l'avait fait sortir de prison après la mort de Robespierre; et la Convention lui avait rendu les débris de ses biens, confisqués jusque-là.

On racontait que, dans les jeunes années de Joséphine, une négresse qui avait aussi ce qu'on appelle la seconde vue ou le don de prévoir lui avait prédit qu'elle arriverait à l'une des plus hautes positions, qu'elle porterait une couronne, qu'elle s'assoirait sur un trône.

Et ses amis de la Martinique rappelaient naïvement ces prophéties. On dit qu'elles firent aussi quelque impression sur le général Bonaparte, qui croyait, en sondant son cœur, avoir une mission, et qui ne se trompait pas. Il savait que les mêmes augures avaient annoncé à madame de Maintenon un avenir pareil.

Madame de Maintenon, veuve de Scarron à l'âge de vingt-cinq ans, se trouvait dans la plus grande détresse, lorsqu'un maçon nommé Barbé, qui, très-habile dans son art, passait aussi pour avoir en récompense de sa piété le don de prophétie, lui annonça que « après bien des peines un grand roi » l'aimerait, qu'elle régnerait. Mais, ajoutait-il, quoique » parvenue au comble de la faveur, vous n'aurez jamais un » grand bien. »

Il entra ensuite dans de singuliers détails, qui l'étonnèrent et la frappèrent; et comme les personnes présentes riaient de ces présages, Barbé leur dit : « Vous feriez mieux de baiser le bas de sa robe (1). » En 1685, Louis XIV épousa la veuve de Scarron, devenue marquise de Maintenon.

Bonaparte rechercha donc la main de la veuve du vicomte de Beauharnais. Il fut accueilli. C'était en février 1796. Le Directoire, depuis six mois, avait remplacé la Convention. Bonaparte, le mariage étant décidé, fit avec Joséphine les visites et les emplettes d'usage; et tout se préparait, lorsque, dans une de ces courses, Joséphine pria son futur époux de la conduire chez son notaire, maître Raguideau, dont l'étude était auprès de la place Vendôme, dans la rue Saint-Honoré. Comme il traversait avec elle cette place, appelée alors place des Piques, il s'arrêta un moment devant les débris de la statue équestre de Louis XIV qui venait d'être abattue; il fit remarquer aux personnes qui l'accompagnaient que le plus convenable ornement d'une si noble place serait une colonne triomphale. Prévoyait-il alors qu'il l'élèverait lui-même?

En entrant dans l'étude du notaire, Joséphine se détacha du bras de Bonaparte et passa seule dans le cabinet du citoyen Raguideau, à qui elle fit part de son prochain mariage.

(1) Un historien sérieux dit à ce sujet : « Ce fait, tout merveilleux qu'il peut paraître, est attesté de manière qu'il n'est pas possible d'en douter. Il prouve qu'il y a des vérités qui ne sont pas toujours vraisemblables, et qu'en de pareils cas une trop grande défiance est une erreur. Lorsque la prédiction s'accomplit, madame de Maintenon fit rechercher Barbé; mais il était mort. Elle fit à ses enfants le bien qu'elle s'était proposé de lui faire. Mademoiselle d'Aumale, qui jouissait à juste titre de l'intimité de madame de Maintenon, rapporte qu'en lui lisant un jour la vie du chevalier Bayard, lorsqu'elle fut au passage où on lui prédit qu'il montera au plus haut degré de considération, madame de Maintenon s'écria : « Voilà mon histoire; Barbé l'avait pronostiquée. » Le vénérable Marc-Antoine d'Apchon, qui comme archevêque d'Auch a laissé une si sainte mémoire, était d'une famille militaire et destiné à prendre cette carrière. Cependant un voyant, qui le remarqua dans ses premières années, prédit à ses parents que cet enfant serait le troisième évêque de Dijon; cela dans un temps où Dijon, n'ayant pas d'évêché, dépendait du diocèse de Langres, et où l'on ne songeait pas à ériger Dijon en évêché. L'enfant fut élevé pour les armes et devint officier. Mais, à trente-trois ans, il fut pourtant le troisième évêque de Dijon, d'où il passa, vingt ans après, à Auch. »

« Avec qui? lui demanda le tabellion.

— Avec le général Bonaparte.

— Quoi! veuve d'un militaire, vous vous hasardez à en épouser un autre? N'êtes-vous pas lasse de la vie agitée? Et ce général Bonaparte, qui a si rudement balayé les sections aux marches de Saint-Roch, c'est, dit-on, un homme sans fortune.

— Il s'en fera une.

— Est-il donc un Moreau? un Pichegru? un Dumouriez? Croyez-vous que les grands généraux poussent si dru? J'aimerais mieux vous voir épouser un bon administrateur ou un riche propriétaire. Mais vous me direz que c'est une affaire de cœur. Je ne vous en fais pas mon compliment.... »

Or la porte était entr'ouverte, et Bonaparte avait entendu la longue kyrielle du bon notaire, que nous avons dû résumer en peu de mots. Il n'en fut pas ému et n'en fit rien paraître. C'était le 4 ventôse (23 février 1796).

En sortant du cabinet du notaire, dont les paroles avaient glissé sur son cœur sans l'ébranler, Joséphine reprit le bras de son fiancé, et alors, comme pour répondre aux timidités du citoyen Ragnideau en même temps qu'à la prédiction qui lui montrait un bel avenir, elle apprit que le Directoire venait de rappeler le général Schérer et de nommer à sa place le général Bonaparte commandant en chef de l'armée d'Italie. Il fallait donc hâter le mariage, qui eut lieu à Saint-Roch, le mardi 8 mars. L'épousée avait quatre ans de plus que l'époux. Mais leur acte de mariage, par une galanterie du jeune marié, leur donnait à tous deux l'âge égal de vingt-huit ans.

La lune de miel du jeune ménage ne fut pas longue. Trois jours après la solennité du mariage, il fallait partir. Le général était, comme l'État, sans argent. L'or avait disparu. Les assignats n'avaient plus cours, les bons du trésor étaient en plein discrédit, l'argent semblait avoir disparu. On a raconté bien des choses sur les difficultés que subit Bonaparte pour s'équiper. Le 5 mars, il avait commandé six paires de bottes à un artiste en chaussures nommé Jorstmann. C'était un Alsacien à la tête carrée, qui prit ses mesures, fit les bottes et les porta quatre jours après au général, dont le nom faisait alors grand bruit. Mais le jeune héros ne lui offrant en payement qu'un bon du trésor, il le refusa, déclarant qu'il ne livrait sa marchandise que contre argent comptant. Il remporta donc ses six paires de bottes; et deux jours après, le 11 mars, le général Bonaparte se mit en route pour sa première campagne d'Italie, qui devait avoir tant d'éclat.

Il emmenait avec lui Joséphine, dont il n'était le mari que depuis trois jours, et avec elle le jeune Eugène Beauharnais et sa sœur Hortense. De ce jour il avait fait Eugène son aide de camp. Il passa par Marseille, où il voulait visiter sa famille réfugiée là, et présenter son épouse à sa mère.

La mère et les sœurs de Napoléon avaient vu, le 18 juin 1793, leur maison brûlée par les ennemis de la France, ce qui les avait contraintes à quitter Ajaccio. Vingt-deux ans après, un autre 18 juin amènera les malheurs de Waterloo.

Le jeune marié ne put offrir à sa famille que bien peu de secours, et il se rendit où le devoir l'appelait.

Le 20 mars, signalé aussi par d'autres circonstances de sa vie, il prenait à Nice le commandement en chef de l'armée d'Italie. L'État n'avait donné à Bonaparte, pour la guerre si vaste qu'il allait entreprendre, que deux cents louis d'or. Il ne put distribuer à chacun des généraux qui allaient marcher sous ses ordres que quatre louis pour leur entrée en campagne. Néanmoins ils sourirent, car c'était depuis plus de trois ans la première fois qu'ils voyaient de la monnaie d'or (1).

(1) Un louis d'or de vingt-quatre francs valait alors quinze à seize cents francs. Voyez dans le *Moniteur* de 1795 les mercuriales du change.

VIII. — LA CAMPAGNE D'ITALIE.

> « Soldats ! vous êtes mal nourris, mal vêtus. Le gouvernement vous doit beaucoup et ne peut rien pour vous. Votre patience, votre courage vous honorent, mais ne vous procurent ni avantages ni gloire. Je vais vous conduire dans les plus fertiles plaines. Vous y trouverez de grandes villes, de riches provinces ; vous y trouverez honneurs, gloire et richesses. Soldats d'Italie, manquerez-vous de courage ? »
>
> *Paroles du général Bonaparte.*

Bonaparte à Nice fut reçu par le général Schérer, homme loyal qu'une santé délabrée condamnait au repos. Il donna, avec la plus grande bienveillance, à son jeune successeur tous les renseignements qu'il possédait sur la situation de l'Italie, et il lui présenta tous ses généraux : Masséna, Augereau, Kilmaine, Sérurier, Laharpe, qui, beaucoup plus âgés, furent surpris et quelque peu consternés de se voir sous les ordres d'un si jeune homme. Ils ne devaient pas tarder à passer de l'étonnement à l'admiration.

Bonaparte n'avait, pour entrer en campagne contre un ennemi puissant, que trente mille hommes qui manquaient de tout, mais qui étaient français. Le jeune général qui allait les conduire préparait activement l'organisation de ce personnel dénué ; il complétait du mieux qu'on le pouvait son matériel. Durant ces apprêts, on cite plusieurs petits traits singuliers qui eussent embarrassé de vieux guerriers ; nous n'en rappellerons qu'un.

Le lendemain du jour où Bonaparte avait pris possession de son commandement, un brave grenadier, dont les vêtements étaient comme ceux de ses camarades tout à fait en guenilles, entre chez le général et lui expose son état de dénûment. Le général savait que le commissaire ordonnateur n'avait ni étoffe ni argent pour en acheter; cependant il se tourne vers l'officier et lui dit : « La plainte de ce soldat est très-juste; donnez donc des ordres pour qu'on l'habille. »

Puis il ajouta : « Une chose pourtant me contrarie : c'est que ce brave grenadier, quand il sera habillé de neuf, on le prendra pour une recrue.

— En ce cas, s'écria vivement le grenadier, je ne veux plus être habillé avant les autres. »

Nous devons rapporter un autre fait d'un genre différent. Comme le jeune général organisait son armée et se préparait à marcher, quatre jésuites, alors proscrits, se présentèrent devant lui, sachant qu'il était catholique sincère. C'étaient le Père de Hasque, du pays de Liége, le Père Wolff, Alsacien, et deux autres, d'autres provinces; le Père de Hasque lui dit : « Général, nous sommes quatre prêtres de la compagnie de Jésus, chassés de partout, car partout encore on traque les religieux. Mais nous savons soigner les malades, panser les blessés, consoler les mourants. Voulez-vous nous permettre de suivre votre armée?

— Venez, mes Pères, répondit le général; nous aurons besoin de vos services. »

Et il les fit inscrire, avec le traitement des officiers, dans son état-major (1). L'armée comprend le prêtre; beaucoup de ces soldats de l'Église ont été sauvés par les soldats de la patrie. Le général comte de Préval, qui est mort depuis peu, avait dans les guerres de la République un prêtre pour secrétaire, et nous pourrions citer bien d'autres exemples. La sœur Marthe, et quatre autres religieuses avec elle, ont pareillement trouvé leur sécurité sous les drapeaux.

Nous ne pouvons donner ici dans ses détails l'historique

(1) Le Père de Hasque et le Père Wolff, que l'auteur a connus au collége de Kulenborg, lui ont raconté ce fait. Tous deux, avec les deux autres Pères dont les noms ne nous reviennent pas, ont suivi les armées françaises depuis le 31 mars 1796 jusqu'au 31 mars 1814. Ils étaient attachés à la garde impériale depuis sa fondation.

de la première campagne d'Italie, illustrée de tant de prodiges; on y voit souvent deux victoires en un jour, et les traités ne sont pas moins surprenants. Mais nous suivrons la marche du jeune général.

Le 5 avril 1796, entré dans le territoire ennemi, il fit une reconnaissance militaire vers Cairo; le 9 et le 10 furent signalés par les rencontres de Voltri et de Montelesino. Le 11 avril, bataille de Montenotte, première victoire du général Bonaparte, gagnée sur les Autrichiens, que commandait le maréchal Beaulieu. Le 14 avril, victoire de Millesimo, sur les Autrichiens et les Piémontais. 16 et 17 avril, combats de Dégo et de Saint-Jean, et prise du camp retranché de Céva. Le 22 avril, prise de Mondovi, où le général Beaulieu est de nouveau défait. Le 25 avril, prise de Cherasco. Le 28 avril, Bonaparte accorde un armistice au roi de Sardaigne, qui lui remet Coni, Alexandrie et Tortone.

Alors, moins d'un mois après l'entrée en campagne, tous les soldats étaient habillés de neuf, et l'armée ne manquait de rien. C'est dans ces circonstances, qui sembleraient légendaires si trois ou quatre siècles seulement en éloignaient le souvenir, que les soldats français émerveillés décernèrent des galons à leur général chéri, qu'ils appelèrent fréquemment depuis : le Petit Caporal.

Le 6 mai, le général Bonaparte demande au Directoire une commission d'artistes pour recueillir les monuments des arts qui étaient sa conquête. Le 7, l'armée française passe le Pô à Plaisance et prend Fombio et Casale. Le 9, il accorde un armistice au duc de Parme.

L'admiration que le général Bonaparte excitait le faisait regarder, surtout à cause de sa jeunesse, comme un phénomène. L'envoyé du duc de Parme lui demanda : « Quel âge avez-vous donc, seigneur général? » Bonaparte, qui aimait déjà les calembours, lui répondit : « Dans huit jours, j'aurai Milan.... »

Le 10 mai, bataille et passage du pont de Lodi, défendu

ar l'armée autrichienne tout entière; Beaulieu en pleine déroute. Le 11 mai, prise de Pizzighettone et de Crémone. Le 15 mai, entrée triomphale du général Bonaparte à Milan.

Le 17 mai, occupation de Pavie et de Côme. Le 19, prise de magasins immenses. Le 29, prise de Borghetto et passage du Mincio; le 30, prise de Valeggio.

Le 1er juin, prise de la forteresse de Peschiéra; le 3, prise de Vérone; le 4, investissement de Mantoue; enlèvement à la baïonnette du faubourg Saint-Georges et de la tête du pont. Le 15, le général Bonaparte accorde un armistice au roi de Naples. Le 18, entrée dans Reggio et dans Modène; le 19, prise de Bologne. Un incident remarquable a signalé en ce jour l'entrée du général Bonaparte à Bologne.

Lorsque les troupes françaises pénétraient déjà dans cette ville, une dame, qui avait recueilli chez elle un prêtre français émigré, le pressait, dans son épouvante, de s'éloigner au plus vite; car, à cause des terribles lois de la Convention, elle le croyait en grand danger. L'ecclésiastique, comprenant son effroi, sort désolé et ne sachant où porter ses pas; las de sa vie errante, il va se présenter devant le jeune général qui commandait l'armée républicaine.

« Général, lui dit-il, je viens vous demander une grâce.

— Quelle grâce, monsieur?

— Puisque je dois mourir, de me faire fusiller à la tête de votre armée.

— Qui vous a condamné?

— Général, je suis Français et prêtre réfugié. Je ne vis ici que par la générosité d'une dame qui, à l'approche des troupes françaises, n'a pas cru pouvoir me garder plus longtemps. Je n'ai donc qu'à mourir, et je me soumets.

— Retournez chez votre bienfaitrice, monsieur, répondit le jeune général; priez-la de ma part de continuer à être votre sauvegarde, en ajoutant, de ma part aussi, que vous serez désormais la sienne. »

Et il envoya une sentinelle à la porte de la bonne dame.

On a cité plusieurs actes de ce genre du général commandant en chef l'armée d'Italie.

Après la prise de Bologne, la reddition du fort d'Urbino et l'occupation de Ferrare, le général reprit le cours de ses victoires, avec une rapidité dont l'histoire n'offre pas d'exemple.

Pendant cette conflagration de l'Italie, que se disputent l'Autriche et la France, les États du Pape avaient dû lever une petite armée. C'était Pie VI qui siégeait alors sur la chaire de saint Pierre. Bonaparte, le 23 juin, lui envoya un armistice.

Le 27 juin il entra dans Livourne. Le 28, un de ses détachements enlève aux Autrichiens la citadelle d'Ancône. Le 3 juillet, combat de Borghetto. Le 7, combat de la Bochetta di Campion, soumission de Lugo, dans la légation de Ferrare. Le 18, combat de Migliaretto et attaque du camp des Autrichiens sous Mantoue. Le 20, première sommation faite à Mantoue; ouverture de la tranchée et siége régulier; le 29, combat de Salo.

Le général Bonaparte apprend qu'une armée, commandée par Wurmser, est en marche pour lui faire lever le siége de Mantoue; il se porte à sa rencontre. Le 30, combats qui durent huit jours, à Lonato, à Roverbella, à Brescia, à Montechiaro, à Bozolo, à Ponte San-Marco, à Desenzano, à Gavardo, à la Chiesa. Le 5 août est signalé par la grande victoire de Castiglione, où le général Augereau fit des prodiges de valeur. Après cette journée, les soldats décernent au général Bonaparte, qui en cinq jours avait remporté six victoires, le grade de sergent.

Le 6 août, bataille de Peschiéra; le 7, passage du Mincio, reprise de Vérone, dont les portes sont enfoncées à coups de canon. L'armée de Wurmser est en déroute, ayant perdu six mille hommes tués ou blessés, douze mille prisonniers, soixante-dix canons, tous ses caissons d'infanterie et cinq drapeaux.

Le 11 août, combats de la Corona et de Montebaldo, prise de ces deux postes et de Préabolo. Le 19, combats de Trente et retraite du général Wurmser, après avoir brûlé sa marine sur le lac de Garda, dans l'État de Venise. Le 24, combat et prise de Borgoforte et de Governolo. Le 2 septembre, passage de l'Adige, au pont de Golo; le 3, combat de Serravalle; le 4, bataille de Roveredo; le 5, prise de Trente; le 7, prise du camp retranché de Primolano et du fort de Covolo. Le 8, combat de la Brenta et bataille de Bassano, où le général Oudinot se couvrit de gloire et mit l'ennemi en déroute. Le 9, entrée des Français dans Padoue et dans Vicence. Le 11, combat de Castellaro; le 12, combat de Cerca; le 13, prise de Legnago. Wurmser accablé se jette dans Mantoue comme dans un refuge. Le siége continue activement.

Le 8 octobre, Bonaparte reprend la ville de Modène. On lui annonce quelques jours après que l'île de Corse est occupée par les Anglais. Il y envoie, le 19, une division française commandée par le général Gentily; le 22, les Anglais sont chassés, et l'île de Corse reste partie intégrante de la France.

Le 27 octobre, prise de Bergame.

Le 2 novembre, prise de Saint-Michel, dans le Trentin.

Le 6, victoire sur la Brenta. Le 11, combat de Caldiero.

Les 15, 16 et 17, bataille d'Arcole.

Dans la nuit du 15 au 16, Bonaparte, qui, comme on sait, dormait peu et dormait vite, parcourait seul le champ de bataille; veillant à tout, il aperçoit une sentinelle endormie; il lui enlève doucement et sans l'éveiller son fusil, reste en faction à sa place et attend patiemment qu'on vienne la relever. Le soldat s'éveille au bruit; dans un trouble qu'on peut s'imaginer, il reconnaît le général en chef dans l'attitude de factionnaire. Il s'écrie : « Mon général! je suis perdu!...

— Rassure-toi, répond le héros. Je sais que tu t'es bien battu, et après les fatigues de cette première journée, il est pardonnable à un brave comme toi de succomber un peu; mais pourtant, une autre fois, choisis mieux ton temps. »

Pour résultat de ces vaillantes journées, une troisième armée autrichienne, commandée par le général Alvinzy, est mise à son tour en déroute complète. Le 18, Bonaparte établit, avec le sénat de Bologne, la république cisalpine. Le 21, combats à Campona, Rivoli, Corona et Dolce.

Si ces faits (et nous en omettons), qui n'ont pas occupé neuf mois, avaient eu lieu aux temps anciens, on y verrait un roman. Et c'est un procès-verbal historique.

Passons à l'année qui a suivi.

IX. — CONTINUATION DE LA CAMPAGNE.

En avant !
Cri français.

Le 14 janvier 1797, bataille de Rivoli ; les Autrichiens sont en pleine déroute, et le général Alvinzy, qui les commande, en fuite.

Cette victoire avait eu pour prélude, le 12, les combats de Saint-Michel et de Montebaldo. Le 15, combat d'Anghiari. Le 16, combat de Saint-Georges ; bataille de la Favorite. En cinq jours, l'armée a gagné deux batailles rangées et six combats. Elle a tué six mille hommes, fait vingt-cinq mille prisonniers, pris vingt drapeax et soixante canons. Le 25, Bonaparte fait évacuer la Toscane ; le 26, combats de Carpenedolo et d'Avio ; le 27, combat de Derumbano ; le 30, après avoir forcé des gorges du Tyrol, les Français font leur entrée dans Trente.

Le 1er février, l'armée française envahit la Romagne et occupe Imola (1), Faenza et Forli. Le 3, capitulation de Mantoue, dont la garnison est prisonnière. On y trouve 538 bouches à feu, 17,000 fusils, près de 5,000 pistolets, 14,500 bombes, 187,000 boulets, 530,000 livres de poudre, près d'un million

---

(1) Le général Bonaparte eut l'occasion, dans cette ville, de connaître, d'estimer et de vénérer le cardinal Chiaramonti, qui quatre ans plus tard fut élevé au Saint-Siége, où il rendit bien cher son nom de Pie VII. Il devait avoir d'autres rapports avec Napoléon.

et demi de gargousses et de cartouches, 36,000 livres de fer, 321,000 livres de plomb et 184 caissons. Il faut lire les détails rapides de ce grand fait où les généraux de Bonaparte lui reprochaient d'être trop magnanime pour un ennemi. Nous citons le bel ouvrage du colonel de Chambure (1).

« Le maréchal Wurmser avait envoyé son aide de camp Klenau au quartier général français. Son envoyé disait que la ville pouvait encore tenir trois mois, et que si le maréchal demandait à capituler, c'était par égard pour les souffrances du peuple de Mantoue. Bonaparte se lève et dit à Klenau :

« Si Wurmser avait seulement pour vingt jours de vivres
» et qu'il parlât de se rendre, il ne mériterait aucune capitu-
» lation honorable. Mais je respecte l'âge, la bravoure et les
» malheurs du maréchal. Voici les conditions que je lui
» accorde, s'il ouvre ses portes demain. S'il tarde quinze
» jours, un mois, deux mois, il aura les mêmes conditions.
» Il peut attendre jusqu'à son dernier morceau de pain. Je
» pars à l'instant pour passer le Pô..... Vous connaissez mes
» intentions : allez le dire à votre général. »

» Klenau a reconnu le général Bonaparte. Mais c'est en lisant ses conditions généreuses qu'il apprendra à le juger. Napoléon veut honorer le courage malheureux. Wurmser conservera son épée et reconduira dans sa patrie le reste de son armée.

» Plein de reconnaissance pour cette noble conduite, le vieux maréchal veut voir son jeune vainqueur; il le presse de venir passer le fleuve à Mantoue. Mais Bonaparte se refuse à paraître devant la ville, qui vient de lui envoyer ses clefs. Le jour de la reddition de la place, ce n'est pas lui qui en prendra possession. Des soins plus importants l'occupent : il dédaigne de jouir de ses succès; il lui importe d'en profiter. C'est le général Sérurier qui entre à Mantoue et qui voit défiler devant lui la garnison autrichienne.....

(1) *Napoléon et ses contemporains*, 1 vol. in-4° devenu rare, § 9.

» Si Napoléon a pu se dérober aux honneurs qui l'attendent, il ne peut se soustraire aux témoignages que Wurmser veut lui donner de sa reconnaissance. Le maréchal lui écrit une lettre honorable pour tous deux, et l'instruit d'un complot d'empoisonnement qui doit éclater à son passage dans la Romagne. *Cet avis fut utile,* dit laconiquement Napoléon dans ses Mémoires. Il fut beau et noble de la part de Wurmser de veiller sur les jours de celui qui avait veillé sur son honneur..... »

Mais reprenons.

Le 9 février, les Français occupent Ancône ; le 10, ils occupent Lorette ; le 13, le saint pape Pie VI écrit au général Bonaparte, qu'il appelle son très-cher fils, une lettre où il demande la paix. Cette paix entre la République française et le pape Pie VI est signée le 19 février, à Tolentino, avec des concessions et des conditions assez onéreuses, exigées par le gouvernement français d'alors (1). Le 22, le Pape adresse un bref à son cher fils Napoléon Bonaparte, pour le remercier d'une mesure qu'il vient de prendre en faveur des prêtres réfugiés en Italie. Voici la pièce relative à cette mesure :

BONAPARTE, GÉNÉRAL EN CHEF DE L'ARMÉE D'ITALIE.

« Au quartier général de Macerata, le 27 pluviôse an V (15 février 1797).

» La loi de la Convention nationale sur la déportation défend aux prêtres réfractaires de rentrer sur le territoire de la République française, mais non pas de rester sur le territoire conquis par les armées françaises.

» La loi laisse au gouvernement français la faculté de prendre sur cet objet les mesures que les circonstances peuvent exiger.

(1) Si tous les Français admiraient les prodiges de leur armée sous le général Bonaparte, le Directoire, qui régnait alors, s'en effrayait. On lui écrivait, de mauvaise humeur, qu'il signait des traités sans consulter le pouvoir. Il répondait : « Je vous envoie six millions, qui partent de Milan pour Paris » ; et les directeurs se taisaient.

» Le général en chef, satisfait de la conduite des prêtres réfractaires réfugiés en Italie, ordonne :

» Article 1ᵉʳ. — Les prêtres réfractaires sont autorisés à rester dans les États du Pape conquis par les armées françaises.

» Article 2. — Il est défendu, sous les peines les plus sévères, aux individus de l'armée, aux habitants, prêtres ou religieux du pays, de molester, sous quelque titre que ce soit, les prêtres réfractaires.

» Article 3. — Les prêtres réfractaires seront mis en subsistance dans les différents couvents, où il leur sera accordé par les supérieurs le logement, la nourriture, la lumière et le feu.

» Article 4. — Les supérieurs des couvents donneront à chaque prêtre réfractaire quinze livres de France par mois, pour leur habillement ou entretien. »

Citons encore le dernier article de cette proclamation :

« Le général en chef verra avec plaisir ce que les évêques et les prêtres charitables feront pour améliorer le sort des prêtres réfugiés ou déportés. »

Cet acte si simplement généreux fut connu bien vite à Paris, et il produisit tant d'effet que le Directoire dut le confirmer. Il publia donc ce qu'on va lire, le 8 ventôse (26 février), onze jours après l'initiative prise par le général :

« Le Directoire exécutif arrête :

» Article 1ᵉʳ. — Le ministre des relations extérieures est autorisé à délivrer un passe-port et une route à tout prêtre français, non détenu pour crime prévu par le Code pénal, qui déclarera vouloir se rendre en Italie, dans la partie des États du Pape occupée par les troupes de la République.

» Article 2. — Le général en chef de l'armée d'Italie prendra toutes les mesures qui lui paraîtront convenables pour qu'il soit efficacement pourvu aux besoins de ces prêtres, et pour qu'ils soient traités de même que les autres prêtres français qui ont été trouvés réfugiés sur les terres du Pape. »

De tels faits expliquent les sympathies que le général Bonaparte soulevait de toutes parts autour de lui.

En même temps que les sages mesures qu'on vient de lire, le général Bonaparte occupait l'Ombrie et soutenait le 22 février le combat de Lovadino. Le 26, il envoyait à Paris les trophées de Mantoue.

Le 2 mars, combat de Monte-di-Sover; le 10, occupation de Feltre et bataille de Bellune; le 12, combat de San-Salvador; le 13, combats de Longura et de Sacile. Le 16, bataille du Tagliamento; les Autrichiens, commandés par le prince Charles, sont mis en déroute. Le 18, prise de Palma-Nova et d'autres postes; le 19, prise de Gradisca; combat de Casasola; le 21, prise de Goritz et de Camiza, combats de Caminio. Le 22, combats de Puféro et prise de Botzen; le 23, prise de Trieste, qui ajoute le Tyrol autrichien à la conquête de l'Italie.

Le 25, attaque des gorges du Tyrol; combats de Tarvis, de Trévise, de la Chiuse, où l'armée française gagne trente pièces de canon, quatre cents chariots, cinq mille prisonniers, dont quatre généraux. Le 28, combat de Bruck; le 29 prise de Klagenfurth, et soumission de la Carniole et de la Carinthie. Le 31 mars, lettre du général Bonaparte à l'archiduc Charles; il y engage le prince autrichien à s'unir à lui pour arrêter le fléau de la guerre.

Le 1er avril, prise de Neumarkt et de Freisach; le 3, combat de Hundsmarck; prise de Kintenfeld, Jundenburg et Scheffling. Le 4, l'armée française poursuit l'armée du prince Charles sur la route de Vienne. Le 7, suspension d'armes entre l'armée française et le prince Charles. Le 8, la ville de Gratz est occupée par les Français. Le général Bonaparte n'est qu'à trente lieues de Vienne.

Le 13, l'armistice entre le prince Charles et le général Bonaparte expire. L'armée française enveloppe l'armée autrichienne. Le 18 avril, entre les plénipotentiaires autrichiens et le général Bonaparte représentant la République française, se signent au château d'Eckenvald, près de Léoben, les préliminaires de la paix.

Le 16 avril, une révolution se prépare à Venise. Vérone, à l'instigation des Vénitiens, s'insurge contre les Français. Cette ville est reprise le 24, et tous les États de terre ferme de la république de Venise sont envahis par ordre de Bonaparte. Il publie le même jour un manifeste contre la Vénétie. Le 3 mai, il lui déclare la guerre; le 11, les troupes françaises entourent Venise, où la noblesse effrayée prend la fuite; le doge abdique, l'anarchie s'agite dans la fière cité, et les habitants en masse appellent les Français pour ramener l'ordre chez eux. La ville est prise le 16; le 20 mai, le général Bonaparte y fait son entrée, et quelques jours après il envoie au Directoire les drapeaux pris aux Vénitiens.

Napoléon profite de la paix achetée par tant de victoires pour organiser l'Italie. Il établit la république cisalpine, ayant Milan pour capitale; la république ligurienne, ayant pour capitale Gênes; il maintient la république de Saint-Marin, sous le protectorat de la France; il partage les États vénitiens entre la France, la république cisalpine et l'empereur d'Allemagne; il maintient la paix avec le royaume de Naples.

Ce ne fut que le 17 octobre que la paix dont l'Autriche avait si grand besoin fut faite à Passeriano, quoiqu'on lui ait donné le nom de Campo-Formio, qui est un village voisin. Elle fut signée dans l'appartement qu'occupait là le général Bonaparte. Dans ce traité, qui reconnaissait toutes les conquêtes de la France (1), le vainqueur avait imposé pour condition accessoire, quoique formelle, la liberté du général la Fayette et de deux autres Français (2) retenus par l'Autriche dans les

---

(1) Lorsque Napoléon Bonaparte eut signé le traité de Campo-Formio, quelques-uns de ces politiques que le gouvernement républicain envoyait toujours autour de lui s'avisèrent de lui faire le reproche que les myopes de nos jours ont adressé à la paix de Villafranca : « Vous avez trop favorisé l'empereur d'Autriche en lui laissant Venise. » Le sage général leur répondit : « Je jouais au vingt et un; j'avais vingt, et je m'y suis tenu. »

(2) Latour-Maubourg et Bureau de Puzy.

prisons d'Olmutz. Dès qu'il se revit libre, la Fayette écrivit au général Bonaparte, son libérateur, la lettre qui suit, datée de Hambourg :

« Citoyen Général,

» Les prisonniers d'Olmutz, heureux de devoir leur délivrance à la bienveillance de leur patrie et à vos invincibles armes, avaient joui dans leur captivité de la pensée que leur liberté et leur vie étaient attachées aux triomphes de la République et à votre gloire personnelle. Ils jouissent aujourd'hui de l'hommage qu'ils aiment à rendre à leur libérateur.

» Il nous eût été doux, citoyen général, d'aller vous offrir nous-mêmes l'expression de ces sentiments, de voir de près le théâtre de tant de victoires, l'armée qui les remporta, et le héros qui a mis notre résurrection au nombre de ses miracles. Mais vous savez que le voyage de Hambourg n'a pas été laissé à notre choix; et c'est du lieu où nous avons dit le dernier adieu à nos geôliers que nous adressons nos remercîments à leur vainqueur.

» Dans la retraite solitaire, sur le territoire danois du Holstein, où nous allons tâcher de rétablir les santés que vous avez sauvées, nous joindrons au vœu de notre patriotisme pour la République l'intérêt le plus vif à l'illustre général auquel nous sommes encore plus attachés par les services qu'il a rendus à la cause de la liberté et à notre patrie, que par les obligations particulières que nous nous glorifions de lui avoir, et que la plus vive reconnaissance a gravées dans nos cœurs.

» Salut et respect.

» LA FAYETTE, LATOUR-MAUBOURG, BUREAU DE PUZY. »

En lisant cette lettre empâtée, Napoléon souriait à demi; et il dit en la refermant : « Il se réserve toujours d'être notre Washington. »

X. — FÊTES A PARIS.

> Aucune gloire désormais
> Ne vous sera donc étrangère?
> Et vous savez faire la paix
> Comme vous avez fait la guerre.
> ARNAULT, *Au général Bonaparte.*

Dès qu'on apprit à Paris que la paix était définitivement signée et que le général Bonaparte allait à Rastadt la confirmer par une convention militaire, le Directoire, que l'immense popularité du héros effrayait outre mesure, s'empressa de le nommer général en chef de l'armée dite d'Angleterre.

Les Anglais étaient les seuls ennemis qui nous restassent à combattre, quoique d'ailleurs ils fussent peu formidables dès lors, n'ayant plus d'appuis sur le continent. Cette nomination eut lieu le 26 octobre 1797; et ce ne fut que cinq jours après que les directeurs reçurent officiellement le traité de paix apporté par Berthier et Monge. Mais depuis les préliminaires de Léoben, on avait rassemblé sur les côtes de l'Océan une armée et une flotte.

M. Granier de Cassagnac, qui a si complétement et si bien compris toutes les phases de la Révolution, expose très-nettement la position d'alors :

« Le Directoire, dit-il, ne voulait pas la paix; il ne tenait qu'à lui, comme l'a révélé Carnot, de la conclure cinq mois plus tôt, aux conditions qui ont été acceptées.... A l'arrivée des préliminaires de Léoben, les triumvirs rugissent : la Réveillère-Lepaux était un tigre; Rewbell poussait de gros soupirs; Barras désapprouvait le traité. Un jour, ne pouvant contenir sa rage, il (1) se leva brusquement et s'adressant à

---

(1) Barras.

moi comme un furieux : « Oui, me dit-il, c'est à toi que
» nous devons l'infâme traité de Léoben (1). »

» Cet éloignement du Directoire pour la paix avait deux causes : il redoutait ces questions intérieures d'organisation de travail, de commerce, d'économie, de prospérité, de satisfaction générale que les temps calmes posent toujours et qu'il faut résoudre, sous peine d'affaiblissement et de déchéance. Il avait peur de ces généraux couverts de lauriers, à la vie noble et pure, ayant avec l'amour des soldats la confiance de l'opinion publique, et pouvant devenir, par la seule force de la comparaison, des rivaux très-redoutables.

» Bonaparte surtout était pour le Directoire un objet de jalousie et de défiance. Barras lui devait le succès du 18 fructidor, et c'est peut-être parce qu'il sentait sa supériorité et sa force qu'il le haïssait en le caressant. « Bonaparte leur fut tou-
» jours odieux, dit encore Carnot, et ils ne perdirent jamais de
» vue le projet de le faire périr. Je n'en excepte point Barras.
» L'ascendant que prenait le général, par ses victoires multi-
» pliées, commençait à l'importuner. »

» Ce sont précisément ces mêmes raisons qui rendaient la paix et la renommée de Bonaparte chères à l'opinion publique. On trouvait dans la paix la fin des maux du passé, et dans le jeune vainqueur une espérance et une garantie pour l'avenir.

» Le traité de paix conclu entre la République et l'Empereur, roi de Hongrie et de Bohême, arriva au Directoire dans la nuit du 26 au 27 octobre 1797; il était apporté par le général Berthier, à qui Bonaparte avait adjoint Denon, pour lequel il avait et il conserva une estime particulière.... Le Directoire l'adressa aux deux conseils par un message.

» L'arrivée du message annonçant la paix produisit dans les conseils une ivresse générale. Au conseil des Cinq-Cents, des membres épars dans les corridors se pressèrent aux portes

---

(1) CARNOT, *Réponse à Bailleul.* — C'était Carnot qui avait fait donner à Bonaparte le commandement en chef de l'armée d'Italie.

de la salle en criant : La paix ! La paix ! la lecture du message terminée, les curieux des tribunes, les journalistes, les personnes assises dans la salle, au banc des pétitionnaires, donnèrent le signal des applaudissements. L'assemblée entière était debout, découverte, contre son habitude, et mêlait ses acclamations à celles du public (1). Au conseil des Anciens, les mêmes transports éclatèrent; et la séance fut levée au milieu de l'enthousiasme universel. Cette joie sincère et bruyante exprimait la pensée du pays.

» Pour la France, la paix avec l'Empereur, c'est-à-dire avec la seule des grandes puissances continentales qui eût jusqu'alors refusé de traiter, c'était la fin de la Révolution.... Cette paix voulait dire, pour ceux qui avaient voté la mort du Roi, qu'ils ne seraient pas recherchés par une restauration remplie de colère; pour ceux qui avaient acheté des biens nationaux, qu'ils ne seraient pas chassés de leurs nouvelles possessions; pour ceux qui étaient voués aux principes de 1789, qu'ils n'auraient plus à compter avec un état social tombé sans retour; pour les soldats qui avaient couru aux frontières, que la Belgique et la rive gauche du Rhin seraient désormais acquises par le droit; pour tous ceux qui sentaient la dignité et la gloire de la patrie, que la France, sortie victorieuse d'une lutte avec l'Europe entière, déposait les armes après avoir fait entrer ses principes dans le droit public des nations civilisées.

» Le général Bonaparte, à qui étaient dus des résultats si beaux, longtemps inespérés, était devenu le pivot des espérances publiques...., non-seulement au point de vue de la gloire militaire, mais aussi au point de vue de la probité politique et de l'élévation du caractère, entièrement hors de pair avec tous les généraux de son temps, quels qu'ils fussent. Aussi tout le monde avait le pressentiment des hautes destinées de Bonaparte et s'en exprimait publiquement.

(1) *Moniteur* du 29 octobre 1797.

» C'est au milieu de ces préoccupations générales que Bonaparte, qui s'était rendu de Milan à Rastadt, et qui avait pris part quelques jours aux préliminaires du congrès, arriva le 5 décembre 1797 à Paris, où l'attendaient, au milieu de l'anxiété et de la jalousie du Directoire, la curiosité et l'admiration publiques. »

Le 26 octobre, bien avant la rentrée de Bonaparte à Paris, le Directoire avait rassemblé différents corps de troupes sur les côtes de l'Océan. Ils devaient former une armée destinée à combattre l'Angleterre. Le général Desaix avait reçu l'ordre de se rendre à Rennes pour surveiller ces préparatifs. On annonçait que le général Bonaparte était chargé de cette grande expédition; et une proclamation affichée partout engageait tous les Français à se liguer, pour châtier le cabinet britannique de sa perfidie, en exposant que *c'était à Londres que l'on fabriquait les malheurs de l'Europe, et que c'était là qu'il fallait y mettre un terme.*

Le 29 octobre, le concile (1) des prêtres constitutionnels chanta dans l'église de Notre-Dame un *Te Deum* en actions de grâces du traité de paix de Campo-Formio; cérémonie qui eut lieu aux instances des masses, et que le Directoire n'osa pas empêcher.

Le 31 octobre, le général Berthier se présenta solennellement devant le Directoire : il tenait d'une main le traité de Campo-Formio et de l'autre une branche d'olivier. « Ce rameau, dit-il, a été acheté glorieusement par cinq cent quatre-vingt-un combats, parmi lesquels on compte presque autant de victoires. »

Dans son discours, il rappela le début de cette grande campagne et il cita une des allocutions du général Bonaparte, lorsque sa petite armée de vingt mille hommes fut parvenue

---

(1) C'est le nom que les prêtres constitutionnels donnaient à leurs réunions. En même temps que c'était là un prélude du réveil chrétien, la *religion des théophilanthropes* naissait, couvée par La Réveillère-Lepaux, l'un des directeurs.

au sommet des Alpes, d'où l'on voyait les plaines fertiles du Piémont et de la Lombardie :

« Soldats, ce n'est plus une guerre défensive, c'est désor-
» mais une guerre d'invasion ; ce sont des conquêtes que vous
» allez faire. Point d'équipages, point de magasins. Vous êtes
» sans artillerie, sans habits, sans souliers, sans solde ; vous
» manquez de tout. Mais vous êtes riches en courage. Eh bien,
» voilà vos magasins, votre artillerie ! Vous avez du fer et du
» plomb ; marchons, et dans peu ils seront à nous. L'ennemi
» est quatre fois plus nombreux que nous : nous en acquer-
» rons plus de gloire..... »

Le 15 novembre, le général Bonaparte, en quittant l'armée d'Italie pour se rendre au congrès de Rastadt, fit ses adieux aux soldats ; mais il leur annonçait, en même temps, que bientôt il serait avec eux « pour lutter contre de nouveaux dangers, et qu'il espérait les retrouver toujours dignes soutiens de la liberté et de la gloire du nom français ».

Le 1er décembre, après avoir traversé la Suisse, où il reçut partout des ovations, Bonaparte arrivait au congrès de Rastadt ; il y stipula avec les plénipotentiaires autrichiens l'évacuation, avant la fin du mois, de Mayence et des autres places cédées aux Français sur la rive gauche du Rhin ; et le 5 décembre il arrivait sans bruit à Paris, où sa présence mit sur-le-champ toute la grande ville en fête. Il s'était rendu à son petit hôtel de la rue Chantereine, que le peuple baptisa aussitôt du nom de rue de la Victoire. Il se présenta le même jour au Directoire, sans appareil et sans entourage.

Mais on lui préparait une fête qui eut lieu le 10 décembre, au palais du Luxembourg ; toute la ville y prit part. Une garde d'honneur s'était improvisée pour l'escorter au palais directorial ; il y arriva sans pompe, dans une simple voiture et accompagné seulement de Marmont, l'un de ses aides de camp. Les généraux Joubert et Andréossy déployèrent alors, devant les directeurs, les ministres, les représentants des puissances, les deux conseils, un immense drapeau, sur lequel on lisait la longue série des hauts faits du héros de l'Italie.

Cependant, la veille, les directeurs avaient nommé Alexandre Berthier général en chef de l'armée d'Italie; et deux jours après le Corps législatif donna à Bonaparte un somptueux dîner d'honneur, dans la grande galerie du Louvre. Le passage du pont de Lodi était représenté, sur la table immense, en pâtisserie appétissante; ce qui fit sourire le héros de la fête. Quinze toasts furent portés à ce dîner, au bruit du canon. En quittant la table, Bonaparte sortit par le grand salon, où l'on avait rassemblé tous les chefs-d'œuvre de l'Italie dont il avait enrichi la France. Le banquet magnifique fut fêté par la nombreuse assemblée; pour lui, il n'y mangea qu'un fruit, car la sobriété était une de ses vertus.

Le 25 décembre, le général Bonaparte est nommé membre de l'Institut de France.

Le 3 janvier 1798, le ministre des relations extérieures donne une fête au général Bonaparte, qui ne peut paraître dans Paris sans être acclamé partout.

Il s'échappe quelques jours après, pour calmer les inquiétudes du Directoire, et va inspecter, sur les côtes de l'Océan, les préparatifs de la guerre déclarée à l'Angleterre. Il ne revint de cette excursion que le 23 février et s'occupa de composer son état-major. Dix jours plus tard, le Directoire le chargea de diriger le grand armement formé sur les côtes de la Méditerranée, afin de soutenir, au besoin, le général Berthier, qui ne suivait pas la ligne de Bonaparte et qui respectait peu le sentiment religieux.

On apprend que, le 22 février, la république de Mulhouse s'est détachée, la veille, de la confédération helvétique pour se réunir à la République française.

Le 2 avril, le Directoire arrête que le général Bonaparte se rendra sur-le-champ à Brest et y prendra le commandement de l'armée et des forces navales qui sont rassemblées pour la descente en Angleterre. Dix jours après, un autre arrêté nomme Bonaparte général en chef de l'armée d'Orient, car le Directoire veut éloigner le héros. Bonaparte arrive à Toulon le 8 mai ; il s'occupe de préparer son armée, et fait à ses braves cette proclamation :

« Soldats, vous êtes une des ailes de l'armée d'Angleterre. Vous avez fait la guerre des montagnes, des plaines et des siéges, il vous reste à faire la guerre maritime. Les légions romaines, que vous avez quelquefois imitées, mais pas encore égalées, combattaient Carthage tour à tour sur cette mer et aux plaines de Zara; la victoire ne les abandonna jamais, parce que, constamment, elles furent braves, patientes à supporter la fatigue, disciplinées et unies entre elles. Soldats, matelots, vous avez été jusqu'à ce jour négligés. Aujourd'hui la plus grande sollicitude de la République est pour vous. Le génie de la liberté, qui a rendu, dès sa naissance, la République arbitre de l'Europe, veut qu'elle le soit des mers et des nations les plus lointaines.... »

XI. — L'EXPÉDITION D'ÉGYPTE.

> Héros! tout est guerrier pour voler sur vos traces.
> L'Égypte de ses feux, les Alpes de leurs glaces
> S'armeront vainement pour arrêter vos pas.
>   CARRION-NISAS.

Le 19 mai 1798, Bonaparte s'embarqua avec l'armée navale, composée de treize vaisseaux de ligne, de quatre-vingt-dix navires de guerre, frégates, cutters, chaloupes canonnières, et de plus de trois cents bâtiments de transport. « Par un hasard singulier, dit M. de Norvins, le nom du vaisseau amiral, que montait Bonaparte, renfermait à lui seul le secret de l'expédition. Ce vaisseau était l'*Orient*. Ce soleil, qu'on appela si souvent le soleil de Napoléon, éclaira le majestueux départ de la flotte française, qui mit à la voile au bruit du canon et aux acclamations unanimes de l'armée.

» La traversée ne fut pas exempte d'inquiétudes. On s'attendait à tout moment à l'apparition des Anglais, qui sillonnaient la mer en tous sens. »

Le général rallia trois convois de Cività-Vecchia, d'Ajaccio et de Gênes, et s'en fit accompagner pour éviter l'attention des Anglais jusqu'aux côtes de Sicile, et il fit diriger sur Malte. Le 9 juin, il arriva en vue de cette île célèbre, dont le port magnifique passe pour imprenable. Il obligea le grand maître des chevaliers de Malte à capituler et prit possession de cette place importante le 12 juin.

Quoiqu'il sût que les Anglais étaient à sa poursuite, il resta là une semaine à établir une administration sérieuse. Il en partit le 19 juin, laissant dans l'île trois mille hommes de sa petite armée et emmenant avec lui tous les bâtiments de guerre qui se trouvaient dans le port.

Le 1er juillet, la flotte française était en vue d'Alexandrie, où l'on allait débarquer. Alors seulement Bonaparte annonça aux soldats que, par de nouveaux exploits, ils allaient surpasser ceux qui étonnaient déjà leurs admirateurs. Et comme ils allaient combattre les musulmans, il leur dit :

« Agissez avec eux comme vous avez agi avec les juifs et
» avec les Italiens; ayez des égards pour leurs muphtis et
» leurs imans, comme vous en avez eu pour les rabbins et
» pour les évêques. Ayez pour les cérémonies que prescrit le
» Koran, pour les mosquées, la même tolérance que vous avez
» eue pour les couvents, pour les synagogues, pour la religion
» de Moïse et pour celle de Jésus-Christ. Les légions romaines
» protégeaient toutes les religions. »

Si ces paroles ont semblé à plusieurs en désaccord avec les sentiments chrétiens de Napoléon Bonaparte, n'oublions pas qu'alors tout était encore dans un vague déisme, et que le chef de l'expédition devait ménager toutes les opinions.

On débarqua ce jour même, 1er juillet, et le 2 Alexandrie

fut prise d'assaut. Aussitôt, le général en chef publia en arabe la proclamation suivante, qui devait rassurer le pays envahi :

« Depuis trop longtemps les mameluks, ce ramassis d'esclaves, achetés dans le Caucase et la Géorgie, tyrannisent la plus belle partie du monde. Dieu, de qui tout dépend, a ordonné que leur empire finît.

» Peuples de l'Égypte, on vous dira que je viens détruire votre religion; ne le croyez pas; répondez que je viens vous restituer vos droits, punir les usurpateurs, et que je respecte, plus que les mameluks, Dieu, son Prophète et le Koran.

» Dites-leur que tous les hommes sont égaux devant Dieu; la sagesse, les vertus, les talents mettent seuls de la différence entre eux. Or, quelle sagesse, quels talents, quelles vertus distinguent les mameluks, pour qu'ils aient exclusivement tout ce qui rend la vie agréable et douce?

» Si l'Égypte est leur ferme, qu'ils montrent le bail que Dieu leur en a fait. Mais Dieu est juste et miséricordieux pour le peuple. Tous les Égyptiens sont appelés à remplir toutes les places : que les plus sages, les plus instruits gouvernent, et le peuple sera heureux.

» Cadis, cheiks, imans, dites au peuple que nous sommes les amis du Grand Seigneur (que Dieu accomplisse ses desseins!) et les ennemis de ses ennemis, tandis que les mameluks sont toujours soulevés contre le Grand Seigneur, qu'ils méconnaissent.

» Trois fois heureux donc ceux qui seront avec nous! ils prospéreront dans leur fortune et leur rang. Heureux aussi ceux qui seront neutres : ils auront le temps de nous connaître et ils se rangeront avec nous. Mais malheur, trois fois malheur, à ceux qui s'armeront pour les mameluks et combattront contre nous! il n'y aura pas d'espérance pour eux, et ils périront (1). »

(1) Les ennemis *quand même* de Napoléon se sont appuyés sur ces proclamations aux musulmans pour avancer qu'il était indifférent en religion. Mais on verra dans le cours de ces récits qu'il a été au contraire toujours, et même

Le 5 juillet, les Français étaient maîtres des deux ports d'Alexandrie; ils s'avancent dans les terres; et le 7, la gracieuse ville de Rosette, sur le chemin du Caire, leur ouvre ses portes et les reçoit. Le 11, le 12 et le 14 juillet, il y eut des batailles à Damanhour, à Ramanieh et à Chébreïss. Les Français firent connaissance là avec la manière de combattre des mameluks, qui bondissent, fuient et reviennent comme les Arabes, que nos troupes ont si longtemps repoussés en Algérie. Le 21 juillet, Bonaparte et son corps d'armée aperçoivent les pyramides, et, à droite, les innombrables minarets du Caire; mais en même temps ils voient déployé devant eux le corps des mameluks, dans leurs brillants costumes et sur leurs beaux chevaux richement équipés. Bonaparte range son armée, et indiquant de sa main droite les pyramides, il ne dit que ces mots : « Soldats, vous allez combattre les dominateurs de l'Égypte. Songez que, du haut de ces monuments, quarante siècles vous contemplent. »

Il ordonne en même temps à tous les rangs de ne pas s'élancer, comme en Italie, mais d'attendre l'ennemi et de ne tirer qu'à bout portant. L'ennemi était deux fois au moins plus nombreux que nous. Mourad-Bey, l'un des chefs, commandait la droite des mameluks, Ibrahim-Bey la gauche; mais celui-là, entouré de ses femmes et de son butin, décidé à fuir du Caire si les Français étaient vainqueurs. Ils le furent complétement; et, après une défaite immense, les mameluks abandonnèrent leur camp, leurs canons, leurs chameaux, tous leurs bagages et tout le butin qu'ils avaient laissé, près de là, dans le village d'Embabeh.

Le lendemain, 22 juillet, la grande ville du Caire, qu'Ibrahim-Bey avait abandonnée, ouvrit ses portes au vainqueur.

Mourad-Bey n'emmenait dans sa fuite que deux mille

---

dans ses résistances à l'Église, chrétien catholique sincère. D'ailleurs ce n'est pas lui qui a fait ces pièces; il en a donné la pensée, qui était la sagesse même; et les savants l'ont écrite dans la langue, le style et les idées seules convenables au peuple brut, fanatique et féroce à qui on s'adressait.

cinq cents mameluks; et Ibrahim-Bey, se sauvant seul avec ses esclaves, gagnait la Syrie.

Avec ses vaillants soldats, Bonaparte, dont le génie voulait régénérer l'Égypte, avait emmené une cohorte de savants et d'artistes. Dans les quelques jours de repos que lui donna la conquête du Caire, il organisa l'administration du pays, en même temps qu'il fondait l'Institut d'Égypte. Les artistes et les savants se mirent à l'œuvre aussitôt : les premiers pour reproduire les monuments et les antiquités de l'Égypte ancienne, et les mœurs de l'Égypte endormie dans le mahométisme; les savants et les écrivains pour recueillir les faits; et, lorsque les odieuses jalousies de l'Angleterre feront échouer le réveil de ce pays autrefois si célèbre, il restera au moins de l'expédition française un monument digne de la grandeur de l'homme qui ne négligeait rien (1).

Dix jours après la victoire des Pyramides, la flotte qui avait amené les Français en Égypte, attaquée par les Anglais, bien plus nombreux, fut battue et détruite, excepté quelques navires qui purent s'échapper. Les amiraux Brueys et du Petit-Thouars et plusieurs capitaines de vaisseau se firent tuer là, après avoir si vaillamment combattu, que l'honneur fut sauvé. Cette journée porte dans l'histoire le nom de bataille d'Aboukir, ainsi désignée parce qu'elle s'est livrée près de l'île d'Aboukir, formée par le Nil non loin d'Alexandrie.

La perte de la flotte troubla un instant les généraux. Bonaparte seul se montra impassible; il se contenta de dire : « Nous n'avons plus de flotte, eh bien! il faut rester ici, pour » en sortir grands comme les anciens (2). »

(1) Ce monument, connu sous le nom de *l'Égypte*, fut imprimé sous la direction du général Bonaparte, à la suite de son retour en France. Il releva notre imprimerie, tombée assez bas. On tira les planches immenses sur un papier fabriqué exprès et qu'on appela papier grand-aigle, grand-monde, grand-égypte. Si ces planches sont belles et admirées, les textes s'en rapprochent très-dignement.

(2) C'est alors que, fatigué de son abondante chevelure dans ces climats brûlants, chevelure qui n'était pas formée de *cheveux plats*, comme l'a dit

Mais Napoléon posait pour rassurer l'armée; il a exprimé ses vrais sentiments d'alors dans ses Mémoires. « La perte de la bataille d'Aboukir, dit-il, eut une grande influence sur les affaires d'Égypte, et même sur celles du monde. La flotte française sauvée, l'expédition de Syrie n'éprouvait point d'obstacles; l'artillerie de siége se transportait sûrement et facilement au delà du désert, et Saint-Jean d'Acre n'arrêtait pas l'armée française. La flotte française détruite, le Divan s'enhardit à déclarer la guerre à la France. L'armée perdit un grand appui; sa position changea totalement, et Napoléon dut renoncer à l'espoir d'assurer à jamais la puissance française dans l'Orient par les résultats de l'expédition d'Égypte (1). »

Quatre jours après le désastre d'Aboukir, l'armée française s'avançait en combattant, et victorieuse toujours. Le 5 août, combat d'El-Hanka; le 10, combat de Salahieh; le 12, combat de Remerich et prise de chacune de ces places, que l'on ne

Auguste Barbier, dans une diatribe plus qu'inconvenante, il la fit couper et adopta, selon le mot du temps, la chevelure dite à la Titus. C'était ramener une mode des vieux Romains; et c'est dès lors que les soldats, qui l'appelaient dans la première campagne d'Italie « le Petit Caporal », l'appelèrent entre eux « le Petit Tondu. »

(1) Le duc de Raguse, alors général Marmont, qui faisait partie de l'expédition d'Égypte, expose à ce propos, dans le récit de ses voyages, l'esprit de l'armée française à la nouvelle du grand revers d'Aboukir : « Nous voilà séparés de la mère patrie, disions-nous; nous voilà sans communication avec elle. Il faudra savoir nous suffire à nous-mêmes. L'Égypte offre d'immenses ressources; nous les développerons. Autrefois, elle formait à elle seule un puissant royaume : pourquoi ne le ferions-nous pas renaître de ses cendres, enrichi par les arts, les sciences et l'industrie? Avec du courage et de la volonté, il n'y a pas de limites qu'on ne puisse atteindre, point de résultats qu'on ne doive espérer. Quel appui pour la République que cette position offensive contre les Anglais! Quel point de départ pour les conquêtes que l'écroulement possible de l'empire ottoman peut mettre à notre convenance et à notre portée! Des secours partiels pourront toujours arriver de France. Les débris de l'escadre fourniront des ressources importantes à l'artillerie. Nous deviendrons facilement inexpugnables dans un pays qui n'a d'autres frontières que des déserts et une côte sans abri. La grande affaire pour nous, c'est de préserver l'armée d'un découragement qui serait le germe de sa destruction. Sachons nous élever au-dessus de la tempête, et les flots seront domptés. Nous sommes peut-être destinés à renouveler la face de l'Orient, à placer nos noms à côté des noms les plus illustres de l'histoire ancienne et du moyen âge..... »

connaît que par le passage de nos troupes. Le 18, Bonaparte fait rompre, en grande pompe, la digue qui retient les eaux du Nil au Caire. Le 20, il fait célébrer avec faste la fête nationale des musulmans. Le 21, il installe l'Institut d'Égypte, dont les travaux sont une de nos gloires.

Le 6 septembre, combat de Behnès; le 15, combat de Schabbas-Amer; le 17, les Arabes défaits à Gémélé; le 22 septembre, fête anniversaire au Caire de la fondation de la République; le 29, combat de Mit-el-Haroun; le 4 octobre, combat de Matarieh; le 8, bataille de Sédiman, où trois beys, beaucoup d'autres chefs et un corps de mameluks restent sur le champ de bataille.

Le 21 octobre, une violente insurrection éclate au Caire, sous des prétextes religieux, et non en réalité à cause des impôts, comme on l'a écrit. Elle était excitée par une proclamation du Sultan, dont nous citerons quelques passages. On y lisait :

« Le peuple français (Dieu veuille l'exterminer et couvrir de honte ses drapeaux!) est une nation d'infidèles et de scélérats sans frein. Pour ces hommes, le Koran, le Vieux Testament et l'Évangile ne sont que des fables. O vous! défenseurs de l'Islamisme, protecteurs de la foi, adorateurs du seul Dieu, vous qui croyez à la sainte mission de Mahomet, marchez tous au combat, sous la protection du Dieu très-grand; vos cimeterres sont tranchants, vos flèches sont aiguës, vos lances effilées, vos canons vomissent la foudre. Des troupes, aussi nombreuses que terribles, vous arrivent par terre, en même temps que des vaisseaux aussi hauts que des montagnes couvrent les mers et voguent à votre aide. C'est à vous que Dieu réserve la destruction de ce peuple infidèle. Bientôt, comme la poussière que les vents dispersent, il ne restera plus sur notre terre aucun vestige des Français; car la promesse de Dieu est formelle : l'espoir des méchants sera trompé, et les méchants périront. Gloire à Dieu! »

Le général Dupuis, l'aide de camp Sulkowski avaient été

égorgés, et c'en était fait de tous les Français, si Bonaparte n'eût pas été leur chef. Sans s'effrayer, il entre aussitôt dans la ville, entièrement soulevée ; il dirige ses canons à travers les rues, et par des mesures promptes et violentes, mais indispensables, il repousse la masse insurgée dans la grande mosquée du Caire, leur offre la paix, et sur leur refus les fait mitrailler, sans pitié dès lors, car les rigueurs seules pouvaient nous sauver.

Le calme, brisé par la révolte furieuse, fut rétabli par le châtiment, et Bonaparte réfuta la proclamation du Sultan par une autre où on lisait : « Cessez de fonder vos espérances » sur vos sultans. Mettez votre confiance en Celui qui dispose » à son gré des empires et qui a créé les humains ; et n'oubliez » pas que le plus religieux des prophètes a dit : « La sédition » est endormie, maudit soit celui qui la réveillera ! »

Deux mois après, Bonaparte rétablit au Caire le Divan, qu'il avait supprimé en châtiant la révolte ; et cette ville ne s'agita plus. Il profita de quelques jours de calme, où l'on ne voit que des rencontres peu importantes, pour aller faire une reconnaissance à Suez ; car il projetait le percement de l'isthme qui s'accomplit de nos jours. Il arriva à Suez le 27 décembre, et le 31 il traçait ce grand travail, qui doit si largement abréger le chemin de l'Inde.

XII. — LA PESTE DE JAFFA.

Un homme cependant, dans cette horrible enceinte,
De la terreur publique osa braver l'atteinte....
. . . .
Au fond d'une tumeur par le mal calcinée,
Il puise sur l'acier la goutte empoisonnée,
Et dans sa propre veine ouverte de sa main
Infiltre sans pâlir le liquide venin.
  BARTHÉLEMY ET MÉRY, *Napoléon en Égypte.*

En entrant dans l'année 1799, nous ne ferons qu'indiquer le combat de Souâgni, qui eut lieu le 3 janvier ; et le 22, le combat de Samanhout. Le 6 février, le général Bonaparte ouvrit la campagne de Syrie. Le 9, prise d'El-Arisch et de ses magasins; le 12 eut lieu le combat de Kéné, où fut défait complétement Osman-Bey. Le 17, combat d'Aboumana. Le 25, prise de Ghaza et d'une grande quantité de munitions de guerre. Le 3 mars, combat de Souhama. Le 4, l'armée française est devant Jaffa, l'ancienne Joppé.

Mais cette place est garnie de hautes murailles et d'énormes tours, que douze cents canonniers turcs doivent défendre. Le général en chef, qui voit dans Jaffa la clef de la Syrie, ordonne l'assaut. Après deux jours d'un bombardement énergique, l'une des grandes tours s'écroule. C'est une porte ouverte. Cependant, avant d'entrer, Bonaparte envoie un parlementaire turc au commandant de la place, qui, pour toute réponse, fait trancher la tête à l'envoyé et ordonne une sortie. Or, il y est complétement battu et sa garnison passée au fil de l'épée. L'armée entre et prend aussitôt sous sa protection tous les chrétiens qui se trouvent dans Jaffa, et qui venaient au-devant d'elle le crucifix à la main.

Mais de la garnison, deux mille hommes environ, Bédouins ou Albanais, avaient mis bas les armes, et les aides de camp Eugène Beauharnais et Croisier leur avaient promis la vie sauve. L'armée, qui manquait de vivres, et qui répugnait à garder ces prisonniers, se révolta contre ces promesses. On ne pouvait les envoyer en France, puisqu'on n'avait plus de navires; on n'osait leur rendre la liberté, parce qu'on savait qu'ils se retireraient dans les montagnes et harcèleraient les marches, déjà très-pénibles. Toute l'armée demandait que ces bandits fussent mis à mort. Bonaparte réunit ses généraux en conseil, et on délibéra trois jours sans oser s'opposer aux objections de la troupe. Pendant ces trois jours, Bonaparte résista aux cris de l'armée et aux conseils des généraux; mais il dut céder en gémissant; il laissa faire, et ces deux mille malheureux furent fusillés.

En même temps que cette triste exécution, on apprit avec

épouvante que la peste était dans l'hôpital de Jaffa. Plusieurs soldats français qui s'y trouvaient en furent atteints, et ses progrès étaient rapides. On a pu voir le tableau célèbre où Bonaparte, qui visite les malades, touche les plaies d'un pestiféré. Si à l'hôpital du couvent d'Haïfa, sur la route de Saint-Jean d'Acre, Bonaparte ne fit que visiter les pestiférés, il est constant qu'à Jaffa il en toucha plusieurs en leur disant, pour les rassurer, que l'épidémie qui les frappait n'était qu'une fièvre bulbeuse; et comme ceux qui l'entouraient lui représentaient qu'il faisait une imprudence, il répondit : « C'est pour moi un devoir. »

On lit dans la biographie du docteur Desgenettes, par M. Léon de la Sicotière, dont la sincérité est inattaquable, que le général Bonaparte s'approchait de ces malheureux, et qu'il aida même à soulever un soldat dont les habits étaient souillés par l'ouverture d'un bubon. Desgenettes, qui avait fait de vains efforts pour détourner le général en chef de ces imprudences, alla plus loin. Pour rassurer de pauvres malades déjà perdus, il but dans le verre de l'un d'eux une portion de son breuvage, quoiqu'il sût que la contagion pouvait se communiquer par là. Puis, dans l'hospice d'Haïfa, pour relever l'imagination effrayée des soldats français, il s'inocula devant eux la peste : il trempa une lancette dans le pus d'un bubon, s'en fit trois piqûres à la poitrine, et par cet autre dévouement héroïque rendit le courage à toute l'armée. Desgenettes et Bonaparte étaient des hommes de foi.

On a dit aussi que Bonaparte avait fait empoisonner les pestiférés. C'est un Anglais, sans doute trompé, sir Robert Wilson, qui a le premier publié cette accusation gratuite. Chambure a publié les résultats positifs de l'information qui fut faite à ce sujet devant Napoléon lui-même; et voici sa réponse, qui résume les faits :

« J'étais sur le point d'évacuer Jaffa; déjà le plus grand nombre des malades et des blessés avait été embarqué. On me vint dire qu'il restait encore à l'hôpital quelques individus hors d'état de soutenir le transport. J'ordonnai aussitôt aux médecins de s'assembler et de me donner leur avis à ce sujet. Ils constatèrent qu'il y avait en effet sept ou huit malades désespérés, dont aucun ne pouvait passer vingt-quatre ou au plus trente-six heures. Quelques-uns même de ces malades, qui avaient leur connaissance, craignant qu'on ne les abandonnât à l'ennemi, demandaient la mort avec prières. Larrey fut d'avis que la guérison était impossible, et que ces malheureux ne pouvaient aller au delà de quelques heures; pourtant, ajouta-t-il, comme il pourrait arriver que les Turcs les trouvassent encore en vie, et qu'ils ne manqueraient pas alors de troubler leur fin par des tortures, il pensait que ce serait un acte d'humanité de les y dérober. Desgenettes fut d'une opinion contraire et répliqua que sa profession était de guérir et non de tuer. Larrey vint immédiatement après s'être informé de ces détails et de la réponse de Desgenettes, et il ajouta qu'après tout celui-ci avait peut-être raison. Mais, continua-t-il, ces malades ne peuvent passer trente-six heures; et, si vous laissez ici une arrière-garde de cavalerie, c'en sera assez pour les protéger contre les partis avancés de l'ennemi, jusqu'à leur dernier moment. En conséquence, j'ordonnai à quatre ou cinq cents hommes de cavalerie de demeurer et de ne quitter la place qu'après la mort du dernier; ce qu'ils firent. Il paraît pourtant que Sidney Smith en trouva un ou deux respirant encore. Voilà l'exacte vérité. Wilson lui-même reconnaît maintenant sa méprise; Sidney Smith ne m'a jamais reproché un pareil acte. Et croyez-vous que si j'avais été capable d'empoisonner mes soldats, ils se seraient battus pour moi avec tant d'enthousiasme et d'amour? Croyez-vous que je serais resté une heure seulement à la tête de l'armée française? »

Haïfa ou Kaïfa fut pris le 16 mars; le 17, l'armée arrivait devant Saint-Jean d'Acre, l'ancienne Ptolémaïs. Le lendemain, cette ville fut investie et le siége signifié. Mais quoique mal fortifiée, cette place importante était défendue par une garnison nombreuse et déterminée. De plus, elle renfermait deux ennemis des Français et de leur République : l'Anglais Sidney Smith, qui était parvenu à s'évader de la prison du Temple, où les républicains l'avaient longtemps resserré; et l'émigré Phélippeaux, ces deux hommes, officiers d'artillerie et habiles ingénieurs. Comme Sidney Smith, Phélippeaux commandait contre nous une troupe d'Anglais. Ancien compagnon d'études de Bonaparte, il épuisa toute sa science à faire échouer les efforts de son ancien camarade.

Pendant ce siége, qui devait durer soixante jours, nous ne citerons que le combat de Loubi, le 24 mars. Le 28 eut lieu le premier des huit assauts que devait subir la place. Le 31 mars, prise de Saffer, l'ancienne Béthulie; le 2 avril, deux généraux turcs sont blessés à Birambra; le 3, combat de Sour; le 6, bataille de Nazareth; le 9, bataille de Cana; le camp ennemi est pris et l'ennemi refoulé vers le Jourdain; le 16, victoire du mont Thabor; le 17 mai, levée du siége de Saint-Jean d'Acre. Bonaparte dit alors :

« Si Saint-Jean d'Acre fût tombé, je changeais la face du monde. »

Il avait médité la conquête de l'Orient. Mais Dieu, qui le réservait à la France, avait permis qu'il se trompât sur la force de cette place et qu'il ignorât les puissants ennemis qu'elle renfermait. Phélippeaux avait été tué sous les drapeaux anglais, dans une des sorties. Sidney Smith restait pour justifier le général Bonaparte d'une odieuse imputation.

A la bataille du mont Thabor, vingt-cinq mille cavaliers turcs et dix mille fantassins avaient été défaits par quatre mille Français, que commandaient Bonaparte et Kléber. Si ces quatre mille braves fussent demeurés au siége de Saint-Jean d'Acre, peut-être le résultat espéré par le général en chef eût-il été différent. Mais Dieu ne l'a pas permis.

Il fallut donc rétrograder. Dans ce retour, il y eut d'autres glorieuses rencontres, et le 14 juin Bonaparte rentra au Caire, où il réunit les débris de son armée, pour lui donner un peu de repos.

Il était resté des malades à l'hospice d'Haïfa ; le général avait voulu qu'on les emmenât tous et qu'on employât à leur transport les chevaux des officiers. Lui-même, pour donner un utile exemple, avait fait beaucoup de marches à pied.

Sa rentrée au Caire fut triomphale ; les Arabes le saluaient du nom de sultan Kébir (le Père du feu) ; et on lisait sur les murailles : « Il est arrivé au Caire *le bien gardé* ; il est arrivé plein de santé, remerciant Dieu des faveurs dont il le comble. »

Bonaparte avait à peine réuni et reposé ses forces, lorsqu'il apprit qu'une flotte turque de cent voiles, chargée d'une armée nouvelle et commandée par le vizir Mustapha, pacha de Roumélie, débarquait à Aboukir. C'était une occasion assez heureuse de laver la défaite subie aux mêmes lieux une année auparavant. Bonaparte s'élança à marches forcées à sa rencontre, qui eut lieu le 25 juillet 1799. Cette fois encore la discipline et la bravoure savante de l'armée française, réduite de plus de moitié, triomphèrent de la résistance furieuse mais sauvage des masses turques.

« L'ennemi, habilement refoulé de tous les points, fut écrasé par Murat et sa cavalerie. Foudroyé par la mitraille et sabré par les dragons, il ne lui resta d'autre voie de salut que de se précipiter dans la mer. Dix mille hommes y trouvèrent leur tombeau ; le reste fut taillé en pièces (1). » Et Mustapha-Pacha, après avoir rendu, de sa main sanglante, son cimeterre au général Murat, fut emmené prisonnier au Caire.

Sept à huit mille Français avaient ainsi détruit une armée d'élite de plus de trente mille hommes.

Bonaparte revint au Caire en même temps qu'on y emmenait son prisonnier. Mais, dès lors, après l'échec de Saint-Jean d'Acre, ne pouvant recevoir de France aucuns renforts, il jugea que la guerre en Orient devenait stérile. En même

(1) M. Amédée Gabourd, *Histoire de Napoléon*, fin du chap. II.

temps, il recevait des nouvelles de la République qui se débattait devant une dissolution inévitable : des conspirations de tout genre, fomentées par les royalistes et les ennemis de la France, menaçaient de rétablir l'ancien ordre de choses, ce qu'on appelait l'ancien régime, sur les débris croulants du Directoire. Napoléon comprenait que sa présence était nécessaire dans ce pays que sa campagne d'Italie avait élevé si haut, et qui venait de perdre à peu près toutes ses conquêtes.

Mais il voulut donner d'abord un exemple de générosité, en recevant à quartier le petit nombre de Turcs qui restaient barricadés dans la forteresse d'Aboukir, et en leur rendant la liberté; ce qui eut lieu le 1ᵉʳ août, jour anniversaire du désastre maritime d'Alboukir.

Après cela, il informa l'armée de la nomination de Kléber au commandement général; et il lui remit ses pouvoirs, en lui disant :

« Vous trouverez joints à ces instructions les papiers anglais et ceux de Francfort jusqu'au 10 juin. Vous y verrez que nous avons perdu l'Italie; que Mantoue et Turin sont bloquées. J'ai lieu d'espérer que la première tiendra jusqu'à la fin de novembre; et j'ai l'espérance, si la fortune me sourit, d'arriver en Europe avant le commencement d'octobre. »

Il exposa ensuite aux chefs de l'armée qu'il abandonnait l'Égypte avec le plus grand regret, et que l'intérêt de la patrie le décidait seul à se hasarder à travers les escadres ennemies pour la relever.

Le 18 août, il partit du Caire pour Alexandrie, où il arriva le 24; et dans la nuit il s'embarqua, avec cinq cents hommes seulement, sur deux frégates françaises. Les mers qu'il fallait franchir étaient sillonnées de toutes parts et en tous sens par des croisières anglaises. Mais Napoléon croyait que la Providence lui avait imposé une mission, cette Providence qu'il appelait son étoile, pour ne pas effaroucher son entourage, qui généralement oubliait son baptême. Il disait à ceux qui voyaient les dangers : « Ne redoutez rien; la fortune ne nous a jamais abandonnés; » et il passa sans être même soupçonné. Sa flottille entra le 1ᵉʳ octobre dans le port d'Ajaccio, et le 9, après quarante-huit jours de navigation évidemment protégée, il était à Fréjus.

XIII. — LE DIX-HUIT BRUMAIRE.

> Dans cet air et ce maintien calmes,
> Voyez ce guerrier fier et doux
> Qui revient du pays des palmes
> Planter l'olive parmi nous.
> Tranquille au fort de la tempête,
> Et modéré dans le bonheur,
> Si la victoire est dans sa tête,
> Il porte la paix dans son cœur.
> BOUFFLERS, *Romance de l'arrivée de Bonaparte à Fréjus.*

Pendant que Napoléon Bonaparte, sous le pavillon danois, traversait providentiellement les croisières anglaises, qui n'en soupçonnaient rien, des rumeurs de tout genre circulaient dans la France inquiète et agitée. On disait que le héros populaire, en quelque sorte déporté dans les sables de l'Égypte, y avait péri avec son armée. On manquait de nouvelles, et divers partis se soulevaient, pour tirer le pays du marasme et de la détresse. On sentait qu'il fallait à l'État un chef sérieux. Le Directoire, composé alors de Barras et de ses quatre auxiliaires, Roger-Ducos, Sieyès, Gohier et Moulins, ne s'occupait que de vivre au jour le jour, et laissait le pays s'écrouler. Le parti royaliste était peu nombreux à Paris; mais d'autres factions se remuaient; toutes avaient des chefs plus ou moins idéologues. Les jacobins, plus positifs, préparaient le retour du règne de la terreur. L'armée offrait bien quelques hommes imposants : Masséna, Moreau, Brune, Augereau, Bernadotte. Mais on sentait que ces généraux, si vite illustres, ne pouvaient que vaincre à la guerre. On cherchait un homme qui pût gouverner, lorsque enfin on apprit, le 16 octobre, que le général Bonaparte, qu'on disait mort, venait à l'instant de rentrer à Paris, et que son voyage depuis Fréjus avait été partout une ovation.

Ce fut aussitôt grande joie et grande fête dans la partie saine et honnête de la capitale. Tous respiraient et disaient : « Nous avions besoin d'un homme; grâces à Dieu, nous l'avons! »

Bonaparte ramenait avec lui Murat, Lannes, Berthier, Marmont. Les autres généraux, Macdonald, Augereau, Moreau lui-même, Leclerc, Beurnonville, se rallièrent à lui. Et dans les dignités civiles, les hommes marquants semblaient l'attendre.

Madame Bonaparte rouvrit ses salons; les frères du général, Lucien, Joseph, Louis, et leurs sœurs prenaient part au mouvement. Bonaparte ne chercha pas à éblouir; il évitait autant que possible de se mettre en spectacle. Cependant, il dut assister, le 6 novembre, à une fête que le Directoire donnait spécialement aux deux généraux Bonaparte et Moreau; et on raconte qu'un soir, se trouvant seul dans une loge avec Sieyès, il lui exposa le plan d'un gouvernement qui pût rendre à la France la sécurité, et qu'on l'entendit quitter le directeur en lui disant : « Bonsoir, consul Sieyès. » Dès lors Sieyès fut à lui et lui entraîna Roger-Ducos et d'autres partisans.

Mais des paroles ne changent pas un gouvernement; il fallait, comme toujours, un coup d'État. Il était préparé. Les amis que Bonaparte comptait au conseil des Anciens firent rendre deux décrets; le premier, comme le permettait la constitution de l'an III, alors en vigueur, transférait à Saint-Cloud les deux conseils : celui des Anciens et celui des Cinq-Cents; le second décret chargeait le général Bonaparte de la garde du Corps législatif, et mettait à sa disposition toutes les troupes de Paris et de la division militaire dont Paris était le chef-lieu (1).

---

(1) Voici ces décrets, rendus le 18 brumaire : « Le conseil des Anciens, en
» vertu des articles 102, 103 et 104 de la Constitution, décrète ce qui suit :
» 1° Le Corps législatif est transféré dans la commune de Saint-Cloud. Les

La plupart des nombreux historiens qui ont écrit l'histoire de Napoléon, même ceux qui sont en possession de la confiance générale et que l'on donne en prix à la studieuse jeunesse, ont été trompés par des récits hostiles et ont amoindri le grand acte qui sauva la France le 18 brumaire (9 novembre 1799). Ce qui concerne le général Bonaparte a été surtout altéré; et nous croyons devoir, à ce propos, remonter aux sources précises. Nous copions donc le *Moniteur*, séance du 18 brumaire an VIII. Le général, appelé à la barre du conseil des Anciens, reçoit le décret qu'on vient de lire et prononce le discours suivant :

» Citoyens représentants, la République périssait; vous l'avez su, et votre décret vient de la sauver. Malheur à ceux qui voudraient le trouble et le désordre! je les arrêterai, aidé du général Lefebvre (1), du général Berthier, et de tous mes compagnons d'armes.

» Qu'on ne cherche pas dans le passé des exemples qui pourraient retarder votre marche! Rien dans l'histoire ne ressemble à la fin du dix-huitième siècle; rien dans la fin du dix-huitième siècle ne ressemble au moment actuel.

» Votre sagesse a rendu ce décret; nos bras sauront l'exé-

» deux conseils y siégeront dans les deux ailes du palais. 2° Ils y seront rendus
» demain, 19 brumaire (9 novembre), à midi. Toute continuation des fonc-
» tions de délibération (*sic*) est interdite ailleurs avant ce terme. 3° Le général
» Bonaparte est chargé de l'exécution du présent décret. Il prendra toutes les
» mesures nécessaires pour la sûreté de la représentation nationale. Le général
» commandant la 17e division militaire, la garde du Corps législatif, les gardes
» nationales sédentaires, les troupes de ligne qui se trouvent dans la commune
» de Paris, dans l'arrondissement constitutionnel et dans toute l'étendue de
» la 17e division, sont mis immédiatement sous ses ordres et tenus de le
» reconnaître en cette qualité. Tous les citoyens lui prêteront main-forte à la
» première réquisition. 4° Le général Bonaparte est appelé dans le sein du
» conseil, pour y recevoir une expédition du présent décret et prêter serment.
» Il se concertera avec les commissions des inspecteurs des deux conseils.
» 5° Le présent décret sera de suite transmis par un message au conseil des
» Cinq-Cents et au Directoire exécutif. Il sera imprimé, affiché, promulgué
» et envoyé dans toutes les communes de la République par des courriers
» extraordinaires. »

(1) Commandant Paris.

cuter. Nous voulons une République fondée sur la vraie liberté, sur la liberté civile, sur la représentation nationale. Nous l'aurons! je le jure; je le jure en mon nom et en celui de mes compagnons d'armes. »

Lemercier, président du conseil des Anciens, répondit :

« Général, le conseil des Anciens reçoit vos serments; il ne forme aucun doute sur leur sincérité et sur votre zèle à les remplir. Celui qui ne promit jamais en vain des victoires à la patrie ne peut qu'exécuter avec dévouement ses nouveaux engagements de la servir et de lui rester fidèle. »

Et la séance est levée aux cris de Vive la République! Et ce même jour, on lut bientôt, affichées sur les murs de Paris, deux adresses du général Bonaparte, la première aux citoyens composant la garde nationale de Paris, la seconde aux soldats. Et ce même jour, 18 brumaire, Barras, qui ne se souciait pas d'être expulsé, écrivit au conseil des Cinq-Cents la lettre suivante :

« Citoyens représentants,

» Engagé dans les affaires publiques uniquement par ma passion pour la liberté, je n'ai consenti à accepter la première magistrature de l'État que pour la soutenir dans les périls par mon dévouement, pour préserver des atteintes de ses ennemis les patriotes compromis dans sa cause, et pour assurer aux défenseurs de la patrie ces soins particuliers qui ne pouvaient leur être plus constamment donnés que par un citoyen anciennement témoin de leurs vertus héroïques et toujours touché de leurs besoins.

» La gloire qui accompagne le retour du guerrier illustre à qui j'ai eu le bonheur d'en ouvrir le chemin, les marques éclatantes de confiance que lui donne le Corps législatif et le décret de la représentation nationale, m'ont convaincu que, quel que soit le poste où m'appelle désormais l'intérêt public, les périls de la liberté sont surmontés et les intérêts des armées garantis. Je rentre avec joie dans les rangs des simples citoyens, heureux, après tant d'orages, de remettre entiers, et plus respectables que jamais, les destins de la République, dont j'ai partagé le dépôt.

» Salut et respect.   Barras. »

En même temps, Barras fit connaître sa démission au général Bonaparte, en le priant de protéger sa retraite, car le tumulte était grand dans Paris. Le général lui envoya sur-le-champ une escorte de cavalerie, qui le reconduisit jusqu'à sa terre de Grosbois.

Le lendemain, 19 brumaire, fut le jour de lutte. Les deux conseils s'étaient réunis à Saint-Cloud, dans les deux ailes du château. Bonaparte, qui s'était préparé, avait envoyé des troupes chargées de protéger la représentation nationale. Mais les généraux savaient ce qui avait été résolu, trois jours auparavant, chez Lemercier, président du conseil des Anciens. Un certain nombre de personnages sérieux : Lucien Bonaparte, Sieyès, Reynier, Courtois, Boulay de la Meurthe, Cornudet, Fargues, Chazal, Villetard et plusieurs autres, comprenant qu'il fallait épurer le conseil des Cinq-Cents, dominé par le jacobinisme, avaient décidé un coup d'État, nécessaire si on ne voulait pas reculer dans les voies de 1793. On sentait depuis longtemps déjà la nécessité de cette mesure; mais il fallait un homme. La patrie le trouvait dans Bonaparte. Il avait été consulté à ce sujet; il avait approuvé la résolution; et la veille, comme on l'a vu, il avait prêté le serment qui le liait.

Le 19 brumaire donc, il était à Saint-Cloud. Les séances des deux conseils s'ouvraient à midi : il se présenta au conseil des Anciens, où il fut accueilli par les cris unanimes de Vive Bonaparte! Après cette ovation, il se rendit au conseil des Cinq-Cents. Un assez grand nombre des membres de ce conseil, les plus honnêtes et les plus sincèrement patriotes, étaient dans le secret du coup d'État préparé, et Lucien Bonaparte présidait l'assemblée.

Tous ceux qui ne savaient rien s'inquiétaient cependant de se voir entourés de soldats, et en même temps ils voyaient trouble dans la démission de Barras.

Nous transcrivons maintenant *le Moniteur* du 20 brumaire. Conseil des Cinq-Cents, séance du 19. La parole est au député Grandmaison.

« GRANDMAISON. Je rappellerai une époque non encore
» éloignée où, dans une circonstance critique, on répandait
» les germes d'une vive inquiétude. On publiait qu'il existait
» des projets de rétablissement du Comité de salut public, de
» défense générale, etc. Nous sommes aujourd'hui dans une
» circonstance si extraordinaire, que nul ne peut s'en rendre
» compte; que, malgré l'imminence du danger, nous sommes
» tous réunis sans savoir où est le danger, où est l'ennemi.
» Avant tout, il eût été prudent de savoir si cette démission
» qu'on vient d'annoncer n'est pas l'effet des circonstances
» extraordinaires où nous nous trouvons. Je crois bien que,
» dans la grande quantité de membres qui se trouvent ici, il
» en est quelques-uns qui savent d'où nous sommes partis, et
» où nous allons.......

» Un mouvement se manifeste. Tous les regards se portent
» vers l'issue principale... Le général Bonaparte paraît. Il
» entre (1). Quatre grenadiers de la représentation nationale
» le suivent; quelques autres et des officiers paraissent à la
» porte....

» L'assemblée entière est à l'instant debout.

» Une foule de membres s'écrient : Qu'est-ce que cela?
» qu'est-ce que cela? des sabres ici! des hommes armés!...

» Beaucoup de membres se précipitent au milieu de la
» salle. Le général Bonaparte est entouré de mains crispées
» qui veulent le repousser... Une foule de ces hommes mon-
» tent sur leurs siéges et s'écrient : Hors la loi! hors la loi!
» A bas le dictateur!

(1) Tête nue et sans armes.

» Le général Lefebvre et plusieurs grenadiers entrent pré-
» cipitamment. Les grenadiers crient : *Sauvons notre général.*
» Bonaparte est entraîné hors de la salle (1).

» Une agitation inexprimable règne alors dans l'assemblée. »
Il est inutile d'en reproduire les détails, aujourd'hui sans
intérêt. Lucien Bonaparte, ne pouvant obtenir le silence,
descend du fauteuil de la présidence et va rejoindre son frère ;
et enfin, « un corps de grenadiers du Corps législatif paraît
» à la porte, les tambours battant la charge et l'arme portée.
» Il s'arrête. Un chef de brigade de cavalerie, élevant la voix,
» s'écrie : « Citoyens représentants, on ne répond plus de la
» sûreté du conseil. »

» Les cris de Vive la République recommencent.

» Un officier des grenadiers du Corps législatif monte au
» bureau du président : « Représentants, s'écrie-t-il, retirez-
» vous ; le général a donné des ordres. »

» Le tumulte le plus violent continue. Les représentants
» restent en place. Un officier s'écrie : « Grenadiers ! en
» avant ! » Le tambour bat la charge. Le corps de grenadiers
» s'établit au milieu de la salle. L'ordre de faire évacuer la
» salle est donné et s'exécute au bruit d'un roulement de tam-
» bours. Les représentants sortent aux cris de Vive la Répu-
» blique ! »

(1) Ceux qui ont écrit que Napoléon avait en ce moment hésité et *tremblé*
ont prêté à cette âme si intrépide et si calme leurs propres émotions. Cependant il s'était vu en péril sérieux. Si le rédacteur de la séance n'en parle pas,
c'est qu'il n'a pas vu tout ce qui se passait dans la cohue qui s'était ruée sur
Bonaparte. Une affiche placardée ce même jour sur les murs de Paris par le
ministre de la police générale portait ce récit : « Le ministre de la police
» générale prévient ses concitoyens que les conseils étaient réunis à Saint-
» Cloud pour délibérer sur les intérêts de la République et de la liberté,
» lorsque le général Bonaparte, étant entré au conseil des Cinq-Cents pour
» dénoncer des manœuvres contre-révolutionnaires, a failli périr victime d'un
» assassinat. Le génie de la République a sauvé ce général ; il revient à Paris
» avec son escorte. Le Corps législatif a pris toutes les mesures qui peuvent
» assurer le triomphe et la gloire de la République. » (*Moniteur* du 20 brumaire an VIII.) Le grenadier du Corps législatif qui para le coup de poignard
destiné à Bonaparte, en le recevant sur le bras, se nommait Thomas Thomé.
Il était du département des Ardennes. (*Moniteur* du 21 brumaire.)

Et ce même jour, à neuf heures du soir, une partie du conseil des Cinq-Cents se réunit au conseil des Anciens. Après quelques instants de délibération, ou plutôt de propos interrompus, on annonce le général Bonaparte. Et là, dans un discours net et concis, il démontra que la France n'avait plus ni gouvernement ni constitution, que la constitution avait été violée par des actes arbitraires le 18 fructidor, le 22 floréal, le 30 prairial (1), et que le Directoire n'existait plus. Le conseil des Anciens et ceux du conseil des Cinq-Cents réunis statuent que soixante-sept membres des deux conseils ne font plus partie de la représentation nationale; que le Corps législatif est ajourné jusqu'au 1er ventôse prochain (2); que pendant ce temps une commission consulaire exécutive, composée de Bonaparte, Sieyès et Roger-Ducos, remplacera le Directoire; que les membres de cette commission porteront le nom de consuls; que le Corps législatif, avant sa séparation, établira une commission de vingt-cinq membres, pris dans les deux conseils, pour seconder le gouvernement dans les mesures à prendre.

Les trois consuls prêtèrent serment, et reprirent la route de Paris à une heure du matin.

XIV. — LE CONSULAT.

> Terrible dans la guerre et sage dans la paix,
> Il est avant trente ans l'honneur du nom français.
> FRANÇOIS DE NEUFCHATEAU (3).

Pendant que la commission des Vingt-Cinq préparait avec les consuls, et sous la présidence habituelle de Bonaparte,

---

(1) Le 18 fructidor, par exemple, où cinquante-trois représentants du peuple furent déportés sans jugement.

(2) 19 février 1800.

(3) Ces vers, écrits en 1799, furent gravés au pied du buste de Bonaparte premier consul.

une constitution sérieuse, les premiers actes du nouveau gouvernement furent la suppression de la loi sur les otages et la mise en liberté de tous ceux qui en étaient les victimes; le rapport de la loi sur l'emprunt forcé; la déportation à la Guyane de plusieurs représentants du jacobinisme. (Mais la plupart se soumirent et obtinrent aussitôt des emplois.)

On rendit sur-le-champ la liberté à tous les prêtres parqués dans les îles de Ré et d'Oléron.

Plusieurs mesures de ce genre rassurèrent complétement la nation; et le Premier Consul se vit béni de toutes parts, en dépit des jacobins. Plusieurs paroisses firent dire des messes pour sa conservation, et les catholiques exaltèrent le nom de celui en qui ils voyaient un envoyé de Dieu.

Le 22 frimaire (13 décembre 1799), on promulgue la nouvelle constitution, dite la Constitution de l'an VIII. Elle est l'œuvre de Bonaparte. Elle établit que le pouvoir exécutif est confié pour dix ans à trois consuls; qu'il sera éclairé et secondé par un Sénat conservateur, composé de quatre-vingts membres, âgés de quarante ans et au delà; par un Corps législatif composé de trois cents membres, âgés au moins de trente ans; et par un Tribunat de cent membres de vingt-cinq ans au moins, ceux-là chargés de discuter les lois proposées par les consuls.

Le Premier Consul, par cette constitution, a les sceaux de l'État; il promulgue les lois; il nomme à toutes les places; il a à sa nomination un nombre de conseillers d'État qui sont, comme on l'a vu, les orateurs du gouvernement, pour soutenir devant le Tribunat et devant le Corps législatif les lois proposées, après en avoir exposé les motifs. Les deux autres consuls au besoin suppléent le premier.

Dans cette même constitution, le premier consul est Bonaparte, le second Cambacérès, le troisième Lebrun.

Bonaparte ne voulait pas seulement que cette constitution fût promulguée, il voulait qu'elle fût soumise à la froide et calme acceptation du peuple français tout entier, mais individuellement et sans réunions. Dans ce but, des registres furent déposés chez les juges de paix, chez les notaires, chez les maires, de sorte que chacun put aller déposer son suffrage ou son opposition. Ce grand acte ne fut assis et proclamé loi générale de l'État que lorsqu'il fut établi qu'il était généralement accepté. Alors le Premier Consul accorda une amnistie générale à tous les habitants insurgés des départements de l'Ouest. Dans son discours du 10 novembre, au conseil des Anciens, il avait laissé prévoir cette mesure, en exprimant son horreur pour les guerres fratricides qui avaient dévasté la Vendée.

Le 25 décembre parut une loi qui réglait le mode et la nature des récompenses que l'État devait accorder aux militaires qui s'étaient distingués ou qui se distingueraient par des actions d'éclat.

Le 26, le Premier Consul écrivit au roi d'Angleterre une lettre où il lui faisait part de son élévation à la première dignité de la République, en lui exprimant son désir sincère de voir la France et l'Angleterre unies pour amener une paix générale.

Le 1er janvier de l'an 1800, qui ouvrait le dix-neuvième siècle, vit l'installation du Corps législatif et du Tribunat. Le Sénat fut composé des membres les plus capables du conseil des Cinq-Cents. Le 19 janvier, le gouvernement consulaire s'installa avec pompe aux Tuileries. Le 23 vit l'établissement de la Banque de France; les ministères furent confiés à des hommes spéciaux; les directeurs de chaque département furent remplacés par des préfets. Tout se relevait avec splendeur, et le pays respirait enfin.

Mais on attendait la réponse de l'Angleterre à la lettre du Premier Consul. On reçut enfin du ministre Pitt une réplique qui tranchait la négociation : « L'Angleterre, écrivait-il, ne » pourra signer la paix que quand la France sera rentrée » dans ses anciennes limites. » Lord Granville, de son côté, écrivait à Talleyrand, ministre alors des affaires étrangères, une lettre diplomatique qui était en quelque sorte une déclaration de guerre. Pitt, cependant, se sentait ébranlé par les raisons de Fox et de Shéridan, chefs de l'opposition, qui plaidaient la cause de la paix; et alors eut lieu une scène qui n'est pas encore entrée dans l'histoire. Elle a été racontée par le cardinal Fesch, oncle maternel de Napoléon, à M. Olivier Fulgence, dans son voyage à Rome en 1838. Ce récit explique ce qu'on lit dans les biographies des négociations que Pitt entreprit sans succès avec le Premier Consul, dont il connaissait la valeur. En empruntant ce récit au préambule mis par M. Olivier Fulgence en tête de l'excellent livre de M. le chevalier de Beauterne, nous n'avons à rectifier que la date des faits :

« Si on avait su ce que les Anglais exigeaient de Napoléon, si on avait su pourquoi il fit une guerre si acharnée contre eux!... (c'est le cardinal Fesch qui parle) Vous pouvez en croire un homme qui n'a jamais quitté ses conseils : il aurait eu la paix des Anglais sans peine, sans grandes concessions politiques, s'il eût été moins sérieusement catholique. Car ce n'était pas lui qui faisait obstacle, c'était sa foi. On lui en voulait, à lui, homme nouveau, que l'on voyait sur le chemin du trône, et sans antécédents comme en avait la race déchue, on lui en voulait de manquer la seule occasion qui se fût présentée en France depuis Henri IV de détruire la religion catholique... Oui, je vous l'affirme, les Anglais lui faisaient une paix magnifique, s'il eût consenti à établir le protestantisme en France.... Cela vous étonne; écoutez un fait qui vaut toutes les sortes de preuves.

» Un jour, le télégraphe annonce qu'un émissaire de Pitt vient de descendre à Boulogne, et qu'il sollicite l'autorisation de se rendre à Paris, pour transmettre au gouvernement des communications fort importantes. C'était un certain Marséria, Corse de nation, qui avait fait ses études pour entrer dans la prêtrise, qui avait jeté le froc aux orties avant de recevoir le sous-diaconat, et qui avait passé au service de l'Angleterre, où il était alors capitaine. On m'en apporte la nouvelle; et j'entre immédiatement chez Napoléon. Je le trouvai au bain ; car, à cette époque, il passait les nuits au travail, et le matin, pour se reposer, il se mettait au bain en continuant de dicter. Je lui rends compte de la dépêche, et de la demande de cet homme. Son premier mot fut un refus.

» — Qu'ai-je à pourparler avec Pitt? me dit-il ; si je reçois un envoyé de Pitt, les Français vont crier que je traite avec lui. Qu'on le fasse repartir.

» — Et pourquoi? lui répliquai-je. Non, recevez-le ; Marséria est un galant homme. Au moins faut-il savoir ce qu'il est chargé de vous dire.

» Il fit encore quelques objections, mais à la fin, comme je le pressais fort, il me dit : — Soit donc! recevez-le, vous, mon oncle ; mais que je n'en entende plus parler.

» J'écrivis en conséquence. Marséria ne se le fit pas répéter, prit la poste, et le surlendemain matin il était chez moi. Il entre d'un air fort dégagé.

» — Eh! que venez-vous faire ici? lui demandai-je. Savez-vous, Monsieur, ajoutai-je en riant, que vous êtes bien hardi de venir vous jeter ainsi en France, vous, Français au service de l'Angleterre, et que l'on serait en droit de vous y arrêter?

» — Oh! oh! répondit-il, je n'ai pas peur de cela. Je suis chargé d'une mission toute spéciale de la part de Pitt, et j'ai des choses fort importantes à dire au Premier Consul. Mais je vous le déclare tout de suite, pour ménager le temps, je ne puis les dire qu'à lui ; et s'il ne veut pas m'entendre lui-même, je remporte ma mission et mes paroles.

» Sur-le-champ j'allai communiquer ce préambule à l'Empereur, et il consentit enfin à recevoir Marséria.

» Celui-ci commença par prendre caractère : — Vous savez, dit-il au Premier Consul, que je ne suis qu'un pauvre officier, peu riche de moi, partant peu garni d'argent d'ordinaire ; et cependant, aujourd'hui, me voilà fourni comme un banquier...

» En effet, il tira de son gousset nombre de billets de banque. — Cela suffit, ce me semble, continua-t-il, pour établir que je ne viens pas ici à mes frais. Mais, j'ai mieux encore pour vous certifier ma mission; car je suis porteur de lettres de M. Pitt....

» — Mon cher Marséria, interrompit Napoléon, gardez vos lettres. Je n'ai rien de particulier à démêler avec M. Pitt. Je vous reçois comme compatriote, comme ancienne connaissance, mais non à titre d'envoyé.

» Marséria reprit : — Vous vous faites une idée exagérée, injuste des préventions de l'Angleterre à votre égard. L'Angleterre n'a rien contre vous personnellement. Elle ne tient pas à la guerre, qui la fatigue et qui lui coûte ses richesses. Elle en achètera même volontiers la fin au prix de maintes concessions que sans doute vous n'espérez pas; mais pour vous donner la paix, elle vous impose une seule condition : c'est que vous l'aidiez à l'établir chez elle.

» — Moi! répliqua l'Empereur, eh! qu'ai-je à faire en Angleterre? Ce n'est pas mon rôle, je suppose, d'y mettre la concorde. D'ailleurs, je ne vois pas comment j'y serais propre.

» — Plus que vous ne le pensez, continua Marséria; et pesant ses paroles, il reprit : L'Angleterre, surtout depuis l'invasion des prêtres et des religieux proscrits par les républicains, l'Angleterre est déchirée de discordes intestines. Ses institutions se minent peu à peu. Une sourde lutte la menace, et jamais elle n'aura de tranquillité durable tant qu'elle sera divisée entre deux cultes. Il faut que l'un des deux périsse; il faut que ce soit le catholicisme. Et pour aider à le vaincre, il n'y a que vous. Établissez le protestantisme en France, et le catholicisme est détruit en Angleterre. Établissez le protestantisme en France : à ce prix, vous avez une paix telle assurément que vous la pouvez souhaiter.

» — Marséria, répliqua le Premier Consul, rappelez-vous ce que je vais vous dire; et que ce soit votre réponse : Je suis catholique; et je maintiendrai le catholicisme en France, parce que c'est la religion de l'Église, parce que c'est celle de mon père, parce que c'est la mienne enfin. Et, loin de rien faire pour l'abattre ailleurs, je ferai tout pour la rétablir et la raffermir ici.

» — Mais remarquez donc, reprit vivement Marséria, qu'en agissant ainsi, en restant dans cette ligne, vous vous donnez des chaînes invincibles, vous vous créez mille entraves. Tant que vous reconnaîtrez Rome, Rome vous dominera; les prêtres domineront au-dessus de vous; leur action pénétrera jusque dans votre volonté. Avec eux vous n'aurez jamais raison à votre guise; le cercle de votre autorité ne s'étendra jamais jusqu'à sa limite absolue, et subira au contraire de continuels empiétements.

» — Marséria, il y a ici deux autorités en présence. Pour les choses du temps, j'ai mon épée, et elle suffit à mon pouvoir. Pour les choses du ciel, il y a Rome, et Rome en décidera sans me consulter; elle aura raison. C'est son droit.

» — Mais, reprit de nouveau l'infatigable Marséria, vous ne serez jamais complétement souverain, même temporellement, tant que vous ne serez pas chef d'Église; et c'est là ce que je vous propose. C'est de créer une réforme en France, c'est-à-dire une religion à vous.

» — Créer une religion! répliqua le Premier Consul en souriant; pour créer une religion il faut monter sur le Calvaire, et le Calvaire n'est pas dans mes desseins. Si une telle fin convient à Pitt, qu'il la cherche lui-même. Mais, pour moi, je n'en ai pas le goût.

» Voilà, reprit après un moment d'interruption le cardinal Fesch, voilà comment Napoléon était catholique, et comment il défendait sa religion. »

Et on verra dans la suite de ces faits qu'il eut à soutenir plusieurs fois encore de pareilles luttes.

Or, les résolutions de Napoléon, rapidement communiquées à Pitt, ne pouvaient amener la paix. D'ailleurs, les conquêtes de la campagne d'Italie étaient toutes à peu près perdues. L'Autriche, alimentée par l'or de l'Angleterre, entretenait une armée de soixante mille hommes sur les frontières des Alpes. Cette armée était commandée par le feld-maréchal Mélas. Elle venait de faire subir une défaite au brave général Championnet, le même qui avait en 1794 décidé la victoire de Fleurus, et qui avait gagné d'autres batailles. Les troupes françaises, atteintes d'une épidémie, ne pouvaient plus que peu.

Le Premier Consul, qui veillait à tout, arrêta le 8 mars qu'il serait formé à Dijon une armée de réserve de soixante mille hommes. En même temps il lança dans la Vendée une proclamation où on lisait :

« Il est des citoyens, chers à la patrie, qui ont été séduits. C'est à ces citoyens que sont dues la lumière et la vérité. Des lois injustes ont été promulguées et exécutées ; de grands principes d'ordre social ont été violés. La volonté constante, comme la gloire des premiers magistrats, est de fermer les plaies de la France. La liberté des cultes est garantie désormais par la Constitution. Les ministres d'un Dieu de paix seront les premiers moteurs de la réconciliation et de la concorde. Qu'ils parlent aux cœurs le langage qu'ils ont appris à l'école de leur divin Maître. Qu'ils aillent dans ces temples, qui se rouvrent pour eux, offrir le sacrifice qui expiera les crimes de la guerre et le sang qu'elle a fait verser. »

La Vendée était pacifiée, l'horrible fête du 21 janvier était supprimée, la confiance était partout avec l'ordre ; et l'armée était prête, lorsque le 6 mai 1800 le Premier Consul quitta Paris pour aller prendre le commandement de l'armée de réserve préparée à Dijon, et qui allait devenir à son tour l'armée d'Italie.

XV. — LE PASSAGE DU MONT SAINT-BERNARD.

> Dominus custodit te; Dominus protectio tua.
> PSAUME CXX.

Parti de Paris le 6 mai, Bonaparte arrive le 8 à Genève, où l'armée de réserve le rejoint en peu de jours; le 13, le 14 et le 15, il passe ses troupes en revue, et successivement l'infanterie se met en marche. Il part lui-même suivi de la cavalerie; et toute cette armée triomphe vaillamment des difficultés de tout genre que présentaient dans les Alpes les neiges, les glaces, les torrents et les précipices. Le Premier Consul seul courut un danger, qui doit nous arrêter un moment.

Charles Nodier, dans le récit assez court d'une excursion au mont Saint-Bernard (1), après avoir dépeint, avec le charme qu'on lui connaît, les sites gracieux et terribles de ce géant des Alpes, entraîne son lecteur de Marigny à la Valette, de la Valette au village de Saint-Branchier, de Saint-Branchier à Orsières, d'Orsières à Liddes, d'où les chars ne vont pas plus loin. Et à peu de distance de Liddes, il entame l'aventure intéressante et grave du général en chef de l'armée d'Italie.

« Après une demi-heure de marche, dit-il, on arrive à une ville, ou plutôt à une rue longue, rapide, tortueuse, qu'on appelle le bourg Saint-Pierre, et qui aboutit à un pont jeté sur la Drance de Valsorcy, car le nom de Drance paraît, dans ce pays, le nom générique des torrents. L'aspect du précipice où celui-ci va tomber a quelque chose de terrible, et la tradition commune le rend encore plus imposant. Bonaparte, au passage du Saint-Bernard, avait fait conduire un mulet sur la route étroite qui serpente au-dessus de ces abimes, et il s'élan-

---

(1) Publié dans les *Annales de philosophie chrétienne*, livraison de mai 1833.

çait sur lui avec cette audace qui ne connaissait pas plus la résistance que le péril. Le sauvage coursier, volontaire et mutin comme ses pareils, se révolta contre l'autorité de cet homme, qui venait d'imposer si facilement le frein du pouvoir à une grande nation éprise de l'indépendance. Le mulet fit un faux pas, et Bonaparte allait disparaître, quand son guide intrépide le saisit et le retint par ses vêtements, suspendu au-dessus des plages profondes de la Drance de Valsorey.

» De quelles circonstances inaperçues dépendent le plus souvent ces périodes de gloire, dont l'histoire s'empare avec tant d'orgueil! Que devenait le monde si un accident vulgaire avait brisé à la première maille le vaste réseau dont son maître futur se préparait à l'envelopper? A quel autre bras la Providence aurait-elle confié la force de châtier les nations et les rois, et de relever les autels et les trônes? Mais elle ne lui avait pas donné en vain le mont Saint-Bernard pour marchepied; et elle ne plaça cette première embûche devant ses pas que pour mieux manifester son appui; car le règne de ce héros, choisi parmi les trésors de sa puissance, était le seul moyen de salut qu'elle eût laissé alors à la société. Si elle n'avait pas pourvu son cœur de volonté et sa main de vigueur, cette tourbe, qui redeviendra chrétienne, danserait encore sur les ruines des temples, autour de la croix abattue.... »

Le passage du Saint-Bernard, commencé le 16 mai 1800, fut accompli en cinq jours. Le Premier Consul, qui veillait à tout, ne passa que le 19, comme on l'a vu, sur son mulet, tant qu'il fallut monter.

Or, après le bon office que lui avait si vivement rendu le brave Dorsas, son guide, Bonaparte, qui, à côté de sa fermeté intrépide et de sa foi en Celui de qui il comprenait qu'il avait une mission, portait dans son cœur une grande générosité, la laissa s'épanouir un peu. Il demanda à son vaillant conducteur s'il était heureux,

« Je suis heureux avec ma femme et mes jeunes enfants, répondit Dorsas, mais il nous manque quelque chose.

— Ne gagnez-vous pas assez dans votre état, souvent périlleux?

— Je ne m'en plains pas, général, mais...

— Mais quoi? N'avez-vous pas la santé?

— Parfaitement, général, moi, mes enfants et ma femme.

— Eh bien donc?

— C'est que, pour être heureux, il nous faudrait un de ces chalets, comme vous en voyez là-bas, avec un peu de terre et une vache. Ma femme et mes enfants ne demandent pas autre chose.

— Et combien peut coûter un de ces chalets?

— Avec un peu de terre, de votre monnaie de France, peut-être deux mille francs. C'est long à ramasser.

— Ayez bon espoir, vous êtes un honnête homme, et la Providence vous aidera. »

Le silence succéda à cet entretien de quelques moments, et on arriva à l'hospice du Saint-Bernard, où les soldats français avaient trouvé abondamment de quoi se refaire.

Le Premier Consul, que ceux qui ne le connaissaient pas ne prenaient que pour un simple général, écrivit ou dicta une lettre qu'il fit porter sur-le-champ du côté du bourg Saint-Pierre. Il chargea son guide d'une commission d'un côté opposé qui devait le retenir deux jours, et il lui donna trois louis d'or pour la conduite qu'il lui avait faite, et deux autres pour sa commission.

« Oh! que vous êtes bon, général! dit Dorsas; quelques aubaines comme la vôtre m'aideraient bien largement.... »

Après ses commissions honnêtement faites, il regagna sa vallée. Comme il s'en approchait d'un pas joyeux, il aperçut sa femme et ses deux enfants, qui le guettaient depuis longtemps et qui venaient en se hâtant à sa rencontre, avec de vives démonstrations de joie.

Leur joie paraissait si animée, qu'il leur en demanda le sujet.

« Tu le sauras tout à l'heure, lui dit sa femme avec un regard ardent d'allégresse, pendant que les enfants, formant son avant-garde, entraient d'un air vainqueur dans un chalet de bonne mine.

— Que vont-ils faire là? demanda Dorsas.

— Ils te montrent le chemin; car c'est ici chez nous. »

Qu'on imagine la joie et la surprise. C'était le général qu'il venait de conduire qui lui faisait ce cadeau. Après une heure de transports, qui se sentent, mais qui ne s'expriment pas, Dorsas retourna au Saint-Bernard pour remercier son bienfaiteur. Mais il était déjà loin. Il apprit que celui qu'il avait conduit était le général Bonaparte, premier consul de la République française, et qu'il venait déjà de battre les Autrichiens.

« Que Dieu, s'écria-t-il, lui donne bonnes chances! »

Un religieux du Saint-Bernard répondit : « Il les mérite, et il les aura. »

Les vénérables moines avaient entouré de tant de soins l'armée française à son passage, que le Premier Consul les avait pris formellement sous sa plus généreuse protection. Il leur avait largement assuré des ressources pour l'exercice de leur charité plus qu'héroïque.

Il est triste que la Suisse ait entamé indignement des possessions aussi sacrées.

XVI. — MARENGO.

> Jeune encor, l'Italique avait conquis la paix.
> Nous étions moins nombreux, quand sa foudre imprévue,
> Du mont de Jupiter (1) avec nous descendue,
> Vengea, dans un seul jour, sa gloire et les Français.
>
> P. F. Tissot.

Nous aurions peine à suivre l'armée de réserve, que les Autrichiens et les Anglais croyaient une fable, que Mélas

---

(1) Nom, chez les Romains, de la haute cime que l'on a appelée le mont Saint-Bernard lorsque saint Bernard, de Menton, y eut élevé l'hospice de sauvetage.

appelait des soldats de carton; et il les appelait ainsi dans une lettre qu'il écrivait à Vienne, la veille du jour où cette armée tombait comme un torrent sur ses derrières. Il n'avait rien su ni rien deviné de cette marche prodigieuse qui avait franchi les Alpes en quatre jours.

Le 22 mai, prise de Suse; le 23, prise d'Ivrée et de sa citadelle; le 26, prise de la Chiusella; le 27, prise de Vercelli; le 28, défaite de la division de Rohan, prise de Chivasso et de cinq autres places; le 29, passage de la Sesia; le 30, entrée à Novare; le 31, bataille et prise de Turbigo, passage du Tessin, évacuation de Buffalora, prise de Bellinzona. Le 1er juin, prise de Locarno et de Lugano; le 2 juin, entrée à Milan et reddition de Pavie. C'était jusque-là aussi merveilleux au moins que la première campagne d'Italie.

Maître de Milan, Napoléon se voyait sûr de ses combinaisons. Mais s'il avait là beaucoup de partisans, il avait à calmer beaucoup d'ennemis des Français. Ceux des généraux qui avaient occupé l'Italie pendant sa campagne d'Égypte s'étaient montrés souvent hostiles aux catholiques et avaient aliéné de leur cause le clergé lombard. Il voulait fermer ces plaies; et pendant que ses bataillons prenaient Lodi, Crémone, Plaisance et d'autres places, il convoqua tout le clergé de Milan et des environs, et tint à leur assemblée, le 5 juin 1800, un sage et brillant discours qui rassura complétement le clergé et les catholiques sur les sentiments chrétiens du Premier Consul.

Ce discours, reproduit aussitôt, fut signé par Bonaparte, imprimé, affiché partout, et répandu dans tous les pays où les Français pénétraient; il fut partout accueilli avec transport.

Le lendemain, 6 juin, Bonaparte passa le Pô; le 7, il prit Brescia, Lecco, Bergame et la flottille du lac Majeur, en même temps qu'il s'emparait de la célèbre position de la Stradella. Le 9, il gagna la bataille de Montebello.

Cependant Mélas, qui, avec toute une armée, assiégeait toujours Gênes, où Masséna tenait depuis près d'un an, quoique épuisé et manquant de tout, Mélas n'avait appris l'arrivée du Premier Consul que lorsqu'il était déjà en possession de Milan. Il emmena ses troupes en toute hâte dans une plaine qu'il avait remarquée près d'Alexandrie. C'était la plaine de Marengo, qui n'est belle, disent les touristes, que pour les batailles; car ce ne sont que des champs à perte de vue. Bonaparte l'attendait là.

Le généralissime Mélas avait plus de cinquante mille hommes, Bonaparte moins de trente mille. La bataille s'engagea à huit heures du matin. Trois fois le village de Marengo fut enlevé par les Français, trois fois il fut repris par les Autrichiens, et les luttes furent ardentes; le Premier Consul eut son chapeau percé d'une balle.

A quatre heures du soir, la bataille sembla perdue; plusieurs généraux demandaient qu'on ordonnât la retraite, pendant que Bonaparte parcourait les rangs en disant aux soldats : « N'oubliez pas que j'ai l'habitude de coucher sur le champ » de bataille. »

Alors il remarqua avec joie que l'ennemi, croyant envelopper l'armée française, étendait ses ailes en affaiblissant imprudemment son centre; et il ordonna deux charges, en disant à ceux qui criaient que la bataille était perdue : « C'est vrai, mais nous avons le temps d'en gagner une » autre. »

Pendant qu'il parlait ainsi, les deux charges s'exécutaient : Desaix, l'un des plus braves généraux, s'élançait sur les batteries ennemies; il s'en empare et coupe la droite des Autrichiens, pendant que le général Kellermann brise l'autre colonne, la disperse et l'enveloppe. Desaix est tué dans son élan intrépide, et les soldats, qui l'aiment, redoublent d'ardeur pour venger sa mort. Quelques instants après, la bataille est gagnée et toute retraite coupée à l'ennemi.

Mélas, à quatre heures, entendant tous les siens crier victoire, et fatigué de sa chute, car son cheval avait été tué sous lui, s'était retiré à Alexandrie pour prendre un peu de repos :

on vint l'éveiller en lui annonçant sa défaite complète. Vingt mille de ses soldats étaient hors de combat. Quarante pièces de canon et douze drapeaux étaient pris par les Français, qui emmenaient sept mille prisonniers.

Le lendemain, 15 juin, Mélas capitula, et la célèbre convention d'Alexandrie rendit à la France tout ce que la coalition nous avait enlevé en Italie.

Mais si le 14 juin nous était glorieux, il y eut pourtant un double deuil. Desaix était tué ce jour-là, en même temps que Kléber était assassiné en Égypte, et que les débris de son armée étaient réduits à de grands sacrifices pour regagner péniblement leur patrie.

Le 18 juin, le Premier Consul réunissait à Milan une consulte chargée de réorganiser la république cisalpine; il rétablissait l'université de Pavie; il faisait transporter le corps de Desaix au mont Saint-Bernard, où l'ordre était donné de lui ériger un monument. Peu de jours après, il reprenait le chemin de la France; et cette seconde campagne d'Italie, aussi rapide que brillante, avait à peine duré un mois.

Le 30 juin, Bonaparte était à Lyon, que la République avait cruellement saccagé et qu'il voulait relever de ses ruines. Il s'y vit reçu avec enthousiasme et ordonna sur-le-champ la reconstruction de la place Bellecour. Il voulut lui-même en poser la première pierre. Après quoi, salué partout, il rentra le 3 juillet à Paris, où son retour fut une fête immense, où l'enthousiasme, les acclamations, les transports, les illuminations et les chants de triomphe lui prouvèrent qu'il pouvait tout avec un peuple si ardent.

XVII. — LA MACHINE INFERNALE.

D'où partent ces cris de terreur?
Le danger d'un grand homme alarme un peuple immense.
Pourquoi tant d'allégresse après tant de douleur?
Le salut d'un grand homme a rassuré la France....
FLINS.

Le Premier Consul reprenait ses travaux, veillant à tout, s'occupant de tout rétablir, ménageant tous les partis pour les fondre dans le seul sentiment national. Il avait fait rouvrir toutes les églises, et les offices religieux se faisaient avec sécurité. C'est en ce moment que le comte de Provence (1) écrivit au vainqueur de Marengo une première lettre. L'abbé de Montesquiou la fit remettre à Bonaparte par le consul Lebrun. Voici cette lettre :

« Quelle que soit leur conduite apparente, des hommes
» tels que vous, Monsieur, n'inspirent jamais d'inquiétudes.
» Vous avez accepté une place éminente, et je vous en sais
» gré. Mieux que personne, vous avez ce qu'il faut de force
» et de puissance pour faire le bonheur d'une grande nation.
» Sauvez la France de ses propres fureurs, et vous aurez
» rempli le vœu de mon cœur. Rendez-lui son Roi, et les géné-
» rations futures béniront votre mémoire. Vous serez trop
» nécessaire à l'État pour que je songe à acquitter seulement
» par des places importantes la dette de mon agent et la
» mienne.

» LOUIS. »

Le Premier Consul lut cette lettre tout haut et dit ensuite à son collègue Lebrun : « Je ne comprends pas cette dernière phrase. Mais si Louis XVII eût vécu, il serait aujourd'hui sur

(1) Frère de Louis XVI, appelé dans l'exil le comte de Lille, puis Louis XVIII après les revers de 1814.

le trône. Quant aux deux frères de Louis XVI, rebelles à leur Roi, ils ont entraîné la désertion; et les déserteurs perdent leurs grades, s'ils en ont. »

Il laissa la lettre sans réponse.

Peu de temps après, il en arriva, par les mêmes voies, une seconde, que voici encore :

« Depuis longtemps, général, vous devez savoir que mon
» estime vous est acquise. Si vous doutiez que je fusse suscep-
» tible de reconnaissance, marquez votre place, fixez le sort
» de vos amis. Quant à mes principes, je suis Français; clé-
» ment par caractère, je le serais encore par raison.
» Non, le vainqueur de Lodi, de Castiglione et d'Arcole,
» le conquérant de l'Italie, ne peut pas préférer à la gloire une
» vaine célébrité. Cependant, vous perdez un temps précieux.
» Nous pouvons assurer la gloire de la France; je dis *Nous*,
» parce que j'aurais besoin de Bonaparte pour cela, et qu'il ne
» le pourrait pas sans moi.
» Général, l'Europe vous observe; la gloire attend; et je
» suis impatient de rendre la paix à mon pays.

» Louis »

Le Premier Consul, pour couper court à une telle corres-pondance, répondit au Prince :

« Paris, 20 fructidor an VIII (7 septembre 1800).

» J'ai reçu, Monsieur, votre lettre. Je vous remercie des
» choses honnêtes que vous m'y dites. Vous ne devez plus
» souhaiter votre retour en France : il vous faudrait marcher
» sur cent mille cadavres. Sacrifiez votre intérêt au repos et
» au bonheur de la France. L'histoire vous en tiendra compte.
» Je ne suis pas insensible au malheur de votre famille. Je
» contribuerai avec plaisir à l'adoucir, et à la tranquillité de
» votre retraite.

» Bonaparte. »

La tentative du comte de Provence avait été ébruitée; et lorsqu'on apprit qu'elle avait échoué, les royalistes se montrèrent furieux. Mais pourtant ils se mêlèrent peu aux conspirations, quoique, dit-on, ils n'eussent pas été fâchés de leur succès.

Les plus ardents ennemis du Premier Consul étaient les jacobins, nombreux encore, et les adorateurs de la déesse Raison. Tous les ennemis de Dieu et de l'Église se levaient contre l'homme éminent qui relevait les autels et qui méprisait les utopies des renégats; et cette tourbe était nombreuse.

La sagesse inespérée que déployait Bonaparte ne convenait donc pas à tout le monde. Les dix années de désordres et d'excès monstrueux qui venaient de clore le dix-huitième siècle avaient produit en France, et surtout dans les grands centres, une vaste écume d'hommes prêts à tout. Ceux qui avaient pillé les châteaux et saccagé les églises dévastaient les campagnes. Qu'on se rappelle les chauffeurs et d'autres bandits, que le Premier Consul pourra seul bientôt faire disparaître. Les terroristes hurlaient de se voir détrônés. Leurs adhérents se dressaient contre le régime de l'ordre. Quelques royalistes, dit-on, mais ceux-là gens de sac et de corde, qui ne simulaient un dévouement bourbonien que pour avoir de l'argent, s'enrôlaient sous le drapeau des conspirateurs.

On manœuvrait donc dans les ténèbres. La police heureusement s'éclairait.

Cependant Bonaparte, comptant sur la Providence, qu'il appelait encore devant ceux qui l'entouraient « ma fortune ou mon étoile », car le temps l'exigeait en quelque sorte, Bonaparte poursuivait sans se troubler sa mission de régénérer la France. Dans la paix avec l'Allemagne, il voulait faire entrer l'Angleterre, qui soudoyait tous nos ennemis. Mais il ne put obtenir d'elle des conditions raisonnables. Les Anglais redoutaient jusqu'à sa générosité. Il ne traita donc qu'avec l'Empereur.

Le 10 octobre de cette année 1800, la police arrêta, dans les couloirs de l'Opéra, Demerville, Ceracchi, Aréna, Topino-Lebrun et quelques autres qui cherchaient à assassiner le Premier Consul, et qui étaient payés pour cela par un comité occulte que soutenait l'argent des Anglais. Ces misérables étaient sept ou huit, leur crime s'expia sur l'échafaud (1).

Six semaines après, un complot plus formidable fit frémir Paris. C'est celui de la machine infernale. Le soir du 24 décembre, on savait que le Premier Consul devait aller à l'Opéra. C'était annoncé partout. Mais, depuis un certain temps, on savait aussi que les jacobins préparaient un coup combiné.

Un jacobin exalté, nommé Chevalier, occupé dans les ateliers d'artillerie de Meudon, avait imaginé la machine infernale. C'était un baril incendiaire, dans la construction duquel il était aidé par un nommé Veyser. Ils cherchèrent le moyen de l'introduire dans le palais consulaire, ce qui ne leur fut pas possible. Alors ils voulurent l'essayer, pour en connaître la portée; ce qu'ils firent derrière la Salpêtrière, dans un champ désert alors, et au milieu de la nuit. L'explosion fut si épouvantable, qu'ils abandonnèrent ce projet. La police était éveillée; ce qui n'empêcha pas d'autres furieux d'admirer l'horrible invention, et d'en préparer l'emploi. Ils manœuvrèrent si habilement que personne n'avait rien soupçonné, lorsqu'un homme, qu'à ses manières et à son vêtement on prenait pour un porteur d'eau, arrêta sa charrette au milieu de la rue de Rohan, appelée alors rue Marceau. Cette rue conduisait de la place du Carrousel à la rue Saint-Honoré; elle a été supprimée dans les deux tiers de sa longueur, et le lieu où la charrette s'arrêta est occupé par une des arcades élevées pour la réunion des Tuileries au Louvre. Personne ne remarqua cette charrette à bras, sinon pour s'en garer comme

---

(1) Aréna était le frère du député corse de ce nom au conseil des Cinq-Cents, que Napoléon avait supprimé; Ceracchi et Topino-Lebrun étaient des artistes; Demerville avait été le secrétaire de Barrère au Comité de salut public; tous jacobins.

on dit; car, elle occupait la moitié de la rue alors étroite (elle n'avait que vingt pieds de large), et les bornes, qui ont précédé nos trottoirs, envahissaient deux pieds au moins de chaque côté.

C'était, comme on l'a dit, le 24 décembre. Il était six heures du soir.

Trois quarts d'heure après, le Premier Consul descendit dans la cour des Tuileries et monta en voiture. Il avait pour cocher le cocher de Louis XVI; les gardes consulaires qui précédaient la voiture avaient passé deux à deux en se serrant un peu; et des curieux, qui étaient venus pour saluer le passage du héros populaire, disaient qu'on devrait déranger cette charrette. Mais ils n'en eurent pas le temps. Le cocher, qui était habile et qui savait son maître peu patient, vit qu'il pouvait passer. Il lança ses chevaux, frisa l'essieu de la charrette. Deux secondes après il était dans la rue Saint-Honoré, quand le tonneau, qu'on croyait plein d'eau, mais qui était plein de poudre et de mitraille, éclata avec un horrible fracas.

Ceux qui avaient mis le feu à la mèche avaient calculé le moment de l'explosion sur le train ordinaire de la voiture; et Dieu, sans la volonté duquel rien n'arrive, les avait déjoués.

Cependant l'explosion, outre d'immenses dégâts, avait tué vingt-deux personnes et en avait blessé cinquante-six.

La secousse avait été si violente dans le voisinage, que Bonaparte, en tournant la rue de Richelieu, où était alors l'Opéra, demandait si on ne marchait pas sur un terrain miné (1).

La nouvelle de ce nouveau crime était déjà apportée dans la salle, où tous les spectateurs palpitaient d'épouvante, quand le Premier Consul entra, calme et serein, dans sa loge. Ce furent alors des transports de joie tels, qu'on eût dit que toute cette masse était folle d'ivresse; et ce fut pour le Premier Consul un de ces triomphes qui affermissent un homme.

(1) L'Opéra d'alors a été remplacé par le jardin de la place Louvois.

On découvrit que les auteurs de la machine infernale étaient un marin nommé Saint-Régent, avec Carbon, Lahaie Saint-Hilaire, Joyaut et Limoëlan. Mais ils avaient de nombreux complices.

Les républicains accusèrent du forfait les royalistes. Mais Bonaparte, plus clairvoyant, vit dans cette abominable action les jacobins, qui, dérangés par le retour de l'ordre, suivaient les traces d'Aréna et de Ceracchi.

Une mesure de police fit déporter à ce sujet cent trente jacobins. Saint-Régent et Carbon portèrent leurs têtes sur l'échafaud.

La masse des Français, qui avait conservé les sentiments religieux, regarda dès lors Bonaparte comme l'élu de la Providence, et lui-même sentit ce qu'il devait à Dieu.

Il méditait, depuis ses premiers succès en Italie, le rétablissement complet du culte catholique. Il en voulut hâter le moment. La paix avec l'Allemagne, dont on n'avait eu que les préliminaires, fut signée à Lunéville, le 12 février 1801. Ce fut pour toute la France une nouvelle fête. Le jour où elle fut proclamée, les Parisiens vinrent danser sous les fenêtres du Premier Consul, dans le jardin des Tuileries; et, par une gracieuse prévenance, les musiciens de la garde consulaire s'empressèrent d'animer ces danses, qui étaient encore un hommage.

XVIII. — LE CONCORDAT.

> Le concordat de Napoléon avec Pie VII est certainement le meilleur de ses papiers.
> FONTANES.

Pendant la première campagne d'Italie, le Directoire, voulant achever d'abattre cette Église romaine qui seule a pu civiliser le monde et qui ne peut périr, donnait au général

Bonaparte des instructions dans le sens de ses désirs. Mais le jeune guerrier voyait dans le Pape plus qu'un père, et s'il dut imposer des sacrifices pesants à Pie VI, il ne l'outragea pas, ne mena jamais ses troupes à Rome et n'y entra pas lui-même.

Cependant, les commissaires du Directoire assiégeaient Bonaparte; ils voulaient qu'il s'emparât de Rome et qu'il obligeât le Pape à rétracter, désavouer, annuler toutes les bulles, tous les brefs et toutes les instructions pastorales et allocutions où il avait blâmé les excès de la Révolution française. Bonaparte repoussa toutes ces suggestions et maintint le Pape sur son siége par le traité de Tolentino, qui désola les Romains, mais qui ne satisfit pas le Directoire. Aussi le 29 janvier 1798, pendant que Bonaparte se préparait à partir pour l'Égypte, Berthier, ayant pris le commandement de l'armée que Bonaparte avait laissée dans la Marche d'Ancône, vint camper sous les murs de Rome, et fit placarder dans la ville sainte une proclamation menaçante à l'égard du Pape et flatteuse aux mauvais instincts de la populace. La ville s'agita. Une députation nombreuse vint prier le général français d'entrer à Rome et d'y établir la liberté, l'égalité, la fraternité ou la mort.

Berthier et Masséna entrèrent dans Rome le 15 février, et aussitôt les scellés furent posés sur les musées, les galeries et tous les lieux où se trouvaient des objets de grand prix.

Pendant que les masses établissaient à Rome un directoire de sept membres pour les gouverner, que les chefs pillaient, qu'on plantait l'arbre de la liberté au Capitole, qu'on attachait la cocarde tricolore aux statues, que le général Cervoni offrait cette cocarde à Pie VI, un banquier suisse, de la secte de Calvin, envoyé à Rome en qualité de commissaire par les directeurs de la République française, s'était introduit dans les appartements de Pie VI, où il faisait main basse sur tout objet de valeur, ornements pontificaux, bijoux, petits meubles de prix : rien n'échappait à son avidité. Apercevant deux bagues aux doigts du Pape, il exigea qu'il les lui remît....

Après toutes ces indignités, on enleva Pie VI, la nuit du 20 février. Quoique très-affaibli par le grand âge (il avait plus de quatre-vingts ans), miné par les chagrins amers et par la maladie, on l'emmena de Rome, à petites journées, ne sachant où le déporter. On le fit errer ainsi de ville en ville. On lui laissa prendre un peu de repos à Sienne. Le 25 mai, on l'emmena à Florence, puis à Parme, à Plaisance, à Lodi, à Turin. Le 30, il touchait la terre de France et entrait à Briançon, où il resta vingt-cinq jours dans l'hôpital. Enfin, le 14 juillet, il arriva à Valence; il y fut logé à la citadelle, dans l'appartement du gouverneur. C'est là qu'il mourut le 29 août; et le 30 novembre, Bonaparte, arrivé au consulat, ordonna que les honneurs de la sépulture fussent rendus à ce vieillard respectable qui avait occupé « un des premiers rangs sur la terre ». En même temps il fit rendre la liberté à trente-deux prêtres qui étaient renfermés à deux pas de la citadelle de Valence, dans le couvent des Chartreux, devenu une prison.

Le siége pontifical était donc vacant; et les ennemis de l'Église triomphaient, parce qu'alors les cardinaux se trouvaient dispersés par le monde. Mais l'empereur d'Allemagne, secondé par les Russes de Souvarow, avait repris la plus grande partie de l'Italie; ce qui devait amener, à la gloire de Bonaparte, la seconde campagne que Marengo couronna. Venise, protégée par les Russes et par les Anglais, était un refuge. Les cardinaux, chassés de Rome, se réunirent dans cette ville; et le 1er décembre, tandis qu'on s'occupait à Valence des funérailles de Pie VI, les cardinaux, au nombre de trente-cinq, ouvrirent un conclave qui dura trois mois; les suffrages se partagèrent longtemps entre les cardinaux Archetti, Bellizoni, Albani et Martiniana. Enfin, le 24 mars 1800, trente-deux voix sur les trente-cinq se réunirent sur le cardinal Barnabé Chiaramonti, auquel personne, excepté Bonaparte, n'avait songé.

Élu pape, il voulut honorer la mémoire de son prédécesseur

en prenant le nom de Pie VII (1). Il quitta Venise le 6 juin, prit terre à Pesaro, où il apprit le résultat de la bataille de Marengo. Étant évêque d'Imola, il avait eu l'occasion de connaître le général Bonaparte dans sa première campagne, et il crut pouvoir espérer de lui quelque appui pour la religion.

Il ne se trompait pas. Aussitôt que les immenses travaux de réorganisation que la situation de la France imposait au Premier Consul lui laissèrent un peu le temps de respirer, il ouvrit des relations avec le Pape pour rassurer l'Europe catholique au moyen d'un concordat. Beaucoup de missives furent échangées sur un point si délicat et pour un pays qui depuis dix ans avait oublié le frein religieux.

Pie VII comprenait comme Bonaparte les difficultés de la situation. Mais Bonaparte avait préparé les esprits intelligents à ce retour aux mœurs chrétiennes; et il savait qu'en rétablissant le culte catholique il remplirait les vœux de l'immense majorité des Français, ennuyés de la vie sauvage où les tenaient les fêtes républicaines et le calendrier aux décades.

Bonaparte, dès le lendemain de la victoire de Marengo, avait entamé les négociations avec Pie VII; le cardinal Martiniana, évêque de Verceil, était son intermédiaire. Le Premier Consul, rentré dans Paris, avait écrit à Pie VII, en l'assurant de son profond respect pour le Saint-Siége et en le priant d'envoyer des délégués pour préparer un concordat.

La situation de la France était heureuse et brillante. Les

---

(1) On peut lire dans les Mémoires de M. de Bausset, préfet du palais impérial, l'intérêt que portait Napoléon à Pie VII, que dans sa première campagne d'Italie il avait connu et révéré évêque d'Imola : « Pie VI mourut à Valence le 29 août 1799, pendant le gouvernement du Directoire, qui se flattait, après la mort de ce vénérable pontife, d'empêcher qu'on lui donnât un successeur, et qui, dans cette vue, avait augmenté les armées françaises en Italie. Dans le cas où il n'aurait pu empêcher l'exaltation d'un nouveau Pape, il avait pris des mesures pour en faire nommer deux ou trois, comme moyen facile de tout bouleverser. Mais la révolution du 18 brumaire, arrivée le 9 novembre de la même année, dissipa les ridicules rêveries de la théophilanthropie. J'ai entendu Napoléon s'exprimer clairement à ce sujet, et dire qu'en arrivant au consulat son premier soin avait été de favoriser l'élection de Pie VII et de déconcerter les intrigues du Directoire. »

préliminaires d'une paix sérieuse, en apparence du moins, avec l'Angleterre venaient d'être signés en octobre (1801). Les Anglais venaient en foule à Paris admirer le Premier Consul, et les Français étaient reçus à Londres avec une sorte de triomphe. La paix était faite aussi avec la Russie, comme avec l'Allemagne et la Bavière, avec l'Espagne et le Portugal, avec la Turquie et le dey d'Alger. L'Italie était, comme la Belgique et les provinces rhénanes, réunie à la France. En un mot, partout chez nous on portait des toasts à la paix générale. Il ne nous manquait plus que la paix avec l'Église. Napoléon voulait que le concordat marquât d'un second triomphe le 18 brumaire (9 novembre prochain). C'eût été le second anniversaire de la journée qui avait délivré la France des orgies du Directoire et de l'abaissement inouï du pays, pour amener le Consul qui l'avait si heureusement relevé en moins de deux ans au plus haut point de prospérité et de splendeur.

On a vu quel était l'état religieux en France. A l'athéisme complet avaient succédé le culte de la Raison, puis un vague idéalisme à l'Être suprême, puis une tolérance au culte catholique par les prêtres dits constitutionnels, puis la comédie pastorale des théophilanthropes. Mais l'attachement inébranlable des masses à l'Église romaine persévérait en espérant, tandis que les hommes d'action et de mouvement se montraient infatués des farces odieuses de Voltaire et eussent voulu dans Bonaparte un chef de l'étoffe de Frédéric II. « Le général » Bonaparte, qui avait autant d'esprit que Voltaire et plus de » gloire que Frédéric, comme dit M. Thiers, pouvait seul, » par son exemple et ses respects, faire tomber les railleries » du dernier siècle (1). » Aussi, devant toutes les objections de son entourage, il suivait son projet.

Après la victoire de Marengo, il avait pleinement rassuré Pie VII, en lui ouvrant ses vues. Il avait en même temps fait

(1) *Histoire du Consulat*, livre XII.

signifier aux Napolitains l'ordre d'évacuer les États de l'Église. Le Pape lui envoya monseigneur Spina, chargé d'étudier l'acte de réconciliation de la France avec le Saint-Siége; il voyait en quelque sorte dans le vainqueur de l'Italie un second Charlemagne.

Napoléon aboucha avec monseigneur Spina le vénérable abbé Bernier, évêque d'Orléans, avant la Révolution et dans les derniers temps pacificateur de la Vendée. Mais l'envoyé du Souverain Pontife n'osait rien décider, tant il y avait de concessions à faire. D'un autre côté, le clergé constitutionnel, composé de jansénistes qui tenaient tous les ans des conciles, en ouvrit un pour s'opposer au projet du Premier Consul.

Tous ces prêtres, séparés de l'Église mère, sentaient que si le Concordat avait lieu les prêtres insermentés leur seraient préférés. La plupart de ces hommes étaient des sectaires. Nous disons la plupart, car il y en avait parmi eux qui n'étaient qu'égarés.

Lorsque le Premier Consul apprit que le Pape lui envoyait le cardinal Consalvi, avec plus de pouvoirs que n'en avait eu monseigneur Spina, il respira enfin. Le Concordat, examiné par le cardinal et clairement exposé par l'abbé Bernier, fut signé enfin le 15 juillet 1801, et ratifié à Rome le 15 août suivant.

Alors le Premier Consul fit inviter le concile des prêtres constitutionnels à se dissoudre. Or personne ne savait les termes ni les conditions de ce grand acte. Le Premier Consul en avait fait part au Conseil d'État, sans lui en communiquer la teneur. Il le trouva muet et plus qu'étonné; il jugea donc à propos d'attendre un peu pour le rendre public. Mais, reconnaissant de la bonté du Pape, il prescrivit à Murat (qui maintenait l'Italie) d'épargner aux États romains les passages de troupes. Il fit évacuer par les Cisalpins le petit duché d'Urbin, qu'ils avaient envahi sous le prétexte d'une contestation de limites. Il annonça la prochaine évacuation d'Ancône, et en attendant il envoya des fonds pour en payer la garnison, afin de soulager le trésor pontifical de cette dépense.

Les Napolitains, s'obstinant à occuper deux enclaves appartenant au Saint-Siége, Bénévent et Ponte-Corvo, reçurent de nouveau l'injonction d'en sortir.

Le Premier Consul avait demandé au Pape de lui envoyer, avec les pouvoirs les plus étendus, le cardinal Caprara, le plus illustre membre du sacré collége. Dès qu'il apprit que sa demande était accueillie, il fit meubler l'un des plus beaux hôtels, pour y loger, aux frais de l'État, ce diplomate vénérable. Partout, sur son passage, il fut salué avec les plus grands honneurs; à Paris, il fut reçu comme un ambassadeur. On ne devait annoncer son titre de légat *a latere* que le jour du rétablissement du culte.

D'après les conventions arrêtées, le Pape devait demander à tous les anciens évêques et aux évêques constitutionnels de donner leur démission; car au lieu de cent cinquante-huit siéges épiscopaux qui avaient existé en France avant la Révolution, la France nouvelle n'en admettait que soixante. Le Pape avait rempli cette mission pénible; le plus grand nombre avaient obéi généreusement et avec la plus complète soumission. Il n'y eut résistance que de quelques évêques réfugiés en Angleterre, et demeurés hostiles au gouvernement républicain. Les évêques constitutionnels, au nombre d'environ cinquante, donnèrent aussi leur démission en masse, en déclarant qu'ils adhéraient aux volontés du Pape.

Le Premier Consul eût voulu, comme nous l'avons dit, que la fête du rétablissement du culte fût célébrée le 18 brumaire (9 novembre 1801). Mais le Concordat avait pris beaucoup de temps; et pour devenir loi de l'État, il fallait qu'il fût voté par le Tribunat, le Corps législatif et le Sénat. Or la session ne s'ouvrait que le 22 novembre. On devait s'attendre dans les trois assemblées à de grands débats et à de grandes fureurs. Nous ne nous y arrêterons pas: seulement nous ferons remarquer les efforts inouïs que fit Napoléon pour relever la France.

Il avait purgé le pays des bandits et des chauffeurs; il avait réparé les routes, en avait créé de nouvelles; il avait donné de l'élan au commerce, à l'industrie, à l'agriculture; il ne respirait que l'amour du bien. Mais il était entouré d'hommes de désordre, qu'il lui fallait dompter.

Or voici le préambule et un résumé sommaire du Concordat.

« Le gouvernement de la République française reconnaît que la religion catholique, apostolique et romaine, est la religion de la grande majorité des citoyens français.

» Sa Sainteté reconnaît également que cette religion a retiré et attend encore en ce moment le plus grand bien et le plus grand éclat du rétablissement du culte catholique en France, et de la profession particulière qu'en font les consuls de la République.

» En conséquence, d'après cette reconnaissance mutuelle, tant pour le bien de la religion que pour le maintien de la tranquillité intérieure, ils sont convenus de ce qui suit :

» La religion catholique, apostolique et romaine, sera librement exercée en France. Son culte sera public, en se conformant aux règlements de police que le gouvernement jugera nécessaires pour la tranquillité du pays. » C'est l'article 1er.

Les autres établissent que les nominations aux évêchés devront être faites par le Premier Consul et l'institution canonique donnée par le Saint-Siége. Que les évêques, avant d'entrer en fonctions, devront prêter au gouvernement serment de fidélité; qu'ils auront droit de nommer les curés, mais que leur choix devra être agréé par le gouvernement.

L'article 13 était très-important. On y lit que « Sa Sainteté, pour le bien de la paix et l'heureux rétablissement de la religion catholique, déclare que ni elle ni ses successeurs ne troubleront en aucune manière les acquéreurs des biens ecclésiastiques aliénés, et qu'en conséquence la propriété de ces mêmes biens, les droits et les revenus y attachés, demeureront incommutables entre leurs mains ou celles de leurs ayants cause. »

On lit aussi dans l'article 13 : « Sa Sainteté reconnaît dans le Premier Consul de la République française les mêmes droits et prérogatives dont jouissait l'ancien gouvernement. »

Un écrivain philosophe, hostile souvent à l'Église catholique (1), avoue pourtant que « le Concordat de 1801 vint mettre un terme à un divorce de dix années, et qu'il rendit à la France le haut rang qu'elle avait toujours occupé dans la communion chrétienne, d'où elle n'était sortie que par un malentendu déplorable. Voilà pourquoi, ajoute-t-il, ce concordat fut accueilli par des transports d'allégresse et reçu pour ainsi dire comme un présent du Ciel. Depuis longtemps la France était lasse d'une séparation qui semblait l'avoir mise au ban des nations chrétiennes, et pendant laquelle tant d'orages l'avaient assaillie et mise plusieurs fois à deux doigts de sa perte, comme si Dieu avait voulu la punir d'avoir séparé sa cause de celle du Christianisme. »

XIX. — LES THÉOPHILANTHROPES.

> Le bien est tout ce qui tend à conserver l'homme et à le perfectionner; le mal tout ce qui tend à le détruire et à le détériorer.
> LA RÉVELLIÈRE-LÉPAUX.

La Révolution, dont le génie de Napoléon Bonaparte arrêtait les écarts, était surtout l'œuvre des fils de Voltaire, et les fils des Croisés, qui eussent dû la diriger, s'étaient mis à l'écart. On vit pourtant, dès ses débuts, qu'elle s'élançait contre Dieu et l'Église plus encore que contre le trône. Aussi le renversement du culte était le premier but de ces philosophes.

En 1793, la France n'avait plus de prêtres, sinon quelques-uns qui avaient apostasié. Partout les églises et les chapelles

---

(1) M. Philippe Lebas, dans son *Dictionnaire encyclopédique de l'histoire de France*.

avaient été fermées ou profanées. Au lieu du Dieu de qui nous tenons tout, la France accomplissait la prophétie du Père de Beauregard : on adorait la Raison, sous les traits d'une femme, qui était une danseuse ou une aventurière dépouillée de sa dignité. Ce culte avait lieu à Paris dans l'église même de Notre-Dame, en attendant que ce monument fût démoli, car il était condamné à disparaître comme tous les édifices chrétiens. Heureusement le marquis de Saint-Simon, qui n'avait pas imaginé encore sa religion, réservée à nos jours, ne put trouver les deux cent quarante mille francs en espèces que la commune de Paris exigeait *de ce bâtiment* (1).

Mais le culte de la Raison avait été bientôt trouvé ridicule; et Robespierre ayant fait décréter par la Convention que le peuple français reconnaissait l'existence de l'Être suprême, Danton réclamant l'établissement de son culte, David avait fixé sa fête au 20 prairial (8 juin, fête de saint Médard); la commune de Paris avait donc fait effacer sur tous les frontons des temples (on donnait ce nom aux églises) l'inscription *A la Raison*, et fait mettre à la place de cette première dédicace : *A l'Être suprême*.

Cependant ce culte parut froid, comme une comédie sans intérêt; et quand la terreur fut un peu moins démuselée, les prêtres constitutionnels purent dire des messes et reprendre quelques offices publics.

En 1796, cinq particuliers peu célèbres, les citoyens Mandar, Chemin, Janes, Mareau et Haüy, frère du minéralogiste, fondèrent la religion des théophilanthropes. Ils débutèrent dans une petite église déserte, au coin des rues Saint-Denis et des Lombards; ils firent imprimer leur catéchisme.

Le nom qu'ils adoptaient les annonçant comme *amis de Dieu et des hommes*, cette nouveauté prit d'abord si bien à Paris, que l'administration municipale permit aux théophilanthropes de tenir leurs séances dans les églises de Saint-Eustache, de

(1) Fait mentionné dans les Mémoires de la marquise de Créqui.

Saint-Germain l'Auxerrois, de Saint-Sulpice, de Saint-Jacques du Haut-Pas, de Saint-Étienne du Mont, de Saint-Médard, de Saint-Gervais, de Saint-Thomas d'Aquin, et même dans la basilique de Notre-Dame.

Comme ils étaient tenus de ne se réunir que dans les intervalles des offices chrétiens, ils arrivaient à midi. Leurs pontifes et leurs orateurs portaient une tunique blanche, serrée autour de la taille par une ceinture tricolore. Ils avaient pour autel une table chargée d'une corbeille de fleurs ou de fruits. Ils étalaient autour de la réunion des placards ou des bannières sur lesquels on lisait leurs préceptes : « Nous croyons à l'exis- » tence de Dieu et à l'immortalité de l'âme. — Adorez Dieu ; » chérissez vos semblables ; rendez-vous utiles à la patrie. — » Le bien est tout ce qui tend à conserver l'homme et à le » perfectionner. — Le mal est tout ce qui tend à détruire » l'homme et à le détériorer. — Enfants, honorez vos pères » et mères ; obéissez-leur avec affection ; soulagez leur vieil- » lesse. — Pères et mères, instruisez vos enfants. — Femmes, » voyez dans vos maris les chefs de vos maisons. — Maris, » aimez vos femmes et rendez-vous réciproquement heureux. »

Dans un rituel qu'ils ont publié à Sens, il y avait des formules pour l'initiation d'un enfant nouveau-né et pour le mariage. Le pontife traçait avec son doigt, qu'il avait trempé dans l'eau, les lettres C. T. (citoyen théophilanthrope) sur le front de l'enfant ; puis il touchait ses lèvres avec du miel en disant : « Qu'il soit doux comme le miel de l'abeille. » Si c'était une fille, on lui donnait un bouquet de fleurs odorantes en disant : « Que le parfum de ses vertus soit plus doux que celui de ces fleurs. » Si c'était un garçon, on mêlait au bouquet un rameau de laurier avec ces paroles : « Qu'il fasse la gloire de son pays ! »

On consacrait le mariage en liant les deux époux dans une guirlande de fleurs.

La Révellière-Lépaux, alors membre du Directoire, évincé plus tard, avait fait, dit-on, leur catéchisme, leurs placards et leurs rituels; et ce qui est assez remarquable, c'est que Dupont de Nemours, Mercier, l'auteur du *Tableau de Paris* et des *Songes philosophiques*, Bernardin de Saint-Pierre et d'autres littérateurs moins connus, prirent place dans les rangs des théophilanthropes. De plus, ce culte sentimental et niais avait des adhérents et des séances à Fontainebleau, à Sens, à Nancy, à Metz, à Bourges, à Rodez, dans beaucoup d'autres villes, et même dans des bourgs que l'on avait crus moins arriérés. Aussi, le suprême bon sens du Premier Consul, dès qu'il eut le Concordat ratifié le 15 août par le Pape Pie VII, prit des mesures pour faire cesser ces pasquinades; et en même temps qu'il obligeait les prêtres constitutionnels qui ne s'étaient pas réconciliés à cesser d'exercer les saintes fonctions du sacerdoce, en les consolant un peu par une pension viagère de quatre cents francs, il interdisait les églises catholiques de Paris aux théophilanthropes, et faisait envoyer à tous les préfets la circulaire suivante, signée de Fouché, ministre de la police générale, et datée du 17 vendémiaire an X (8 octobre 1801) :

« L'intention du gouvernement, citoyen préfet, est que les sociétés connues sous le nom de théophilanthropiques ne puissent plus se réunir dans les édifices nationaux. Il me charge de vous en prescrire l'exécution. Je lui rendrai compte de ce que vous aurez fait pour la remplir, et je vous prie de m'en prévenir avec exactitude. »

Et la théophilanthropie s'évanouit.

XX. — LE CULTE CATHOLIQUE RÉTABLI.

> Mais quel est ce nouveau spectacle
> Qui frappe mes yeux étonnés?
> Partout, devant le tabernacle
> Je vois les Français prosternés.
> Dieu, dans sa bonté, nous renvoie
> Ces jours d'espérance et de joie,
> Ces jours vainement souhaités,
> Lorsque la Discorde fatale
> Secouait sa torche infernale
> Sur nos champs et sur nos cités.
>
> H. Gaston.

Le Concordat obtenu de la généreuse bienveillance de Pie VII, qui faisait de grands sacrifices par amour pour la France, ce Concordat que la masse immense de la nation allait accueillir avec tant de joie, était dû à Napoléon seul. Mais il devait être voté par le Sénat, par le Corps législatif et par le Tribunat. Pour comprendre les obstacles qu'il fallait renverser à ce sujet, il faut que nous nous représentions l'entourage du Premier Consul. Ses généraux, ses savants, Laplace, Monge, Lagrange, ses députés au Corps législatif, son Tribunat surtout, étaient composés d'hommes dont les neuf dixièmes avaient depuis douze ans oublié Dieu, l'Église et leur âme. Il lui fallut donc lutter plusieurs mois contre tous ces hommes; et M. Thiers, dans sa remarquable *Histoire du Consulat et de l'Empire*, a consacré un demi-volume in-octavo aux efforts de Napoléon pour vaincre ou du moins pour soumettre une à une toutes ces résistances. Il avait obtenu la paix avec l'Angleterre, elle allait enfin se signer à Amiens, pour un temps du moins. Il élevait une statue à saint Vincent de Paul; il mariait son frère Louis avec Hortense de Beauharnais, fille de Joséphine et sœur d'Eugène; il faisait bénir leur mariage à l'église; il allait à Lyon, au mois de janvier 1802, pour organiser la république italienne et en recevoir la présidence. Puis, de retour à Paris, il luttait contre tous pour faire voter le Concordat, que M. de Fontanes a tant admiré et qui devait lui conquérir tous les cœurs. Eh bien, il fut forcé de menacer les corps constitués d'un coup d'État qui les renverserait, si on rejetait cette paix avec l'Église.

Mais Cambacérès trouva un expédient pour sortir de ces embarras. L'article 38 de la Constitution établissait que le premier cinquième des députés au Corps législatif et pareillement au Tribunat serait renouvelé en l'an X. Janvier 1802 en était le quatrième mois : le scrutin du Sénat exclut de ces deux corps les plus opposants, qui se trouvèrent remplacés par d'autres élus, favorables comme les citoyens qui les avaient nommés. Dès lors le Concordat fut voté loi de l'État à une grande majorité de voix. En conséquence, le Premier Consul fixa au jour de Pâques la publication du Concordat et la cérémonie religieuse qui devait l'accompagner.

Ce vote du Concordat qui ramenait la France à Dieu et à l'Église fut présenté au Premier Consul le 8 avril. Dès le lendemain, le cardinal Caprara, qui n'avait été regardé jusqu'alors que comme un ambassadeur ou un envoyé diplomatique, fut présenté en pompe au Premier Consul entouré du Conseil d'État; et lorsqu'il eut exposé ses titres de légat *à latere*, muni de tous les pouvoirs, il fut reconnu avec respect et reconduit à son hôtel avec les plus grandes solennités.

Le même jour, au nom du Souverain Pontife, il accorda à toute la France et aux diverses contrées que les victoires de la République avaient adjointes à son territoire un jubilé avec indulgence plénière. Ceux qui vivaient en ce temps-là se rappellent toujours les grandes fêtes célébrées jusque dans nos plus humbles hameaux en ces jours de pardon et de concorde, où tous les échos répondaient aux chants des processions réparatrices.

Le dimanche des Rameaux, le légat sacra dans Notre-Dame les quatre premiers évêques : monseigneur de Belloy, autrefois évêque de Marseille, nommé archevêque de Paris; il avait quatre-vingt-douze ans; l'abbé Cambacérès, frère du second consul, nommé archevêque de Rouen; l'abbé Bernier, évêque d'Orléans; l'abbé de Pancemont, évêque de Vannes. Les jours suivants, le cardinal légat sacra les autres prélats, parmi lesquels on remarquait un petit nombre d'évêques constitutionnels réconciliés. Le Premier Consul voulait que tout le corps épiscopal assistât à la fête du jour de Pâques.

L'église de Notre-Dame était toute nue. On l'accommoda le mieux qu'il fut possible. Le 18 avril donc de l'an 1802, le Premier Consul, à six heures du matin, accompagné des deux autres consuls et en grand costume consulaire, parut au balcon des Tuileries et promulgua lui-même devant une foule immense le Concordat, devenu loi de l'État. Cette lecture fut accueillie avec les plus grands transports de joie, en même temps que soixante coups de canon l'annonçaient à la grande ville, et que des hérauts richement équipés la proclamaient dans tous les quartiers de Paris, qui partout se mit en fête. Trente coups de canon d'heure en heure donnaient à cette grande journée l'éclat imposant qu'elle devait avoir.

A onze heures, le Premier Consul remit les drapeaux aux légions d'élite qui devaient accompagner le cortége; puis les trois consuls, dans la même voiture, prirent le chemin de Notre-Dame. Mais ils durent mettre près de deux heures pour y arriver. Le corps diplomatique, le Conseil d'État, les sénateurs, le Corps législatif et les ministres devaient les accompagner. Mais il y eut des résistances; et le Premier Consul dut mettre en œuvre toute l'énergie de cette volonté qui enlevait tous les obstacles et qu'on ne bravait jamais impunément. Plusieurs des généraux refusaient d'accompagner le cortége; il fallut que le Premier Consul les y contraignît; ce qui eut lieu surtout pour Lannes et pour Augereau (1). Toute l'élite de l'armée, et toutes les dames, en tenue sévère mais brillante.

---

1) Ils cédèrent à la menace de passer devant un conseil de guerre.

et tout ce qu'il y avait de distingué à Paris remplissait l'église; et le cortége s'avançait avec lenteur, au milieu des applaudissements universels où le Premier Consul était salué des plus ardentes acclamations.

Le bourdon de Notre-Dame ébranlait les airs pour la première fois depuis dix ans. Les cloches de toutes les paroisses sonnaient à toute volée. Le canon mêlait à leur harmonie sa voix imposante, et toute la population, hors de ses demeures, remplissait les airs de cris d'allégresse.

Les consuls et leur suite arrivèrent à Notre-Dame à une heure après midi. En mettant le pied dans la basilique, ils reçurent de l'archevêque de Paris l'eau bénite et l'encens. Ils étaient entourés de toute la pompe militaire. Ils furent conduits sous le dais qui leur était préparé à gauche de l'autel, et aussitôt le cardinal légat commença la messe.

Après l'évangile, les soixante prélats, archevêques et évêques sacrés, prêtèrent serment devant le légat, entre les mains du Premier Consul.

Aussitôt que l'*Ite missa est* fut dit, le *Te Deum* fut entonné et chanté par trois cents musiciens, que dirigeaient Méhul et Chérubini. Il fut suivi du *Domine, salvam fac rempublicam, Domine, salvos fac consules*, exécuté par les mêmes voix.

Cette grande et belle cérémonie produisit une sensation immense sur tous les habitants de Paris et sur tous les Français accourus pour la fête. Tous exprimaient hautement leur reconnaissance au chef de l'État. On a conservé de ce jour un sonnet d'un citoyen Noël, qui rendait grâces au Premier Consul, et se terminait par ce tercet final :

> Il remet dans la France un accord solennel,
> Fait la paix au dehors avec toute la terre,
> Et la porte en triomphe au pied de l'Éternel.

Le soir, tout Paris fut illuminé avec splendeur, et un concert monstre au jardin des Tuileries compléta cette grande et mémorable journée.

XXI. — CONSUL A VIE.

> Pourquoi, sans nulle politesse,
> Nous priver du bonheur de donner notre voix
> A celui qui causa la commune allégresse,
> Qui nous créa de sages lois,
> Et qui, jeune, égala par de nobles exploits
> Les plus fiers conquérants de Rome et de la Grèce?
>
> 1802. Madame-Fanny Beauharnais.

Toute nation doit avoir un chef, et ce chef a ce qu'on appelle le pouvoir. Généralement il en hérite, ou il le reçoit; quelquefois il le prend : alors c'est usurpation, avec tyrannie ou despotisme.

Il n'y a donc que deux moyens équitables de posséder le pouvoir : l'un par hérédité, l'autre par élection. Ce sont là les deux légitimités.

Clovis héritait de la royauté; ce qui ne l'empêcha pas de se faire acclamer par les Francs. Pépin le Bref possédait héréditairement la puissance; il se fit proclamer roi par ses leudes, qui étaient les chefs du peuple. Hugues Capet, devenu en des jours d'anarchie le plus riche et le plus puissant des vassaux de la couronne en décadence, fut élevé à la suzeraineté par les autres grands feudataires et devint roi ainsi. Tous ces moyens pouvaient être admis, quand le peuple n'était rien. Mais aujourd'hui l'élection d'un petit nombre qui donnerait un souverain à toute une nation ne le rendrait pas légitime.

Bonaparte, qui voulait être légitime et qui l'a toujours été, n'a jamais accepté un pouvoir suprême sans qu'il fût consacré par le suffrage universel, et il n'a renversé aucun pouvoir sérieusement constitué : exemple qui a été suivi par son illustre neveu l'empereur Napoléon III, quoiqu'il eût des droits d'hérédité.

Après le rétablissement du culte, dont la paix générale

relevait encore l'éclat, le Premier Consul avait, le 26 avril, rappelé tous les émigrés, à qui il n'imposait d'autres conditions que de prêter serment de fidélité au gouvernement établi et à sa Constitution. Le 1er mai, il avait créé les écoles secondaires, qu'on appela les lycées; il marchait ainsi relevant tout. Il rendait aux émigrés tous leurs biens restés sous le séquestre, et ses actes de tous les jours étaient accueillis avec admiration.

Alors le Sénat voulut, par un vote unanime, prolonger le consulat de Bonaparte. On comptait lui faire une surprise; et le Tribunat, réparant son opposition passée, lui envoya une députation qui lui exposa ce vœu : Que le premier corps de l'État (le Sénat) se rendît l'interprète du sentiment général d'admiration du peuple français. Le Premier Consul termina sa réponse par ces mots :

« Je reçois avec la plus sensible reconnaissance le vœu émis par le Tribunat. Je ne désire d'autre gloire que celle d'avoir rempli tout entière la tâche qui m'était imposée. Je n'ambitionne d'autre récompense que l'affection de mes concitoyens : heureux s'ils sont bien convaincus que les maux qu'ils pourraient éprouver seront toujours pour moi les maux les plus sensibles; que la vie ne m'est chère que par les services que je puis rendre à ma patrie; que la mort même n'aura point d'amertume pour moi, si mes derniers regards peuvent voir le bonheur de la République aussi assuré que sa gloire. »

Le 8 mai, en conséquence de cette manifestation, le Sénat adoptait l'idée de proroger les pouvoirs du Premier Consul, votait cette résolution et l'envoyait à Bonaparte, qui répondit :

« Sénateurs, la preuve honorable d'estime consignée dans votre délibération sera toujours gravée dans mon cœur.

» Dans les trois années qui viennent de s'écouler, la fortune a souri à la République; mais la fortune est inconstante; et combien d'hommes qu'elle avait comblés de ses faveurs ont vécu trop de quelques années!

» L'intérêt de ma gloire et celui de mon bonheur sembleraient avoir marqué le terme de ma vie publique, au moment où la paix du monde est proclamée.

» Mais la gloire et le bonheur du citoyen doivent se taire, quand l'intérêt de l'État et la bienveillance publique l'appellent.

» Vous jugez que je dois au peuple un nouveau sacrifice; je le ferai, si le vœu du peuple me commande ce que votre suffrage autorise. »

Cette réponse fut envoyée au Conseil d'État, que présidait Cambacérès en l'absence du Premier Consul, parti pour la Malmaison. Il fut représenté là que la perpétuité du pouvoir dans les mains du Premier Consul pouvait seule établir une stabilité durable. Dubois, le préfet de police, et qui était bien informé, répondit que tout Paris demandait que le Premier Consul fût toute sa vie à la tête des affaires. On mit donc aux voix cette proposition :

« Le Premier Consul Napoléon Bonaparte sera-t-il consul » à vie? »

Elle fut adoptée à l'unanimité moins cinq voix. Rœderer alors proposa d'ajouter : Le Premier Consul aura-t-il la faculté de désigner son successeur? Ce qui fut adopté pareillement.

On formula donc l'acte suivant :

« Considérant que la résolution du Premier Consul est un hommage éclatant rendu à la souveraineté du peuple, que le peuple consulté sur ses plus chers intérêts ne doit connaître d'autres limites que ses intérêts mêmes; le peuple français sera consulté sur ces deux questions :

» Napoléon Bonaparte sera-t-il consul à vie?

» Aura-t-il la faculté de désigner son successeur?

» Des registres seront ouverts à cet effet dans toutes les mairies, aux greffes de tous les tribunaux, chez les notaires et chez tous les officiers publics. »

Le Sénat et le Corps législatif ayant voté cette proposition, elle fut aussitôt publiée, sauf l'article qui donnait au Premier Consul la faculté de désigner son successeur, article que

Bonaparte supprimait comme inutile. Aussitôt le Corps législatif et le Tribunat vinrent en corps avec solennité voter dans les mains du Premier Consul le consulat à vie. La rente cinq pour cent monta sur-le-champ de quarante francs à soixante. Le suffrage universel fut connu au bout de trois semaines ; il proclamait à une majorité de quatre-vingt-dix-neuf sur cent le vote proposé (1).

Ce résultat, qui établissait le consulat à vie, fut porté à Napoléon Bonaparte le 2 août 1802 ; et le 15 de ce même mois on fêta le jour de la naissance de Napoléon....

XXII. — RAPPEL DES ÉMIGRÉS.

> Les émigrés ont établi dans la France politique une scission pareille à celle que les protestants amenèrent dans l'Europe religieuse. NAPOLÉON.

Il est évident que si, de 1789 à 1791, cent mille nobles et plus n'eussent pas abandonné la France et reculé devant des luttes qu'on ne pouvait éviter, la Révolution n'aurait pas été souillée des excès qui la déshonorent. Louis XVI et Marie-Antoinette n'eussent pas péri odieusement sur les échafauds ; et les sacrifices de priviléges, de droits iniques, de lois injustes eussent remplacé les sacrifices humains.

L'émigration, qui eut lieu malgré le Roi, fut, il faut le dire avec le Premier Consul, une désertion et plus qu'une faute. C'était laisser le pays en proie aux sauvages de la civilisation, civilisation largement ulcérée par les doctrines infâmes de l'école de Voltaire et de ses satellites.

---

(1) La population de la République française était alors de trente-deux millions d'habitants. Seize millions de femmes ne votaient pas. Huit millions d'enfants et d'adultes mineurs ne pouvaient voter. Il ne se trouvait sachant lire que moins de quatre millions de votants. 3,577,259 votèrent. 3,566,185 votèrent : Oui.

Mais enfin Napoléon, qui était l'ordre, voulait, par la fusion de tous les partis et l'oubli de tous les torts et de toutes les haines, ramener l'union avec la paix dans la France si cruellement éprouvée. Il rouvrit donc aux émigrés les portes de la France, malgré les clameurs et les oppositions du plus grand nombre dans son entourage. Plus instruit des faits que ses conseillers et ses ministres, il leur rappelait que l'émigration avait été d'abord une malice qui devint vite une démence. Les nobles voyaient dans leur départ une croisade; les belles dames, quand l'affaire prit faveur, envoyaient une quenouille au gentilhomme qui reculait devant la fuite; et la plupart, comme leurs époux, payèrent cette fantaisie absurde par de grandes détresses. Napoléon les excusait encore en rejetant cette défection sur les frères du Roi, qui avaient émigré les premiers.

Il y avait plus de cent mille noms sur ces malheureuses listes d'émigrés, et à l'exception de quatre à cinq mille que le Premier Consul jugeait opportun de ne pas amnistier alors, il les rappela tous. A ce sujet il disait à Sainte-Hélène (ce qui a été conservé dans le Mémorial), à propos des biens restitués des émigrés restés sous le séquestre :

« J'ai eu un moment la pensée de composer une masse, un syndicat de tous les biens restants des émigrés, et de les leur distribuer à leur retour, dans une échelle proportionnelle. Au lieu de cela, quand je me suis mis à rendre individuellement, je n'ai pas tardé à m'apercevoir que je les rendais trop riches et ne faisais que des insolents. Tel à qui, grâce à ses mille sollicitations, on rendait cinquante mille écus, cent mille écus de rente, ne nous tirait plus le chapeau le lendemain.... Tout le faubourg Saint-Germain allait prendre cette direction. Il se trouva que j'allais recréer sa fortune, et qu'il n'en fût pas moins demeuré ennemi et antinational. Alors j'arrêtai, en opposition à l'acte d'amnistie, la restitution des biens non vendus, toutes les fois qu'ils dépasseraient une certaine valeur. C'était une injustice, d'après la lettre de la loi, sans doute; mais la politique le voulait impérieusement. La faute en avait été à l'imprévoyance. Cette réaction de ma part détruisit le bon effet du rappel des émigrés et m'aliéna les grandes familles. J'eusse pourvu à cet inconvénient ou j'en eusse neutralisé les effets par mon syndicat. Pour une grande famille mécontente, j'eusse attaché cent nobles de la province et satisfait au fond à la stricte justice, qui voulait que l'émigration entière, qui avait couru une même chance, embarqué sa fortune en commun sur le même vaisseau, éprouvé le même naufrage, encouru les mêmes peines, obtint un même résultat.

» C'est une faute de ma part, d'autant plus grande que j'en ai eu l'idée; mais j'étais seul, entouré d'oppositions et d'épines; tous étaient contre les émigrés; et cependant les grandes affaires me talonnaient; le temps courait; j'étais obligé de voir ailleurs.... »

Il accueillit pourtant toujours les émigrés rentrés avec bienveillance, et ne chercha qu'à se les attacher. Et il apprit plus tard avec plaisir, lors du complot de Georges Cadoudal, que les émigrés étaient étrangers totalement à cette conspiration.

Le 17 janvier 1803, il compléta le retour de la France catholique à l'Église romaine, en élevant au cardinalat, de concert avec le Pape, l'archevêque de Paris, monseigneur du Belloy; l'archevêque de Lyon, monseigneur Fesch; l'archevêque de Rouen, monseigneur Cambacérès; et l'archevêque de Tours, monseigneur de Boisgelin.

XXIII. — LA LÉGION D'HONNEUR.

> Si l'institution de la Légion d'honneur était en opposition avec de nouvelles habitudes, du moins elle était en harmonie avec le génie de la nation, qui, passionnée pour la gloire, embrasse avec avidité tout ce qui la rappelle.   A. V. ARNAULD.

Le 19 mai 1802, deux mois et demi avant l'inauguration du Consulat à vie, Napoléon avait institué l'ordre de la Légion d'honneur; et, ce qui peut nous surprendre, cette belle institution avait soulevé autant d'opposition au moins que le Concordat.

Le Premier Consul voulait consacrer ainsi l'usage introduit par le Directoire de donner des récompenses aux militaires qui s'étaient distingués par quelque grande action; mais il l'étendait aux services civils. La récompense qu'il proposait consistait dans une médaille en forme d'étoile, sur laquelle seraient gravés les mots *Honneur et Patrie* autour de l'écusson. Elle pouvait être acquise par les traits de courage, par les grands services rendus, par les œuvres du génie, par les grandes découvertes, par les inventions utiles. Tous ceux qui obtenaient cette récompense formaient la Légion d'honneur; et c'était un ordre de chevalerie.

Louis XIV avait établi un ordre de ce genre, mais pour les militaires seulement. Napoléon, qui comprenait qu'on peut servir son pays autrement que par les armes, voulait encourager tous les genres de mérite. Eh bien, tous les partis révolutionnaires se récrièrent, en disant qu'on détruisait l'égalité. L'un des plus fougueux adversaires était Bernadotte, qui, un peu plus tard, devait, comme les autres, penser bien différemment. Tous criaient que la Légion d'honneur était un pas vers le retour de la féodalité. Napoléon leur répondait :

« Les récompenses que je propose sont personnelles et ne sont pas héréditaires. Elles n'altèrent pas plus l'égalité de droits que les grades et les distinctions militaires. Tous les Français sont égaux devant la loi. Mais un soldat sera-t-il l'égal de son capitaine? un capitaine l'égal de son colonel? un colonel de son général? le greffier d'un juge est-il l'égal de ce magistrat? un idiot est-il l'égal d'un homme de génie? un matelot l'égal d'un amiral? Avec cette égalité matérielle qui obscurcit votre intelligence, il faudrait que tous les hommes fussent de même taille, de même force et de même génie. L'égalité devant les lois est la seule qui puisse se poser et se maintenir. »

« Considéré comme principe d'émulation, dit M. Arnauld, la Légion d'honneur était l'institution la mieux conçue dans l'intérêt de la nation. C'était aussi, comme principe de gloire, la mieux conçue dans l'intérêt du chef de l'État. Par elle, en stimulant toutes les ambitions, en plaçant toutes les supériorités sur une même ligne, il communiquait une égale activité à toutes les professions honorables. Il faisait pour les beaux-arts, pour la haute industrie, pour les lettres, pour les sciences, pour le commerce, ce que Louis XIV n'avait fait que pour les armes. »

Pourtant cette loi ne fut admise qu'à une faible majorité; et pendant les deux années qui s'écoulèrent entre l'adoption de la loi et son exécution, la Légion d'honneur était déjà devenue l'objet des plus hautes ambitions; elle devint bientôt le principe des actions les plus héroïques (1).

---

(1) La légende de la croix d'honneur : *Honneur et patrie*, était digne de Napoléon.

XXIV. — MÉDIATEUR DE LA CONFÉDÉRATION SUISSE.

> La nature a fait votre État fédératif. Vouloir la vaincre ne peut pas être d'un homme sage. NAPOLÉON.

La République française, qui se croyait l'idéal le plus parfait, avait désolé et tourmenté la Suisse pendant des années pour en faire une république une et indivisible; et de 1798 à 1803 les cantons de la vieille Helvétie ne pouvaient se trouver d'accord. Enfin, dans leur désarroi, ils prièrent le Premier Consul, qui organisait si sérieusement et si bien toutes choses, d'être leur médiateur. Cette demande était unanime, comme les votes qui couronnaient tous les actes de ce grand génie.

Napoléon accueillit les députés helvétiques le 28 janvier 1803; et il leur dit : « Nous avons aujourd'hui un grand travail. Commençons par les organisations cantonales. Le rétablissement de l'ancien ordre de choses dans les cantons démocratiques est ce qu'il y a de plus convenable, et pour vous et pour moi. Ce sont eux, ce sont leurs formes de gouvernement qui vous distinguent dans le monde, qui vous rendent intéressants aux yeux de l'Europe. Sans ces démocraties, vous ne présenteriez rien que ce que l'on trouve ailleurs; vous n'auriez pas de couleur particulière.

» Songez bien à l'importance d'avoir des traits caractéristiques. Ce sont eux qui, éloignant l'idée de toute ressemblance avec les autres États, écartent celle de vous confondre avec eux et de vous y incorporer.

» Je sais bien que le régime de ces démocraties est accompagné de beaucoup d'inconvénients; mais enfin il est établi depuis des siècles; il a son origine dans le climat, la nature, les besoins, les habitudes primitives des habitants; il est conforme au génie des lieux; et il ne faut pas avoir raison en dépit de la nécessité.

» Les constitutions des petits cantons ne sont sûrement pas raisonnables. Mais c'est l'usage qui les a établies. Quand l'usage et la raison se trouvent en opposition, c'est le premier qui l'emporte.... »

Cette conférence occupa l'esprit si lucide du Premier Consul depuis midi jusqu'à huit heures du soir. Comme le parti aristocratique de la Suisse voulait supprimer les assemblées souveraines, où pouvaient voter indistinctement tous les citoyens ayant des droits politiques, Napoléon leur dit :

« Pourquoi voudriez-vous priver ces pâtres du seul divertissement qu'ils peuvent avoir? Menant une vie uniforme, qui leur laisse de grands loisirs, il est naturel, il est nécessaire qu'ils s'occupent immédiatement de la chose publique. Il serait cruel d'ôter à des peuples pasteurs des prérogatives dont ils sont fiers, dont l'habitude est enracinée et dont ils ne peuvent user pour faire le mal. »

Il leur recommanda de bien établir dans leur pacte fédéral, après les dissensions qui les avaient troublés, « qu'aucune poursuite pour le passé ne pût avoir lieu dans aucun canton, et que tout citoyen qui ne trouverait plus de sûreté dans son canton pût s'établir dans un autre ». Et il ajouta que la France, dont ils s'étaient séparés depuis plus de dix ans, était leur plus solide appui. Il leur rappela que c'était Lui qui, en dépit de la Prusse, de l'Angleterre et de l'Autriche, avait fait reconnaître la République helvétique à Lunéville. « La France, dit-il encore, prendra chez vous des régiments à sa solde et rétablira ainsi une ressource pécuniaire pour les cantons pauvres. La France fera cela, non qu'elle ait besoin de vos troupes; il ne me faudrait qu'un arrêté pour les trouver en France. Mais elle le fera, puisqu'il est de l'intérêt de la France de s'attacher les démocraties. »

Il reprocha ensuite au parti aristocratique ses ambitions envahissantes, ses lâchetés et ses trahisons. Et après avoir établi le pacte fédéral, Napoléon dit en finissant cette longue discussion :

« Souvenez-vous du courage et des vertus de vos pères. Ayez une organisation simple comme leurs mœurs. Songez à ces religions, à ces langues différentes qui ont leurs limites marquées, à ces vallées, à ces montagnes qui vous séparent, à tant de souvenirs attachés à ces bornes naturelles; et qu'il reste de tout cela une empreinte dans votre organisation. Surtout, pour l'exemple des peuples de l'Europe, conservez la liberté et l'égalité à cette nation, qui leur a, la première, appris à être libres et indépendants. »

XXV. — L'ANGLETERRE ROMPT LA PAIX.

> Vous voyez avec horreur deux hommes qui se déchirent dans une lutte sanglante; et la guerre entre deux peuples, ce qui est bien pis, comment osons-nous l'applaudir?
> WIELAND.

On a dit, avec bien des raisons, que les Anglais n'étaient les ennemis de la France que parce qu'ils en étaient jaloux. Comme ils voyaient ce pays, leur voisin, devenir plus grand et plus solide que jamais sous le gouvernement de Napoléon, ils regrettèrent assez vite la paix d'Amiens; et pendant que le Premier Consul rétablissait les chambres de commerce, qu'il réunissait le Piémont à la France, que l'Italie lui était soumise, que la Suisse était sous son patronage, qu'il ramenait l'ordre partout et que la France était heureuse et florissante, l'Angleterre envoya au Premier Consul un *ultimatum* qui brisait le traité d'Amiens, en réclamant impérieusement la possession pour dix ans de l'île de Lampedosa et de l'île de Malte, et l'évacuation de la Hollande.

Cet ultimatum fut communiqué au Sénat, au Corps législatif et au Tribunat. C'était le 14 mai 1803. On apprit en même temps que les Anglais, exercés depuis dix ans à la piraterie, avaient appuyé leur ultimatum en capturant sur les mers les vaisseaux français qui naviguaient croyant au traité d'Amiens. C'était la guerre entamée.

Alors un ordre des consuls, signé le 22 mai, arrêta tous les Anglais qui commerçaient ou voyageaient en France, et les constitua prisonniers de guerre.

Comprendra-t-on que des historiens qui se croient sérieux aient condamné cette mesure sévère comme une violence injustifiable, sous prétexte que l'honneur de la France ne lui permettait pas les représailles? La guerre était entamée par des corsaires; et l'Angleterre dans son orgueil eût redoublé d'audace, si on l'eût ménagée. La générosité n'a jamais été beaucoup une vertu de son gouvernement.

Peu de jours après cette réponse de la France, le 3 juin, le général Mortier occupait le Hanovre, qui appartenait à l'Angleterre, et l'armée anglaise qui se trouvait dans ce pays était prisonnière de guerre. Le duc de Cambridge, qui la commandait, s'était distingué par une fuite rapide, qui n'a pas compté dans ses états de service.

Une autre mesure hostile ferma aux Anglais tous les ports, non-seulement de la France, mais de l'Italie. C'est ce qu'on a appelé le blocus continental. Toutes nos côtes sont hérissées de préparatifs pour une descente en Angleterre. Un camp célèbre, établi à Boulogne-sur-Mer, reçoit une vaillante armée. La Vendée, ralliée à Napoléon, qui lui a rendu ses autels, lui fournit des marins et des soldats. Plusieurs grandes villes, à l'exemple de Rouen, font construire à leurs frais des navires qui doivent agrandir la flotte française, et tout est en mouvement pour la guerre maritime. Le Premier Consul visite tous les ports et fait, par d'immenses travaux, du port d'Anvers le plus fort des ports de mer. Il est reçu en triomphe à Bruxelles, où, comme partout, on salue avec joie une guerre contre les Anglais, qui ne sont riches que de dépouilles enlevées à tous les peuples.

A la suite de sa joyeuse entrée chez les Bruxellois (le 22 juillet 1803), le Premier Consul alla coucher au château de Laeken, tout voisin de Bruxelles. Le lendemain matin, toujours très-simplement mis, selon son usage, il se promenait dans les jardins de ce domaine de prince, accompagné d'un seul officier. Il rencontra un jeune homme qui soignait les fleurs. Attiré par la figure franche et avenante de ce botaniste adolescent, il lui fit quelques questions auxquelles le garçon jardinier, car il n'était que cela, fit des réponses très-convenables, du ton le plus modeste. Pourtant on voyait qu'il avait étudié avec soin la connaissance des plantes. Il accentuait sans hésiter tous les noms étranges que les doctes ont donnés souvent d'une manière si bizarre aux plus gracieuses productions de la nature. Il parlait du *scolozanthe*, de l'*aristoloche anguicide*, du *Caarahoa*, de l'*Exoacanthe*, de la *Léna-Noël*, des *Malphigiacées*, du *Plectanége*, du *Setéroxiton*, du *Trétorrhiza*, des *Hydrocharidées*, et de ces milliers de plantes aux noms coriaces, comme un autre eût parlé de l'oseille et du persil.

Il connaissait la nature et les propriétés de chaque végétal. C'était la botanique incarnée dans un jeune homme de vingt-deux ans. Il s'exprimait en bon français.

« Êtes-vous heureux ici? lui dit le Premier Consul avec intérêt.

— Oui, monsieur, répondit le jeune artiste, qui était loin de soupçonner la qualité de son interlocuteur. Je vis au sein de ce que j'aime. Mais je ne suis que garçon jardinier. »

A ce mot, il soupira.

Napoléon ne désapprouvait pas les idées ambitieuses; il avait remarqué dans le jeune fleuriste beaucoup d'étoffe et une instruction profonde.

« Que désirez-vous? lui dit-il.

— Oh! reprit en souriant le jeune homme, ce que je désirerais est une folie.

— Mais encore?

— Il faudrait une fée pour réaliser le rêve qui m'a souvent occupé.

— Je ne suis pas une fée, reprit Bonaparte en souriant à son tour; mais j'approche le Premier Consul; il pourrait, s'il vous connaissait, réaliser vos vœux.

— Vous êtes trop bon, monsieur; il est certain que le Premier Consul pourrait être la fée que j'attends; car tout dépend de lui. Dans les voyages que j'ai faits pour m'instruire, j'ai vu le jardin de la Malmaison, avec ses ponts variés et ses kiosques. Le héros qui nous est si cher a donné ce riant domaine à Joséphine. Si une fée était là, je ne lui demanderais pas autre chose que la place de jardinier à la Malmaison. Vous voyez que je suis bien avide.

— J'y songerai, dit le Premier Consul prêt à trahir son incognito, mais ne désespérez pas des fées. »

Et il continua sa promenade.

Durant le mois qui suivit cette conversation, de singulières idées étaient venues au garçon jardinier; il ne se la rappelait pas sans se livrer à des suppositions qui lui faisaient palpiter le cœur, lorsqu'un jour il reçut un paquet cacheté, qui portait le timbre de l'impératrice Joséphine. C'était sa nomination au poste qu'il avait tant désiré.

Il se hâta de s'y rendre. Il y revit bientôt l'inconnu de Laeken, cet homme qui n'oubliait rien, et qui sut si bien se faire aimer (1).

XXVI. — LE CAMP DE BOULOGNE.

> L'Angleterre avait peur.
> SHÉRIDAN.

Mais retournons au camp de Boulogne, où l'amiral Truguet et le vice-amiral Brueys, élevé à la dignité d'amiral, secon-

---

(1) On a vu, en 1815, ce jeune homme désolé à la fois de la mort si mystérieuse de Joséphine et de l'abandon où la France laissait Napoléon, trahi deux fois.

daient activement les projets du Premier Consul, qui, tout en courant, ordonnait un canal destiné à réunir le Rhin à la Meuse et à l'Escaut.

Rentré à Paris le 11 août, il s'occupe, à travers tous ses travaux, de l'instruction publique, de l'embellissement et de l'assainissement de la capitale. Le 24 septembre, le pont des Arts est ouvert au public, en même temps qu'on en construit deux autres, qui porteront un jour les noms d'Austerlitz et d'Iéna. Le 9 octobre, il donne audience solennellement à l'ambassadeur de l'empereur des Turcs. Il sait que l'Angleterre solde les autres puissances pour les armer contre la France. Mais l'Espagne et le Portugal ont voulu rester neutres. La Russie offrait sa médiation, et l'Angleterre ne l'acceptait pas. Napoléon l'agréait, quoiqu'on lui ait bien reproché d'aimer la guerre, qu'il ne fit jamais que contraint, quoiqu'il la fit toujours bien.

Il quitta Paris de nouveau, le 3 novembre, pour inspecter les immenses préparatifs qui s'étendaient sur toutes nos côtes; et le 5 il fut témoin d'un combat qui eut lieu devant Boulogne, entre une flottille française et une division britannique. Il y eut une foule d'affaires de ce genre, où les Français eurent toujours l'avantage.

La mer depuis Bayonne jusqu'à Flessingue était couverte, outre les grands vaisseaux, de quatre mille prames, bateaux à voiles et à rames, n'ayant qu'un seul pont, que les Français appelaient des bateaux plats. Les Anglais effrayés faisaient des levées en masse, et ne comprenaient pas les opérations du Premier Consul.

Mais, dans une lettre écrite en 1805 au ministre de la marine, Napoléon expliquait ses combinaisons. Il avait préparé une armée de cent cinquante mille hommes, postés dans six camps, que commandaient ses meilleurs généraux. Il avait une flotte qui s'exerçait dans le port de Tarente. L'amiral Villeneuve était au Ferrol, où il devait rallier l'escadre espagnole et arriver avec quarante ou cinquante vaisseaux de guerre à Boulogne et se réunir là aux armements de Tarente. Ces mesures habiles ont échoué par des malentendus.

Si le plan de Napoléon n'eût pas été arrêté plus tard par une autre guerre continentale, ses quatre mille bâtiments de transport, bateaux plats, canonnières et péniches bien armés, sous la protection des vaisseaux de guerre, passaient le détroit, et l'Angleterre était soumise.

Par une note pillée aux Tuileries le 1er avril 1814, et qui a été dans les mains du comte de Fortia-Piles, on voit que le plan de conduite du Premier Consul dans cette conquête était de déclarer l'Angleterre saisie et d'en partager le sol entre tous les habitants, de manière à faire de ce pays une nation démocratique comme la France. L'idée du projet de Napoléon n'a été devinée par personne. Mais lorsque, le mouvement des escadres ayant manqué, « le peuple anglais s'aperçut enfin » du danger qu'il avait couru, l'effroi fut immense dans les » conseils de Londres, et tous les gens sensés ont reconnu et » avoué que jamais la Grande-Bretagne n'avait été si près de » sa perte. » Nous citons une lettre du temps.

XXVII. — LES CONSPIRATIONS.

> Tuer par conjuration celui qui gouverne avec droit, c'est parricide.
> PIERRE MESSIE.

Les ennemis de Napoléon, qu'effrayait la persistance de ses apprêts et que consternait le blocus continental, ne voyant dans tout cela qu'une tête qui les arrêtait dans leurs projets de domination universelle, s'écriaient, comme l'un de leurs rois, que gênait dans ses iniquités l'inflexible droiture de Thomas de Cantorbéry : Ne se présentera-t-il donc personne dans nos amis qui nous délivre de cet homme?

Et partout des conspirations se formaient, des séides se

dressaient, à Paris, à Londres, en Allemagne. Mais le Premier Consul était bien gardé, puisque même sans sa garde il avait échappé aux poignards d'Aréna, de Céracchi et de leurs compagnons, à la machine infernale et à d'autres tentatives obscures, que l'on n'avait pas publiées, pour éviter ces paniques qui déconcertent les nations.

Le premier des conspirateurs français fut Charles Pichegru, qui par ses victoires en Belgique et en Flandre et par sa conquête de la Hollande en janvier 1795, s'était fait un nom comme général habile. Mais il avait été à Brienne répétiteur en mathématiques du jeune Bonaparte, et il avait vu avec dépit son élève le dépasser. Il était jaloux de ses succès en Italie; il prévoyait son avenir, et par l'intermédiaire d'un libraire de Neufchâtel (Fauche-Borel), agent actif des Bourbons, il s'était lié avec le prince de Condé pour rétablir la vieille monarchie.

On avait eu vent de ses menées, six ans avant l'époque où nous sommes. Quoique Barras fût accessible à ses projets sans en être trop soupçonné, la partie du Directoire et des conseils qui redoutait la restauration avait préparé un coup d'État. Des lettres pressantes adressées au général Bonaparte, qui, dans sa première campagne d'Italie, grandissait tous les jours, lui avaient demandé son appui. Bonaparte avait envoyé Augereau; et le 18 fructidor (4 septembre 1797) douze mille hommes sous les ordres d'Augereau ayant cerné les Tuileries, une loi, dite de salut public, avait été votée. Elle exilait Pichegru et un grand nombre de royalistes des deux assemblées.

Le Directoire avait publié alors la correspondance de Pichegru avec le prince de Condé et les généraux autrichiens, correspondance saisie dans un caisson du général Klinglin, par les troupes de l'armée que commandait Moreau sur le Rhin. Pichegru avait trouvé l'occasion de s'échapper de Sinnamari, et il vivait en Angleterre, où il avait placé les sommes considérables que les Bourbons lui avaient adressées.

Le second des chefs de la conjuration était Georges Cadoudal, Breton qui avait été l'un des plus actifs commandants des chouans. Il avait dû en 1800 se soumettre à Brune, puis il avait passé en Angleterre, ne s'occupant que de ramener les Bourbons. Là il s'était allié aux projets de Pichegru.

Moreau, compromis passivement avec eux, parce qu'il avait connu les correspondances de Pichegru avec les Bourbons et n'en avait rien révélé, était un très-habile général, mais un homme faible qui, entraîné par sa femme triste de se voir éclipsée par Joséphine, éblouie par les promesses des Bourbons, eût accepté leur retour. La police savait toutes ces menées.

Or, Georges Cadoudal était secrètement venu à Paris, où, comme Pichegru et leurs complices, il cachait sa retraite, qu'il changeait fréquemment. Mais il fut arrêté par deux agents, dont il tua l'un et blessa l'autre avec ses pistolets, au moment où, s'enfuyant de Paris, il traversait le carrefour Buci. Pichegru et le général Lajolais, qui était aussi du complot, furent arrêtés pareillement, ainsi que Moreau lui-même, qui avait écrit au Premier Consul une lettre où il s'excusait de n'avoir pas révélé les complots.

Tous ceux des conspirateurs qu'on put découvrir furent mis en jugement. On avait découvert, et Georges Cadoudal l'avait déclaré, qu'on n'attendait que l'arrivée d'un prince français pour attaquer.

A travers ces éclairs, un rapport de la gendarmerie du département du Bas-Rhin était remis au Premier Consul, à la Malmaison. Ce rapport lui apprenait que le duc d'Enghien, établi récemment à Ettenheim, tout près de Strasbourg, dans le grand-duché de Bade, réunissait autour de lui beaucoup d'émigrés; ce qui concordait avec la déclaration de Cadoudal...

Murat, alors gouverneur de Paris, avait fait partir en poste pour Strasbourg le général Ordener, qui devait voyager sous un nom supposé et s'entendre avec le général de la division de Strasbourg, le maréchal des logis de gendarmerie qui avait été reconnaître Ettenheim, le commissaire de police, et suivre un plan de campagne parfaitement exposé. Il consistait à cerner Ettenheim avec une troupe suffisante, à y enlever le duc d'Enghien et à l'amener à Vincennes.

De son côté, le général Caulaincourt devait diriger des patrouilles autour d'Ettenheim, et ne rentrer sur le territoire français qu'après s'être assuré que l'enlèvement du prince et des personnages importants qui l'accompagnaient avait réussi. Talleyrand, ministre alors des relations extérieures, adressait en même temps au ministre du prince électeur de Bade une lettre qui lui annonçait la nécessité de l'expédition, et qui ne lui parvint qu'après que tout fut consommé.

L'ordre du Premier Consul avait été donné le 10 mars 1804; le duc d'Enghien fut arrêté le 15, dans son lit.

Il déclara qu'il estimait Bonaparte comme un grand homme, mais qu'étant prince de la maison de Bourbon il ne pouvait pas ne pas être son ennemi. Il repoussa l'idée de toute connivence avec les assassins et déclara qu'il se louait de n'avoir pas connu Pichegru et qu'il le désavouait hautement, si les vils moyens dont on l'accusait de vouloir se servir étaient vrais. Il fut transféré à la citadelle de Strasbourg, où il resta le 16 et le 17, pendant qu'on s'occupait d'instruire quels projets l'avaient amené à deux pas de nos frontières. Le 18 mars au soir, on le fit partir pour Vincennes, où il arriva le 20, aux premières heures de la nuit.

Une commission militaire, composée de six colonels, avec un capitaine rapporteur et un capitaine greffier, présidés par un général de brigade (1), venait d'être envoyée à Vincennes par le gouverneur de Paris, pour juger, d'après un arrêté du

---

(1) Le général Hullin, commandant les grenadiers de la garde; le colonel Guiton, commandant le 1er régiment de cuirassiers; le colonel Bazancourt, commandant le 4e régiment d'infanterie; le colonel Ravier, commandant le 18e régiment d'infanterie de ligne; le colonel Barrois, commandant le 96e régiment; le colonel Rabbe, commandant le 2e régiment de la garde de Paris; le capitaine d'Autancourt, capitaine de la gendarmerie d'élite, rapporteur; le capitaine Molin, capitaine au 18e régiment, greffier.

19 ventôse (9 mars 1804), le duc d'Enghien, déclaré là prévenu d'avoir porté les armes contre la République, d'avoir été et d'être encore à la solde de l'Angleterre, de faire partie des complots tramés par cette dernière puissance contre la sûreté intérieure et extérieure de la République. Le prince se défendit d'avoir pris part aux complots et d'en avoir connu les chefs. Il déclara qu'il avait toujours commandé l'armée de son grand-père ; qu'il n'avait pour vivre que le traitement que lui faisait l'Angleterre ; savoir : cent cinquante guinées par mois (1).

Mais en outre, et par malheur pour lui, les papiers saisis dans les fourgons de Klinglin faisaient figurer ce jeune prince depuis 1797 dans les intrigues des agents de l'Angleterre ; et des lettres de Moreau au Directoire, datées du 3 février (17 fructidor) de cette même année, le compromettaient encore.

De plus, selon des bruits répandus sourdement par les royalistes, on attendait la descente du duc de Berry à la falaise de Béville en Normandie, en même temps que l'arrivée du duc d'Enghien par Strasbourg.

Le jeune prince, avant de signer le procès-verbal de son interrogatoire, écrivit au-dessus de sa signature ces mots : « Je demande une audience au Premier Consul ; mon nom, mon rang, ma façon de penser et l'horreur de ma situation, me font espérer qu'il ne se refusera pas à ma demande. » Et il signa. Le président lui faisant observer que les commissions militaires jugeaient sans appel, il répondit : « Je ne me dis-
» simule pas le danger que je cours ; je désire seulement avoir
» une entrevue avec le Premier Consul.... »

Après cette séance, il passa deux heures à écrire. Puis, dans un second interrogatoire, il avoua franchement qu'il était engagé dans la guerre que les Anglais faisaient à la France. Mais il ne put obtenir de sursis, malgré la lettre qu'il écrivait au Premier Consul, et malgré les irrégularités de la procé-

---

(1) 3,750 francs.

dure; et à cinq heures du matin, le 21 mars, une explosion se fit entendre dans les fossés de Vincennes. Le duc d'Enghien était fusillé.

Il avait trente-deux ans.

Si Napoléon a écrit dans son testament : « J'ai fait arrêter » et juger le duc d'Enghien, parce que cela était nécessaire à » la sûreté, à l'intérêt et à l'honneur du peuple français, » lorsque le comte d'Artois entretenait, de son aveu, soixante » assassins à Paris; dans une semblable circonstance, j'agi- » rais encore de même »; il ne dit pas qu'il l'eût fait fusiller; et cet acte n'a jamais eu son approbation, quoique des historiens aient osé dire que Napoléon l'avait prescrit. Lorsque Savary, qui fut depuis duc de Rovigo, vint lui annoncer la mort du duc d'Enghien, il s'écria : « Il y a là quelque chose » que je ne comprends pas. Que la commission ait prononcé » sur l'aveu du duc d'Enghien, cela ne me surprend pas... » mais enfin on n'a eu cet aveu qu'en procédant au jugement, » qui ne devait avoir lieu qu'après que Réal (le préfet de » police) l'aurait interrogé sur un point qu'il nous importe » d'éclaircir... Il y a là quelque chose qui me surpasse... » Voilà un crime qui ne mène à rien. »

On peut lire aussi ces quelques lignes dans le Mémorial de Sainte-Hélène :

« Assurément, si j'eusse été instruit à temps de certaines » particularités concernant les opinions et le naturel du » prince, si surtout j'avais vu la lettre qu'il m'écrivit, et qu'on » ne me remit, Dieu sait par quel motif! qu'après qu'il n'était » plus, bien certainement j'eusse pardonné. »

On lit enfin dans les Mémoires du roi Joseph que, la veille de l'exécution du duc d'Enghien, Napoléon lui disait : « Sa » grâce est dans mon cœur, puisque je puis faire grâce. Mais » ce n'est pas assez pour moi; je veux que le petit-fils du » grand Condé serve dans nos armées. Je me sens assez fort » pour cela. »

On voit encore, dans les Mémoires du duc de Rovigo, que

nous avons déjà cité, que Napoléon, dont les instructions avaient été transgressées, était désolé de ce qui avait été fait, mais qu'il ne pouvait sévir contre des hommes qui avaient péché par excès de zèle, quoiqu'ils lui eussent nui en croyant le servir.

Cependant on instruisait activement le procès de Pichegru, de Georges Cadoudal, de Moreau et de leurs complices, accusés ou réels.

XXVIII. — L'EMPIRE.

> Empereur! Majesté! grands et superbes mots!
> Que jamais loin de vous le respect ne s'écarte!
> Mais ne voilez pas Bonaparte;
> Ne nous cachez pas le héros.
>
> LEBRUN.

Pendant que l'exécution du duc d'Enghien, que Napoléon regarda comme un malheur, mais que ses ennemis exploitèrent largement contre lui, semait dans Paris diverses émotions, les corps constitués voulurent rassurer le Premier Consul en affermissant encore son pouvoir et son prestige. Un député de l'Hérault, le citoyen Curée, revenu de ses idées de conventionnel, et ramené par douze années de tempêtes au besoin d'un pouvoir sérieux, fut le premier qui ouvrit les voies, en proposant au Tribunat, dont il était membre, le 30 avril 1804, une motion qui déclarerait le Premier Consul Napoléon Bonaparte empereur des Français, avec hérédité dans sa famille.

Cette motion fut adoptée et acclamée à l'unanimité, sauf le suffrage du citoyen Carnot, resté stationnaire dans les terrains de la Convention et du Comité de salut public.

Le 2 mai suivant, le Corps législatif vota comme le Tribunat; et ce fut partout un mouvement d'adhésion tel, que le

Sénat s'occupa activement de le satisfaire; le 18 mai, ce premier corps de l'État se rendit à Saint-Cloud; là, Cambacérès présenta à Napoléon Bonaparte le sénatus-consulte qui lui déférait le titre d'Empereur, avec hérédité au trône impérial dans sa famille.

Napoléon répondit à cette grande manifestation :

« Tout ce qui peut contribuer au bien de la patrie est
» essentiellement lié à mon bonheur. J'accepte le titre que
» vous croyez utile à la gloire de la nation, et je soumets à
» la sanction du peuple la loi de l'hérédité. J'espère que la
» France ne se repentira jamais des honneurs dont elle envi-
» ronnera ma famille. Dans tous les cas, mon esprit ne serait
» plus avec ma postérité le jour où elle cesserait de mériter
» l'estime et la confiance de la grande nation. »

Le même acte établissait les hautes dignités de l'Empire, la haute cour impériale et les colléges électoraux. Et aussitôt l'Empereur nomma Joseph Bonaparte grand électeur, Louis Bonaparte connétable, Cambacérès archichancelier, Lebrun architrésorier. Le lendemain, il paya un juste tribut à ses plus illustres compagnons d'armes, en nommant maréchaux de l'Empire les généraux Augereau, Berthier, Bernadotte, Bessières, Brune, Davoust, Jourdan, Kellermann, Lannes, Lefebvre, Masséna, Moncey, Mortier, Murat, Ney, Pérignon, Sérurier et Soult.

Le 27 mai, l'Empereur reçut les serments des corps constitués et les vœux du clergé; les votes des cent huit départements de l'Empire étaient aussi unanimes; c'étaient partout des élans et des fêtes, qui pourtant n'étaient pas sans nuages. Outre le souvenir de la tragédie de Vincennes que l'on expliquait par les faits qui déchargeaient l'Empereur, on portait un intérêt à quelques-uns des conspirateurs arrêtés avec Pichegru, et qui étaient incarcérés dans cette odieuse tour du Temple où Louis XVI avait passé ses derniers jours, et qui n'a disparu du sol de Paris qu'en 1810.

Mais à travers ces préoccupations, quelques royalistes reçurent contre le rétablissement de l'Empire une protestation de Louis XVIII, datée du 6 juin et adressée à tous les gouvernements de l'Europe. Voici cette pièce :

PROTESTATION DE LOUIS XVIII, ROI DE FRANCE, CONTRE L'USURPATION DE BONAPARTE.

« En prenant le titre d'Empereur, en voulant le rendre
» héréditaire dans sa famille, Bonaparte vient de mettre le
» sceau à son usurpation. Ce nouvel acte d'une révolution où
» tout, dans l'origine, a été nul, ne peut sans doute infirmer
» mes droits. Mais, comptable de ma conduite à tous les sou-
» verains, dont les droits ne sont pas moins lésés que les
» miens, et dont les trônes sont tous ébranlés par les prin-
» cipes dangereux que le Sénat de Paris a osé mettre en
» avant, comptable à la France, à ma famille, à mon propre
» honneur, je croirois trahir la cause commune en gardant
» le silence en cette occasion. Je déclare donc (après avoir
» au besoin renouvelé mes protestations contre tous les actes
» illégaux qui, depuis l'ouverture des états généraux de
» France, ont amené la crise effrayante dans laquelle se
» trouvent la France et l'Europe), je déclare en présence de
» tous les souverains que, loin de reconnoître le titre impé-
» rial que Bonaparte vient de se faire déférer par un corps
» qui n'a pas même d'existence légale (1), je proteste contre
» ce titre et contre tous les actes subséquents auxquels il
» pourrait donner lieu. »

Napoléon, qui croyait qu'il n'y a pas usurpation lorsqu'on est élu à l'unanimité des suffrages et qu'il ne détrônait personne, ne répondit à cette pièce qu'en la publiant dans le *Moniteur*.

On poursuivait activement alors le procès des conspirateurs. Le 5 juin, le tribunal avait demandé la comparution de Pichegru. On vint annoncer qu'il s'était donné la mort et on

---

(1) Le Sénat.

l'apporta inanimé au greffe du tribunal, où il fut constaté qu'il s'était étranglé en tordant sa cravate avec un bâton, ce qui avait amené l'asphyxie. On l'enterra le lendemain.

Des hommes qui ne peuvent supporter une grandeur extraordinaire sans chercher à l'amoindrir et à l'abaisser ont écrit qu'il avait été étouffé par quatre mameluks attachés à l'Empereur. Cette bourde infâme est plus qu'absurde, et il fallait être niais pour l'imaginer. Le fait est que Pichegru, qui se complaisait à s'entendre appeler le Monck de la Restauration, se voyant perdu, recula misérablement devant l'infamie d'un supplice public, et que par un orgueil qui était de son caractère, il ne voulut pas recourir à la clémence de celui qui avait été son élève. Et il est certain que sa fin déplorable affligea grandement Napoléon.

Le 10 juin, les coaccusés de Pichegru furent jugés : vingt d'entre eux furent condamnés à la peine capitale, Moreau à deux ans de détention, les autres à l'exil. On offrit à Georges Cadoudal sa grâce, s'il voulait en signer la demande : il la refusa. L'Empereur accorda celles d'Armand de Polignac, du marquis de Rivière, de Russillon et de cinq autres; et la détention de Moreau fut commuée en un exil aux États-Unis.

Dès lors l'activité de Napoléon, qui ne sommeillait pas, réorganisa l'École polytechnique, établit un ministère des cultes, veilla à tout ce qui pouvait se perfectionner, et inaugura la Légion d'honneur sous le dôme des Invalides, le 14 juillet, en admettant dans cet ordre plein d'avenir les plus éminents services rendus dans les succès de l'armée et les actes civils. Quatre jours après, il partit de Saint-Cloud pour le camp de Boulogne, où il voulait donner un plus grand éclat encore à cette noble institution. L'armée, qui n'avait pas encore vu son Empereur, l'attendait avec impatience : lui-même voulait récompenser ses braves et recevoir leurs serments.

On fouillait la terre auprès de Boulogne pour établir la baraque de l'Empereur. Dans ces fouilles on découvrit les traces d'un camp de César, et on trouva des médailles de Guillaume le Conquérant. Les soldats virent là des présages merveilleux. Les camps de Boulogne et de Montreuil, tous deux sous les ordres du maréchal Soult, réunissaient là cent mille hommes, qui entourèrent bientôt l'estrade splendide où l'Empereur devait recevoir leur serment. Le trône qui lui était préparé s'adossait à un beau trophée d'armes, qu'ombrageaient les drapeaux conquis en Italie, en Égypte et en Allemagne. L'Empereur fut acclamé avec un enthousiasme qu'on ne pourrait décrire.

La plupart des grands personnages de l'Empire avaient été convoqués à cette solennité; les étoiles, ou, pour parler le langage le plus général, les croix de la Légion d'honneur avaient été apportées dans le casque de Duguesclin; elles furent bénites et distribuées aux roulements des deux mille tambours qui avaient battu aux champs à l'apparition de l'Empereur. Après quoi le *Te Deum* fut entonné par la voix sonore et puissante de l'évêque d'Arras, monseigneur de la Tour-d'Auvergne-Lauragais.

Napoléon resta plusieurs jours avec ses braves, visitant Calais, Montreuil, Dunkerque, Ostende, Furnes, Nieuport, pendant qu'on inaugurait à Cherbourg la batterie Napoléon et à Anvers la batterie de l'Arsenal. C'est du camp de Boulogne qu'il data le célèbre décret des prix décennaux (1).

XXIX. — FULTON AU CAMP DE BOULOGNE.

Les savants doutent trop pour être clairvoyants.
Rivarol.

Pendant que Napoléon vivait dans sa baraque du camp de Boulogne, on lui annonça la visite d'un Américain, alors peu

---

(1) Dix mille francs à l'invention ou découverte la plus utile; dix mille francs à l'établissement le plus avantageux à l'agriculture; même somme à un progrès notable dans l'industrie; même somme à l'ouvrage littéraire le plus remarquable, etc.

connu, qui voulait lui présenter une découverte précieuse à ses projets. C'était Fulton. Il avait étudié les travaux de Papin, de Salomon de Caus, du marquis de Worcester, de Prony et de Watt; il savait qu'en 1543 un bateau sans voile et sans rames avait manœuvré devant Charles-Quint. La puissance de la vapeur était connue; mais tous les efforts jusqu'à lui n'avaient abouti qu'à des essais incomplets. Il se croyait plus sûr, et il l'était certainement. Mais il fallait, pour exécuter ses procédés, des sommes dont il ne disposait pas.

« Sire, dit-il à l'Empereur, la mer qui vous sépare de votre ennemi est pour lui un avantage immense, et pour vous un sérieux obstacle. Je viens vous offrir les moyens de transporter votre armée sur son territoire, en quelques heures, malgré tous ses vaisseaux, malgré les vents et malgré les tempêtes. »

Et il remit à Napoléon le rapide exposé de son système.

« Si cet homme est dans le vrai, s'écria l'Empereur après avoir lu, les peuples lui élèveront des statues d'or. »

Et il dicta la lettre suivante :

« Monsieur le Ministre de l'intérieur,

» Je viens de lire le projet du nommé Fulton, ingénieur,
» que vous m'avez adressé beaucoup trop tard, en ce qu'il
» peut changer la face du monde. Quoi qu'il en soit, je désire
» que vous en défériez l'examen à une commission composée
» de membres de l'Institut. C'est là que l'Europe savante
» irait chercher des juges pour résoudre la question dont il
» s'agit. Une grande vérité, une vérité physique, palpable,
» est devant mes yeux; ce sera à ces messieurs de la voir et
» de la saisir. Aussitôt leur rapport fait, il vous sera transmis
» et vous me l'enverrez. Tâchez que tout cela ne soit pas
» l'affaire de plus de huit jours, car je suis impatient...
» Sur ce, Monsieur de Champagny, etc. »

Mais cette vérité, qui était palpable pour l'Empereur, ne

le fut pas pour ceux qu'il appelait les savants. Huit jours ne leur suffirent pas. Il leur fallait deux mois pour dire dans leur rapport que l'inventeur était un fou et un visionnaire, et que sa découverte n'était qu'une absurdité.

Ah! si l'Empereur n'eût pas consulté les savants!

Fulton, plus savant que ses juges, n'accepta pas leur jugement. Avec l'appui du chancelier Livington, alors ministre plénipotentiaire des États-Unis auprès de la cour impériale, il poursuivit son projet d'employer la puissance prodigieuse de la vapeur à faciliter la navigation, et bientôt, au printemps de 1805, il fit avec un petit bateau son premier essai sur la Seine, en présence de quelques membres de l'Institut. L'expérience (il était aisé de le prévoir) ne réussit pas en tous points; mais elle convainquit les hommes clairvoyants de ce fait, que l'application de la vapeur à la navigation, comme la proposait Fulton, était certainement possible. Les savants se montrant fossilisés dans leur négation, Fulton s'en retourna aux États-Unis, et moins d'un an après les bateaux à vapeur sillonnaient les mers.

Ah! si Napoléon n'eût consulté que lui-même, lui qui savait et qui comprenait!

XXX. — LES PRÉPARATIFS DU SACRE.

Benedictus qui venit in nomine Domini.
S. Matthieu, chap. xxi.

Napoléon, à travers ses travaux immenses, ne perdait pas de vue les intérêts de la religion, quoique ses ministres, ses conseillers et son entourage ne fussent généralement que des cœurs indifférents aux sentiments religieux, quand ils n'étaient pas hostiles. Il consultait souvent des prêtres distingués qui avaient échappé aux tourmentes de la Révolution; entre autres il honorait de toute sa confiance le vénérable

M. Émery, supérieur de la congrégation de Saint-Sulpice, et avec lui son oncle fidèle le cardinal Fesch.

Le 4 avril 1804, il avait relevé les séminaires, qui devaient remplacer chez nous le clergé presque anéanti. Le 22 mai, il avait rétabli les missions étrangères, dont il comprenait les avantages, et les sœurs de la Charité qu'il remettait en possession de leur maison et qu'il traitait avec éclat. Dans cette même séance du Conseil d'État, il avait annoncé qu'il fallait, « pour l'éducation publique, rétablir les frères de la Doctrine chrétienne ».

Dans son projet de constituer l'Université, il disait que les moines (il avait été instruit par eux) étaient les meilleurs maîtres; et il regrettait que Louis XV eût fait la faute de renvoyer les Jésuites.

Depuis qu'il était empereur, il songeait à consacrer son titre devant Dieu. Dans sa dernière excursion du camp de Boulogne pour visiter les ports belges, il s'était rendu à Aix-la-Chapelle, où il avait visité le tombeau de Charlemagne, dont il se voyait le successeur après mille ans, et qui était pour lui une constante admiration. Il voulait comme lui être sacré par la plus haute autorité religieuse. Il en écrivit à Pie VII. Le saint pape convoqua à ce sujet, le 29 octobre, un consistoire secret, où il exposa au sacré collège des cardinaux les puissantes raisons qui le déterminaient à ce voyage et les heureuses conséquences qui pouvaient en résulter pour la religion.

Il partit de Rome le 2 novembre 1804, par une saison très-rigoureuse. Il fut amplement dédommagé de ses fatigues par les ovations incessantes qu'il reçut de toutes parts durant son voyage; il ne parcourut pas une route qui ne fût bordée de chrétiens à genoux, et à chaque village la paroisse le saluait des chants d'hosanna : *Benedictus qui venit in nomine Domini.*

L'Empereur voyait dans cet enthousiasme universel une auréole pour son règne. A Lyon, le Pape, après avoir dit la messe dans la métropole, donna du haut du balcon la bénédiction papale à une foule immense si recueillie, qu'il en pleura de joie et il dit : « Cette nation ne peut périr! la France est toujours la fille aînée de l'Église. » C'était le 13 novembre.

L'Empereur avait envoyé au-devant du Pape, jusqu'à Turin, le cardinal Cambacérès et le cardinal Fesch, avec le préfet du palais et d'autres grands personnages, qui durant tout le voyage purent reconnaître à quel point la France était catholique.

L'Empereur attendait le Pape à Fontainebleau, où tout était préparé pour le recevoir, lui et ses cardinaux. Aussitôt qu'il sut qu'il approchait, il alla au-devant de lui jusqu'à la croix de Saint-Hérem. Il monta dans sa voiture et eut là avec lui, après les compliments de vénération, une première conférence, tout en marchant sur Fontainebleau. Les grands appartements étaient disposés là spécialement pour le Pape. Il s'y reposa trois jours.

Avant de partir pour Paris, le Pape demanda à l'Empereur une déclaration individuelle des évêques constitutionnels réconciliés, sur la sincérité de leur soumission aux décrets du Saint-Siége. Il devait la recevoir comme il la désirait. Tous ces prélats étaient venus pour être présentés à Pie VII; le 27 novembre, ils lui remirent leur déclaration unanime. Elle était conçue en ces termes :

« Je déclare, en présence de Dieu, que je professe adhésion
» et soumission aux jugements émanés du Saint-Siége et de
» l'Église catholique, apostolique et romaine, sur les affaires
» ecclésiastiques de France. Je prie Sa Sainteté de m'accorder
» sa bénédiction apostolique. »

Le lendemain 28, le Pape et l'Empereur partirent de Fontainebleau pour Paris, où leur entrée fut un triomphe indescriptible. En traversant les rues bordées partout de populations à genoux, au son des cloches de toutes les églises, aux accents du canon et des musiques militaires, le Pape bénissait ce bon peuple avec des larmes dans les yeux; et Napoléon reconnaissait à quel point il se grandissait lui-même par sa démarche.

XXXI. — LE SACRE DE L'EMPEREUR.

> Le ministre du ciel a versé l'huile sainte.
> Le héros, sur l'autel, prend le sceptre des rois.
> Tel, ce fils de Pépin, qui nous donna des lois,
> Au pied du sanctuaire appelé par Dieu même,
> Des Césars renaissants ceignit le diadème
> Et fixa leur empire au sein de nos remparts.
> Son destin recommence, et loin de nos regards,
> Déjà de l'anarchie emportant les images,
> Le passé s'engloutit dans le torrent des âges.
>
> ESMÉNARD.

Après quelques instants de repos aux Tuileries, où logeait désormais le Pontife souverain, tous les corps de l'État lui furent présentés, et il eut pour tous des paroles gracieuses (1). Ceux des Parisiens qui ont vu ces splendeurs et qui vivent encore ne les ont pas oubliées; et ils pourront vous dire s'ils ont jamais rien vu qui ait surpassé ces souvenirs et les fêtes du Sacre.

Le jour fixé pour cette grande cérémonie était le 2 décembre. Tout était préparé depuis le 12 octobre. Napoléon s'était fait instruire par le comte de Ségur du cérémonial du Sacre, comme de l'étiquette des cours, qu'il voulait rétablir dans la sienne. Il avait chargé le peintre Isabey de lui dessiner les scènes que devait présenter le couronnement, et il lui avait nommé tous les personnages qu'il y faisait figurer.

M. de Bausset, préfet du palais impérial sous Napoléon Ier, nous a conservé à ce sujet, dans ses Mémoires, des détails qui ne manquent pas d'un certain intérêt.

« Huit jours avant le couronnement, l'Empereur avait

---

(1) Par une délicate attention de l'Empereur, l'appartement que l'on avait disposé pour le Pape aux Tuileries était arrangé en tous points et meublé très-exactement comme celui qu'il occupait à Rome, dans sa résidence habituelle.

demandé à Isabey sept dessins représentant les sept cérémonies qui devaient avoir lieu dans l'église métropolitaine, mais dont les répétitions ne pouvaient se faire à Notre-Dame, en présence des nombreux ouvriers qui étaient employés aux embellissements et aux décorations. Faire sept dessins réunissant chacun plus de cent personnes en action dans un si court délai, c'était réellement demander l'impossible. Mais le prince n'admettait jamais une pareille excuse. Le mot *impossible* était rayé depuis longtemps de son dictionnaire. L'imagination heureuse et fertile d'Isabey lui inspira dans le moment une singulière idée. Il répondit avec assurance, et au grand étonnement de l'Empereur, que dans deux fois vingt-quatre heures ses ordres seraient exécutés. Avant de rentrer chez lui, il acheta chez les marchands de joujoux tout ce qu'il put trouver de ces petits bonshommes en bois qui servent à l'amusement des enfants. Il les habilla en papier, de la couleur du costume de chaque personnage qui devait figurer dans les cérémonies du couronnement, fit un plan de Notre-Dame sur une échelle en rapport avec ses petites poupées, et se rendit le surlendemain auprès de Napoléon, qui s'empressa de lui demander les sept dessins.

« Sire, je vous apporte mieux que les sept dessins, » lui répondit Isabey. Il déroula son plan et posa les personnages qui devaient figurer dans la première cérémonie, et dont il avait écrit les noms au bas de chacun. Cette première action était la réception sous le dais, à la porte de l'église. L'Empereur fut si content, qu'il fit appeler sur-le-champ tous ceux qui devaient concourir à l'éclat de cette grande circonstance. Les répétitions se firent dans le grand salon, sur une longue table. Une seule cérémonie, plus compliquée que les autres, exigea une répétition réelle. Elle se fit dans la galerie de Diane, aux Tuileries, par le moyen d'un plan tracé au blanc sur le parquet. Isabey avait mis tout le goût possible dans les habillements de ses poupées, et il sauva, par son talent, le côté de ses *dessins en relief* qui eût pu paraître trop peu grave. Le clergé, les dames, les princesses, l'Empereur, le Pape lui-même, tout ce monde était costumé de la manière la plus exacte et la plus convenable. »

Il était ordonné aux maîtres des cérémonies de prendre bonne note de tous les invités et de marquer exactement sur un papier la place de chacun.

David, le plus illustre peintre d'alors, était chargé de faire le tableau du sacre. Il approuva aussi le procédé d'Isabey; et l'Empereur, qui s'occupait de tout, lui donna les noms de toutes les personnes qu'il devait peindre d'après nature. Tous ces personnages s'étaient engagés à poser dès le lendemain de la fête.

Le 1er décembre, le Sénat présenta à l'Empereur les votes de tous les peuples soumis à son sceptre, votes réunis en soixante-huit registres et constatant l'adhésion unanime des cent huit départements qui constituaient la France d'alors. Contre trois millions cinq cent soixante quatorze mille huit cent quatre-vingt-dix-huit votants, il n'y avait que deux mille cinq cent soixante-neuf votes négatifs.

Ce suffrage universel établissait l'hérédité de l'Empire dans la famille de Napoléon; et cette imperceptible minorité républicaine prouvait avec quel accord la France revenait à la monarchie.

Le 2 décembre, dès le matin, malgré un froid très-rigoureux, toute la ville était en fête. L'église de Notre-Dame était magnifiquement parée. L'Empereur avait donné des vases sacrés du plus grand prix et des ornements magnifiques. Le canon annonçait à tous la fête religieuse. Tous les militaires étaient en grande tenue et toute la population en grande toilette. A neuf heures, au son de toutes les cloches de la capitale, le Pape sortit des Tuileries dans un magnifique carrosse, surmonté d'une tiare, et attelé de huit chevaux blancs, pour se rendre à l'église de Notre-Dame, où il fut reçu par un nombreux clergé. A dix heures, l'Empereur et l'Impératrice sortirent à leur tour, dans une voiture éclatante d'or et de pierreries; tous deux étaient vêtus avec magnificence en opulents costumes du moyen âge. Le manteau impérial était de velours cramoisi semé d'abeilles d'or. Joséphine était éblouissante, et les foules immenses qui encombraient Paris n'avaient jamais rien vu de tel.

Le temps était plein de neige; mais à l'instant où l'Empereur entra au parvis de Notre-Dame, ce soleil inattendu que le peuple appelait déjà le soleil de l'Empereur parut tout à coup et eut part aux acclamations et aux vivat qui accueillirent Napoléon et Joséphine. L'Empereur fut sacré devant le maître-autel de Notre-Dame, en présence de tous les membres de la famille impériale, des cardinaux, des évêques, de tous les ministres et de tous les corps de l'État.

Le Pape, aussitôt après, bénit les deux couronnes, la première pour l'Empereur, la seconde pour l'Impératrice. Les écrivains qui aiment à tout amoindrir ont dit qu'alors Napoléon avait pris la couronne qui lui était destinée, qu'il l'avait prise des mains du Pape, selon les uns; qu'il l'avait prise sur l'autel, selon les autres. Il n'est pas inutile de rétablir la vérité sur un sujet si grave et traité si légèrement par les historiens. Le fait s'est passé devant de nombreux témoins, dont quelques-uns ont été consultés; et il en est peut-être qui vivent encore et peuvent confirmer la vérité vraie. Le Pape était assis sur un trône devant l'autel et faisait face à l'immense réunion des assistants. Pie VII avait soixante-quatre ans; il était souffrant et fatigué; il tenait dans ses mains tremblantes la couronne au-dessus de la tête de l'Empereur incliné devant lui. Napoléon, qui avait la tête sensible au point que tout chapeau neuf le faisait souffrir, vit que les mains du Pape étaient émues; il éleva les siennes pour aider doucement la couronne à se poser, pendant que l'auguste consécrateur la rehaussait d'une dernière et suprême bénédiction. Puis il reçut de Pie VII la couronne de l'Impératrice, agenouillée plus bas, et il la posa lui-même sur la tête de Joséphine.

Ces splendides cérémonies avaient commencé par la célébration de la sainte messe; elles se terminèrent par un *Te Deum* d'actions de grâces. Ce jour était le premier dimanche de l'Avent. Il fut dans tout Paris et dans toute la France une fête inouïe, qui fut suivie le lendemain d'une grande solennité militaire, la distribution des aigles à chaque régiment dans une pompeuse revue au Champ de Mars.

Le jeudi 13 décembre suivant, et le dimanche 16, le Sénat et la ville de Paris donnèrent d'autres fêtes splendides à l'Empereur et à l'Impératrice, en l'honneur de leur couronnement, et la France partout salua un avenir qui paraissait assuré.

Mais, pendant ces fêtes, Pitt, rentré au ministère anglais, s'occupait, dès le 3 décembre, à susciter une coalition nouvelle contre Napoléon, qui poursuivait ses préparatifs au camp de Boulogne. Il avait tenté, avec douze brûlots soutenus de cinquante navires, d'incendier le port et la flottille de Boulogne, pendant les préparatifs du sacre; le lendemain de cette fête religieuse, il avait essayé, au moyen d'une machine infernale, de faire sauter le fort Rouge de Calais. Toutes ces perfidies avaient échoué, et il ne voyait de salut pour l'Angleterre que dans une de ces grandes guerres qu'il avait allumées précédemment contre l'homme qui relevait si haut la France et qui inquiétait si vivement les Anglais.

XXXII. — PIE VII A L'IMPRIMERIE IMPÉRIALE.

De surprise en surprise.
ARMAND GOUFFÉ.

On sait que le czar de Russie Pierre Ier, l'un des trois curieux personnages à qui les philosophes du dix-huitième siècle ont donné de la grandeur (1), ce Pierre Ier, que lady

(1) Pierre Ier, Frédéric II, Catherine II.

Morgan, dans son roman de *la Princesse*, appelle le Centaure impérial, moitié cheval et moitié homme, vint à Paris en 1717. Il parcourait le monde, disait-il, pour apprendre à régner. En arrivant, il accepta un dîner à Petit-Bourg, chez le duc d'Antin, surintendant des bâtiments du Roi, qui avait été prévenu de son arrivée et qui lui préparait une surprise. Comme il désirait voir dans Paris les monuments, les ateliers, les établissements publics, il témoigna le désir de posséder un de ces livres qui servent de guide ou de *cicerone* dans les grandes capitales; car il ne savait pas le français et n'avait jamais voulu l'apprendre.

Or, il n'y avait point alors de descriptions de Paris en russe, ni même en allemand. Toutefois, dès le lendemain, un des gentilshommes du duc d'Antin présenta au czar étonné un volume in-octavo richement relié, contenant un *vademecum*, où rien n'était oublié de tout ce que Paris pouvait offrir d'intéressant ou de remarquable. Ce beau livre, de près de trois cents pages, parut au czar avoir été rédigé, traduit, mis en ordre, transcrit avec élégance, et relié avec soin dans une seule nuit. Il était entièrement écrit en langue russe.

Pierre fut surpris jusqu'à demander s'il n'y avait pas là de la magie; mais c'était l'œuvre de cette merveilleuse prévenance que la France sait manifester au besoin.

Quelque chose de plus surprenant eut lieu pendant le séjour du pape Pie VII à Paris. Les enchantements et les gracieuses surprises se succédaient pour lui à chaque pas. L'Empereur lui préparait une petite fête qui semble un prodige.

Pie VII désirait visiter l'Imprimerie impériale, qui occupait trois cents presses. Les presses mécaniques et la vapeur n'étaient pas connues alors; et tout, dans le grand art de la typographie, ne se faisait que par les bras de l'homme.

Au passage du Pape, chaque presse, dont il bénissait les heureux ouvriers, marchait sous son regard et produisait une page d'impression sur un feuillet de vélin, qu'on lui présentait à genoux. C'était l'Oraison dominicale, qui, en moins de trois heures, fut tirée devant lui en autant de langues qu'il y avait de presses.

A mesure que Pie VII, émerveillé, remettait ces feuilles au cardinal qui l'accompagnait, des pages de l'Empereur les recevaient à leur tour et les portaient rapidement à l'atelier de reliure, que le Pape devait visiter un moment après.

A l'instant où Pie VII y entrait, un habile ouvrier appliquait avec un fer chaud les armes en or de la sainte Église romaine sur un magnifique volume relié en maroquin blanc. Le chef des relieurs mit un genou en terre et présenta au Souverain Pontife son élégant chef-d'œuvre, qui contenait toutes les feuilles imprimées devant lui. Il était offert au nom de l'Empereur; et ce phénomène, habilement préparé, paraissait avoir été l'ouvrage de quatre heures.

Partout à Paris on cherchait à rendre agréable et doux le séjour de Pie VII en France. L'élite des savants, des littérateurs et des artistes lui était présentée. Mais il s'occupait aussi des œuvres chrétiennes et des œuvres pontificales. Le 1ᵉʳ janvier 1805, il tint à l'archevêché un consistoire où il donna le chapeau aux cardinaux de Belloy et de Cambacérès, qui ne l'avaient pas reçu encore. Il institua aussi des évêques à l'Église de Poitiers, à celle de la Rochelle et à d'autres Églises où le siége épiscopal était vacant. Il était toujours satisfait des égards, du respect et de la vive affection qu'il rencontrait partout, mais triste de ne pouvoir obtenir de nouvelles concessions qu'il avait espérées en faveur de la religion. Hélas! quoique Napoléon eût fait taire bien des impiétés, il était toujours entouré, dans une majorité immense, des hommes de la Révolution. Les émigrés rentrés s'étaient peu ralliés à lui. Ils nourrissaient des espérances qui n'ont cessé d'être vaines que lors de la chute lamentable de l'empire français.

XXXIII. — NAPOLÉON A BRIENNE EN 1805.

> On ne revoit jamais avec indifférence les lieux où l'on a passé ses jeunes années dans l'étude et le devoir. ANCELIN.

Pie VII était resté à Paris quatre mois pleins. Le 31 mars 1805, il alla coucher à Fontainebleau, accompagné par l'Empereur et l'Impératrice. Le 2 avril, les trois augustes voyageurs se rendirent à Troyes. L'Empereur avait voulu faire la conduite jusque-là à son hôte vénéré; à Troyes, il lui fit ses adieux, et se trouvant à quelques heures de Brienne, où il avait eu tant de bonheur dans ses études, il voulut revoir les lieux qui avaient charmé ses jeunes années.

On raconte que, désirant entrer incognito dans cette ville, dont le souvenir lui était toujours cher, il partit en avant de son escorte, accompagné d'un serviteur fidèle, et sans insignes qui pussent le faire reconnaître. Il entra dans Brienne, la parcourut joyeusement, et s'arrêtant devant une maison de peu d'apparence, il se frappa le front. Là demeurait une fruitière qui lui avait longtemps vendu des cerises, des pommes, du raisin et du lait, dans les jours où il préparait son avenir; et il se rappela que les six sous qu'on lui donnait chaque semaine pour ses fantaisies l'avaient contraint plus d'une fois à demander crédit à la bonne femme, à tel point qu'il était parti pour l'École militaire de Paris lui devant dix sous; que l'excellente femme lui avait dit à son adieu : « Partez sans inquiétude, digne jeune homme, Dieu vous fera réussir, et nous nous reverrons peut-être. »

Il entra vivement; et bien que vingt années eussent passé sur la bonne femme, il la reconnut, quoique déjà tremblotante. Mais la fruitière ne le reconnut pas.

« Vous rappelez-vous, lui dit-il, le jeune élève de Brienne qui est parti d'ici en 1784, il y a bien longtemps, n'est-ce pas, et qui est votre débiteur?... »

La pauvrette ne répondait point, et se trouvait intriguée...

« Eh bien, reprit-il, il m'a chargé de vous payer enfin ; et vos dix sous ont porté intérêt. »

En disant ces mots, il lui remit cent napoléons.

« Ah! s'écria-t-elle en tombant à genoux, vous êtes l'Empereur! »

Au même instant il se fit un grand bruit. L'escorte de Napoléon arrivait ; il dut s'arracher aux émotions de la fruitière, qui lui baisait les mains. Il monta dans sa voiture au milieu des acclamations, et se rendit au château, où la comtesse veuve le reçut avec les plus grands honneurs (1) ; et dès qu'on eut appris dans la petite ville et dans ses alentours que l'Empereur n'avait pas oublié le berceau de ses grandeurs, car lui-même se plaisait à se rappeler ce qu'il devait à la Champagne, toutes les notabilités s'empressèrent de venir présenter leurs hommages ardents à l'illustre souverain.

Aux premiers mots de cette nouvelle, le maire de Brienne, qui était un simple campagnard, s'était hâté d'aller trouver l'homme le plus intelligent de la petite ville, l'abbé Legrand, vicaire de la paroisse ; il l'avait prié de lui mettre en un petit discours ce qu'il voulait demander à l'Empereur en faveur de la commune. L'Empereur s'attendait bien à des suppliques, et il était favorablement disposé pour des lieux qui le rajeunissaient.

Le maire s'avança donc, avec son petit discours écrit sur une belle feuille de papier. Mais ou il n'eut pas le temps de

---

(1) L'Allemand Hébel, dont les légendes sont très-lues dans les contrées germaniques, a construit sur cette anecdote une légende qui ne manque pas d'intérêt, mais qui sort en plusieurs points de la vérité vraie. Les légendes ne doivent pas être des contes comme en faisait Bouilly, en semant des fantaisies sur les noms de quelque célébrité. Nous entendons par légendes des récits qui méritent d'être lus, qui peuvent être extraordinaires, excentriques même quelquefois, mais qui doivent être vrais.

l'étudier, ou il n'osa pas se hasarder à le lire, car lorsque la députation fut admise en la présence de l'Empereur, l'Empereur lui ayant demandé ce qu'il pouvait faire pour être agréable à la ville de Brienne, il tendit son papier pour toute réponse, en disant :

« Sire, tout est là dedans... »

L'abbé Legrand, qui faisait partie de la réception, confus de cette maladroite réponse, prit la parole aussitôt :

« Sire, dit-il, la ville de Brienne désirerait un établissement qui perpétuât le souvenir de l'heureux honneur qu'elle a eu de voir Votre Majesté élevée dans son sein.

— Mais, répondit l'Empereur, on m'a dit que les bâtiments de l'école militaire étaient détruits.

— C'est vrai, Sire; le sol même a été vendu. Mais les habitants remettraient de bon cœur leurs acquisitions, si Votre Majesté accueillait nos désirs. »

L'Empereur avoua alors qu'il verrait avec plaisir une école militaire renaître là. Puis il ajouta :

« Ce serait une assez grande dépense. »

Après un moment de silence, il reprit :

« J'irai sur les lieux demain matin, et je verrai ce que je puis faire. »

Rompant alors le sujet de l'entretien, il dit vivement :

« Et la religion, reprend-elle un peu ici?

— Oh! Sire, malgré nos efforts, nous avons bien de la peine à cicatriser les plaies que la Révolution lui a faites.

— Je le conçois; les hommes ne vont guère à confesse. Mais, du moins, j'espère que les femmes y vont.

— Pas toutes, Sire, pas toutes.... »

L'Empereur fit un demi-sourire, puis il reprit :

« Et l'ancien curé, M. Geoffroy, vit-il encore?

— Oui, Sire. C'est maintenant un vieillard octogénaire très-respectable.

— Cela doit être; car c'est un très-digne homme. Mais il était autrefois bien sévère. »

Il se rappelait que ce bon curé lui avait fait faire sa première communion.

« Sa cure doit être bonne? continua-t-il.

— Oh! elle ne vaut pas ce qu'elle valait autrefois.

— Autrefois, elle valait dix mille francs.

— Pardon, Sire, elle n'en valait pas plus de trois mille.

— Eh bien, les vaut-elle encore aujourd'hui?

— Non, Sire; pour atteindre ce chiffre, il faudrait que Votre Majesté eût la bonté de la faire cure de première classe.

— Eh bien, j'y consens. Elle est de ce moment cure de première classe (1). Et pour la commune, que puis-je faire?

— Sire, la commune est accablée de dettes; elle n'a pas pu encore achever de payer cette espèce de tour qu'elle a dû élever pour remplacer son clocher. Elle y parviendrait, si Votre Majesté daignait l'exempter de payer ses contributions pendant une année seulement.

— A quelle somme s'élèvent ses dettes?

— A treize ou quatorze mille francs.

— Combien produisent ses contributions?

— A peu près la même somme.

— Je ne puis faire ce que vous demandez. Ce serait un mauvais exemple. Mais la commune payera ses contributions, et je payerai ses dettes. »

L'Empereur, qui n'oubliait rien, se rappela qu'il avait eu pour condisciple un certain Mailly, enfant de Brienne, élevé comme lui à l'école militaire. Il en demanda indirectement des nouvelles. L'adjoint du maire, le comprenant, quitta la salle aussitôt et revint une minute après, amenant le jeune homme. C'était l'abbé Mailly, alors curé de Chalette, petit village à deux lieues de Brienne, qui était venu avec l'espoir

---

(1) On remarquera, dit M. Bourgeois, de Brienne, qui nous fournit la plupart de ces détails, que ce privilége n'a eu lieu que pour M. Geoffroy, alors curé titulaire. Pour que ce privilége s'étendît à ses successeurs, il eût fallu une loi qui n'a pas été faite.

de saluer son camarade d'études devenu empereur. Napoléon le reconnut aussitôt.

« Ah! vous voilà! lui dit-il; et remarquant qu'il était en redingote : — mais, continua-t-il, pourquoi n'avez-vous pas votre soutane?

— Sire, j'étais à Brienne quand on a annoncé l'arrivée de Votre Majesté, et je ne m'attendais pas à lui être présenté aujourd'hui.

— C'est égal : il en est d'un ecclésiastique comme d'un militaire; il ne doit pas quitter son uniforme. Sachez le bien, monsieur l'abbé, on a mauvaise idée dans le monde d'un ecclésiastique qui ne porte pas l'habit de son état. Que faites-vous à présent?

— Sire, je suis desservant d'une petite paroisse, avec un traitement de cinq cents francs.

— Oui, mais vous avez le casuel. C'est une mine d'or.

— Sire, cette mine d'or peut avoir lieu dans les villes; mais dans les villages le casuel se réduit à zéro.

— Eh bien, j'en parlerai à votre évêque, et s'il est content de vous, je l'engagerai à vous mieux placer (1). »

L'entrevue allait finir et l'Empereur se retirer, lorsque monseigneur de Girac, ancien évêque de Rennes, frappa sur l'épaule de l'abbé Legrand en lui disant à voix basse :

« Demandez donc, demandez donc. »

Il l'engageait à solliciter la survivance de la cure dont il était le vicaire. Mais l'abbé Legrand était de ces dignes ecclésiastiques qui pensent aux autres et laissent à Dieu le soin de penser à eux. Il se rapprocha de l'Empereur et lui dit :

« Sire, vos bontés me donnent un peu de hardiesse... »

Napoléon fronçait le sourcil et se disposait à s'éloigner, dans la prévision d'une demande indiscrète. L'abbé s'empressa de poursuivre :

---

(1) L'Empereur le recommanda effectivement au vénérable évêque de Troyes, monseigneur de la Tour du Pin-Montauban, ancien archevêque d'Auch, qui laissa l'abbé Mailly dans son humble paroisse, sans doute parce qu'il ne voyait en lui qu'un homme médiocre.

« Nous avions à l'hôpital, dit-il, des sœurs de charité qui non-seulement avaient soin des malades, mais encore qui se chargeaient de l'éducation des jeunes filles ; et Votre Majesté sait que le plus sûr moyen de ramener la morale dans toutes les familles du peuple, c'est de les faire participer aux bienfaits d'une éducation chrétienne. »

L'Empereur, dont il frappait l'attention, demanda :

« Combien faudrait-il de sœurs ?

— Trois, répondit l'abbé.

— Combien l'hôpital a-t-il de lits ?

— Il en a huit.

— Trois sœurs pour huit lits ; c'est trop.

— Votre Majesté remarquera qu'il s'agit ici non-seulement du soin des malades, mais aussi de l'éducation des jeunes filles.

— C'est juste. Eh bien, quelle somme l'hôpital peut-il fournir ?

— L'hôpital peut entretenir une sœur ou une sœur et demie, si on peut s'exprimer ainsi ; et avec une rente annuelle supplémentaire de six cents francs, nous pourrions faire face à tout.

— Je l'accorde, répondit vivement l'Empereur du ton le plus gracieux. Faites une note de tout ce que nous venons de dire et d'arrêter. Vous me la présenterez demain matin, avant mon départ.

L'Empereur sortit aussitôt, et il rejoignit la comtesse de Brienne. Il joua un boston avec elle et avec mesdames de Nogent et de Nolivos. Il se montra si aimable au dîner, qu'en arrivant au dessert la comtesse de Brienne, regrettant toujours les deux canons que Louis XVI avait donnés à son mari et que la Révolution lui avait enlevés, pria l'Empereur de les lui rendre, pour ramener à son château son ancienne dignité.

« Des canons ! des canons ! s'écria Napoléon en riant, je ne connais pour les dames que le canon de la messe. »

Puis, avec une grâce parfaite, avec une affectueuse cordialité, il ajouta :

« Je vous prie, madame, d'excuser le refus de l'Empereur,

quand il s'agit de canons. Mais demain, je serai votre premier ministre, prêt à accueillir toutes les requêtes qu'il vous plaira de me faire. »

En effet, le lendemain, il apostilla, sans presque les examiner, plusieurs placets présentés sous le patronage de la dame châtelaine (1).

Mais avant cet acte de gracieuse bienveillance, il s'était levé aux premières lueurs du jour, pour une excursion qu'il s'était promise. Pour cela, il avait fait venir de Troyes son fidèle domestique des jours où il vivait à Brienne de la vie d'écolier. C'était Claude Poncet, devenu maître boulanger. Ce brave enfant du village avait eu, quand l'école de Brienne vivait, le service de dix-huit élèves, parmi lesquels était Napoléon. Il servait celui-là avec une rare activité. Dans les combats de boules de neige, où le jeune Corse jouait déjà le capitaine, c'était Poncet qui pelotonnait la neige et approvisionnait les batteries avancées. Napoléon lui fit enfourcher une monture, en s'élançant lui-même à cheval, et s'en alla visiter ce qui restait de l'ancienne école militaire. Hélas! à la place de ce bon couvent de minimes, où s'étaient formés tant d'hommes de mérite, il ne trouva plus rien, pas même des ruines, mais seulement des champs ensemencés....

Reconnaissant là une des cent mille brutalités des Vandales de la Révolution, il s'écria : « Ils ont tout détruit, les misérables!.... Mais, moi, je relèverai tout cela!... »

Hélas! à travers les luttes qui vont si constamment occuper sa vie, il n'en aura pas le temps.

Il ne songea plus qu'à quitter Brienne. Il fit remettre à Poncet cent napoléons, et s'en retourna à Troyes, où il avait laissé l'Impératrice; il y rentra préoccupé de cette école disparue qui tient une si belle place dans l'histoire de sa vie. Le lendemain, il partit avec Joséphine pour Milan, où l'attendait la couronne de fer.

---

(1) M. Bourgeois, de Brienne, Notice sur l'école militaire de cette ville.

XXXIV. — LA COURONNE DE FER.

> Une couronne est pourtant un fardeau.
> Savedra Faxardo, *Le Prince.*

Avant le voyage de Napoléon pour Troyes et pour Brienne, une députation solennelle des colléges électoraux et des corps constitués de la République italienne, dont l'Empereur était le président, lui avait apporté le vœu de cette nation, qui le proclamait roi d'Italie. C'était le 13 mars 1805. Le 18, il accepta ce titre de roi, en pleine séance du Sénat; et dans cette même audience, il céda en toute propriété à sa sœur Élisa le duché de Piombino, conférant au mari de cette princesse le titre de prince de l'Empire.

De Lyon, où il fut reçu en triomphe, Napoléon continua sa route par Chambéry, attendit le Pape auprès de Turin, et lui fit, avec Joséphine, une longue visite dans son rapide séjour en cette ville. De là, il se rendit à Alexandrie; il prit des mesures pour faire de cette ville la première place forte de l'Europe; et le 8 mai, il s'arrêtait à Marengo, vêtu de l'uniforme qu'il avait porté le jour de la grande bataille gagnée là par lui; et entouré de trente mille soldats, dont il décora les plus braves de l'étoile d'honneur, il posa la première pierre du monument qu'il voulait élever à la mémoire des héros tués dans la journée du 14 juin 1800.

Le soir de ce même jour, il fit avec Joséphine son entrée à Milan, qui reçut en pompe ses souverains. D'immenses préparatifs se faisaient, pour donner, s'il était possible, plus d'éclat encore au couronnement de Milan qu'à celui de Paris.

Le 26 mai, l'Empereur fut sacré roi d'Italie et couronné ;

ainsi que Joséphine, par le cardinal Caprara, avec la couronne de fer (1) des rois lombards.

Il achevait ainsi de succéder à Charlemagne. En recevant sur sa tête cette riche couronne, il s'écria : « *Dieu me la donne, gare à qui la touche!* » Et il fit de ces paroles la devise de l'ordre de la Couronne de fer, qu'il institua ce même jour.

Il nomma aussi ce jour-là le prince Eugène vice-roi d'Italie, et il assigna Milan pour capitale de ce royaume. Il se rappelait ce fait que les empereurs d'Occident, après que Constantin le Grand eut cédé Rome au Saint-Siége, avaient tenu leurs cours à Milan principalement ; qu'il en avait été de même des trois royaumes ou plutôt des trois suites de rois qui avaient régné sur l'Italie au moyen âge ; que plusieurs d'entre eux avaient attaqué et saccagé Rome, mais qu'aucun n'y avait trôné.

Il visita ensuite les autres places de l'Italie, illustrées par les victoires de sa première et de sa seconde campagne. Sur les suppliques des populations, il réunit à l'Empire français la république Ligurienne (ancien État de Gênes), et il adjoignit la république de Lucques à la principauté de Piombino.

Il organisa le 17 juin l'université de Louvain ; et le 11 juillet, il rentrait à Fontainebleau, d'où, après quelques jours de repos, il regagna Saint-Cloud.

Cependant, on était toujours en hostilités flagrantes avec les Anglais. L'Empereur avait écrit au roi d'Angleterre, le 2 janvier 1805, une longue lettre, dont nous ne citons que deux passages :

« Appelé au trône de France par la Providence, et par les
» suffrages du Sénat, du peuple et de l'armée, mon premier
» sentiment est un vœu de paix. La France et l'Angleterre
» usent leur prospérité. Elles peuvent lutter des siècles. Mais
» leurs gouvernements rempliront-ils bien le plus sacré de

---

(1) La couronne de fer devait ce nom, quoiqu'elle fût d'or, à cette circonstance qu'on y avait enfermé un clou ou portion d'un clou de la Passion de Notre-Seigneur.

» leurs devoirs? et tant de sang versé inutilement, sans la
» perspective d'un but, ne les accuse-t-il pas dans leur propre
» conscience? Je n'attache point de déshonneur à faire le pre-
» mier pas.....

» Si Votre Majesté veut elle-même y songer, elle verra que
» la guerre est sans but, sans aucun résultat présumable
» pour elle. Eh! quelle triste perspective de faire battre les
» peuples pour qu'ils se battent? Le monde est assez grand
» pour que nos deux nations puissent y vivre, et la raison
» a assez de puissance pour qu'on trouve les moyens de tout
» concilier, si de part et d'autre on en a la volonté. J'ai toute-
» fois rempli un devoir saint et précieux à mon cœur. Que
» Votre Majesté croie à la sincérité des sentiments que je
» viens de lui exprimer, et à mon désir de lui en donner des
» preuves.... »

Quinze jours après cette noble lettre, dont on vient de lire le début et la conclusion, Talleyrand reçut pour réponse une missive de lord Mulgrave qui le chargeait de dire *au chef du gouvernement français* que Sa Majesté Britannique désirait aussi la paix, mais qu'elle devait s'entendre à ce sujet avec les puissances du continent, et principalement avec l'empereur de Russie. Ce que voulait l'Angleterre, c'était une coalition qui enlevât à la France toutes ses conquêtes et la renfermât dans ses limites de 1790.

Napoléon avait publié sa lettre, ainsi que la réponse qu'elle avait amenée, et l'enthousiasme général demandait la guerre.

La France n'avait d'allié sûr alors que le peuple espagnol. Pour rassurer l'Autriche, l'Empereur lui annonçait qu'il était disposé à donner le trône de l'Italie à son fils adoptif le prince Eugène et à la séparer tout à fait de la France, dès que l'Angleterre aurait évacué Malte. Mais, le 2 août, il partit de nouveau pour Boulogne, où selon ses plans devait arriver l'amiral Villeneuve avec la flotte française, secondée d'une escadre espagnole. Dans ces plans que nous avons succinctement exposés, l'invasion eût eu lieu; le corps entier du maréchal Soult était déjà embarqué, ainsi que tous les équipages ; et depuis quarante-huit heures on attendait le signal d'arrivée des flottes, lorsque l'Empereur reçut une nouvelle qui le rendit à la fois furieux et désolé. L'amiral Villeneuve s'était laissé bloquer au Ferrol.

Pour se calmer, l'Empereur décida sur-le-champ le départ de son armée, qu'on appelait l'armée d'Angleterre, et qu'il nomma désormais la grande armée ; et il dicta au comte Daru, alors intendant général de cette armée, les marches des troupes contre la coalition, avec des détails si exacts et si positivement combinés, que tout, jusqu'aux moindres haltes, se fit aux lieux, aux jours et aux heures que Napoléon avait fixés là.

L'Angleterre, la Russie, la Suède et l'Autriche étaient coalisées contre la France. La coalition avait entraîné même les Napolitains. Toutes ces armées formaient une masse de quatre cent mille hommes ; Napoléon ne disposait que de deux cent trente-cinq mille. Il en fit partir cent soixante mille, divisés en sept corps, sous les ordres de sept maréchaux de l'Empire ; et lui-même partit pour Strasbourg, avec l'Impératrice, le 24 septembre.

XXXV. — NAPOLÉON A STRASBOURG.

> La prudence conduit à des actes dont on n'a pas à se repentir.
> PÉRIANDRE, dans *Diogène Laerce*.

Le 9 septembre de l'an 1805, un sénatus-consulte rétablit le calendrier grégorien, à partir du 1er janvier 1806. Cette sage mesure était préparée par le décret du 8 avril 1802, qui, par suite du Concordat, supprimait les décades et rétablissait le dimanche.

Le 26 septembre, pour répondre aux préparatifs guerriers de la nouvelle coalition, Napoléon arrivait à Strasbourg avec l'Impératrice Joséphine. Cet homme, qui voyait tout et qui relevait tout, honora ce voyage de l'une de ces actions inattendues qui réparent. Il était catholique, et il n'a jamais cessé d'en conserver la foi, malgré les écarts où il a pu être entraîné. Il savait que le protestantisme florissait à Strasbourg, qu'il y était puissant, qu'il dominait ce grand centre; et il voulait lui donner un contre-poids. Après son dîner, qui dura, comme toujours, dix à quinze minutes, il reçut les députations diverses et s'occupa avec une lucidité merveilleuse de tout ce qu'il lui importait de connaître. Puis il retint quelques catholiques, qu'il savait honorables, et leur demanda laquelle des deux populations, catholique ou protestante, était la plus nombreuse. On lui répondit qu'elles étaient à peu près égales en nombre. Il voulut savoir alors quelle était la plus influente, la plus puissante, la plus dominante. On lui répondit que c'était la partie des réformés. Il demanda pourquoi, on lui répondit :

« C'est qu'elle est la plus riche.

— Et comment cela?

— Parce qu'elle n'a pas autant de devoirs à remplir que les catholiques, et peut-être aussi qu'elle a moins de scrupules. »

Mais aucune parole ne fut dite par les catholiques qui pût offenser en rien les protestants, ce qui eût déplu à Napoléon, qui voulait la liberté et la tolérance.

« Vous n'avez donc, dit-il, aucune grosse famille catholique qui puisse lutter par la richesse contre vos frères les réformés?

— Non, Sire, lui répondit-on.

— Eh bien, présentez-moi, demain, deux chefs de grandes familles catholiques, qui aient l'estime générale parmi vous; et je m'entendrai avec eux, sans offenser personne, mais de manière que le parti de l'Église puisse être représenté aussi.

Le lendemain, on présenta à l'Empereur les deux hommes de bien qu'il demandait, et après un quart d'heure d'entretien, où il put les juger, il leur donna à tous deux un passe-droit, ou plus correctement un passe-debout, car il ne faisait tort à personne, qui leur permettait de faire pendant six mois la contrebande.

Ce procédé produisit des millions et créa chez les catholiques deux grandes fortunes, qui ont fait du bien dans des limites immenses. Nous pourrions nommer ces deux familles. Nous ne le devons pas, car elles sont debout et toujours respectées.

Ce n'est là au reste que l'un des milliers et des milliers de bienfaits particuliers de l'Empereur.

XXXVI. — LA BATAILLE D'AUSTERLITZ.

> Le grand signal se donne et le combat s'engage....
> Les Français ont doublé leurs rangs par leur courage :
> L'ennemi perd sa foudre et ses chers étendards ;
>   Il résiste ; il succombe ;
> Et le champ de bataille est une immense tombe
> Où viennent s'engloutir ses escadrons épars.
>   Pus.

La coalition prenait les avances. L'archiduc Ferdinand et le général Mack avaient envahi l'électorat de Bavière avec quatre-vingt-dix mille Autrichiens; l'archiduc Jean, avec trente mille autres, s'emparait du Tyrol, pendant que cent mille combattants, Anglais, Suédois et Napolitains, traversaient l'Italie et que deux armées russes arrivaient à marches forcées.

Napoléon passa le Rhin le 1er octobre 1805. Le 7, il y eut un premier combat sur le Lech, qui arrose les frontières de la Bavière; deux autres affaires occupèrent le 8 et le 9; le 14 se donna la bataille d'Elchingen, sur le Danube; et le 17 vit la célèbre capitulation du général Mack dans la ville d'Ulm.

Trente mille hommes de son armée furent prisonniers de guerre.

Quatre jours après, les Français occupaient Munich, où l'Empereur entra le 24 octobre. Nous ne pouvons suivre les rencontres de tous les jours. Le 13 novembre, l'armée française fait son entrée dans Vienne. L'Empereur a son quartier général à Schœnbrunn, château de plaisance des empereurs d'Allemagne. Le 16, l'arrivée des Russes est accueillie par une défaite, qu'ils subissent à Guntersdorf. D'autres combats occupent les jours suivants, pendant que Ney délivre le Tyrol et Murat la Moravie.

Le 1ᵉʳ décembre, Napoléon est campé près d'Austerlitz avec son armée. En voyant les cent mille Russes, arrivés récemment, qui manœuvrent pour le tourner, il s'écrie : « Demain, toute cette belle armée sera à nous. »

Austerlitz était alors une assez jolie petite ville de la Moravie, province de l'ancien royaume de Bohême. C'est dans les plaines qui s'étendent au-devant de cette ville que les troupes françaises et celles de la coalition se rencontraient ; et Napoléon y prévoyait l'heureuse occasion de fêter glorieusement l'anniversaire de son sacre.

Comme au 2 décembre 1804, il faisait le 2 décembre 1805 un froid très-intense. Mais le magnifique soleil qui avait salué les pompes religieuses de Notre-Dame allait saluer pareillement cette solennelle rencontre.

La Prusse et la Bavière gardaient la neutralité ; mais les contingents de l'Allemagne, de la Suède, de l'Angleterre, de Naples et de la Russie formaient une masse de quatre cent mille hommes. Une armée de cent mille Russes se déployait ; et le total des troupes qu'il fallait attaquer s'élevait ce jour-là à trois cent mille combattants. Napoléon n'en avait là que cent soixante mille ; mais il les commandait en personne ; et son armée, divisée en sept corps, avait pour chefs vaillants les maréchaux Augereau, Bernadotte, Davoust, Lannes, Marmont, Ney, Soult ; Murat commandait la cavalerie.

Napoléon s'était défié de la Prusse avec raison, car elle avait ouvert ses provinces, entre autres la Silésie, au passage des Russes. Il établit ses troupes concentrées entre le lac de Ménitz et les collines qui protégeaient ce bassin. Tous les Français, généraux et soldats, animés par les batailles partielles qu'ils avaient gagnées à chaque pas, se préparaient à une grande victoire.

Au point du jour, Napoléon, qui avait passé la nuit à visiter les bivouacs et à semer l'ardeur, vit le soleil percer tout à coup les nuages et subitement éclairer ces grandes armées prêtes à combattre. L'Empereur passa aussitôt devant le front de bandière des régiments en disant à ses braves : « Nous finirons ici cette campagne par un coup de tonnerre. »

Et cent mille voix répondaient par le cri de Vive l'Empereur!

La bataille s'engage aussitôt sur tous les points, et jamais une si grande victoire ne fut gagnée si vivement et si vite.

Pendant ces enthousiasmes des soldats français, qui avaient Napoléon au milieu d'eux, l'empereur de Russie et l'empereur d'Autriche contemplaient des hauteurs d'Austerlitz la débâcle inouïe de leurs armées. Tout ce qui n'avait pas fui était prisonnier. Quinze à seize mille Russes, postés aux bords du lac de Ménitz, qui était gelé, se trouvèrent cernés, de manière qu'ils n'avaient plus pour fuir que le lac glacé. Le maréchal Soult, dès qu'il les vit engagés sur ce sol fragile, fit pointer ses canons sur le lac, dont la surface se brisa, et tous ces infortunés y périrent.

Le soir venu, de cette courte journée de décembre, les Français avaient ajouté à leurs résultats précédents vingt-cinq mille Russes tués, vingt mille prisonniers, quarante drapeaux, parmi lesquels ceux de la garde impériale russe, deux cents pièces de canon, tous les équipages et tout ce que les fuyards abandonnaient sur les chemins.

Le général Kutusof, dans sa déroute, avait encombré les églises et les granges de ses blessés; et sur les portes de ces ambulances improvisées, il avait fait écrire en français : « Je recommande ces malheureux à la générosité de l'Empereur Napoléon et à l'humanité de ses braves soldats (1). »

Le lendemain de cette prodigieuse journée, l'empereur d'Autriche fit demander une entrevue à Napoléon, qui la lui accorda. Elle eut lieu le 4 décembre au bivouac de l'Empereur, qui dit à François II : « Je vous reçois dans le seul palais que j'habite, depuis deux mois que dure cette campagne. — Vous tirez si bon parti de votre habitation qu'elle doit vous plaire », répondit l'empereur d'Autriche avec un sourire un peu contraint.

Napoléon, toujours généreux, n'a jamais abusé de ses victoires. Mais dans celle-ci il fit une faute, inspirée par son cœur trop confiant. Le lendemain, 5 décembre, ses troupes environnaient l'armée russe et allaient faire prisonnier l'empereur Alexandre. Il leur envoya l'ordre de laisser Alexandre et ses troupes regagner leurs frontières ; la paix se signa le 6, avec

(1) Voici la proclamation que l'Empereur adressa à son armée, le soir de ce grand jour :

« Soldats !

» Je suis content de vous. Vous avez, à la journée d'Austerlitz, justifié tout ce que j'attendais de votre intrépidité. Vous avez décoré vos aigles d'une immortelle gloire. Une armée de trois cent mille hommes, commandée par les empereurs de Russie et d'Autriche, a été, en moins de quatre heures, ou coupée ou dispersée. Ce qui a échappé à votre feu s'est noyé dans les deux lacs.

» Soldats ! lorsque le peuple français plaça sur ma tête la couronne impériale, je me confiai à vous pour la maintenir toujours dans ce haut état de gloire qui seul pouvait lui donner du prix à mes yeux. Mais dans le même moment nos ennemis pensaient à la détruire et à l'avilir ; et cette couronne, conquise par le sang de tant de Français, ils voulaient m'obliger à la placer sur la tête de nos plus cruels ennemis : projets téméraires et insensés que, le jour même de l'anniversaire de votre Empereur, vous avez anéantis et confondus. Vous leur avez appris qu'il est plus facile de nous braver et de nous menacer que de nous vaincre.

» Soldats ! lorsque tout ce qui est nécessaire pour assurer le bonheur et la prospérité de notre patrie sera accompli, je vous ramènerai en France. Là, vous serez l'objet de mes tendres sollicitudes. Mon peuple vous reverra avec joie, et il vous suffira de dire : J'étais à la bataille d'Austerlitz, pour qu'on vous réponde : Voilà un brave ! »

François II; il ne perdit que les États vénitiens, réunis depuis lors au royaume d'Italie, et le Tyrol, qui fut donné à la Bavière.

Napoléon pouvait faire subir à ses ennemis d'autres dédommagements qui ne leur eussent pas permis de reconstruire peu après une autre coalition.

Cette paix, ratifiée à Presbourg, récompensait les électeurs de Bavière et de Wurtemberg en érigeant leurs États en royaumes. Le prince Eugène épousa la fille du roi de Bavière; Murat devint grand-duc de Berg.

Le 7 décembre, Napoléon signait deux décrets, l'un en faveur des veuves et des enfants des braves morts à Austerlitz, l'autre qui ordonnait que les canons pris à cette bataille illustre fussent fondus et servissent à l'érection, sur la place Vendôme, à Paris, d'une colonne monumentale consacrée à la gloire de la grande armée, dans la campagne de trois mois que la journée d'Austerlitz avait couronnée (1).

XXXVII. — JOSEPH-NAPOLÉON, ROI DE NAPLES.

> Joseph, en tout pays, serait l'ornement de la société.
> NAPOLÉON.

Le 26 décembre 1805 avait vu ratifier à Presbourg la paix entre l'Empire français et l'Autriche. Le lendemain Napoléon avait à Schœnbrunn une entrevue avec le prince Charles, frère de l'empereur François; et le même jour, par un décret solennel, Napoléon déclarait à l'Europe que la dynastie de Naples avait cessé de régner.

Le 1er janvier 1806, Maximilien-Joseph était proclamé roi de Bavière, en présence de l'Empereur et de l'Impératrice

---

(1) L'Empereur alors voulait, comme on le lit dans plusieurs de ses lettres, élever sur cette colonne la statue de Charlemagne. On lui fit comprendre que c'eût été un anachronisme.

Joséphine, pendant qu'on livrait aux Parisiens le pont d'Austerlitz. Le 14, en présence des mêmes témoins augustes, le prince Eugène épousait la fille du roi de Bavière. Le 26, l'Empereur et l'Impératrice rentraient à Paris.

Aux premiers jours du mois suivant, les troupes françaises pénétraient dans le royaume de Naples, évacué par ses souverains, qui, devant les armes victorieuses de Gouvion Saint-Cyr, s'étaient retirés en Sicile, avec leurs amis les Anglais. Le 15 février, le roi de Prusse recevait de Napoléon le Hanovre en indemnité des provinces qu'il avait cédées à la France. Le même jour, le prince Joseph, frère de l'Empereur, prenait possession de Naples, tandis que l'Empereur rendait l'église de Sainte-Geneviève, dite le Panthéon, au culte catholique, et qu'il ordonnait la restauration de l'église de Saint-Denis, consacrée désormais à la sépulture des princes de la dynastie napoléonienne. Il y établissait trois chapelles, où l'on devait dire à perpétuité des messes pour les trois races royales qui avaient précédé la Révolution.

Ainsi Joseph allait régner. Le caractère de ce prince a été retracé par Napoléon lui-même, dans le *Mémorial de Sainte-Hélène* :

« Joseph, dit-il, là, ne m'a guère aidé ; mais c'est un homme
» fort bon. Sa femme, la reine Julie (1), est la meilleure créa-
» ture qui ait existé. Joseph et moi nous nous sommes tou-
» jours fort aimés et fort accordés : il m'aime sincèrement. Je
» ne doute pas qu'il ne fît tout au monde pour moi ; mais toutes
» ses qualités tiennent uniquement de l'homme privé. Il est
» éminemment doux et bon, il a de l'esprit et de l'instruc-
» tion ; il est aimable.

» Dans les hautes fonctions que je lui avais confiées, il a
» fait ce qu'il a pu. Ses intentions étaient bonnes. Aussi la
» principale faute en ce qui le concerne n'est pas à lui, mais
» bien plutôt à moi, qui l'avais jeté hors de sa sphère ; et

---

(1) Marie Julie Clary, sœur de la reine de Suède, épouse de Bernadotte.

» dans des circonstances bien grandes, la tâche s'est trouvée
» hors de proportion avec ses forces.... »

Il fut proclamé roi de Naples le 30 mars, en même temps que Joachim Murat, beau-frère de Napoléon (1), devenait duc de Berg et de Clèves, la princesse Pauline (2) duchesse de Guastalla, et le maréchal Berthier prince de Neufchâtel.

Reçu à Naples par un accueil bienveillant de toutes les populations, Joseph ne négligea rien pour s'assurer l'amour des Napolitains. Quoiqu'il se fût occupé de politique, membre du Conseil des Cinq-Cents, puis ambassadeur à Rome, qu'il eût négocié et signé le traité de paix et de commerce avec les États-Unis en l'an 1800, négocié et signé en 1801 la paix de Lunéville avec l'Autriche, et l'année suivante la paix d'Amiens, qu'il eût siégé avec honneur au Conseil d'État, l'honnête Joseph, se défiant de lui-même, entoura son trône de Naples de sages et habiles conseillers. Il introduisit de nombreuses et salutaires réformes dans les administrations napolitaines, et sauf les grands, qui devaient céder les prépondérances au mérite formel, il conquit, dans les deux années qu'il régna sur les Napolitains, l'affection des masses.

Nous le retrouverons en 1808.

Napoléon cependant poursuivait sa marche. Le 4 avril 1806, il publia par un décret ce catéchisme célèbre appelé le catéchisme de l'Empire, tiré de Bossuet et des plus dignes catéchistes, approuvé solennellement par le cardinal Caprara, légat du Saint-Siége, et devant être suivi seul dans tous les diocèses soumis au sceptre impérial. C'était une grande et sage idée (3).

Le 22 avril il consolidait la banque de France, qui était son

(1) Il avait épousé Caroline Bonaparte, celle de ses sœurs dont Napoléon parlait moins.

(2) Napoléon voyait dans Pauline « la plus belle femme de son temps et la meilleure créature vivante ». Ce sont ses expressions.

(3) C'est, de l'avis de plusieurs juges compétents, le meilleur des catéchismes. On lui a reproché le chapitre dit *De l'Empereur* (IIe partie, VIe leçon). Mais Napoléon pouvait-il l'omettre en ces temps-là?

œuvre. Le 10 mai il instituait l'Université impériale, en exprimant le regret que le clergé ne pût lui fournir qu'un petit nombre de sujets. On a dit à ce propos que Napoléon était hostile aux Jésuites; cependant il les estimait comme le corps le plus parfait pour l'éducation, et il avait plusieurs Jésuites attachés à ses armées. S'il fit disperser le très-petit nombre de ces religieux qui s'étaient réunis à Beauvais sous le nom de Pères de la Foi, c'est que le roi d'Espagne Charles IV, dont tout le règne se passait en chasses, s'était troublé de ce voisinage, lointain pourtant, de quelques hommes qui priaient, et qu'il avait demandé avec beaucoup d'instance à l'Empereur de dissoudre leur paisible réunion.

On n'a jamais pu comprendre cette antipathie. Oubliait-il, ce pauvre roi, que la suppression des Jésuites n'avait porté bonheur ni à son père Charles III, ni à l'Espagne, ni au Portugal, ni aux parlements, ni ailleurs?

XXXVIII. — LOUIS-NAPOLÉON, ROI DE HOLLANDE.

> Louis eût plu et se fût fait remarquer partout.
> NAPOLÉON.

Comme il est dans la nature de la France de marcher à la tête du progrès, ses voisins de la Belgique et de la Hollande, qui occupent comme nous le sol des vieilles Gaules, s'agitèrent dans le même sens. En 1794, la Belgique avait été réunie à la France. Dans l'hiver de cette même année, Pichegru était entré avec les armées républicaines dans le Brabant hollandais. En ce moment, tous les mécontents qui avaient ou croyaient avoir à se plaindre des stathouders se trouvaient assemblés à Bois-le-Duc, où, entraînés par l'exemple de la France, ils organisaient le plan d'une république batave. Ils avaient donné ainsi les mains au général français.

Un froid extraordinaire qui survint ayant gelé entièrement les fleuves et les ports, les eaux, qui sont la force suprême de la Hollande, avaient ouvert dès lors un chemin facile aux envahisseurs. Les navires hollandais avaient été enlevés par des charges de cavalerie dans la Meuse, dans le Texel même, et le pays s'était trouvé conquis.

Le stathouder, obligé de s'enfuir, s'était embarqué à Scheveninghe avec sa famille, le 18 janvier 1795, et s'était retiré en Angleterre, pendant que les Anglais, qui ne laissent jamais échapper une occasion, s'emparaient de ses colonies.

Le 16 mai suivant, un traité de paix avait été signé entre ce pays et la France, et aussitôt s'était constituée la République batave, une et indivisible.

Le pouvoir suprême, à l'exemple de la France, était conféré dès lors à une Convention nationale, composée de cent vingt-six membres élus par le suffrage universel, et ce pouvoir nouveau signait avec la République française une alliance offensive et défensive contre les Anglais.

Par ce traité, la République batave payait à la République française, son alliée, cent millions de florins (deux cent onze millions de francs); elle lui fournissait vingt-cinq mille hommes équipés, douze vaisseaux, dix-huit frégates; elle lui cédait Maëstricht, Venloo, la Flandre zélandaise; et le port de Flessingue devenait commun aux deux nations.

Le nouveau gouvernement, pour compenser les sacrifices qu'il faisait, avait confisqué les propriétés du stathouder fugitif et de sa famille.

La Hollande, et nous entendons toujours par ce seul nom l'État qu'on appelait depuis deux siècles les Provinces-Unies, la Hollande, après les sacrifices qu'on vient d'exposer, possédait encore quatre-vingt-dix navires. L'Angleterre les prit, et tous les peuples savent qu'elle ne rend jamais.

En 1798, une nouvelle assemblée de représentants se déclara constituante. Elle crut remédier à ces détresses en faisant une constitution qui divisait la République batave une et indivisible en huit départements, et en partageant les pouvoirs entre un Corps législatif formé de deux chambres et un Directoire exécutif composé de cinq membres, à l'instar du Directoire qui siégeait à Paris.

Peu après cette innovation, les Anglais reparurent dans le Texel, où ils voulaient achever la ruine de la marine batave. Mais vigoureusement repoussés par le maréchal Brune, ils ne se retirèrent qu'en emmenant tout ce qu'ils avaient pu prendre et en brûlant tous les chantiers.

La République batave respira un peu en 1801. Le Premier Consul, dans le traité de Lunéville, avait garanti l'indépendance de la Hollande. Il la fit garantir également par le traité de paix d'Amiens, signé le 27 mars 1802. Il y était stipulé, aux instances du Premier Consul, que la République batave indemniserait la maison d'Orange-Nassau (le stathouder émigré) des pertes que la révolution lui avait causées, et que l'Angleterre rendrait à la jeune République les colonies qu'elle lui avait prises, à l'exception de Ceylan, qui lui était laissé. Mais, loin de rendre rien aux Bataves, l'Angleterre leur prit encore Surinam.

Du reste, on a vu que la paix d'Amiens n'avait été qu'un leurre de la part des Anglais. Dès que Napoléon l'eut reconnu, il avait rassemblé des flottilles dans le Texel, à Flessingue, ainsi qu'à Boulogne, dans le but connu d'opérer une descente en Angleterre. Il avait décrété en même temps le blocus continental, qui interdisait rigoureusement aux Anglais et à leurs marchandises le territoire de la République française et celui de ses alliés. Or les Anglais possédaient les immenses trésors de l'Inde, non conquis, mais acquis par des procédés dont l'histoire a dévoilé les flétrissures. Avec ce levier, ils avaient soulevé contre la France la Russie et l'Autriche; et alors avait eu lieu une de nos plus glorieuses campagnes, celle qui se couronna par la journée d'Austerlitz.

La Hollande semblait destinée à suivre la France. Dès que l'Empire y fut établi, la République batave songea qu'elle devait aussi se donner un chef unique. Elle retrouva dans ses souvenirs le titre de grand pensionnaire, et Roger-Jean Schimmelpenninck fut revêtu de cette dignité le 20 avril 1805. C'était un avocat qui dans sa jeunesse avait soutenu des thèses à Leyde en faveur de la démocratie. Il s'était montré opposé aux stathouders. Au moment de la formation de la République batave, on l'avait nommé président de l'importante municipalité d'Amsterdam; puis il avait fait partie de la Convention nationale batave; enfin il avait représenté sa République, comme ambassadeur, deux fois à Paris et une fois à Londres.

Le grand pensionnaire était nommé pour cinq ans et rééligible. Il exerçait seul le pouvoir exécutif, au nom de Leurs Hautes Puissances, qui étaient dix-neuf députés nommés par les départements bataves. Il portait le titre d'Excellence. Il avait le droit de grâce et les autres prérogatives d'un monarque constitutionnel.

Mais ce nouvel établissement n'était encore aussi qu'une transition. L'année suivante, une députation des Bataves, présidée par le vice-amiral Verhuel, vint demander à Napoléon un roi, et offrir la couronne des ci-devant Provinces-Unies à Louis Bonaparte, frère de l'Empereur. Le royaume de Hollande fut érigé le 5 juin 1806, pendant que les Anglais continuaient à dépouiller cette honnête petite nation, en lui enlevant encore, malgré l'héroïque défense du brave général Janssens, le cap de Bonne-Espérance.

Schimmelpenninck avait abdiqué, et Louis Bonaparte, connétable de l'Empire, appelé dès lors, par décret impérial, comme roi de Hollande Louis-Napoléon, fit son entrée solennelle à la Haye, le 23 juin 1806. Il était accompagné de sa gracieuse épouse, Hortense de Beauharnais, toujours appelée depuis lors la reine Hortense.

Louis-Napoléon était bon, et très-bon; il se fit aimer, en même temps que la jeune reine entraînait les cœurs. Le roi et la reine se virent accueillis avec un enthousiasme si animé, avec une affection si expansive, que les larmes leur en vinrent aux yeux. Louis transporta bientôt sa cour à Utrecht, puis il l'établit définitivement à Amsterdam, qu'il fit la capitale de son royaume.

Le somptueux hôtel de ville de cette grande cité devint son palais, et les riches habitants qui pullulaient alors autour de lui, flattés de l'honneur de posséder leur roi au milieu d'eux, sentirent redoubler encore les affections dévouées qu'ils lui portaient depuis son arrivée au trône. C'est alors qu'il accomplit l'œuvre difficile et vainement essayée jusque-là de rallier complétement, dans une mutuelle tolérance, les protestants et les catholiques, qui depuis plus de deux siècles avaient formé deux partis dans l'État, les catholiques opprimés et les protestants oppresseurs.

Attachés à un roi si bienveillant et si généreux, les protestants, que sa mansuétude entraînait, fraternisèrent cordialement avec ceux qu'ils appelaient les papistes. Une paix sérieuse et sincère s'établit entre les deux cultes. C'était un beau règne.

Le jeune roi, avec les têtes solides et calmes de ces provinces où règne la raison, put améliorer le sort d'un pays que quinze années de troubles avaient au moins lassé. Malheureusement les fréquentes invasions des Anglais, qui venaient apporter leurs marchandises à la manière des contrebandiers, rompaient le blocus continental; et Louis-Napoléon ne se sentait pas, au sujet des délits qui résultaient de là, le courage de punir rigoureusement l'excellent peuple qui l'entourait d'un sincère amour. Au mois de juillet 1809, les Anglais débarquèrent dix-huit mille hommes dans l'île de Walcheren. Ils furent vaillamment repoussés devant Flessingue. Mais l'énorme supériorité du nombre les maintint ; ils firent d'immenses dégâts, et ne se retirèrent que maltraités par le climat de la Zélande, le 29 décembre.

Par le blocus continental, Napoléon favorisait l'industrie; mais il entravait le commerce, qui était la première et la principale source des prospérités de la Hollande. Louis-Napoléon, qui le sentait, n'exécutait pas trop rigoureusement les décrets de l'Empereur ; il tolérait, sans avoir l'air de les remarquer, quelques contraventions au blocus. Napoléon, ne connaissant ni le pays ni ses ressources, s'en irritait, et il appelait son frère *le fraudeur de Hollande*. Mais ces légères concessions aux besoins de son peuple étaient des titres aux affections ; et Louis-Napoléon était tellement aimé que les Hollandais qui ont pu voir les guerres de 1813 vous diront encore que s'il était venu à l'automne de cette année de désastres retrouver son peuple, il eût été unanimement acclamé.

XXXIX. — LE GRAND SANHÉDRIN DES JUIFS.

> Les sanhédrins étaient les tribunaux des Juifs ; le grand sanhédrin leur sénat.
> J. B. Kips.

Jusqu'au milieu de l'année 1806, Napoléon ne s'était pas occupé des juifs, qu'il n'aimait que très-modérément. Alors il lui vint de l'Alsace des plaintes nombreuses. On les accusait, avec preuves sérieuses, d'une usure effroyable qui menaçait de ruine les deux départements du Rhin. On voit, dans le livre de Pelet de la Lozère (1), qu'il s'écria en conseil :

« Les juifs ont remplacé la féodalité. Ce sont de véritables nuées de corbeaux. Le gouvernement français ne peut voir avec indifférence une nation dégradée posséder les deux beaux départements de l'Alsace.... Il faut prévenir par des mesures légales l'arbitraire dont on se verrait obligé d'user envers les juifs.... Les juifs autrefois ne pouvaient pas même coucher

---

(1) Opinions de Napoléon sur divers sujets de politique et d'administration.

à Strasbourg : il conviendrait peut-être de statuer aujourd'hui qu'il ne pourra pas y avoir plus de cinquante mille juifs dans le Haut et le Bas-Rhin; l'excédant de cette population se répandrait dans le reste de la France... On pourrait annuler leurs transactions passées, comme entachées de fraude, et leur interdire le commerce, en se fondant sur ce qu'ils le souillent par l'usure.... Il faut les juger d'après le droit politique et non d'après le droit civil, puisqu'ils ne sont pas citoyens.... Je suis loin de rien vouloir faire contre ma gloire et qui puisse être désapprouvé par la postérité. Tout mon conseil réuni ne pourrait me faire adopter une chose qui eût ce caractère. Mais je ne veux pas qu'on sacrifie à un principe de métaphysique et d'égoïsme le bien des provinces. »

Après quelques études à ce sujet, Napoléon, par un décret du 30 mai 1806, convoqua les rabbins et les chefs du peuple juif à une réunion qui s'assemblerait à Paris, sous le nom de grand sanhédrin, pour fixer le sort et les droits de ceux de ce peuple dont les membres demandaient à être citoyens, soumis à la loi commune.

Comme il n'y avait plus eu de grand sanhédrin depuis la ruine de Jérusalem par les Romains, cette convocation parut aux enfants d'Israël l'aurore d'une ère nouvelle. Les masses, qui avaient suivi avec attention les détails de l'expédition d'Égypte, virent aussitôt dans Napoléon un nouveau Cyrus, et le plus grand nombre s'imagina que l'Empereur allait rétablir pour eux le royaume de Jérusalem.

Les convoqués arrivèrent à Paris et tinrent leur première assemblée le 26 juillet. Ils furent longs à se constituer et à établir légalement leur état civil. Dès lors, on exigea qu'ils prissent tous des noms propres ou patronymiques, absolument en dehors de tous les noms qui se trouvent dans l'Ancien Testament, ces noms ne pouvant être admis par eux qu'en prénoms, et qu'ils se fissent enregistrer sous ces noms nouveaux à leurs mairies, comme citoyens français. Après quelques mesures semblables, on leur fit connaître les intentions de l'Empereur, qui les énonçait dans une lettre adressée au ministre de l'intérieur. On y lisait :

« Le grand sanhédrin doit commencer par déclarer qu'il y a dans la loi de Moïse des dispositions religieuses immuables et des dispositions politiques susceptibles de modification. Si l'on peut s'expliquer que les juifs n'aient pas regardé comme des frères les peuples idolâtres qui avaient juré une haine commune aux enfants d'Israël, il doit en être autrement lorsque cette situation a changé. Ce changement doit les amener à considérer tous les hommes comme frères, quelque religion qu'ils professent, si, au milieu d'eux, les israélites jouissent des mêmes droits.... Le plan de réformation une fois adopté, il ne restera aux juifs, comme juifs, que des dogmes, et ils sortiront de cet état où la religion est la seule loi civile, ainsi que cela existe chez les musulmans, et que cela a toujours été dans l'enfance des nations. »

Ces conditions proposées ayant été remplies, les juifs sont devenus dès lors citoyens français.

XL. — LA CONFÉDÉRATION DU RHIN.

> Les alliances entre divers États ne se maintiennent que par une crainte mutuelle ou par une mutuelle équité.
>
> THUCYDIDE, livre III.

On sait qu'il y avait autrefois en Allemagne une alliance entre un grand nombre de petits princes qui régnaient sur de petites souverainetés féodales, appuyés les plus faibles sur les plus forts, mais tous grands vassaux de l'empereur d'Allemagne, qui leur devait protection. Napoléon ayant brisé cet échafaudage du moyen âge et supprimé l'Empire d'Allemagne, le premier des souverains germaniques ne s'appelait plus que l'empereur d'Autriche. Or tous ces princes de second rang, encadrés entre l'Autriche, la Prusse, la Russie et l'Empire français, avaient besoin d'un protectorat, comme les Suisses avaient eu besoin d'un médiateur. Et par un traité conclu à Paris le 12 juillet 1806 et signé le 17, tous ces princes se séparèrent à perpétuité de la couronne d'Allemagne, qui n'existait plus ; ils s'unirent entre eux sous le nom d'États confédérés du Rhin, renonçant ainsi de leur part aux titres qui exprimaient leurs rapports quelconques avec l'Empire d'Allemagne ; et ils proclamèrent unanimement leur protecteur S. M. Napoléon, empereur des Français et roi d'Italie.

Cette confédération fut reconnue solennellement peu après, dans les traités de Tilsit, par l'empereur de Russie et par le roi de Prusse, comme elle l'était dès lors par l'empereur d'Allemagne, qu'on appelait François II, et qui s'appela désormais François Ier, empereur d'Autriche.

La confédération du Rhin se contractait entre seize princes souverains, le roi de Wurtemberg, le roi de Bavière, le duc de Berg et Clèves, l'électeur archichancelier, l'électeur de Bade, le prince de Nassau-Usingen, le prince de Nassau-Weilbourg, le prince de Hohenzollern-Hechingen, le prince de Hohenzollern-Sigmaringen, le prince de Salm-Salm, le prince de Salm-Kirbourg, le prince d'Isenbourg-Birstein, le duc d'Arenberg, le prince de Liechtenstein et le comte de la Leyen. Tous ces États, séparés à perpétuité de l'Empire germanique et unis entre eux par une confédération particulière, prirent le nom d'États confédérés du Rhin.

Le 6 août, l'empereur François abdiqua ses titres d'empereur d'Allemagne et de roi des Romains ; et il délia les électeurs, les princes et les États divers qui lui échappaient ou lui avaient échappé, de leurs devoirs envers lui. Bientôt d'autres États agrandiront la Confédération du Rhin, le royaume de Westphalie, le royaume de Saxe et d'autres États moindres. En 1813 elle sera composée de trente-huit États. Mais alors presque tous ces alliés déserteront Napoléon, pour se joindre à la dernière et la plus formidable coalition, qui opposera dix-sept armées au régénérateur de l'Europe.

En vertu de l'acte qui établissait la Confédération du Rhin, chacun des rois et princes confédérés possédait ses États en toute souveraineté. Il y exerçait les droits de législation, de juridiction suprême, de haute police, de conscription militaire et d'impôt.

XLI. — LA JOURNÉE D'IÉNA.

> Toute la Prusse armée inondait l'Allemagne.
> Un seul homme par eux n'était pas attendu :
> Il arrive : en sept jours il finit la campagne.
> Canons, drapeaux, soldats, la Prusse a tout perdu.
> FRANÇOIS DE NEUFCHATEAU.

Une quatrième coalition formée contre la France par l'Angleterre, la Prusse, la Russie et la Suède, oblige l'Empereur à quitter de nouveau les travaux de la paix, dont il sentait si vivement les charmes, pour aller combattre encore; il part de Saint-Cloud le 25 septembre 1806; le 28 il est à Mayence avec Joséphine; le 1er octobre, il passe le Rhin, accompagné de son état-major; le 8, il est à la tête de son armée.

La Prusse seule d'abord va recevoir le choc. Un premier combat a lieu à Saalbourg, un autre à Saalfeld, dans cette portion de la Thuringe qui doit faire partie aujourd'hui du royaume de Saxe.

Dans la première rencontre les Français prennent les magasins de l'ennemi à Hoff; dans la seconde, le jeune prince Louis de Prusse, qui avait tant désiré cette guerre, en est la première victime, tué par un maréchal des logis des hussards français. Quatre jours après, le 14 octobre, la grande armée prussienne, trois cent mille hommes, disait-on, mais en réalité deux cent trente mille combattants, se déployait sur une ligne de six lieues, d'Iéna, la gracieuse ville, jusqu'au village ou bourg d'Auerstædt.

La reine de Prusse, que les coalisés avaient enflammée, et qui comptait par sa présence électriser ses troupes, était là, en costume militaire et l'épée à la main, paradant sur un beau cheval; et les Prussiens poussaient des hourras qui lui promettaient la victoire.

Mais dans la nuit Napoléon avait fait occuper une position dominante, le Landgrafenberg (1), qui devait avoir une grande influence sur le succès de la journée.

Pendant que les Prussiens dormaient, l'armée française, à quatre heures du matin, était debout; l'Empereur passait devant ses rangs et disait aux braves :

« Soldats, l'armée prussienne est coupée ici, comme celle » de Mack l'était à Ulm, il y a un an aujourd'hui. Cette armée » ne combattra que pour se faire jour et regagner ses commu- » nications. Le corps qui se laisserait percer se déshonorerait.

» Ne redoutez pas cette célèbre cavalerie; opposez-lui des » carrés fermes et la baïonnette. »

Les soldats animés criaient tous : Marchons! et à six heures du matin, le 14 octobre, la bataille s'entamait.

Ce furent de toutes parts des succès de bon présage. Lannes, Soult, Augereau, Davoust, exécutaient habilement les plans de leur Empereur. A midi, la cavalerie que l'on attendait arriva avec deux divisions du maréchal Ney. Alors le combat s'engage sur toute la ligne. Murat se précipite avec ses cavaliers sur les Prussiens qu'il met en déroute, pendant que les bataillons du maréchal Soult font reculer la cavalerie prussienne jusque sur la route de Weimar où elle se débande, et que le maréchal Davoust, devant Auerstædt, dissipe, avec des forces trois fois inférieures, le corps d'armée que commandaient en personne le roi de Prusse lui-même et le duc de Brunswick. Avant la fin de la journée, ce grand champ de

(1) Mont des Landgraves.

bataille était perdu pour les Prussiens, qui y laissaient cinquante mille hommes, tués ou prisonniers. Toute l'armée prussienne fuyait, vivement poursuivie; et, plus alerte que ses braves, la reine de Prusse, qu'on ne put atteindre.

Elle avait perdu, dans sa déroute effrayée, un riche mouchoir brodé, que le guerrier français qui l'avait relevé avec soin ne put avoir le plaisir de lui remettre.

On avait pris aux Prussiens trois cents canons, soixante drapeaux et tous leurs magasins. Le duc de Brunswick, le maréchal Moellendorf, le prince Henri de Prusse, étaient blessés. Le roi de Prusse lui-même avait failli être prisonnier; le général Kalkreuth, l'un des vieux compagnons de Frédéric II, avait été fort maltraité et poursuivi jusqu'à Magdebourg par le maréchal Soult.

Trois jours après, le prince de Wurtemberg perdait, à Halle, trente-quatre pièces de canon, quatre drapeaux et cinq mille hommes. Le roi de Prusse fit demander à Napoléon un armistice, le 16 octobre. L'Empereur lui répondit qu'il en aviserait à Berlin. Le 18 octobre, Erfurt capitulait et remettait à Murat cent vingt pièces de canon, ses magasins, quatorze mille prisonniers. La pauvre reine de Prusse se sauvait de ville en ville, cherchant un refuge assuré.

A la suite de ces triomphes, Napoléon se rendit à Rosbach, qui n'était pas loin d'Iéna. Il y fit enlever la colonne élevée par Frédéric II en souvenir de la défaite d'une petite troupe française en 1757. Il la fit transporter à Paris.

Nous ne pouvons oublier que Davoust, qui avait fait des prodiges à la bataille du 14 octobre, fut nommé duc d'Auerstædt, et que ce fut sa vaillante division qui eut l'honneur, après la victoire, d'entrer la première à Berlin, le 27 octobre.

Le 24 octobre, Napoléon établit son quartier général à Potsdam. Il voulait visiter le tombeau de Frédéric II. Le lendemain, à dix heures du matin, il entra dans le caveau funèbre, accompagné seulement de Duroc et de deux aides de camp.

On a dit que l'Empereur, visitant ce caveau où reposait,

dans un sarcophage sec et nu, le vainqueur de Rosbach, s'écria, en saisissant l'épée de Frédéric, son cordon des ordres, sa ceinture et les drapeaux de sa garde :

« Voilà des trophées que je préfère à des millions. J'en ferai présent à mes vieux soldats de la campagne de Hanovre. Les invalides les garderont comme un témoignage des victoires de la grande armée et de la vengeance qu'elle a tirée du désastre de Rosbach. »

Et des écrivains ont vu là un témoignage de haute estime que Napoléon le Grand accordait à Frédéric.

Nous osons croire qu'ils ont vu de travers. Napoléon se réjouissait d'avoir relevé la France du triste échec de Rosbach. Mais s'il admirait dans Frédéric un habile capitaine, il ne pouvait donner son estime au prince philosophe qui a fait tant de plaies à l'Europe. Napoléon qui disait : « Je ne me chargerais pas de gouverner un peuple qui lirait Voltaire et Rousseau », ne pouvait voir un vrai souverain dans un élève de Voltaire : Voltaire, le seul Français qui fut assez éhonté, parmi tant d'autres opprobres, pour féliciter Frédéric d'avoir battu une poignée de Français, et pour assaisonner ses lâches louanges d'ignobles facéties contre ses compatriotes.

XLII. — LA PRINCESSE DE HATZFELD.

> Le droit de faire grâce est l'un des plus nobles attributs de la souveraineté.... C'est particulièrement dans les condamnations pour délits politiques que la clémence est bien placée. En ces matières, il est de principe que, si c'est le souverain qui est attaqué, il y a de la grandeur dans le pardon.
> NAPOLÉON, *Lettre à son frère Louis, roi de Hollande.*

Le 26 octobre, pendant que l'armée française entrait à Berlin, le prince de Hatzfeld, qui en était le gouverneur, vint à Potsdam présenter à Napoléon les principaux fonctionnaires militaires et civils de la capitale. Napoléon reçut assez mal ce prince; il savait qu'il avait été l'un des plus ardents provocateurs de la guerre et que ses protestations manquaient de sincérité.

Le lendemain, comme l'Empereur faisait son entrée avec pompe dans Berlin, on intercepta une lettre où le prince de Hatzfeld confiait au roi de Prusse tous les renseignements qu'il avait recueillis de ses espions sur les positions, les forces et les projets de Napoléon. Indigné de reconnaître qu'en lui faisant les plus humbles hommages on conspirât contre lui, l'Empereur saisit l'occasion de faire un grand exemple. Cette lettre perfide à la main, il donne l'ordre d'arrêter le prince de Hatzfeld et convoque un conseil de guerre qui doit se réunir et juger sur-le-champ.

Tout l'entourage de l'Empereur est frappé d'une sévérité si soudaine. La nouvelle se répand. La princesse de Hatzfeld apprend que son mari est arrêté et qu'il est perdu. Le crime de trahison était flagrant et prouvé. Épouvantée, elle court au palais. Le général Rapp, qu'elle fait demander, lui conseille de s'adresser sur-le-champ à Napoléon lui-même et lui donne les moyens de parvenir jusqu'à lui. Elle était enceinte de plusieurs mois. En entrant dans le cabinet de Napoléon, elle se jette à genoux et s'écrie tout en larmes :

« Sire, mon mari est incapable de la perfidie dont on l'accuse. »

Une telle douleur émeut Napoléon. Il relève la pauvre princesse et lui dit : « Vous connaissez son écriture, madame, lisez. » Elle parcourt à la hâte cette lettre funeste, pousse un cri d'effroi et se prosterne de nouveau, étouffée par les larmes.

L'âme généreuse de Napoléon ne put souffrir le spectacle de telles angoisses; il la relève de nouveau en lui disant : « Madame, cette lettre est la seule preuve qui perde votre mari. » Et il ajoute en lui montrant du doigt le foyer allumé : « Vous
» pouvez l'anéantir. »

La princesse sur-le-champ bondit, jette la lettre au feu;

et l'Empereur charge le général Rapp d'annoncer au conseil de guerre qu'il n'a plus à juger, et que le prince de Hatzfeld a sa grâce.

« En n'écoutant que son cœur en cette mémorable circonstance, dit Auguste de Chambure (1), Napoléon ne fit sans doute pas des ingrats; car on sait que la famille de Hatzfeld, pénétrée de la plus vive reconnaissance, n'a cessé dès lors de prendre une vive part aux douleurs de Napoléon dans ses revers et d'honorer noblement sa mémoire depuis qu'il n'est plus. »

Le lendemain, 28 octobre, pendant que Napoléon établissait l'ordre dans Berlin, Murat prenait, à vingt lieues de là, la ville de Prenslow et forçait le prince de Hohenlohe à capituler. Seize mille hommes d'infanterie et six régiments de cavalerie se rendaient aux Français, avec soixante pièces de canon et quarante-cinq drapeaux.

Le jour suivant, la gracieuse ville de Stettin, malgré ses forts, capitulait aussi et remettait au général Lasalle, qui n'avait là que quelques escadrons, six mille hommes d'infanterie et soixante canons.

Cependant Blucher, qui devait être plus tard le plus féroce et le plus odieux ennemi de Napoléon, trahi et abattu, avait rassemblé une foule de petits corps et s'efforçait de s'ouvrir un chemin pour rejoindre le roi de Prusse en fuite et réfugié jusque dans le fort de Graudentz sur la Vistule, où il était gardé par quinze mille hommes. Mais, poursuivi par Murat, Soult et Bernadotte, il dut se jeter dans Lubeck et s'y retrancher. Il y fut sur-le-champ assiégé. Deux portes furent enlevées par les Français, et après deux jours de combats dans la ville et autour de la ville, Blucher dut se rendre, avec cinq cents dix-huit officiers, onze généraux, soixante drapeaux, vingt mille hommes, quatre mille chevaux et toute l'artillerie qui avait échappé à la journée d'Iéna.

(1) *Napoléon et ses contemporains.*

Ces faits avaient occupé le 6 et le 7 novembre. Le 8, Magdebourg, bombardée par le maréchal Ney, capitule à son tour et livre huit cents canons, vingt-deux mille hommes, débris de cent soixante-dix bataillons, cinquante-neuf drapeaux, vingt généraux et des magasins immenses.

Dans cette campagne, si vivement conduite, les Français avaient fait cent quarante mille prisonniers.

XLIII. — LA BATAILLE D'EYLAU.

Heu! miseri, qui bella gerunt....
JUVÉNAL, satire dernière.

Oh! qu'il faut plaindre ceux qui font la guerre!

On a vu jusqu'ici que Napoléon, à qui la guerre amenait tant de triomphes, ne l'a pourtant jamais cherchée, qu'il a toujours accordé la paix à des conditions généreuses, qu'il l'a sollicitée souvent des Anglais et des autres coalisés, et qu'il n'a été rigoureux que lorsqu'on violait avec lui les conventions les plus sacrées.

Après les succès prodigieux qu'on a vus, la campagne semblait finie et l'Empereur signait un armistice avec la Prusse le 10 novembre. Mais jusque-là il n'avait eu affaire qu'à un membre de la coalition. La Russie et la Suède, ne s'attendant pas à la rapide activité de l'Empereur, n'étaient pas venues encore, lorsqu'on apprit que les Russes et les Suédois étaient en marche. Les troupes françaises prirent possession ce même jour 10 novembre de la ville de Posen, l'une des grandes cités de la Pologne, pendant que par un décret Napoléon obligeait toutes les villes conquises à déclarer tout ce qu'elles possédaient de marchandises anglaises, en vertu du blocus continental, qui fut décrété en même temps à Berlin.

La place d'Hameln et la ville de Niembourg furent prises encore ; et le 27, résolu à ne pas attendre les Russes, Napoléon établissait son quartier général à Posen. Le lendemain une première bataille, où le général russe Benningsen fut battu, eut lieu devant la ville de Lowicz ; le 29 les Français occupaient Varsovie.

Le 2 décembre, Glogau, capitale de la Silésie, se rend aux Français, qui entrent à Thorn, passent la Vistule et marchent à l'ennemi. Ils traversent le Bug, où le maréchal Davoust met en déroute quinze mille Russes. Ils prennent les villes de Plock et de Vissogorod, battent complétement le général russe Kamenskoï, et mettent en fuite à Pulstuk, le lendemain de Noël, une armée russe qui leur laisse quatre-vingts pièces de canon, tous ses équipages, douze cents voitures de bagages, en perdant douze mille hommes, tués, blessés ou prisonniers. Nos troupes victorieuses arrivent à Ostrolenka et y prennent leurs quartiers d'hiver.

Il y eut pourtant plusieurs petits combats dans le mois de janvier, qui ouvrait l'an 1807. Les quartiers d'hiver furent levés le 28. Breslau, pendant ces jours de repos, avait capitulé. Les premiers jours de février furent animés par les combats de Bergfried, de Gunstadt, de Deppen, de Schlett. Le 7 la ville d'Eylau est prise, après de grandes luttes, et le lendemain est le théâtre d'une sanglante bataille, la bataille d'Eylau.

Elle laissa au vainqueur sept mille Russes tués, quinze mille Russes blessés, quinze mille prisonniers, seize drapeaux et vingt-quatre pièces de canon.

Cette bataille fut acharnée, au point de troubler profondément Napoléon. Il en écrivit trois lettres à Joséphine. Dans la première, datée du lendemain, il disait : « Il y a eu hier une grande bataille. La victoire m'est restée ; mais j'ai perdu bien du monde. La perte de l'ennemi, bien plus considérable encore, ne me console pas. »

Dans les autres il répétait que « cette bataille avait été très-

sanglante »; et il ajoutait : « Ce pays est couvert de morts et
» de blessés. Ce n'est pas ici la belle partie de la guerre. On
» souffre, et l'âme est oppressée de voir tant de victimes. »

Le 12 février, la vieille cité de Marienwerder vit un combat qui chassa l'ennemi de ses positions.

Il y eut, quatre jours après, à Ostrolenka, un autre combat, où fut tué le général Souvarow, fils de cet homme redoutable qui avait fait les guerres de la République en Italie et en Allemagne.

Ce même jour, 16 février, Napoléon envoya à Paris les drapeaux conquis à Eylau, avec les canons laissés par l'ennemi, en ordonnant qu'on les fondît et qu'on dressât de cet airain une statue au général d'Hautpoul, qui s'était fait tuer à Eylau à la tête des cuirassiers.....

XLIV. — LA BATAILLE DE FRIEDLAND.

> La bataille de Friedland est digne d'être mise à côté de celles de Marengo, d'Austerlitz et d'Iéna.
> *Bulletin de la grande armée,* 17 juin 1807.

Si on a vu que la campagne était terminée avec la Prusse, elle ne l'était pas avec la Russie. Napoléon l'avait compris et l'avait annoncé le 2 décembre à son armée par cette proclamation célèbre :

« Soldats!

» Il y a aujourd'hui un an, à cette heure même, vous étiez sur le champ mémorable d'Austerlitz. Les bataillons russes, épouvantés, fuyaient en déroute, ou, enveloppés, rendaient leurs armes aux vainqueurs. Le lendemain, ils firent entendre des paroles de paix, mais elles étaient trompeuses. A peine échappés, par l'effet d'une générosité peut-être condamnable, aux désastres de la troisième coalition, ils en ont ourdi une quatrième. Mais l'allié sur la tactique duquel ils fondaient leur principale espérance n'est déjà plus. Ses places fortes, sa capitale, ses magasins, ses arsenaux, deux cent quatre-vingts drapeaux, sept cents pièces de bataille, cinq grandes places de guerre sont en notre pouvoir. L'Oder, la Wartha, les déserts de la Pologne, les mauvais temps de la saison, n'ont pu nous arrêter un moment. Vous avez tout bravé, tout surmonté; tout a fui à votre approche.

» C'est en vain que les Russes ont voulu défendre la capitale de cette ancienne et illustre Pologne; l'aigle française plane sur la Vistule. Le brave et infortuné Polonais, en vous voyant, croit revoir les légions de Sobieski de retour de leur mémorable expédition. Soldats, nous ne déposerons point les armes que la paix générale n'ait affermi et assuré la puissance de nos alliés, n'ait restitué à notre commerce sa liberté et ses colonies. Nous avons conquis, sur l'Elbe et l'Oder, Pondichéry, nos établissements des Indes, le cap de Bonne-Espérance et les colonies espagnoles. Qui donnerait le droit aux Russes de balancer les destins? Qui leur donnerait le droit de renverser de si justes desseins? Eux et nous, ne sommes-nous pas les soldats d'Austerlitz? »

En même temps que cette proclamation, Napoléon décidait l'érection, sous le nom de temple de la Gloire, d'un monument dédié à ses braves : L'EMPEREUR NAPOLÉON AUX SOLDATS DE LA GRANDE ARMÉE, telle était l'inscription qui devait briller au fronton de ce monument; et les noms de tous les guerriers qui avaient illustré leur valeur ou leur dévouement devaient y être gravés. Il n'eut pas le temps d'ériger cet hommage à ses héros. Mais tous les noms illustres, recueillis avec soin, ont depuis été fidèlement gravés aux arcades de l'arc de triomphe de l'Étoile, qui, commencé alors, ne fut inauguré qu'en 1836.

Ce même jour, 2 décembre 1806, Glogau, comme on l'a vu, capitulait; et divers petits combats successifs avaient été couronnés par la bataille d'Eylau. Après cette dure victoire, Napoléon resta plusieurs jours sur ce champ couvert de sang, de morts et de blessés. Il ne le quitta qu'après que les morts eurent été mis en terre, et tous les blessés transportés aux ambulances ou aux hôpitaux.

Il y eut de sanglantes rencontres le 25 et le 26 février; le 6 mars, les Cosaques furent chassés de Willemberg; le 17, le 19 et le 20, les Français enlevèrent plusieurs postes, et ils avancèrent toujours; ce qui effraya un peu le roi de Suède, qui demanda et obtint de l'Empereur une suspension d'armes. Il avait été entraîné dans la coalition par les Russes et les Anglais. La suspension d'armes fut signée le 18 avril.

Neiss, que le général Vandamme assiégeait, capitula le 1er mai. Le 14 et le 15, un corps d'armée russe vint attaquer le maréchal Lefebvre, qui assiégeait Dantzig. Ce corps d'armée, commandé par le général Kaminski, fut mis en pleine déroute. Le 24 mai, Dantzig, obligée de capituler, se rendit aux Français; et le maréchal qui l'avait conquise fut nommé duc de Dantzig. L'Empereur fit son entrée dans cette ville forte, d'où l'on retira huit cents pièces d'artillerie et des ressources considérables.

Des négociations de paix cependant avaient été entamées avec la Russie dans les derniers jours d'avril; elles ne purent aboutir, et on se battit avec plus d'acharnement, dès les premiers jours de juin. Du 5 au 11 de ce mois, il y eut des combats à Spanden, à Vormditten, à Altkirchen, à Wolfsdorf, à Deppen, à Guttstadt, à Heilsberg.

Heilsberg, qui était une ville de la Prusse polonaise, ayant été prise le 12 juin, les Russes, qui venaient d'y perdre trente mille hommes, se renforcèrent de tous les bataillons que le roi de Prusse avait emmenés dans sa fuite, et se disposèrent à une grande bataille décisive. C'est ce que Napoléon attendait.

Le 14 juin 1807, les deux armées se développèrent dans une plaine immense, où en d'autres temps d'autres batailles s'étaient livrées; elle s'étendait fièrement devant la petite ville de Friedland; et des deux côtés on s'observa longtemps sans oser entamer la bataille. A cinq heures du soir l'action commença enfin. Le maréchal Lannes commandait le centre de l'armée française, le maréchal Ney l'aile droite, le maréchal Mortier l'aile gauche. La cavalerie de ces trois corps était sous les ordres des généraux Latour-Maubourg, Grouchy et Lahoussaye. Napoléon, au milieu de sa garde, dirigeait tout, et jamais son génie ne se signala plus glorieusement. Ses dispositions étaient si sûrement combinées, que là, devant l'empereur Alexandre, qui se promettait une brillante revanche de la journée d'Austerlitz, et devant le roi de Prusse, qui comptait se relever de la grande défaite d'Iéna, toutes les forces des deux souverains furent anéanties.

Au bout de quelques heures, soixante mille hommes des armées coalisées étaient tués, blessés ou pris; les Français avaient enlevé quatre-vingts pièces de canon et soixante-dix drapeaux. A une heure avancée de la nuit, les Français couchaient seuls sur le champ de bataille. Les bandes ennemies étaient en déroute sur le chemin de la Russie. L'armée française vola à leur poursuite, et recueillit à chaque pas des canons, des caissons et des équipages qu'elles avaient abandonnés.

Soult entra le 16 à Kœnigsberg, où il trouva cent soixante mille fusils, des approvisionnements énormes et vingt mille blessés, Russes et Prussiens. Le 19 Napoléon était à Tilsitt, en avant de ses bataillons, avec quelques troupes légères.

On croit que c'est à cette bataille qu'eut lieu l'anecdote racontée par M. le général comte de Montesquiou, aide de camp de l'Empereur, et conservée par M. le chevalier de Beauterne (1). En passant sur le champ de bataille devant les blessés et les prisonniers, Napoléon pria son aide de camp de descendre de cheval et de demander à ces malheureux quelle était leur religion. Presque tous répondaient qu'ils étaient chrétiens. « Demandez-leur de quelle communion », répliqua

---

(1) *Sentiment de Napoléon sur le christianisme.*

l'Empereur. Plusieurs répondaient : Protestants. « Eh bien, ajoutait Napoléon, dites-leur qu'ils ne sont pas chrétiens.

— Mais, Sire, répliqua M. de Montesquiou, les protestants sont chrétiens.

— Non, monsieur, riposta vivement Napoléon, ils ne sont pas chrétiens..... »

Le général Drouot, qui, comme on le sait, était aussi fidèle chrétien que vaillant guerrier, aimait à raconter une autre anecdote que voici :

Aussitôt après la déroute des Russes et des derniers Prussiens, la victoire prodigieuse de Friedland enthousiasma tellement tous les généraux qu'ils entourèrent Napoléon pour le féliciter; et quelques-uns de ceux qui le complimentaient sur un triomphe aussi décisif lui dirent :

« Ce jour, Sire, est assurément le plus heureux de votre vie.

— Non, » répondit l'Empereur.

On chercha; on cita Austerlitz et d'autres victoires; on rappela le sacre et d'autres solennités; et comme Napoléon disait tout bas, se parlant à lui-même : « C'en est cependant l'anniversaire, » on se souvint de Marengo, cette autre grande bataille, couronnée aussi d'une grande victoire, le même jour, 14 juin de l'an 1800; Napoléon secoua la tête, et s'approchant de Drouot :

« Vous me comprendrez, dit-il, vous, Drouot; le plus heureux jour de ma vie a été le 14 juin de l'an 1781. »

C'était le jour de sa première communion, à Brienne.

XLV. — LE RADEAU DU NIÉMEN.

> La modération dans le triomphe est une vertu suprême. SÉNÈQUE.

La coalition ennemie s'enfuyait dans une déroute inouïe, par les deux directions de Kœnigsberg et de Tilsitt. Deux jours après, Kœnigsberg et Tilsitt étaient en notre pouvoir. Alors, comme l'a répété quelquefois Napoléon, il pouvait partager le monde en deux. « C'est à Tilsitt que le vainqueur d'Austerlitz, d'Iéna et de Friedland pouvait proclamer la division de l'Europe et peut-être celle de la terre en deux empires. Là, il pouvait renouveler avec Alexandre le traité qu'avait conclu Paul Ier pour la destruction de l'empire asiatique de l'Angleterre; là, il pouvait réparer la faute du traité de Presbourg, et, réalisant une grande idée européenne, former de la Pologne tout entière et des vastes démembrements de la Prusse une immense monarchie qui eût à jamais isolé la Russie des frontières germaniques de la France, et relégué ainsi au delà du Caucase les populations belliqueuses de la Scythie d'Europe (1). »

Songeant à neutraliser Tilsitt, pour traiter de la paix, Napoléon se promenait seul au bord du Niémen, qui sépare la Prusse de la Russie; il fit établir sur ce fleuve un radeau, chargé d'une vaste tente, où les trois ennemis de la veille se donnèrent rendez-vous pour entamer les préliminaires du traité. Le roi de Prusse, qui ne possédait plus pour royaume que la petite place de Memmel (2), ne comptait que sur l'appui d'Alexandre. Il devait compter plus encore sur la générosité de Napoléon.

Les souverains avaient signé un armistice le 21 juin. Une entrevue intime entre Napoléon et Alexandre eut lieu le 25, sur le radeau du Niémen. L'empereur de Russie ne demandait pas mieux que de partager l'Europe avec Napoléon, et dans cette entrevue particulière, qui dura deux heures, il y eut une scène qui a été racontée par le cardinal Fesch à M. Octave Fulgence, et que nous devons reproduire ici.

Alexandre savait, comme tout le monde, que Napoléon, puisqu'il n'avait pas d'enfants, avait espéré un successeur dans le fils aîné de son frère Louis et de la reine Hortense;

---

(1) M. de Norvins, *Histoire de Napoléon*, chap. XXVII.
(2) Au bord de la mer Baltique.

cet enfant, Napoléon-Charles Bonaparte, était né à Paris le 10 octobre 1802; il avait montré les dispositions les plus heureuses. L'Empereur, son oncle, se chargeait de son éducation, pour le préparer à continuer sa dynastie; il l'avait même adopté déjà. Mais cet enfant était mort depuis six semaines, le 5 mai 1807; et l'on devinait, à de sûrs indices, que, frappé de ce coup lamentable, Napoléon, qui n'avait que trente-huit ans, songeait dès lors à son divorce. Joséphine, qui en avait des pressentiments, s'en montrait inquiète; et l'Empereur, qui n'aimait pas le scandale, voulant s'assurer du consentement de Pie VII, chef suprême de l'Église, négociait déjà, comme pour ouvrir les voies, l'annulation d'un mariage contracté sans l'aveu de sa mère, par le prince Jérôme avec une jeune Américaine.

L'empereur Alexandre mit à profit ces renseignements; et voici la narration du cardinal Fesch, oncle de Napoléon et son confident :

« Alexandre fit à Napoléon compliments sur compliments : — Et vous êtes un grand homme! et vous êtes un héros! un homme providentiel pour cette époque de révolutions! et il dépend de vous de rassurer tous les rois sur leurs trônes! Mais pour cela il faut que vous soyez assis sur le vôtre avec toute la puissance nécessaire; et c'est où vous n'arriverez pas, si vous n'êtes ce que je suis moi-même, le chef religieux de votre État.... Croyez-moi, reprit Alexandre avec un air d'épanchement et de confiance, adoptez le rite grec, établissez-le en France; et vous pouvez faire fond sur moi, comme sur l'allié le plus fidèle.

» Alexandre eut la même réponse que Marséria (1).

» Et durant les huit jours que l'Empereur passa ensuite avec Alexandre et le roi de Prusse, ce fut encore le perpétuel sujet des discours et le plus ardent conseil de ces princes : se faire tout à la fois chef politique et religieux, aux dépens

---

(1) Au chapitre du Consulat : XLV.

du catholicisme.... Que vous dirai-je? quelque temps après (vous avez certainement entendu parler de cela), il s'agissait de faire épouser à l'Empereur la sœur d'Alexandre (1). Nous eûmes trois assemblées des grands dignitaires de France au sujet de ce mariage ; et l'empereur de Russie, qui paraissait tenir beaucoup à notre alliance, proposa les conditions les plus favorables. Lorsque l'ambassadeur donna lecture du projet de contrat devant l'assemblée, l'Empereur ne fit aucune objection sur le fond des choses; mais il répéta plusieurs fois : Soit! mais catholique.

» L'ambassadeur se mit à sourire et murmura quelques mots qui voulaient dire : — Votre Majesté est beaucoup trop éclairée pour attacher de l'importance à une question aussi secondaire. Assurément Votre Majesté est bien au-dessus de toutes les questions de secte et d'Église. L'Empereur répéta de nouveau : Soit! mais catholique.

» Voyant cette insistance, l'ambassadeur crut ou fit semblant de croire qu'il ne s'agissait pour l'Empereur que d'une convenance politique, d'une opinion nationale à ménager ; et il fit observer que son souverain ne réclamait pour sa sœur aucune démonstration publique. Il demandait seulement pour elle le bénéfice de la même tolérance individuelle dont jouissaient en France les juifs, les protestants, les philosophes et les grecs eux-mêmes dans leur particulier. Toute sa prétention se bornait donc à l'admission d'un pope au service d'une chapelle selon le rite grec aux Tuileries. — Point de pope! point de chapelle grecque aux Tuileries! Ce fut constamment sa réponse, la difficulté et l'unique cause qui rompirent tout l'arrangement.... »

Mais ne devançons pas plus longtemps l'avenir, et suivons l'Empereur avec les princes vaincus à Tilsitt. Les souverains y restèrent douze jours à se donner des fêtes, en attendant que leurs ministres eussent établi les conditions de la paix. Elle

---

(1) Anna Paulowna, qui épousa plus tard le fils aîné du roi des Pays-Bas, Guillaume I*er*.

fut ratifiée le 7 juillet entre Napoléon et Alexandre, lequel reconnaissait les royaumes de Naples et de Hollande et la Confédération du Rhin. Elle fut signée deux jours après avec le roi de Prusse, qui rentrait en possession de toutes ses provinces, excepté celles de la Pologne, cédées en toute souveraineté au roi de Saxe, et celles qui étaient réservées pour le prochain royaume de Westphalie.

Le 16 juillet Napoléon rendait une visite au roi de Saxe, à Dresde. Le 27 il était de retour à Saint-Cloud; et il recevait les félicitations de tous les corps constitués.

Le 15 août, il assistait, dans l'église de Notre-Dame, à un *Te Deum* d'actions de grâces pour la paix de Tilsitt. Le lendemain il ouvrait la session de 1807 du Corps législatif. Le 22, le prince Jérôme-Napoléon, qui avait pris part avec un certain éclat à la guerre qu'on venait de terminer, épousait la princesse Catherine, fille du roi de Wurtemberg. Et pendant que les troupes françaises expédiées en Suède prenaient Stralsund et s'emparaient de l'île de Rugen, Napoléon constituait le royaume de Westphalie et proclamait roi de ce nouveau royaume son frère Jérôme, le 8 septembre 1807.

Le 27 octobre, un traité se signait entre la France et l'Espagne, qui se partageaient le Portugal. La Hollande, peu après, cède Flessingue et ses dépendances à l'Empire français, et Napoléon va visiter ses États d'Italie. Il apprend à Venise que le général Junot a pris le 29 novembre Abrantès, la première ville du Portugal, et que sa petite armée est en possession de Lisbonne.

En même temps que ces faits, la ville de Paris reçoit en triomphe les corps de la garde impériale. Dix mille hommes s'arrêtèrent devant le conseil municipal de Paris, et le préfet de Paris leur dit :

« Héros d'Iéna, d'Eylau, de Friedland, conquérants de la
» paix, grâces immortelles vous soient rendues ! C'est pour la
» patrie que vous avez vaincu; la patrie éternisera le souvenir
» de vos triomphes. Vos noms seront légués par elle, sur le

» bronze et sur le marbre, à la postérité la plus reculée ; et le
» récit de vos exploits enflammant le courage de nos derniers
» descendants, vous protégerez par vos exemples ce vaste
» Empire, si glorieusement défendu par votre valeur. »

Alors des couronnes d'or votées par la ville de Paris furent données aux aigles; les troupes passèrent sous un pompeux arc de triomphe, traversèrent Paris au milieu des acclamations enthousiastes; et un grand festin reçut l'armée aux Champs-Élysées, où des couverts étaient mis pour tous les braves, qui eurent deux jours après une autre fête donnée par le Sénat.

XLVI. — JÉROME-NAPOLÉON, ROI DE WESTPHALIE.

> Quod Deus conjunxit, homo non separet.
> S. Matthieu, chap. xix.

Jérôme, le plus jeune des frères de Napoléon, était né à Ajaccio, le 15 décembre 1784. Devenu souverain par le Consulat, Napoléon l'avait fait entrer dans la marine ; et à l'âge de dix-neuf ans, n'étant ni majeur ni émancipé, sans le consentement de sa mère, sans l'aveu de Napoléon, qui était son chef suprême, à l'insu de sa famille, il avait épousé, aux États-Unis, mademoiselle Élisabeth Paterson, fille d'un négociant.

Or, Napoléon n'avait jamais approuvé cette alliance; il voulait la rompre et faire épouser à son jeune frère la princesse Catherine, fille du roi de Wurtemberg, et il demandait au Pape d'approuver ce divorce ; ce qui eût été un premier pas pour le sien. Il avait fait valoir l'âge de minorité où était Jérôme; l'union contractée sans l'autorisation de sa mère et sans la permission de ses chefs ; il s'appuyait sur le divorce de Louis XII avec la bienheureuse Jeanne de France, sur celui de Henri IV avec Marguerite de Valois, et sur quelques autres cas semblables du passé.

Mais Rome avait répondu à cette lettre, qui soulevait plusieurs autres questions, que dans la loi divine le mariage était indissoluble; et on citait les propres paroles de Notre-Seigneur : « Ce que Dieu a uni, que l'homme ne le sépare point. » Rome ajoutait que, même entre catholiques et hérétiques, l'indissolubilité du mariage était maintenue, quoique l'Église ne permît et ne bénît pas les mariages mixtes, à moins d'une promesse formelle de conversion de la part dissidente.

Il y avait eu à ce sujet de longues négociations, qui n'avaient abouti qu'à prouver que l'Église est inflexible devant la violation d'une loi divine.

Mais l'officialité de Paris, se mettant d'accord avec les lois civiles d'alors, avait autorisé le divorce du prince Jérôme, et le 22 août 1807, on saluait la célébration du mariage de ce jeune frère de l'Empereur, qui n'avait que vingt-trois ans, avec la princesse de Wurtemberg.

Le 8 septembre suivant, Napoléon constitua le royaume de Westphalie. Ce pays très-fertile était un des plus grands cercles de l'ancien empire d'Allemagne, auquel étaient adjointes des portions conquises sur la Prusse et les autres pays voisins. La riante ville de Cassel allait être sa capitale, et le prince Jérôme en était proclamé roi.

Ce roi très-jeune avait jusque-là mené une vie quelque peu dissipée; et joyeux de son élévation, il se composait une cour de jeunes gens un peu risqués. Entre autres, il faisait Pigault-Lebrun son bibliothécaire. Or, l'Empereur, qui mettait la main à tout avec une habileté extrême, déchira sa liste et lui fit un entourage d'hommes sérieux.

Ainsi dès lors tous les frères et toutes les sœurs de Napoléon recevaient les grands reflets de sa dignité. A l'exception de Lucien, qui s'isolait, Joseph allait être roi d'Espagne, Élisa était grande-duchesse de Toscane, Louis était roi de Hollande, Pauline était grande-duchesse de Guastalla, Caroline allait être reine de Naples, Jérôme était roi de Westphalie.

XLVII. — LES AFFAIRES D'ESPAGNE.

Regnum a regendo dicitur.
S. Thomas d'Aquin.
Régner, c'est gouverner.

Un roi qui règne et ne gouverne pas n'est pas un souverain, c'est une idole qui laisse régner ses ministres. Nous en avons vu quelques-uns de cette sorte, et ils ont justifié le mot du vicomte Lainé à la tribune : « Les rois s'en vont. » Nos trois premières dynasties et les trois branches de la troisième se sont éteintes ainsi : Louis XV ne gouvernait pas, et Louis XVI, entouré de novateurs idéologues, ne pouvait apprendre à gouverner. A Naples, en Italie, en Portugal, en Espagne, il en était de même, et dans ce dernier pays plus encore qu'ailleurs.

Charles IV, qui ne fut roi qu'à quarante ans, se vit couronné en 1789, sans avoir reçu aucune leçon de l'art de régner. Son père, Charles III, qui laissait gouverner les Espagnes par son ministre, avait intimé à son fils l'ordre formel de ne s'occuper ni de politique, ni d'affaires, sous aucun prétexte, ni sous aucune forme. Il avait dû passer ses jeunes années dans des exercices corporels, à la pêche, à la chasse, aux jeux violents ; et il allait régner, ne sachant faire rien au monde de ce qui est la vie d'un roi, n'ayant étudié que la chasse et les jeux.

Il avait épousé à dix-sept ans Marie-Louise, infante de Parme, qui comme lui laissa aller longtemps le royaume dans les mains de quelques meneurs. Quand la Révolution française éclata, Charles IV s'en inquiétant peu, sa femme lui fit remarquer les dangers que courait Louis XVI, leur parent. Le comte d'Aranda, qui n'aimait pas la France, ne pouvait convenir pour les démarches à tenter. Alors, sur l'avis de la reine, il fit son premier ministre un habile et vaillant officier de sa garde, nommé Manuel Godoï. Il le posa en le créant duc de l'Alcudia. Cet homme ou ce prince, que des historiens ont traité très-légèrement, méritait pourtant des égards. Il débuta le 17 septembre 1792 avec la Convention, qui gouvernait chez nous, en proposant à la France la neutralité de l'Espagne, si elle voulait rester neutre avec elle; et quand il vit que la vie de Louis XVI était menacée, il fit d'actives démarches pour le sauver. Il sentait que les écrits et les instances du roi n'aboutiraient à rien. Recourant sur-le-champ aux grandes ressources, il envoya un affidé à Danton, qui avait dit, après les massacres de septembre, qu'il était las de sa part de tyrannie. Cet affidé lui offrit un million pour délivrer le roi par une émeute. Danton lui fit répondre que ce n'était pas seulement les clubs qu'il fallait mettre en marche, mais qu'il fallait apaiser des insatiables; que pour entreprendre ce qu'on demandait il fallait sept à huit millions; et ce plan n'eut pas de suite. Seulement le roi Charles IV écrivit à la Convention, en faveur de Louis XVI, une lettre qui ne fut remise à son adresse que le 20 janvier 1793. Le lendemain, la tête de ce roi martyr tombait sur l'échafaud.

La neutralité proposée ne put donc avoir lieu. Le général espagnol Ricardos entra en France, y prit Collioure, Bellegarde et quelques autres petites places. Mais les Français l'en chassèrent bientôt, pénétrèrent en Espagne, y prirent Rose et Figuères, et après une lutte qui dura deux ans, entre une petite armée française et les forces espagnoles, Godoï fit comprendre au roi la vanité de ses efforts, et il obtint entre la France et l'Espagne un traité de paix qui fut signé à Bâle, en avril 1795. C'est à cette occasion que Charles IV, satisfait de pouvoir reprendre son *far niente*, donna à Manuel Godoï le titre de prince de la Paix. Une alliance offensive et défensive entre les deux puissances suivit la paix de Bâle. Bientôt les campagnes d'Italie et d'Égypte, où le génie incomparable de Bonaparte éleva la France si haut, conquirent l'admiration de l'inerte Espagnol, et il resserra son alliance avec celui qu'il voyait déjà le souverain de la France. Lorsque le vote universel l'eut élevé au trône, Charles IV, l'un des premiers, salua son avénement.

Cependant Charles IV, qui avait subi les froideurs de son père, ne fut pas plus ardent pour son fils, qui deviendra Ferdinand VII ; et avec lui, ou par lui et pour lui, vont s'entamer les affaires d'Espagne, si peu comprises par le plus grand nombre de nos historiens.

Napoléon, qui voulait enlever aux Anglais, ses ennemis implacables, l'exploitation du Portugal, avait proposé à Charles IV la conquête de ce petit royaume que les deux alliés devaient partager, en donnant au prince de la Paix la principauté d'une province. Ce projet, s'il eût pu se bien conduire, eût été fructueux. Mais il y avait des troubles dans le ménage royal de la Péninsule. Le fils de Charles IV conspirait contre son père ; l'Espagne se divisait en deux partis, dont le plus nombreux haïssait la reine et le prince de la Paix, méprisait le roi qui ne faisait rien, et soupirait après l'avénement de Ferdinand son fils.

Ce qui est triste ici pour nos historiens, c'est que plusieurs ont écrit que Napoléon avait fomenté ces troubles, et c'est plus qu'absurde. D'autres, ce qui n'est pas moins malvoyant, ont dit qu'il avait profité de ces divisions pour s'emparer de l'Espagne, où il ne voulait que des alliés.

La vérité est que la cour d'Espagne était un arsenal d'intrigues, et que le fils du roi, le jeune Ferdinand, s'était laissé entraîner à l'odieuse tentative de détrôner son père. Il vivait entouré de mécontents et passait ses nuits à répondre en secret aux lettres multipliées de ses complices. Ces menées furent découvertes par le prince de la Paix, dont Ferdinand avait juré la ruine. Le faible roi, averti, fit saisir tous les papiers de Ferdinand, l'enferma dans sa chambre, mit à sa porte des sentinelles chargées de le garder à vue (c'était le 29 octobre 1807), et ce jour même il subit, devant le conseil, un interrogatoire où il fut reconnu et prouvé qu'il avait conçu et poursuivi l'affreux projet d'attenter à la vie de son père et de sa mère pour monter sur le trône.

Ce jour même, 29 octobre, Charles IV écrivit à l'Empereur la lettre que voici :

« Monsieur mon frère,

» Dans le moment où je ne m'occupais que des moyens de coopérer à la destruction de notre ennemi commun (1), quand je croyais que tous les complots de la ci-devant reine de Naples (2) avaient été ensevelis avec sa fille, je vois, avec une horreur qui me fait frémir, que l'esprit d'intrigue le plus horrible a pénétré jusque dans le sein de mon palais. Hélas! mon cœur saigne en faisant le récit d'un attentat si affreux! mon fils aîné, l'héritier présomptif de mon trône, avait formé le complot horrible de me détrôner. Il s'était porté jusqu'à l'excès d'attenter contre la vie de sa mère. Un attentat si affreux doit être puni avec la rigueur la plus exemplaire. La loi qui l'appelait à la succession doit être révoquée ; un de ses frères sera plus digne de le remplacer dans mon cœur et sur le trône. Je suis dans ce moment à la recherche de ses complices, pour approfondir ce plan de la plus noire scélératesse ; et je ne veux pas perdre un seul moment pour en instruire Votre Majesté Impériale et Royale, en la priant de m'aider de ses lumières et de ses conseils.

» Sur quoi, je prie Dieu, mon bon frère, qu'il daigne avoir Votre Majesté Impériale et Royale en sa sainte et digne garde.

» D. CARLOS ».

(1) L'Angleterre.
(2) Le roi de Naples Ferdinand IV, parent de Charles III d'Espagne, avait épousé Marie-Caroline d'Autriche, femme impérieuse, ennemie de la France, vendue à l'Angleterre et vouée à ses complots. L'Empereur avait fait avec Ferdinand un traité de neutralité. Mais, en 1805, le Napolitain parjure s'était uni aux Russes et aux Anglais contre Napoléon, presque au moment où se gagnait la bataille d'Austerlitz. Napoléon avait décrété que la dynastie de Naples avait cessé de régner, et Ferdinand et sa femme avaient dû se retirer en Sicile sous la protection de leurs amis les Anglais.

Le lendemain, 30 octobre 1807, le placard suivant fut affiché partout à Madrid :

« Dieu, qui veille sur tous ses enfants, ne permet pas la consommation des faits atroces dirigés contre des victimes innocentes. C'est par le secours de sa toute-puissance que j'ai été sauvé de la plus affreuse catastrophe ».

Et suivait en termes plus variés le récit qu'on vient de lire, le tout signé par le roi.

Mais Ferdinand s'humilia, dénonça ses complices; et le faible Charles IV, six jours après, lui avait rendu ses bonnes grâces. Un nouveau placard fut donc adressé au public. Il est curieux, et le voici en entier :

« La voix de la nature désarme le bras de la vengeance; et lorsque l'inadvertance réclame la pitié, un père tendre ne peut s'y refuser.

» Mon fils a déjà déclaré les auteurs du plan horrible que lui avaient fait concevoir les malveillants. Il a tout démontré en forme de droit, et tout a été consigné avec l'exactitude requise par la loi pour de semblables preuves. Son repentir et son étonnement lui ont dicté les remontrances qu'il m'a adressées et dont voici le texte :

« Sire et mon père,

» Je me suis rendu coupable; car, manquant à Votre Majesté, j'ai manqué à mon père et à mon roi. Mais je m'en repens et je promets à Votre Majesté la plus humble obéissance. Je ne devais rien faire sans le consentement de Votre Majesté; mais j'ai été surpris. J'ai dénoncé les coupables, et je prie Votre Majesté de me pardonner et de permettre de baiser vos pieds à votre fils reconnaissant.

» Ferdinand.

» San-Lorenzo, 5 novembre 1807. »

« Madame et mère,

» Je me repens bien de la grande faute que j'ai commise contre le roi et la reine, mon père et ma mère. Aussi, avec la plus grande soumission, je vous en demande pardon, ainsi que de mon opiniâtreté à vous celer la vérité, l'autre soir. C'est pourquoi je supplie Votre Majesté, du plus profond de mon cœur, de daigner intercéder auprès de mon père, afin qu'il veuille bien permettre d'aller baiser les pieds de Sa Majesté à son fils reconnaissant.

» FERDINAND.

» San-Lorenzo, 5 novembre 1807. »

» En conséquence de ces lettres, et à la prière de la reine, mon épouse bien-aimée, je pardonne à mon fils; et il rentrera dans ma grâce dès que sa conduite me donnera des preuves d'un véritable amendement.

» J'ordonne aussi que les mêmes juges qui ont connu de cette cause dès le commencement la continuent; et je leur permets de s'adjoindre d'autres collègues, s'ils en ont besoin. Je leur enjoins, dès qu'elle sera terminée, de me soumettre le jugement, qui devra être conforme à la loi, selon la gravité des délits et la qualité des personnes qui les auront commis.

» Ils devront prendre pour base, dans la rédaction des chefs d'accusation, les réponses données par le prince dans l'interrogatoire qu'il a subi; elles sont paraphées et signées de sa main, ainsi que les papiers, écrits aussi de sa main, qui ont été saisis dans ses bureaux.

» Cette décision sera communiquée à mes conseillers et à mes tribunaux, et on la rendra publique, afin que mes peuples connaissent ma pitié et ma justice, et pour soulager l'affliction où ils ont été jetés par mon dernier décret (1); car ils y voyaient le danger de leur souverain et de leur père, qui les aime comme ses propres enfants et dont il est aimé.

» D. CARLOS.

» San-Lorenzo, le 5 novembre 1807. »

(1) Ce décret était le placard du 30 octobre, qu'on vient de lire.

XLVIII. — LE PRINCE FERDINAND.

> Un fils ne s'arme pas contre un coupable père ;
> Il détourne les yeux, le plaint et le révère.
> VOLTAIRE.

Trois semaines avant ces communications adressées à Napoléon, Ferdinand, l'héritier pressé, prévoyant les suites de sa conspiration, avait voulu s'assurer un peu contre l'étonnement de l'Empereur et se mettre sous sa protection. Il lui avait donc écrit de l'Escurial, le 11 octobre, la lettre que nous croyons devoir reproduire aussi :

« Sire,

» La crainte d'incommoder Votre Majesté Impériale et Royale, au milieu de ses exploits et des affaires majeures qui l'entourent sans cesse, m'a empêché jusqu'ici de satisfaire directement le plus vif de mes désirs, celui d'exprimer, au moins par écrit, les sentiments de respect, d'estime et d'attachement que j'ai voués à un héros qui efface tous ceux qui l'ont précédé, et qui a été envoyé par la Providence pour sauver l'Europe du bouleversement total qui la menaçait, pour affermir ses trônes ébranlés et pour rendre aux nations la paix et le bonheur.

» Les vertus de Votre Majesté Impériale et Royale, sa modération, sa bonté, même envers ses plus implacables ennemis, tout me faisait espérer que l'expression de ces sentiments en serait accueillie comme l'effusion d'un cœur rempli d'admiration et de l'amitié la plus sincère.

» L'état où je me trouve depuis longtemps, et qui ne peut échapper à la vue perçante de Votre Majesté Impériale et Royale, a été jusqu'à présent un second obstacle qui a arrêté ma plume prête à lui adresser mes vœux. Mais plein d'espérance de trouver dans la magnanime générosité de Votre Majesté Impériale et Royale la protection la plus puissante, je me suis déterminé non-seulement à lui témoigner les sentiments de mon cœur envers son auguste personne, mais à l'épancher dans son sein, comme dans celui d'un père le plus tendre.

» Je suis bien malheureux d'être obligé, par les circonstances, à cacher comme un crime une action si juste et si louable; mais telles sont les conséquences funestes de l'extrême bonté du meilleur des rois.

» Rempli de respect et d'amour filial pour celui à qui je dois le jour, et qui est doué du cœur le plus droit et le plus généreux, je n'oserais jamais dire à Votre Majesté Impériale et Royale que ces mêmes qualités, si estimables, ne servent que trop souvent d'instrument aux personnes artificieuses et méchantes, pour obscurcir la vérité aux yeux du souverain, quoique si analogues à des caractères comme celui de mon respectable père.

» Si ces mêmes hommes, qui par malheur existent ici, lui laissaient connaître à fond celui de Votre Majesté Impériale et Royale comme je le connais, avec quelle ardeur ne souhaiterait-il pas de serrer des nœuds qui doivent unir nos deux maisons! et quel moyen plus propre pour cet objet que de demander à Votre Majesté Impériale et Royale l'honneur de m'allier à une princesse de son auguste famille? C'est le vœu unanime de tous les sujets de mon père : ce sera aussi le sien, je n'en doute pas, malgré les efforts d'un petit nombre de malveillants, aussitôt qu'il aura connu les intentions de Votre Majesté Impériale et Royale. C'est tout ce que mon cœur désire; mais ce n'est pas le compte de ces égoïstes perfides qui l'assiégent, et ils peuvent dans un premier moment le surprendre : tel est le motif de mes craintes.

» Il n'y a que le respect de Votre Majesté Impériale et Royale qui puisse déjouer leurs complots, ouvrir les yeux à mes bien-aimés parents, les rendre heureux et faire en même temps le bonheur de ma nation et le mien.

» Le monde entier admirera de plus en plus la bonté de Votre Majesté Impériale et Royale, et elle aura toujours en moi le fils le plus reconnaissant et le plus dévoué.

» J'implore donc, avec la plus grande confiance, la protection paternelle de Votre Majesté, afin que non-seulement elle daigne m'accorder l'honneur de m'allier à sa famille, mais qu'elle aplanisse toutes les difficultés et fasse disparaître tous les obstacles qui peuvent s'opposer à cet objet de mes vœux.

» Cet effort de bonté, de la part de Votre Majesté Impériale et Royale, m'est d'autant plus nécessaire que je ne puis pas, de mon côté, en faire le moindre, puisqu'on le ferait passer pour une insulte faite à l'autorité paternelle, et que je suis résolu à un seul moyen, celui de me refuser, comme je le fais, de m'allier à toute personne que ce soit, sans le consentement et l'approbation de Votre Majesté Impériale et Royale, de qui j'attends uniquement le choix d'une épouse.

» C'est un bonheur que j'espère de la bonté de Votre Majesté Impériale et Royale, en priant Dieu de conserver sa vie précieuse pendant de longues années.

» Écrit et signé de ma propre main, et scellé de mon sceau, à l'Escurial, le 11 octobre 1807.

» De Votre Majesté Impériale et Royale le très-affectionné serviteur et frère.

» Ferdinand ».

A la lecture de cette lettre entortillée, Napoléon avait pensé à marier le fils du roi d'Espagne avec une fille de son frère Lucien. Mais lorsqu'il apprit par les communications de Charles IV la conspiration dont on a vu les détails, il abandonna cette idée.

Nous reproduirons un peu plus loin des pièces qui feront comprendre la situation.

XLIX. — LE PRINCE DE LA PAIX.

> Apprenez, bonnes gens, que tout n'est pas rose dans les grandeurs.
> *Fabliau du roi de Catzand.*

Le prince de la Paix, le seul homme sur qui le roi et la reine pussent compter, était leur ami intime et le plus cher objet de leurs affections. Mais il était odieux à Ferdinand, par qui il se savait observé dans son empressement à être roi.

A travers ces tristes menées, un traité s'était signé à Fontainebleau entre la France et l'Espagne.

Par ce traité, les deux parties contractantes convenaient de se partager le Portugal; et, dans ce but, le roi d'Espagne donnait le passage par ses États à vingt-cinq mille hommes d'infanterie française et à trois mille hommes de cavalerie.

Ce traité, signé le 27 octobre, eut rapidement ses premiers fruits. Le 29 novembre, le général Junot, après avoir traversé toute l'Espagne, s'emparait d'Abrantès, la première ville du Portugal. Il était secondé par les troupes espagnoles, et, le lendemain, son armée prenait possession de Lisbonne.

Un décret annonçait dès lors au monde que la maison de Bragance avait cessé de régner. Junot provisoirement était nommé gouverneur général du Portugal.

Napoléon, rentré à Paris le 1ᵉʳ janvier 1808, s'occupa de tous les intérêts de son vaste empire, et il voulut donner suite lui-même aux affaires d'Espagne, où nos braves avaient été partout accueillis avec enthousiasme. D'autres corps d'armées françaises entouraient la Péninsule, car on s'attendait à l'intervention hostile des Anglais. On prévoyait aussi des émeutes, et le roi effrayé se décidait à quitter l'Europe pour se retirer au Mexique. La cour était à Aranjuez, où une foule de figures sinistres accoururent sur le bruit que le roi allait partir. On s'annonçait à l'oreille que le départ aurait lieu dans la nuit du 17 au 18 mars (1808); et il paraît certain que Ferdinand en avait prévenu les turbulents; il avait dit à un garde : « C'est cette nuit qu'a lieu le voyage; mais moi je ne veux pas partir. »

L'émeute commença donc; et voici comment la reine d'Espagne en rend compte, dans une lettre qu'elle écrivit à la reine d'Étrurie, sa fille :

« Mon fils était à la tête de la conjuration. Les troupes étaient gagnées par lui. Il fit sortir une de ses lumières à une de ses fenêtres, signe qui fit commencer l'explosion. Dans ce même instant, les gardes et les personnes qui étaient à la tête de cette commotion firent tirer deux coups de fusil. On a prétendu qu'ils ont été tirés par la garde du prince de la Paix; mais cela n'est point. A l'instant même, les gardes du corps et l'infanterie espagnole et wallone se trouvèrent sous les armes sans l'ordre de leurs chefs. Le roi et moi nous appelâmes mon fils pour lui dire que le roi son père, se trouvant incommodé de ses douleurs, ne pouvait pas paraître à la fenêtre; qu'il s'y montrât donc en son nom pour tranquilliser le peuple. Mais il nous répondit qu'il ne le ferait pas; car, dès qu'il se présenterait, le feu commencerait. »

L'émeute avait pour but et pour mot d'ordre d'arrêter le prince de la Paix et de piller son hôtel. Une partie du mot d'ordre fut manquée. On ne trouva pas le prince. Mais on pilla ses appartements, où la tourbe ne laissa rien que les murailles. Quant au fidèle ami du roi, voici le récit que fait de ce détail M. Joseph Lavallée dans son *Histoire d'Espagne* :

« Au moment où le tumulte avait éclaté, le prince de la Paix était sur le point de se coucher. Il s'enveloppa d'un manteau de molleton, remplit ses poches d'or, s'arma d'une paire de pistolets et prit un petit pain sur la table où il venait de souper. Il essaya d'abord de sortir par une porte de derrière et de gagner une maison voisine; mais cette porte aussi était gardée. Alors il monta dans un grenier et se blottit dans le coin le plus obscur, sous un rouleau de tapis de sparterie. Il passa trente-six heures dans cette position affreuse. Enfin, vaincu par la soif, il fut forcé de sortir de sa retraite. On avait laissé son hôtel à la garde de deux compagnies de Wallons. Il fut aussitôt reconnu par une sentinelle, qui donna l'alarme. Le peuple, averti que Godoï venait d'être découvert, se précipita sur lui. Il l'eût massacré sans l'intervention de quelques gardes du corps, qui arrivèrent à temps pour le secourir, et qui parvinrent, avec beaucoup de peine, à le conduire jusqu'à leur caserne, où la populace le poursuivit encore. Charles IV et la reine, en apprenant que Godoï venait d'être arrêté et en comprenant le danger qui le menaçait, ordonnèrent à Ferdinand d'aller apaiser la multitude. Le prince des Asturies se rendit à la caserne, éloigna la populace, et il dit au prisonnier.

» — Je te fais grâce de la vie.

» — Est-ce que vous êtes déjà roi? répondit Godoï.

» — Pas encore, reprit Ferdinand; mais bientôt.

» Certainement il y a du courage et de la fierté dans le peu de paroles que le ministre déchu adressait à son persécuteur, et celui qui, dans une position si horrible, tout couvert de contusions et de blessures, encore en face de l'émeute, conservait assez de sang-froid pour demander à Ferdinand s'il avait déjà usurpé le trône de son père, n'était pas un homme lâche et pusillanime, comme l'ont répété tant d'écrivains (1).

(1) Ajoutons ici un jugement du même historien sur le prince de la Paix : « Sans doute on peut adresser à Godoï quelques reproches. Godoï avait beaucoup de légèreté; il était d'une vanité excessive; peut-être se montra-t-il trop avide de grandeurs et de richesses; mais ce qu'il convient surtout de rappeler, c'est l'usage qu'il en a fait. Pendant tout le cours de son administration, il s'est montré constamment animé par l'amour de son pays, il n'a pas cessé de protéger les lettres et les beaux-arts. Attaqué, calomnié comme personne ne l'avait été avant lui, il n'a tiré vengeance d'aucun de ses ennemis et l'on ne peut citer de lui aucun acte sanguinaire. » Napoléon disait de lui, à propos de ce qui venait de se passer entre Charles IV, Ferdinand, Marie-Louise et Godoï : « Il n'y a parmi ces gens-là qu'un homme de génie, c'est

» Le peuple de Madrid imita les excès auxquels s'étaient livrés les révoltés d'Aranjuez. Il pilla l'hôtel de Godoï, ainsi que les maisons de son frère et de plusieurs de ses partisans. »

Et pendant ce temps-là on faisait le procès du prince de la Paix, suite des émeutes du 18 mars.

L. — LE ROI CHARLES IV.

> Il y a eu des têtes royales qui n'étaient pas de force à porter une couronne.
> PUFFENDORF.

L'Empereur avait lu les lettres du roi d'Espagne et celles de son fils. Mais il n'avait pu pendant quelques mois s'occuper de ces affaires; et il avait envoyé Murat à Madrid avec un corps d'armée, aux premiers jours de mars. Murat reçut cette lettre du roi avant son arrivée :

« Monsieur et très-cher frère,

» Votre Altesse Impériale verra, par l'écrit ci-inclus, que nous nous intéressons tellement à la vie du prince de la Paix, que j'y tiens plus qu'à la mienne.

» Tout ce qui se dit dans la gazette officielle sur le procès de l'Escurial a été presque entièrement arrangé à leur manière, et on n'y parle nullement de la déclaration qu'il a faite spontanément et qu'ils ont sans doute changée, car elle est écrite de la main d'un gentilhomme et signée seulement par mon fils. Si Votre Altesse Impériale ne fait pas des efforts pour que le procès soit retardé jusqu'à l'arrivée de l'Empe-

---

le prince de la Paix. » Le peuple le détestait parce qu'il était au pouvoir et parce qu'il avait supprimé les combats de taureaux ; le clergé, parce qu'il avait empêché les inhumations dans les églises ; les grands, parce qu'il les éclipsait par son luxe et par les honneurs qu'il avait obtenus.

reur, je crains beaucoup qu'on ne l'ait mis à mort avant son arrivée. Nous ne comptons que sur l'attachement que Votre Altesse Impériale et Royale a pour nous trois, sur notre alliance avec l'Empereur et sur son amitié. J'espère que Votre Altesse Impériale et Royale me donnera une réponse consolante pour me tranquilliser. J'espère aussi qu'elle communiquera ma lettre à l'Empereur, m'en reposant sur son amitié et sa générosité. Vous m'excuserez si ma lettre est si mal écrite. Les douleurs que je ressens en sont la cause.

» Sur ce, Monsieur et très-cher frère, je prie Dieu qu'il vous ait en sa sainte et digne garde.

» Monsieur et très-cher frère, de Votre Altesse Impériale et Royale le très-affectionné ami.

» Charles. »

Mais alors le mystère se dévoila. L'émeute et mieux l'insurrection d'Aranjuez avait tellement effrayé le roi Charles IV, que, cédant à des insinuations hostiles et menacé odieusement, il avait signé un décret qui ôtait au prince de la Paix toutes ses charges, en lui conservant sa profonde estime; et en même temps il écrivait à l'Empereur qu'il allait se mettre lui-même à la tête de ses armées.

Le lendemain, 19 mars, comme on lui insinuait qu'il ne pouvait être sûr de conserver sa vie et celle de la reine qu'en abdiquant, il le fit par cet acte :

« Les infirmités qui m'accablent ne me permettant pas de supporter plus longtemps le poids du gouvernement de mes États, et l'intérêt de ma santé exigeant que j'aille jouir dans un climat plus doux du calme de la vie privée, j'ai résolu, après les plus sérieuses réflexions, d'abdiquer la couronne en faveur de mon héritier et bien-aimé fils, le prince des Asturies. En conséquence, ma royale volonté est qu'on le reconnaisse et qu'on lui obéisse comme au roi et au maître naturel de tous mes États et domaines. Afin que la présente déclaration royale de mon abdication libre et spontanée ressorte à effet et reçoive son exécution légale, vous la communiquerez au conseil et à tous ceux qu'il appartiendra.

» Fait à Aranjuez, le 19 mars 1808.

» Moi, le Roi ».

On peut remarquer que dans cette pauvre famille les jours se suivent et ne se ressemblent pas. Deux jours après cet acte d'abdication, Charles IV se rétracta en publiant ce qui suit :

» Je proteste et déclare que tout ce que j'exprime dans mon décret du 19 mars, où j'abdique la couronne en faveur de mon fils, a été forcé, afin d'éviter de plus grands malheurs et d'empêcher l'effusion du sang de mes sujets bien-aimés, et partant, que ledit décret est nul et de nul effet.

» Moi, le Roi.

» Aranjuez, le 21 mars. »

En apprenant ce qui s'était passé à Aranjuez, les Français avaient hâté leur marche, et le 23 mars ils entraient à Madrid, qu'ils trouvèrent en fête, à propos de l'avénement de Ferdinand, qui avait promis de rendre au peuple les combats de taureaux. On avait brisé partout les bustes du prince de la Paix; on avait pillé les demeures de son frère et de ses amis; on avait saccagé le jardin d'acclimatation fondé par lui et les bateaux de sauvetage qu'il avait établis.

Ferdinand fit son entrée dans cette capitale le lendemain 24, et il se rencontra avec son escorte sur le terrain où les troupes de Murat manœuvraient. Il s'étonna de la froideur avec laquelle le saluèrent Murat et M. de Beauharnais, notre ambassadeur en Espagne; il vit là qu'il n'était pas reconnu pour roi.

Quelques jours après, Murat fit savoir à l'un des suivants de Ferdinand qu'il serait agréable à l'Empereur de recevoir l'épée que François Ier avait rendue à la bataille de Pavie;

cette épée fut remise à Murat, sur un plateau d'argent, le 4 avril. Le lendemain Ferdinand fit partir son frère Carlos au-devant de l'Empereur; il était précédé de trois grands d'Espagne, chargés par le roi nouveau de complimenter le régulateur de l'Europe. Puis, apprenant que son père se proposait d'aller lui-même à la rencontre de l'Empereur, il lui écrivit :

« Il me semble juste, Sire, que Votre Majesté me donne » pour l'Empereur une lettre où vous le féliciterez de son » arrivée, et dans laquelle vous lui témoignerez que j'ai pour » lui les mêmes sentiments que Votre Majesté lui a montrés. »

Le vieux roi ne répondit rien, et la reine écrivit au grand-duc de Berg : « Nous ne donnerons pas la lettre qu'on nous demande, à moins qu'on ne nous y force, comme à l'abdication contre laquelle le roi fit la protestation qu'il a envoyée à Votre Altesse Impériale. »

Ferdinand partit malgré ce refus. Il croyait trouver l'Empereur à Burgos; et là, sans égards pour toutes les représentations qu'on lui fit et les efforts que déployèrent ses partisans afin de l'empêcher de sortir d'Espagne, il s'élança sur Bayonne, où l'Empereur était arrivé le 15 avril, en écrivant à l'Empereur qu'il arriverait, lui, le 20, près de cette ville, au château de Marrac. Napoléon lui fit répondre qu'il l'attendait, quoique surpris de sa démarche. Aussi dès qu'on lui annonça que Ferdinand s'approchait, il s'écria : « Quoi! il vient vraiment! est-ce possible? »

Il arriva en effet.

L'Empereur, éclairé par tous les faits et toutes les lettres qu'on vient de lire, comprenait qu'une dynastie qui finissait si peu dignement ne pouvait plus régner en Espagne, et que la sécurité de l'Empire français exigeait là un gouvernement plus sérieux. Il le fit savoir indirectement au prince des Asturies, car il ne voyait que cela dans l'usurpateur malhabile de la couronne d'Espagne; et il lui dit qu'il ne reconnaissait en son pays d'autre roi que Charles IV, et que c'était avec lui seul qu'il voulait traiter. Cependant il lui offrit, s'il voulait renoncer à ce qu'on appelait ses droits, de lui donner le royaume d'Étrurie.

Or Charles IV voulait aussi voir Napoléon. Mais avant de partir avec la reine sa femme, il lui fallait, pour son repos, délivrer le prince de la Paix, toujours en prison, pendant qu'on instruisait contre lui. Murat exigea qu'on le lui remît ; et il le fit partir pour Bayonne, où il arriva le 26 avril. Charles IV et la reine sa femme, avec la fille du prince de la Paix, arrivèrent le 30. La veille on avait remis à Napoléon une lettre de Ferdinand à l'infant don Antonio, écrite de Bayonne, le 28 avril, et interceptée à la frontière. L'Empereur l'avait fait traduire sur-le-champ par M. de Bausset, son préfet du palais, qui savait l'espagnol. Voici cette lettre :

A DON ANTONIO.

« Cher ami, j'ai reçu ta lettre du 24 et j'ai lu les copies des deux autres qu'elle renferme, l'une de Murat et ta réponse ; j'en suis satisfait ; je n'ai jamais douté de ta prudence ni de ton amitié pour moi. Je ne sais comment t'en remercier.

» L'impératrice est arrivée hier soir à sept heures ; il n'y eut que quelques petits enfants qui crièrent : Vive l'impératrice ! encore ces cris étaient-ils bien froids ; elle passa sans s'arrêter et fut de suite à Marrac, où j'irai lui rendre visite aujourd'hui.

» Cevallos a eu hier un entretien fort vif avec l'Empereur, qui l'a appelé traître, parce qu'ayant été ministre de mon père il s'est attaché à moi, et que c'était là la cause du mépris qu'il avait pour lui. Je ne sais comment Cevallos a pu se contenir, car il s'irrite facilement, surtout en entendant de tels reproches. Je n'avais pas jusqu'alors bien connu Cevallos. je vois que c'est un homme de bien qui règle ses sentiments sur les véritables intérêts de son pays, et qu'il est d'un caractère ferme et vigoureux, tel qu'il en faut dans de semblables circonstances.

» Je t'avertis que la Marie-Louise (la reine d'Étrurie) a écrit à l'Empereur qu'elle fut témoin de l'abdication de mon père et qu'elle assure que cette abdication ne fut pas volontaire.

» Gouverne bien et prends des précautions, de peur que ces maudits Français n'en agissent mal avec toi. Reçois les assurances de mon tendre attachement.

» FERDINAND. »

M. de Bausset, qui nous a conservé cette lettre dans ses Mémoires, ajoute : « J'observai l'Empereur pendant qu'il lisait ma traduction. Il me parut choqué de ce qui concernait l'Impératrice, mais indigné surtout de l'épithète de *maudits Français*. Êtes-vous bien sûr, dit-il, que ce soit exactement le mot? Je lui fis lire l'original. — *Malditos*, c'est bien cela, me répondit-il, ce mot est presque italien : *Maledetto*. Il reprit l'original; et cette lettre, je le crois, fut le prétexte qui fit mettre de côté la compensation du royaume d'Étrurie. Le cœur et la haine de Ferdinand s'étaient révélés à Napoléon. »

LI. — NAPOLÉON A BAYONNE.

Parcere subjectis et debellare superbos.

VIRGILE.

Nous ne devons pas oublier, à côté de l'accueil froid que fit l'Empereur à Ferdinand, la réception dont il honora Charles IV et la reine. Le duc de Plaisance et le prince de Neufchâtel étaient allés jusqu'à Irun au-devant d'eux pour les complimenter. Dès que Leurs Majestés Catholiques entrèrent en France, un nombreux détachement de troupes leur fit escorte. A Bayonne, la garnison les attendait sous les armes, les vaisseaux du port étaient pavoisés. Les canons de la citadelle et du port les saluèrent; et toute la ville, voyant en eux des souverains amis de la France, les fêta d'acclamations et d'honneurs.

À l'entrée du cortége au château de Marrac, Ferdinand, quoiqu'il se sentît embarrassé, se mit à la suite de son père; mais le vieux roi le repoussa, en lui demandant s'il n'avait pas assez outragé ses cheveux blancs. Un instant après, Godoï vint au-devant du roi et de la reine, qui se jetèrent dans ses bras en poussant des cris de joie.

L'Empereur, voulant laisser à ses hôtes le loisir de se reposer un peu, ne les invita à dîner que pour le lendemain. M. de Bausset raconte que lorsqu'on se réunit pour ce dîner, le prince de la Paix, qui suivait les invités, l'embarrassait. « J'avais prévenu, dit-il, l'huissier de service que, ce prince n'étant pas sur la liste, il fallait lui en faire poliment l'observation quand il se présenterait pour entrer dans la salle à manger. Ce qui eut lieu. Mais au moment de s'asseoir, le roi Charles, ne voyant pas son favori, s'écria : « Et Manuel, Sire? et Godoï? » L'Empereur se tourna vers moi en souriant, et me donna l'ordre de faire entrer Manuel.

» Pendant ce dîner, il fut un peu question des étiquettes des deux cours et des habitudes. Le roi Charles parla beaucoup de sa passion pour la chasse, à laquelle il attribuait en partie sa goutte et ses rhumatismes.

« Tous les jours, dit-il, quelque temps qu'il fît, en hiver comme en été, je partais après mon déjeuner et après avoir entendu la messe; je chassais jusqu'à une heure, et j'y revenais immédiatement après mon dîner, jusqu'à la chute du jour. Le soir, Manuel avait soin de me dire que les affaires allaient bien ou mal, et j'allais me coucher pour recommencer le lendemain, à moins que quelque importante cérémonie ne me contraignît à rester. »

» Depuis son avénement à la couronne, ajoute M. de Bausset, ce bon roi n'avait pas autrement régné. »

Qu'on juge ce que Napoléon devait penser de ces souverains et de cette nation, qui, depuis cent ans, n'avaient pas fait un pas!

Le lendemain de ce dîner, Charles IV manda Ferdinand devant lui en présence de l'Empereur, et il lui signifia que si le jour suivant, avant six heures du matin, il ne lui avait pas remis la couronne, il le considérerait, lui, son frère et ceux qui avaient suivi son parti, comme des émigrés, c'est-à-dire comme des déserteurs, des ennemis et des traîtres, qu'il les traiterait comme tels, et que de son vivant ils ne reverraient pas l'Espagne. Il lui fit ensuite de violents reproches, l'accusa d'avoir voulu l'assassiner, et lui imposa silence lorsqu'il essaya de répondre. La reine indignée lui adressa de très-dures paroles, et s'écria qu'il ne méritait que l'échafaud.

Après ces paroles, la reine, l'Empereur et le roi se retirèrent. La séance était levée.

Ferdinand, rentré dans sa chambre, se recueillit, et il écrivit à son père qu'il était prêt à lui remettre la couronne, à condition 1° que Sa Majesté reviendrait à Madrid, où Ferdinand l'accompagnerait et le servirait en fils respectueux; 2° que les cortès seraient assemblées et qu'il ferait sa renonciation devant elles; 3° que Sa Majesté n'emmènerait pas avec elle des personnes qui méritent à juste titre la haine de la nation; 4° que si Sa Majesté ne veut pas revenir en Espagne, il gouvernerait en son nom comme son lieutenant.

Charles IV voulait une restitution pure et simple. Aidé par l'Empereur assurément, il lui fit le même jour une réponse qui est un document historique du plus haut intérêt. Joseph Lavallée l'a donnée tout entière dans son *Histoire de l'Espagne*. Nous ne pouvons nous dispenser de la rapporter ici.

« Mon fils, les conseils perfides des hommes qui vous environnent ont placé l'Espagne dans une situation critique. Elle ne peut plus être sauvée que par l'Empereur.

» Depuis la paix de Bâle, j'ai senti que le premier intérêt de mes peuples était de vivre en bonne intelligence avec la

France. Il n'y a pas de sacrifice que je n'aie jugé devoir faire pour arriver à ce but important. Même quand la France était en proie à des gouvernements éphémères, j'ai fait taire mes inclinations particulières pour n'écouter que la politique et le bien de mes sujets. Lorsque l'Empereur des Français eut rétabli l'ordre en France, de grandes craintes se dissipèrent, et j'eus de nouvelles raisons de rester fidèle à mon système d'alliance.

» Lorsque l'Angleterre déclara la guerre à la France, j'eus le bonheur de rester neutre et de conserver à mes peuples les bienfaits de la paix. L'Angleterre saisit postérieurement quatre de mes frégates et me fit la guerre même avant de me l'avoir déclarée. Il me fallut repousser la force par la force. Les malheurs de la guerre atteignirent mes sujets.

» L'Espagne, environnée de côtes, devant une grande partie de sa prospérité à ses possessions d'outre-mer, souffrit de la guerre plus qu'un autre État. La cessation du commerce et les calamités attachées à cet état de choses se firent sentir à mes sujets. Plusieurs furent assez injustes pour les attribuer à moi et à mes ministres.

» J'eus la consolation, du moins, d'être assuré du côté de la terre et de n'avoir aucune inquiétude sur l'intégrité de mes provinces, que moi seul de tous les rois de l'Europe j'avais maintenues au milieu des orages de ces derniers temps. Je jouirais encore de cette tranquillité, sans les conseils qui vous ont éloigné du droit chemin. Vous vous êtes laissé aller trop facilement à la haine que votre première femme portait à la France; et bientôt vous avez partagé ses injustes ressentiments contre mes ministres, contre votre mère, contre moi-même.

» J'ai dû me ressouvenir de mes droits de père et de roi! je vous fis arrêter : je trouvai dans vos papiers la conviction de votre délit. Mais sur la fin de ma carrière, en proie à la douleur de voir mon fils périr sur l'échafaud, je fus sensible aux larmes de votre mère, et je vous pardonnai.

» Cependant mes sujets étaient agités par les rapports mensongers de la faction à la tête de laquelle vous vous étiez placé. Dès ce moment, je perdis la tranquillité de ma vie, et aux maux de mes sujets je dus joindre ceux que me causaient les dissensions de ma pauvre famille.

» On calomnia même mes ministres auprès de l'Empereur des Français, qui, croyant voir les Espagnes échapper à son alliance et les esprits agités même dans ma famille, couvrait sous différents prétextes mes États de ses troupes.

» Lorsqu'elles occupèrent la rive droite de l'Èbre et parurent destinées à maintenir la communication avec le Portugal, je dus espérer qu'il reviendrait aux sentiments d'estime et d'amitié qu'il m'avait toujours montrés. Quand j'appris que ses troupes s'avançaient sur ma capitale, je sentis la nécessité de réunir mon armée autour de moi, pour me présenter à mon auguste allié dans l'attitude qui convenait au roi des Espagnes. J'aurais éclairci ses doutes et concilié mes intérêts. J'ordonnai à mes troupes de quitter le Portugal et Madrid, et je les réunis de différents points de la monarchie, non pour abandonner mes sujets, mais pour soutenir dignement la gloire du trône. Ma longue expérience me faisait comprendre d'ailleurs que l'Empereur des Français pouvait nourrir des désirs conformes à ses intérêts et à la politique du vaste système du continent, mais qui pouvaient blesser les intérêts de ma maison. Quelle a été votre conduite? Vous avez mis en rumeur tout mon palais; vous avez soulevé mes gardes du corps contre moi; votre père lui-même a été votre prisonnier; mon premier ministre, que j'avais élevé et adopté dans ma famille, a été traîné sanglant de cachot en cachot; vous avez flétri mes cheveux blancs; vous les avez dépouillés d'une couronne portée avec gloire par mes pères et que j'avais conservée sans tache; vous vous êtes assis sur mon trône; vous avez été vous mettre à la disposition du peuple de Madrid, que vos partisans avaient ameuté, et de troupes étrangères qui, au même instant, y faisaient leur entrée.

» La conspiration de l'Escurial était consommée, les actes de mon administration livrés au mépris public. Vieux, chargé d'infirmités, je n'ai pu supporter ce nouveau malheur. J'ai eu recours à l'Empereur des Français, non plus comme un roi à la tête de ses troupes et environné de l'éclat du trône, mais comme un roi malheureux et abandonné. J'ai trouvé protection et refuge au milieu de ses camps; je lui dois la vie, celle de la reine et celle de mon premier ministre. Je vous ai suivi à Bayonne. Vous avez conduit les affaires de manière que tout dépend désormais de la médiation de ce grand prince. Vouloir recourir à des agitations populaires, arborer l'étendard des factions, c'est ruiner les Espagnes et entraîner dans les plus horribles catastrophes vous, mon royaume, mes sujets et ma famille. Mon cœur s'est ouvert tout entier à l'Empereur; il connaît tous les outrages que j'ai reçus et les violences qu'on m'a faites. Il m'a déclaré qu'il ne vous reconnaîtrait jamais pour roi, et que l'ennemi de son père ne pouvait inspirer aucune confiance aux étrangers. D'ailleurs, il m'a montré des lettres de vous qui attestent votre haine pour la France.

» Dans cette situation, mes droits et mes obligations se confondent; je dois épargner le sang de mes sujets et ne rien faire sur la fin de ma vie qui puisse porter le ravage et l'incendie dans les Espagnes et les réduire à la plus horrible misère. Ah! certes, si, fidèle à vos devoirs et aux sentiments de la nature, vous aviez repoussé des conseils perfides; si, constamment assis à mes côtés pour ma défense, vous aviez attendu le cours ordinaire de la nature qui devra marquer votre place dans peu d'années, j'eusse pu concilier la politique et l'intérêt de l'Espagne avec l'intérêt de tous. Sans doute, depuis six mois, les circonstances ont été critiques; mais, quelque critiques qu'elles fussent, j'aurais obtenu et de la fidélité de mes sujets et des faibles moyens qui me restaient encore, et surtout de cette force morale que j'aurais eue en me présentant dignement à la rencontre de mon allié.

auquel je n'avais jamais donné aucun sujet de plainte, j'aurais obtenu un arrangement qui eût concilié les intérêts de mon peuple et ceux de ma famille. En m'arrachant ma couronne, c'est la vôtre que vous avez brisée. Vous lui avez ôté ce qu'elle avait d'auguste, ce qui la rendait sacrée à tous les hommes.

» Votre conduite envers moi, vos lettres interceptées, ont mis une barrière d'airain entre vous et le trône de l'Espagne. Il n'est ni de votre intérêt ni de celui des Espagnes que vous y prétendiez. Gardez-vous d'allumer un feu dont votre ruine totale et le malheur de l'Espagne seraient la suite inévitable. Je suis roi du droit de mes pères. Mon abdication a été le résultat de la force et de la violence. Je n'ai donc rien à recevoir de vous. Je ne puis adhérer à aucune réunion de députés de la nation. C'est encore là une faute des hommes sans expérience qui vous entourent.

» J'ai régné pour le bonheur de mes sujets; je ne veux pas leur léguer la guerre civile, les émeutes, les assemblées populaires, les révolutions. Tout doit être fait pour le peuple et rien par lui. Oublier cette maxime, c'est se rendre comptable de tous les crimes qui dérivent de cet oubli. Toute ma vie je me suis sacrifié pour mes peuples, et ce n'est pas à l'âge où je suis arrivé que je ferai rien de contraire à leur religion, à leur tranquillité, à leur bonheur. J'ai régné pour eux, j'agirai constamment pour eux. Tous mes sacrifices seront oubliés; et lorsque je serai assuré que la religion de l'Espagne, l'intégrité de mes provinces, leur indépendance et leurs priviléges seront maintenus, je descendrai dans le tombeau en vous pardonnant l'amertume de mes dernières années.

» Donné à Bayonne, le 2 mai 1808.

» CHARLES. »

Or ce même jour, 2 mai, sur le bruit répandu que Ferdinand n'était pas reconnu roi, les partis qu'il avait chauffés par ses agents se soulevèrent, et il y eut à Madrid et ailleurs des émeutes, suivies bientôt de collisions où des Français furent tués; ce qui nécessita de ces tristes batailles de rues qui amènent quelquefois de longues guerres.

L'élan avait donné lieu à l'émeute par un ordre de Charles IV qui arrivait ce même jour, enjoignant aux infants don Antonio et don Francisco de venir auprès de leur père, à Bayonne. La foule, que Ferdinand ou ses compères avaient fascinée par de merveilleuses promesses, ne voulait pas laisser partir ces deux princes; cependant Francisco partit le 3 au matin et Antonio le 4. Le 5, on sut à Bayonne ce qui s'était passé à Madrid. Dès que Ferdinand fut informé de ces faits, il eut peur de la colère de Napoléon, et il envoya à son père la renonciation qu'il exigeait de lui et telle qu'il la voulait. La veille, le vieux roi, par acte royal, avait nommé Murat lieutenant général du royaume, et envoyé ce décret à la junte avec une proclamation qui se terminait par ces mots :

« Il n'y a de salut et de prospérité possible pour les Espagnols que dans l'amitié du grand Empereur mon allié. »

Le 5 mai, Charles IV signa avec joie une cession de sa couronne, en ces termes :

« Sa Majesté le roi Charles IV, n'ayant eu en vue pendant toute sa vie que le bonheur de ses sujets, et constant dans le principe que tous les actes d'un souverain ne doivent être faits que pour arriver à ce but, les circonstances actuelles ne pouvant être qu'une source de dissensions d'autant plus funestes que les factions ont divisé sa propre famille, a résolu de céder, comme il cède par le présent, à Sa Majesté l'Empereur Napoléon tous ses droits sur le trône des Espagnes et des Indes, comme le seul qui, au point où en sont arrivées les choses, puisse rétablir l'ordre : entendant que ladite cession n'ait lieu qu'afin de faire jouir ses sujets des deux conditions suivantes :

» 1° L'intégrité du royaume sera maintenue. Le prince que Sa Majesté l'Empereur jugera devoir placer sur le trône d'Espagne sera indépendant, et les limites de l'Espagne ne souffriront aucune altération.

» 2° La religion catholique, apostolique et romaine sera la seule en Espagne. Il ne pourra y être toléré aucune religion réformée et encore moins infidèle, suivant l'usage établi jusqu'aujourd'hui. »

Ferdinand et ses frères signèrent pareillement la cession de tous leurs droits; et l'Empereur constitua au roi Charles IV une pension annuelle de huit millions, et à chacun de ses enfants une rente de quatre cent mille francs.

Le 10 mai, le roi et la reine partirent pour Fontainebleau, d'où ils devaient se rendre au château de Compiègne, mis à leur disposition, avec ses parcs, ses dépendances et les forêts qui s'y rattachent (1). Le lendemain, Ferdinand et les infants don Antonio et don Carlos se dirigèrent sur Valençay, dans le département de l'Indre, où le vaste château de cette petite ville allait être leur résidence.

Arrivés à Bordeaux, Ferdinand et les deux infants qui l'accompagnaient, craignant que leurs amis ne les compromissent, adressèrent à Madrid une proclamation qu'ils signèrent, et par laquelle ils engageaient les Espagnols à se soumettre au souverain que l'Empereur allait leur donner.

Or la junte ou conseil supérieur, se voyant sans roi, adressa à l'Empereur une requête où elle le priait de donner pour roi à l'Espagne son frère Joseph.

---

(1) Charles IV se trouva dans Compiègne au comble du bonheur. Il n'avait plus à s'occuper que de lui, de sa femme et de son cher Godoï, qui ne l'avait pas quitté. Il voulut aller mourir à Rome. La reine y finit ses jours le 2 janvier 1819. Le roi la suivit de près; il rendit l'âme le 20 du même mois, ne tenant plus à la vie après la perte de sa femme. Le fidèle Godoï leur avait fermé les yeux.

LII. — JOSEPH-NAPOLÉON, ROI D'ESPAGNE.
JOACHIM MURAT, ROI DE NAPLES.

> Soupçonner le mal sans preuves sérieuses, c'est le fait d'un cœur mauvais.
>
> S. Jean Chrysostome, *Sur S. Matthieu.*

Nous avons rapporté fidèlement les circonstances, les pièces et les faits qui ont amené la remise de l'Espagne dans les mains de l'Empereur Napoléon, et nous ne comprenons pas que des hommes qui se croient sérieux aient vu dans la conduite de l'Empereur autre chose que des manœuvres complétement droites. Napoléon, toujours entraîné par un tourbillon d'affaires qui eût alors écrasé tout autre que lui, a pu être quelquefois violent; jamais il n'a agi et marché qu'à découvert.

On a vu dans quel état de décadence était tombée la cour d'Espagne. Napoléon ne venait à Bayonne que pour consolider son traité d'alliance avec Charles IV contre les Anglais et déjouer les démarches tortueuses de ses ennemis. Pouvait-il refuser l'offre du vieux roi? ou devait-il se fier à Ferdinand? Nul n'oserait sans rougir répondre affirmativement.

Donc il accueillit la demande de la junte suprême; et, le 6 juin, il proclama son frère Joseph roi des Espagnes et des Indes, en lui garantissant l'intégrité de ses États. Le lendemain, à Bayonne, Joseph-Napoléon reçut les hommages des grands d'Espagne, des conseils supérieurs et des diverses autorités.

Or, quinze jours après, toute l'Espagne, remuée par l'or et les agents de l'Angleterre, se mettait en insurrection. Elle voulait son prodigieux Ferdinand.

Le 23 juin, le maréchal Bessières battait une armée espagnole à Santander ; le 28, le maréchal Moncey prenait Valence. Ce n'étaient là que des débuts.

Pendant ces débuts de sinistre augure, la junte espagnole rédigeait la nouvelle constitution de ce royaume, constitution en la plupart des points conforme à notre constitution de l'an VIII. L'Empereur l'approuvait, et, le 15 juillet, il proclamait le grand-duc de Berg (Murat) roi de Naples, où il allait succéder à Joseph.

Quatre jours après eut lieu, à la sortie de la Sierra-Morena, la bataille de Baylen, où le général Dupont donna tête baissée dans une embuscade, perdit la moitié de son corps d'armée, et dut capituler pour sauver le reste.

Le 22 juillet, Napoléon retournait à Paris ; il y décrétait une grande route de sa capitale à la capitale de l'Espagne, où il envoyait des renforts de troupes.

Les Anglais s'avançaient dans la Péninsule. Il y eut, le 12 août, une bataille à Roriza, en Portugal, entre les troupes françaises et l'armée anglaise, commandée par le général Wellesley, qui sera plus tard duc de Wellington. Les Anglais furent battus. Mais, le 21 du même mois, à la rencontre de Vimeyra, les mauvaises dispositions de Junot donnèrent la victoire aux Anglais ; et, le 30 août, l'armée française évacua le Portugal.

Le 11 septembre, dans une grande revue qui avait lieu aux Tuileries, l'Empereur annonçait à ses soldats qu'il allait marcher avec eux en Espagne, *où nous avons*, disait-il, *des outrages à venger.*

Devant les deux revers que nous avons inscrits, les hommes hostiles reprochaient à l'Empereur l'invasion de l'Espagne, qui n'était pas une invasion ; et on ne donnait aucun blâme à l'empereur de Russie, qui, sans aucun titre, venait d'enlever la Finlande à la Suède.

Après avoir tout disposé pour soutenir les droits du nouveau roi d'Espagne, l'Empereur partit de Paris le 22 septembre pour Erfurt, où il savait que les souverains du Nord devaient avoir une entrevue. Il était payé surabondamment pour concevoir des défiances.

Dès le lendemain et les jours suivants, plusieurs corps d'armée traversèrent Paris, se rendant en Espagne; et la France, en voyant l'élan de ses braves, espérait que les échecs récents seraient bientôt réparés.

LIII. — L'ENTREVUE D'ERFURT.

> Timeo Danaos et dona ferentes.
> VIRGILE.

En recevant, un mois avant son départ, les magnifiques présents que lui envoyait inopinément l'empereur Alexandre, Napoléon les avait exposés à la curiosité publique. Mais il commençait à deviner, comme il l'a écrit plus tard, un Grec du Bas-Empire dans l'empereur de Russie; et sachant qu'il avait projeté une réunion de tous les princes de la Confédération du Rhin, il crut devoir le devancer, et il assigna Erfurt pour le siége de cette espèce de congrès, qui allait s'occuper, disait-on, de fêtes et de courtoisie plus que de politique.

Cependant il savait que le roi Joseph, entré à Madrid le 20 juillet, avait dû en sortir huit jours après; que l'Espagne tout entière était insurgée; que tous les ports espagnols étaient ouverts aux Anglais, que dans ce pays la guerre se levait partout. Mais il comptait sur ses troupes.

Il voulut donner à la réunion d'Erfurt le plus grand éclat. Il fit partir de Paris des lits, des meubles, des bronzes, des tentures, et fit préparer des palais pour tous ses hôtes. Le palais du gouvernement fut disposé pour recevoir l'Empereur Napoléon, qui devait y tenir sa cour. L'élégant hôtel de Triebel fut préparé pour l'empereur de Russie; et on loua pour le roi de Saxe et pour tous les autres princes les plus dignes demeures de la ville. On répara activement le théâtre, car l'Empereur avait mandé là tous les premiers talents de la scène française, qui devaient donner à peu près tous les jours des représentations.

L'Empereur était parti de Paris le 22 septembre. Le roi de Saxe, plus voisin, arriva le premier. Le lendemain, 27 septembre, Napoléon entra dans Erfurt avec un brillant cortége. Les plus vives acclamations se mêlaient au bruit du canon, aux volées des cloches et aux fanfares de toutes les musiques militaires. Il fut reçu à son palais par le roi de Saxe. Après quelques minutes de repos, il remonta à cheval et partit au-devant de l'empereur de Russie, qui arrivait le même jour. Les deux souverains mirent pied à terre et s'embrassèrent en se complimentant; puis ils entrèrent ensemble dans la vieille cité en fête. Ce jour-là, et tout le temps que dura le séjour d'Erfurt, Alexandre dîna chez l'Empereur Napoléon. Le soir et tous les soirs il y eut spectacle, et on cite quelques petites scènes qui eurent lieu dans la salle.

Lorsque Talma, dans la tragédie d'*Œdipe*, prononça ce vers :

> L'amitié d'un grand homme est un bienfait des dieux,

Alexandre se leva pour s'écrier : « Je l'éprouve tous les jours! » et Napoléon séduit lui serra la main. Il l'eût trouvé charmant s'il ne se fût pas défié. Cependant l'empereur russe protestait à Napoléon qu'il n'apporterait jamais aucun obstacle à ses projets sur l'Espagne. Mais lorsqu'il lui demanda s'il ne l'aiderait pas à châtier l'Angleterre, foyer de tous les troubles qui ébranlaient le continent, il le trouva sourd. Il promettait cependant de seconder le blocus continental, puis il lui proposait de faire ensemble la conquête de l'empire turc, où il se réservait Constantinople. Le Russe avisé poursuivait ainsi le but moscovite : la domination du monde.

Il y eut une grande chasse le 6 octobre. On lit à ce propos dans les Mémoires de M. de Bausset ce petit détail :

« L'empereur de Russie, à cause de la faiblesse de sa vue, n'avait jamais aimé le délassement de la chasse. Le désir lui en vint ce jour-là. Le duc de Montebello lui présenta un fusil, et M. de Beauterne eut l'honneur de lui donner la première leçon. Du premier coup que tira l'empereur Alexandre, il mit à bas un cerf de belle taille. Il est vrai que l'animal passait à huit pas. »

Pendant ce séjour de Napoléon à Erfurt, il voulut aller revoir le champ de bataille d'Iéna, qui n'était qu'à quelques lieues. On éleva, pour le recevoir, un vaste pavillon sur le Windknollen, montagne qu'on appelait dès lors le Mont-Napoléon, et là l'Empereur reçut les députations de la ville et de l'université d'Iéna. Il se chargea de réparer les dommages que la ville avait soufferts; il fit indemniser ceux des habitants qui avaient subi des pertes par suite de la guerre, et il dota à perpétuité la cure catholique d'Iéna.

M. de Bausset raconte qu'au dîner qui eut lieu à Erfurt, au retour de cette excursion, on parla de la bulle d'or, qui, jusqu'à l'établissement de la Confédération du Rhin, avait servi de constitution à l'Allemagne; et le prince primat entra dans quelques détails sur cette bulle d'or, qu'il disait avoir été faite en 1409. L'Empereur Napoléon lui fit observer que la date qu'il assignait à la bulle d'or n'était pas exacte, et qu'elle fut promulguée en 1336, sous le règne de l'empereur Charles IV. « C'est vrai, Sire, répondit le prince primat; je me trompais. Mais comment se fait-il que Votre Majesté sache si bien ces choses-là?

— Quand j'étais simple lieutenant en second d'artillerie, dit Napoléon.....

» A ce début, il y eut, de la part des augustes convives, un mouvement d'intérêt très-marqué....

» — Quand j'avais l'honneur d'être simple lieutenant en second d'artillerie, reprit Napoléon, je restai trois années en garnison à Valence. J'aimais peu le monde et vivais très-retiré. Un hasard heureux m'avait logé près d'un libraire instruit et des plus complaisants.... J'ai lu et relu sa bibliothèque pendant ces trois années de garnison, et je n'ai rien oublié, même des matières qui n'avaient aucun rapport avec mon état. La nature d'ailleurs m'a doué de la mémoire des chiffres : il m'arrive très-souvent, avec mes ministres, de leur citer le détail et l'ensemble numérique de leurs comptes les plus anciens. »

» Il y avait un orgueil bien placé, ajoute le narrateur, à parler ainsi de soi-même, en présence de toute l'Europe représentée pour ainsi dire à ce banquet de rois. »

Quelques jours après, l'Empereur reçut d'Espagne des nouvelles qui le pressèrent d'abréger son séjour à Erfurt. Il fit ses adieux au roi de Saxe, au roi de Wurtemberg, à tous les princes; et avant de se séparer, les deux empereurs s'embrassèrent. Alexandre proposa à Napoléon d'échanger leurs épées. Lorsqu'il reçut celle de Napoléon, il jura sur elle une alliance éternelle. Ce mouvement fut si chaud, que Napoléon y crut quelque temps; et aussitôt il reprenait, le 14 octobre, la route de Paris; le 18, il était à Saint-Cloud.

LIV. — NAPOLÉON EN ESPAGNE.

Ne nimium præceps, heu mora longa nimis.

Ne vous hâtez pas trop; et pourtant évitez d'être trop lent.
ALCIAT, *Emblèmes*.

Le 25 octobre 1808, Napoléon ouvrit la session du Corps législatif. Le 29, il partit pour Bayonne; le 3 novembre il était au château de Marrac. Le 5 il établissait son quartier général à Vittoria. Tout s'électrisait parmi nos braves au bruit de la présence de l'Empereur. Le 9 novembre, au combat de Gamonal, Soult dissipait l'avant-garde de l'armée d'Estrémadure; et le quartier général de Napoléon se transportait à

Burgos. Le 11, à la bataille d'Espinosa de los Monteros, l'armée du général Blake est entièrement détruite. Le 22, à la bataille de Tudela, l'armée du général Castaños, la même qui avait fait capituler le général Dupont, est mise en déroute après avoir perdu tout son matériel et presque tous ses drapeaux. Le 29 l'Empereur fait attaquer le défilé de Somo-Sierra, à seize lieues de Madrid, passage défendu par vingt mille Espagnols et alors seul chemin de Madrid. L'ennemi est culbuté avec une perte immense. Le 1er décembre, le quartier impérial est à San-Augustino, à six lieues de Madrid. Le 3 décembre, le maréchal Lefebvre enlève Ségovie; le 4 Madrid capitule. Napoléon refuse d'y entrer. Mais il y envoie un décret, qui abolit l'Inquisition et réduit considérablement le nombre des couvents d'hommes de ce royaume....

Lui-même, l'Empereur a reconnu que ce jour-là il s'était trop hâté. Il ne connaissait l'Inquisition que par les déblatérations des philosophes de l'école de Voltaire (1); et il ne songeait pas qu'en évacuant les couvents d'hommes, il se créait une armée qui allait doubler ses embarras.

Le 5, Gouvion Saint-Cyr prenait l'importante forteresse de Roses. Le 15, au combat de Cardedeu, le marquis de Vivès, général en chef de l'armée espagnole de Catalogne, perd toutes ses troupes; et pour comble de désagrément, il est destitué par la junte insurrectionnelle. Le 22 décembre, l'Empereur quitte sa position au-dessus de Madrid pour atteindre l'armée anglaise, qui avait pénétré en Espagne, sous la conduite du général Moore. Le 26, l'avant-garde de l'armée française pourchasse l'armée anglaise et contraint le général Moore à une fuite précipitée. Le 1er janvier Napoléon a son quartier général à Astorga; le 3, l'arrière-garde de l'armée ennemie est complétement défaite.

Tout allait donc au succès. Mais les Anglais, qui avaient

---

(1) L'Inquisition, qui a délivré l'Espagne des Maures, n'est devenue odieuse que lorsque Philippe II l'eut rendue politique.

les trésors de l'Inde, manœuvraient plus que jamais sur le continent pour obliger l'Empereur à quitter la péninsule Ibérique qui leur allait si bien.

Or, le 5 janvier, Napoléon apprit que l'Autriche armait avec ardeur et rassemblait de grandes troupes pour attaquer de nouveau l'Empire français. Le lendemain 6, l'Empereur laissa ses ordres et ses avis et revint précipitamment en France.

Nous croyons ne pas devoir morceler encore les faits de l'Espagne, et nous suivrons nos braves engagés dans une guerre qui nous a donné des victoires, mais qui nous a été funeste.

Le 16 janvier, le corps d'armée du maréchal Soult livra à l'armée anglaise une bataille devant la Corogne; les Anglais furent complétement défaits et leur général, sir John Moore, tué. Le 18, le maréchal Soult était en possession de la place. Le 27 janvier, la place et le port du Ferrol sont pris par les Français; le 20 février, la ville de Saragosse, après avoir donné plusieurs mois l'exemple d'une défense héroïque, est obligée de se rendre à discrétion. Le 4 mars, au combat de Monterey, Soult bat le général espagnol, marquis de la Romana. Le 20 mars, il met en pleine déroute l'armée portugaise renforcée d'Anglais. Le 27, à Ciudad-Réal, il défait complétement le corps d'armée du duc de l'Infantado; le 28, à Medellin, le général espagnol la Cuesta est battu à son tour. Le 29, la ville importante d'Oporto, en Portugal, est prise par les Français. Le 9 avril, le général portugais Silveyra est défait à Amarante.

Mais, un mois après, une nouvelle armée anglaise vient attaquer Oporto, et le maréchal Soult, obligé à l'évacuer, se retire sur la Galice. Il rentre le 20 mai à Orense. Le 19 juin, les Français, après onze jours de tranchée ouverte, prennent la forteresse de Girone. Le 27 juillet, bataille de Talavera de la Reyna, commandée par le roi Joseph, entre l'armée française et l'armée anglo-espagnole, aux ordres de sir Arthur

Wellesley; elle reste indécise. Le 8 août, combat d'Arzobispo, où les Espagnols sont mis en fuite par le maréchal Mortier; le 9, bataille d'Almonacid, où le général Sébastiani met en déroute l'armée espagnole du général Vénégas. Le 11, combat de Dambroca, où l'armée ennemie perd trente-cinq bouches à feu et cent caissons; le 12, combat du col de Banos, où le général anglais Robert Wilson est battu par le général français Lorsay.

Les Anglais, peu contents d'attaquer les Français en Espagne et en Portugal, pendant qu'ils soutiennent dans la vieille Germanie une guerre immense, se jettent en même temps sur le royaume d'un autre frère de l'Empereur. Le 13 août de cette même année 1809, les Anglais lancent sur Flessingue des bombes et des fusées à la Congrève, qui sèment l'incendie dans la cité inoffensive. Trois jours après, le 16, le général Monet, qui garde Flessingue, livre aux Anglais par capitulation cette place importante. La garnison est prisonnière de guerre et emmenée en Angleterre. En apprenant ce désastre, l'Empereur ordonna le 14 septembre de poursuivre et de punir le commandant de la place de Flessingue. De leur côté les Anglais furent châtiés de leur félonie, car les trois quarts de leurs soldats périrent des fièvres que donnent à Flessingue les polders (1).

Il y eut alors quelques mois sans grandes rencontres en Espagne. Mais le 18 novembre, les Espagnols, commandés par le général Arizaga, furent battus à Ocana et complétement défaits par le général Sébastiani. Le 20 janvier 1810, l'armée française, sous les ordres de ce même général, franchit la Sierra-Morena et envahit l'Andalousie. Le 5 février, le général Sébastiani occupe Malaga. Le 29 de ce mois, le roi Joseph prend Séville.

Pendant ces efforts, les Anglais en faisaient d'autres. Ils

---

(1) Les polders sont des marécages que la mer couvre et d'où ensuite elle se retire. Leurs émanations ont souvent amené le choléra.

envoyaient à Valençay un certain baron de Kolly, qui promettait d'enlever le prince des Asturies. C'eût été pour eux le moyen d'être maîtres de l'Espagne. Mais il fut deviné, enlevé le 6 avril et emmené à Paris; et le prince des Asturies écrivit à l'Empereur qu'il était étranger à ces manœuvres.

Le 10 avril, Junot assiége et prend Astorga. Le 24, les Français enlèvent le fort de Matagorda. Le 12 mai, le maréchal duc de Castiglione prend le fort d'Hostalrich. Le 8 juin, Suchet prend la ville et le fort de Mequinenza.

Le 10 juillet, le maréchal Ney prenait Ciudad-Rodrigo. Le 28 août, Masséna prenait Almeida. Le 27 septembre a lieu la bataille de Busaco, entre l'armée anglo-portugaise commandée par Wellington et le corps d'armée de Masséna. Wellington est chassé de toutes ses positions. Les Français prennent Coïmbre le lendemain. Le 15 octobre, les Anglais sont défaits de nouveau sur la côte du royaume de Grenade par le général Sébastiani. Le 2 novembre, les Espagnols sont complétement battus dans le royaume de Murcie, par le même général.

Le 1er décembre 1810, le général Suchet assiége et prend Tortose. Il prend le 8 janvier 1811 le fort Saint-Philippe de Balaguer. Le 22, le général Gérard prend Olivença. Le 19 février, à la bataille de la Gévora, l'armée espagnole, que commandent les généraux la Carrera et Mendizabal, est mise en pleine déroute par les Français, que dirige Mortier, duc de Trévise. Le 5 mars, dans la bataille de Chiclana, sous les murs de Cadix, le duc de Bellune chasse l'armée anglo-espagnole que commande le général anglais Graham, et force l'ennemi à se retirer dans l'île de Léon. Le maréchal Mortier prend Badajoz le 11 mars, et enlève, le 15, la forteresse d'Albuquerque.

Cependant les troupes françaises, ne se renouvelant pas, s'épuisaient. A la bataille de Fuentes de Onoro, entre l'armée anglo-portugaise du duc de Wellington et celle du maréchal prince d'Essling, le 5 mai fut une journée indécise. Il en fut de même le 16 à la bataille d'Albuera, où les généraux étaient, du côté des Anglais, Beresford, et du nôtre, le duc de Dalmatie; il n'y eut des deux parts que des pertes énormes sans résultat.

Le 14 juin, le général espagnol Espoz y Mina est défait à Sanguesa par le général Reille. Le 18, les Anglais avec les Portugais et les Espagnols sont obligés de lever le siége de Badajoz. Le 28, Suchet prend d'assaut la ville de Tarragone; il est élevé quelques jours après à la dignité de maréchal de l'Empire. Il rehausse ce titre le 14 juillet par la prise de Montserrat.

Le 25 août, l'armée espagnole de Galice est défaite sur l'Esla par le général Dorsenne.

Le 25 octobre, la bataille de Sagonte, livrée entre les troupes espagnoles que commandait le général Blake et le corps d'armée du maréchal Suchet, met en déroute l'armée ennemie, et le lendemain Sagonte se rend à Suchet.

Le 28 novembre, les Espagnols sont battus au camp de Saint-Roch par le général Rey. Le 29 décembre, le général Delort prend la ville de Saint-Philippe en Aragon. Le 4 janvier 1812, le général Leval prend Tarifa; le 10, Suchet prend Valence, capitale du royaume de ce nom. Le 22, les Espagnols sont mis en déroute par le général Decaen; et le 10 février Suchet prend le fort de Peniscola.

Les forces s'atténuant des deux côtés, il y eut alors un certain temps qui semblait un armistice. Mais il fut suivi d'un réveil des deux parts. Le 21 juillet, à la bataille de Castalla, le général Delort tailla en pièces le corps d'armée espagnole que commandait le général O'Donnel. De son côté, le 21 août, l'armée anglo-portugaise prit Madrid. Le maréchal Soult y rentra le 18 novembre, en chassa Wellington et ses Anglo-Portugais, et les poursuivit l'épée dans les reins jusqu'à Ciudad-Rodrigo, par une course de près de cinquante lieues.

Nouveau silence de la guerre pendant plusieurs mois, puis, le 12 avril 1813, Suchet enlève Villena et le lendemain il bat convenablement les Anglais à Castella. Le 13 juin, l'armée anglo-espagnole, commandée par le général Elliot, est abimée par Suchet, au combat de Xucar. Mais le lendemain l'armée française en Espagne se retire sur l'Èbre avec le roi Joseph. Wellington poursuit cette retraite jusqu'à Vittoria, où il bat le général Jourdan ; et pendant que le général Harispe enlève le fort de Requena au général Elliot, l'armée rentre peu à peu en France.

Le 12 juillet, Soult arrive à Bayonne avec le titre de lieutenant général en Espagne. Le 25, une bataille se livre sous les murs de Saint-Sébastien entre les Anglais, qui assiégent cette ville sous les ordres du général Graham, et la garnison, que commande le général Rey. Les Anglais sont repoussés avec de grandes pertes. On cite encore quelques jours après, entre Wellington et le duc de Dalmatie, le combat d'Irun, qui n'eut des deux côtés aucun résultat. Le 28 août, le maréchal Suchet fait sauter les fortifications de Tarragone ; le 31, les Français évacuent Saint-Sébastien ; les Anglais, qui leur succèdent, s'y font abhorrer à jamais.

Les troupes françaises rentrent en France, où l'État a besoin d'elles. Mais les Anglais, qui sont avant tout industriels et marchands, ne quitteront l'Espagne qu'après avoir brûlé ou détruit toutes ses usines et ses fabriques, sous prétexte que si les Français y revenaient, ils en feraient des forteresses.

On voit encore auprès de Saint-Sébastien et en d'autres lieux de l'Espagne les traces et les restes de ces ruines ; et on songe que si les Espagnols eussent accepté l'intervention française, ils entraient dans le progrès en 1809 ; ils eussent épargné à la France et à l'Espagne la perte d'un million d'hommes et à eux les désastres d'une guerre impitoyable. A la vérité l'Angleterre eût succombé. Mais ils se fussent épargné deux années de troubles dans l'interrègne et les émeutes du règne de Ferdinand ; en un mot, ils eussent eu sous le roi Joseph ce qu'ils arrivent à peine à conquérir.

LV. — NOUVEAUX ARMEMENTS DE L'AUTRICHE.

> Le cœur étroit à qui vous avez pardonné,
> Vous le verrez un jour contre vous retourné.
> LAFARGUE.

Il nous faut remonter aux premiers jours de 1809. On se rappelle que le 6 janvier Napoléon avait dû quitter l'Espagne, où sa présence était nécessaire, pour retourner à Paris. Il venait d'apprendre que l'Autriche, le sachant engagé dans une campagne où les Espagnols et les Portugais, dirigés et secondés par les troupes anglaises, allaient exiger toutes ses troupes, commençait sourdement à armer de nouveau contre la France. Les nombreuses leçons qu'elle avait reçues ne l'avaient pas assouplie, et les générosités de Napoléon lui pesaient au cœur.

Malgré les prodiges d'activité que Napoléon savait déployer, elle se flattait de le surprendre non préparé. Elle oubliait Austerlitz et vingt autres rencontres, où elle s'était heurtée à la valeur des soldats français. Elle oubliait aussi l'incomparable activité de l'Empereur Napoléon. Les conseillers de l'empereur d'Autriche rêvaient plus que jamais à prendre une sérieuse revanche. On agitait pour cela les diverses nationalités qui composent l'empire d'Autriche. Irritées de leurs défaites, elles formèrent une association qui prit le nom de *la Tugendbund*, ce qui signifie ligue de la vertu et aussi ligue de la fierté. Elle força bientôt la main du pouvoir, excité toujours par l'ennemie implacable de la France d'alors, l'Angleterre, qui ne laissa jamais respirer Napoléon. Il en résulta la campagne de 1809.

L'Autriche, ayant alors quatre cent cinquante mille hommes sous les armes et sept cents pièces de canon, se flattait de l'espoir de vaincre cette fois-ci l'illustre souverain, qui jamais encore n'avait été vaincu.

Napoléon, dont les forces étaient dispersées en Espagne, en Portugal, en Italie, ne disposait que de cent cinquante mille combattants. Mais en apprenant que les Autrichiens, violant le territoire de la Confédération du Rhin, avaient envahi la Bavière, le 12 avril 1809, Napoléon partait de sa capitale; et le 16, le prince Eugène, attaqué par l'archiduc Jean à Sacile, dans le duché de Trévise, mettait en fuite l'archiduc Jean et son corps d'armée. Le 17 l'Empereur Napoléon établissait son quartier général à Donawerth, en Bavière.

Le 19, une partie du corps d'armée du prince Charles est défaite; et le 20, l'Empereur, qui n'avait presque avec lui que des Bavarois, remporte la victoire d'Abensberg, où les Autrichiens perdent sept mille hommes, huit drapeaux et douze pièces de canon. Le 21, il poursuit les Autrichiens, prend Landshut; le 22, il gagne la bataille d'Eckmühl, où il fait quinze mille prisonniers, enlève douze drapeaux, seize canons, met en fuite cent dix mille combattants, et donne au maréchal Davoust, qui dirigeait les troupes victorieuses, le titre de prince d'Eckmühl. Le 23, il prend Ratisbonne. C'est là qu'une balle morte l'atteignit au pied, où elle laissa une cicatrice que l'on a reconnue à Sainte-Hélène après sa mort. Le 24, il y eut un combat à Neumarkt; le 25, le roi de Bavière, allié fidèle de Napoléon, rentre dans sa capitale évacuée, et le prince Charles opère précipitamment sa retraite en Autriche.

« Voilà, dit un grognard, une entrée en campagne qui promet un peu. »

Ce même jour, Napoléon avait annoncé à son armée qu'avant un mois il la conduirait à Vienne.

Le 3 mai, il y eut encore un combat à Ebersberg, et Napoléon marchait sur Vienne, en même temps que le prince Charles se dirigeait sur la Bohême.

Pendant ce temps-là le prince Eugène battait une seconde

fois, aux bords de la Piave, dans le pays vénitien, l'archiduc Charles, qui fuyait une fois encore. C'était le 8 mai.

Le 11 mai, Napoléon était devant Vienne; et le bombardement qui l'annonçait obligeait cette grande ville à capituler le lendemain.

Trois jours après, il y faisait son entrée solennelle.

Mais la guerre n'était encore qu'entamée. L'archiduc Charles, qui commandait l'armée autrichienne, s'était retiré et retranché sur la rive gauche du Danube. L'armée française pour le joindre dut traverser le fleuve; il lui fallut construire des ponts de bateaux, que l'on rompit; et elle se trouva bloquée dans l'île de Lobau, qui occupe à peu de distance de Vienne un vaste espace. Néanmoins trente-cinq mille Français parvinrent à passer le second bras du fleuve; mais le gros de l'armée n'ayant pu les suivre, ces trente-cinq mille braves soutinrent pendant tout un jour le choc de quatre-vingt-dix mille Autrichiens. Les bataillons qui purent passer ensuite les aidèrent à livrer la bataille d'Essling, qui dura deux jours, le 21 et le 22 mai. Le premier jour, Masséna avec son seul corps avait arrêté cent mille Autrichiens.

Mais la bataille n'est pas gagnée. Heureusement le maréchal Lannes arriva le second jour, qui vit des luttes immenses, à la suite desquelles la victoire fut acquise aux drapeaux français. La présence et l'ardente activité de Lannes, qui avait conquis son titre de duc à Montebello, le rehaussaient encore lorsque, descendant glorieux de son bon cheval de bataille, il reçut un dernier boulet qui lui enleva la jambe droite au haut de la cuisse et lui coupa l'autre jambe au-dessus de la cheville. On se hâta de le placer sur un brancard; et Napoléon, qui donnait en ce moment des ordres pressants, averti de ce malheur, courut au blessé évanoui.

Au bruit qui se fit, il rouvrit les yeux et dit à l'Empereur : « Dans peu d'instants, vous aurez perdu celui qui meurt avec la gloire et la conviction d'avoir été votre meilleur ami. » Napoléon très-ému s'efforçait de le rassurer. Mais il perdit de nouveau connaissance. On l'emporta, et malgré tous les soins imaginables, il succomba neuf jours après.

Il y eut d'autres victoires, comme celle d'Enzersdorf; et alors l'armée française apprit que, le 14 juin, à vingt lieues de Vienne, le prince Eugène avait gagné la bataille de Raab, que Napoléon appelait, à cause de son importance, la petite fille de Marengo. Son corps d'armée allait arriver, ce qui redoubla la confiance du soldat.

Donc, le matin du 6 juillet de l'an 1809, quatre cent mille hommes, Autrichiens et Français, venaient de s'éveiller dans les champs de Wagram; et tous savaient bien qu'à la fin de cette journée plus d'un manquerait à l'appel. Des deux côtés l'animosité et l'ardeur étaient égales. Dans les deux armées on sentait que le résultat de cette journée serait décisif.

LVI. — LA BATAILLE DE WAGRAM.

Songez à ce que coûte une victoire, et vous en aurez moins de fierté.
VAUVENARGUES.

Depuis le 21 mai 1809 jusqu'à la fin de juin, les deux grandes armées se préparaient à une bataille décisive. Eckmühl, Essling, n'avaient pas eu de résultats assez complets. L'armée française, enfermée en quelque sorte dans l'île de Lobau, où le Danube avait rompu ses ponts, obligeait nos guerriers à attendre. L'empereur d'Autriche avait levé de nouvelles troupes en Moravie et en Bohême. Mais de notre côté les corps d'armée d'Eugène et de Marmont arrivaient, et ces deux renforts élevaient notre grande armée à cent cinquante mille hommes. Deux cent mille hommes formaient l'armée ennemie, qu'il fallait battre.

Par d'habiles attaques partielles, Napoléon était parvenu à rétablir des ponts; et il profitait intrépidement de l'épouvantable orage qui éclatait dans la nuit du 4 au 5 juillet pour faire passer toute son armée. Placé derrière de solides retranchements, le prince Charles attendait là Napoléon. Mais, comme l'a remarqué M. Arnault, Napoléon ne recevait la bataille que là où il lui convenait de la livrer. Il rendit inutiles tous les préparatifs de l'ennemi. Par de promptes combinaisons, il attira l'armée autrichienne hors de ses positions.

La journée du 5 juillet se passa ainsi en manœuvres. Cependant à la fin de ce jour le prince Eugène perça jusqu'à Wagram à neuf heures du soir, en enlevant trois mille hommes et cinq drapeaux.

Napoléon comptait sur ses braves, mais il ne négligeait rien pour les animer. Or on avait saisi, quelques semaines auparavant, dans les caves d'une opulente résidence de campagne, quarante mille bouteilles d'excellent vin de Rudesheim, et cette ressource suivait l'armée pour être utilisée à l'occasion. Prévoyant que la journée serait sérieuse, l'Empereur avait ordonné qu'on distribuât ces quarante mille bouteilles à ses braves, disséminés au point du jour, le 6 juillet, aux bords du Danube; et il se montrait à tous les groupes, répandant d'une voix caressante les mots encourageants, et semant la confiance et l'ardeur.

Il s'arrêta un instant devant quelques joyeux compagnons. « Eh bien! leur dit-il, comment trouvez-vous le vin de Rudesheim?

— Sire, répondit en riant un vieux troupier, il ne nous portera pas à la tête; car ce n'est pas le Rhin, c'est le Danube que nous buvons. »

En achevant ces mots, le grenadier emplit son gobelet dans le fleuve et but vaillamment un grand coup.

« Quoi! c'est là le cas que vous faites du rudesheim?

— Si c'est là du rudesheim, répliquèrent plusieurs voix en désignant du doigt leurs bouteilles abandonnées, il faut être Allemand pour le boire. »

Intrigué, l'Empereur s'en fit verser un verre et le goûta.

C'était en effet une piquette abominable, une boisson atroce et sans nom.

Plusieurs officiers goûtèrent pareillement ce vin et ne purent le boire.

« Je suis trahi! dit alors l'Empereur d'une voix tonnante. Qu'on amène les deux fournisseurs. »

Il était devenu pâle et ses yeux lançaient des éclairs. Toute la garde s'était levée en tumulte, et parmi les bourdonnements et le bruit, mille suppositions circulaient déjà avec rapidité. Les soldats, toujours prêts à voir du merveilleux dans leur Empereur, furent bientôt persuadés qu'il leur avait destiné quarante mille flacons de nectar, enlevés aux caves de l'empereur d'Autriche, et que les fournisseurs de l'armée les avaient bus tout seuls, avec leurs amis.

Pendant ce temps, un cercle d'officiers s'était réuni autour de l'Empereur.

« Messieurs, leur dit-il subitement, vous formez ici un conseil de guerre. »

A l'instant même il instruisit l'affaire. On découvrit que les fournisseurs, ayant trouvé l'occasion de vendre avantageusement le vin de Rudesheim, l'avaient remplacé par quarante mille bouteilles d'un liquide sans nom.

Napoléon n'estimait pas ses munitionnaires; mais dans son mépris pour les hommes peu sûrs qu'il était obligé de subir, il croyait se rassurer en faisant surveiller ces probités très-douteuses par des personnages, hélas! douteux aussi. De plus, lorsqu'il était informé, il obligeait les pillards à *dégorger leur trop-plein*. C'était son expression. Ces restitutions, quoique presque toujours incomplètes, lui faisaient pourtant rentrer quelques millions.

Dans la circonstance présente, il voyait toutes les suites qu'aurait pu entraîner la friponnerie de ses deux munitionnaires. Ce qu'il avait calculé comme un élément propre à doubler le courage pouvait devenir, au moment d'une grande bataille, pour des soldats ordinaires, un chapitre de plus à ce thème, que les petites causes produisent souvent de grands effets.

Il n'y avait pas un quart d'heure que l'Empereur avait dégusté le rudesheim prétendu, lorsque les huées de l'armée attirèrent l'attention du conseil de guerre improvisé. C'étaient les deux fournisseurs qu'on amenait au pas redoublé.

Ils se doutaient de leur affaire. Ils parurent tout décomposés devant l'Empereur, dont l'indignation n'était pas calmée.

On ne les interrogea pas. On ne leur dit pas : Avez-vous fait cette fourberie exécrable? On leur dit : Vous avez fait cela. Ils ne nièrent point et baissèrent la tête.

Mais comme ils savaient que Napoléon allait vite, ils se hâtèrent de dire que, ne prévoyant pas sitôt une grande bataille, ils avaient disposé de ces vins; qu'ils comptaient avoir le temps de les remplacer; qu'ils étaient prêts à verser dans la caisse de l'Empereur la somme qu'ils en avaient reçue.

Napoléon pensa sans doute qu'il la retrouverait bien. Il se contenta de dire : « Point d'indulgence! un grand exemple est nécessaire. Jugez, Messieurs. »

Et il s'éloigna.

Les officiers prononcèrent la peine de mort. Cent sergents aussitôt l'écrivirent sur des tambours. On la lut, en guise de proclamation, à la tête de tous les corps, pendant que les deux fournisseurs étaient emmenés les mains liées derrière le dos. Ils s'arrêtèrent devant le front de l'armée, où on les fusilla.

Les soldats français, qui avaient tant à se plaindre des fournisseurs, battaient des mains à cette justice. Mais la fusillade qui l'exécutait avait remué les Autrichiens, qui coururent à leurs armes (1). Le soleil se levait; la bataille s'engagea des deux parts avec la plus grande vigueur. Davoust, Masséna, Lasalle, Oudinot, Marmont, Lamarque, Bessières, Lauriston, Macdonald, firent des prodiges; mais nous ne pouvons donner

(1) Cette histoire des deux fournisseurs nous a été conservée par Cadet Gassicourt, qui suivait l'armée dans cette campagne. Il cite les noms de ces deux malheureux. Nous ne voyons aucun avantage à les répéter ici.

tous les détails de cette journée. Citons ici un fragment du récit de M. de Norvins.

« Napoléon, dit-il, se tenait au milieu du feu, à la gauche de la division Lamarque, qui souffrait beaucoup. Ce général court à lui, et, au nom du salut de l'armée, le conjure de se retirer. Tout à coup, un aide de camp de Masséna arrive pour annoncer à l'Empereur que le corps d'armée de Klenau est derrière lui; que Boudet, repoussé dans l'île de Lobau, a perdu ses canons. Napoléon regardait alors la tour de Neusiedeln, et ne répondait pas. Enfin il aperçoit le feu de Davoust qui dépasse cette tour. « Allez, dit-il aussitôt à l'aide de camp, courez dire à Masséna qu'il attaque et que la bataille est gagnée. »

Elle ne l'était pas encore. Mais en même temps que Masséna exécutait l'ordre qui lui était transmis, l'Empereur disait à Macdonald d'attaquer le centre de l'ennemi : il s'élançait avec cent canons, et à la fin de ce jour, après douze heures de combats où du côté des Autrichiens comme du côté des Français il se faisait des prodiges de valeur, la victoire semblait encore irrésolue. Napoléon, bien secondé partout, la fixa au soir et demeura maître du champ de bataille.

Cette journée toutefois avait été si bien disputée, qu'à son occasion on chanta le *Te Deum* à Vienne comme à Paris. Mais l'empereur d'Autriche, pendant cette grande lutte, était à une lieue de là, perché dans le clocher de Wolkersdof, d'où il voyait tout avec une lunette d'approche. C'était un jeudi et on fêtait ce jour-là saint Tranquillin, ce qui faisait contraste avec ces vacarmes énormes. François s'était retiré avant la fin et il avait annoncé la victoire; ce qui avait décidé le *Te Deum* de Vienne.

Mais trois jours après l'Empereur fit bien voir que lui seul était le vainqueur, en disloquant, rompant et dispersant l'armée autrichienne, qu'il poursuivit dans la Bohême après lui avoir mis trente mille hommes hors de combat et lui avoir fait vingt mille prisonniers.

L'Autriche, de nouveau, demanda un armistice, qui lui fut accordé le 11 juillet.

L'Empereur n'avait pas attendu si longtemps pour récompenser ses braves généraux. Le soir même du 6 juillet, il avait nommé maréchaux de l'Empire Oudinot, Marmont et Macdonald. Il avait donné à Masséna le titre de prince d'Essling. Ces diplômes leur furent remis le 21 juillet.

LVII. — LES AFFAIRES DE ROME.

<small>Nolite tangere christos meos.
Psaume civ, vers. 15.</small>

C'est pendant cette campagne, où pourtant de grandes leçons lui furent données, où il échappa à des dangers très-sérieux, que Napoléon entra dans la voie de ses fautes. Il les a reconnues ; et il a déclaré à Sainte-Hélène que lorsqu'il s'était écarté de sa mission providentielle, il s'était égaré.

Napoléon s'était irrité contre la cour de Rome pour deux motifs ; le premier c'est que le Pape, vicaire de Jésus-Christ, accessible à tous comme son divin Maître, recevait à Rome les Anglais proscrits en France par le blocus continental, et qu'il accueillait les Autrichiens et les autres arrivants, quoiqu'ils fussent en lutte avec la France. Le second motif était le *Non possumus* du souverain Pontife au divorce du prince Jérôme. Il comprenait que le même mot, essentiellement chrétien, lui serait dit lorsqu'il voudrait, comme il en avait le dessein, contracter un autre mariage. Le 17 mai 1809, il avait déclaré les États de l'Église réunis à l'Empire français. Il avait signifié au Pape qu'à côté du souverain Pontife, souverain de Rome, il en était l'Empereur ; et dès lors beaucoup de tracasseries étaient subies par le Père des chrétiens (1).

---

(1) « Cet acte, dit M. Thiers, était de la part de l'Empereur un oubli de lui-même, désolant pour les admirateurs de son génie, alarmant pour ceux qui songeaient à l'avenir de la France.... Il appliquait à l'État romain les

Or Murat, sachant le différend survenu entre le Pape et l'Empereur, s'imagina qu'il se rendrait agréable à Napoléon en mettant un terme à ses récriminations contre la cour de Rome, par un moyen qui lui paraissait tout simple : l'enlèvement du Pape. Il espérait même qu'en retour d'un si grand service Napoléon adjoindrait les États de l'Église à son royaume de Naples, sûr dès lors que les Anglais n'y conspireraient plus. En conséquence, de sa propre autorité et sans consulter personne, le 6 juillet 1809, ce même jour où se livrait la terrible bataille de Wagram, Murat, ayant bien combiné son projet, se décida à l'exécuter.

Le Pape était surveillé par le général Miollis, qui remplissait sa mission délicate avec quelques égards. Napoléon n'eût jamais consenti à voir Pie VII quitter Rome pour passer dans d'autres contrées. Murat, qui voyait autrement, chargea d'enlever le souverain Pontife le général Radet, qui, chrétien pourtant, n'osa pas décliner ce fardeau. Le Pape prévoyait cet attentat; il s'était renfermé dans son palais, qu'il avait fait barricader.

Murat savait que l'Empereur était irrité de ce qu'à l'usurpation du domaine de Saint-Pierre le Pape avait répondu par une bulle d'excommunication contre les auteurs, complices et fauteurs de cet acte et des maux qui affligeaient l'Église. Cette bulle, datée du 10 juin 1809, avait été affichée dans Rome; et dès le lendemain, dit-on, elle avait été annoncée à Napoléon. A cette nouvelle, un de ses courtisans

principes de 1789.... Il se faisait l'égal de ceux qui avaient détrôné Pie VI.... » Il le sentait à demi, car « il avait laissé à Pie VII les palais de Rome, une liste civile de deux millions et toute la représentation pontificale, disant que les papes n'avaient pas besoin de la puissance temporelle pour exercer leur mission spirituelle; que cette mission même avait souffert de leur double rôle de pontifes et de souverains; qu'il ne changerait rien à l'Église, à ses dogmes, à ses rites; qu'il la laisserait indépendante, riche et respectée; mais que, successeur de Charlemagne, il retirait seulement la dotation d'un royaume temporel que cet empereur avait faite au Saint-Siége, etc. » M. Thiers n'a pas assez remarqué que Napoléon était entouré des hommes de 1789, qu'il était assailli par des renégats, des protestants et des jansénistes, tous ligués contre Rome; et qu'il cédait enfin à d'habiles insinuations sans cesse répétées.

s'était écrié : « Cette bulle, quoi qu'il arrive, Sire, ne fera pas tomber les armes des mains de vos soldats. » Car ce n'est pas Napoléon qui a dit cette parole peu sensée, et s'il l'a répétée dans une de ses lettres, ç'a été en un moment de mauvaise humeur.

Dans tous les cas, la retraite de Russie, en 1812, donnera à ces paroles un cruel démenti.

Or, le matin du 5 juillet 1809, le Saint-Père avait fait une proclamation à ses sujets, leur exposant la crainte où il était de leur être enlevé.

Le soir même il apprit que ce qu'il craignait allait avoir lieu. Le 6 juillet en effet, à une heure du matin, pendant que Napoléon préparait sa grande lutte de Wagram, un gros détachement de troupes entoura le palais du Saint-Père ; un traître nommé Bassola, à qui Pie VII avait fait grâce de la vie, conduisait le général Radet, qui avec ses soldats escalada les murs du jardin, désarma le corps de garde suisse, traversa les appartements du Pape et entra dans son cabinet, où il le trouva occupé à écrire, calme et serein.

Très-ému, à la vue du vicaire de Jésus-Christ, le général resta plusieurs minutes sans pouvoir prononcer un seul mot. Enfin d'une voix tremblante il dit au Pape :

« Très-saint Père, j'ai une mission bien pénible à remplir. Mais, ayant prêté serment d'obéissance à l'Empereur, je ne puis me dispenser de m'en acquitter. »

Le Pape se tourna alors vers la troupe, qui unanimement se découvrit et s'inclina.

« Que me voulez-vous? dit-il, et pourquoi venez-vous troubler ma demeure? »

Le général répliqua : « Très-saint Père, je viens vous proposer, de la part du gouvernement français, d'abdiquer votre souveraineté temporelle ; et à cette condition, Votre Sainteté pourra rester à Rome en toute sécurité. »

Pie VII, qui ignorait que ce qui l'affligeait fût le fait de Murat et que Napoléon y fût étranger, répondit :

« Si vous avez cru devoir exécuter de pareils ordres de votre Empereur, à cause du serment que vous lui avez prêté, pensez-vous que nous puissions abandonner les droits du Saint-Siége, auquel nous sommes liés par tant de serments? pouvons-nous renoncer à ce qui ne nous appartient pas? Le domaine temporel est à l'Église romaine ; nous n'en sommes que les administrateurs. »

Après quelques autres paroles, Radet signifia au Pape qu'il devait le conduire chez le commandant en chef pour y apprendre le lieu qui lui était destiné. Il permit au cardinal Pacca d'accompagner le Pape, et il le fit monter avec le Saint-Père dans la voiture qu'il avait amenée. Pie VII bénit la ville de Rome et se remit aux mains de Dieu.

A trois heures du matin, la voiture sortait de Rome ; alors Pie VII se plaignit doucement à Radet de l'avoir fait partir sans les personnes qu'il voulait désigner pour l'accompagner. Le général répondit que ces personnes le rejoindraient bientôt.

Nous ne pouvons raconter tous les détails de ce voyage pénible, où le Pape était vénéré partout, où les postillons ne partaient qu'après avoir reçu la bénédiction de leur Saint-Père bien-aimé.

La voiture traversa Sienne, la ville fidèle, et arriva à Florence le soir du 8 juillet. La grande-duchesse Élisa, sœur aînée de l'Empereur, qui gouvernait dignement son beau duché de Toscane, donna au Pape sa meilleure voiture, lui envoya son médecin, et s'occupa avec amour de tous les soulagements qui pouvaient rendre au Saint-Père les routes moins fatigantes. Enfin il arriva à Grenoble, où il fut logé à l'évêché.

Lorsque l'Empereur apprit à Schœnbrunn l'enlèvement du Pape, il bondit et s'écria : « C'est toujours l'écervelé qui au début a perdu les affaires d'Espagne! » Il lui écrivit une lettre irritée et donna aussitôt des ordres pour qu'on fît partir en poste du garde-meubles de la couronne tout ce qui pouvait rendre convenable la demeure du Pape à Savone, qu'il fixait pour sa résidence, et « il ordonna qu'on envoyât de Paris un

» de ses chambellans, M. de Salmatoris, avec une troupe de
» serviteurs, afin de préparer au Pape une représentation
» digne de lui. Il ordonna aussi qu'on le laissât faire tout ce
» qu'il voudrait, accomplir toutes les cérémonies du culte et
» recevoir les hommages des populations nombreuses qui se
» déplaçaient pour venir le voir. »

« Voilà, dit M. de Norvins, par quels moyens Joachim Murat, de sa seule autorité, tenta de terminer la lutte entre les deux pouvoirs qui seuls alors dominaient l'Europe. Le Pape gagna à cette odieuse et impolitique violence la couronne du martyre. La tiare prisonnière n'en devint que plus sacrée. Toute la haute Italie se trouva à genoux sur le passage du Saint-Père. Il eut le triomphe de la sainteté et celui de la persécution. »

Or Napoléon, qui, comme Louis XIV, ne voulait pas démentir ses agents trop zélés, ce qui déjà avait eu lieu à l'occasion du duc d'Enghien, voyait en ce cas présent des inconvénients graves à punir la démarche de son beau-frère.

D'un autre côté, il ne pouvait quitter l'Allemagne sans avoir conclu la paix. Et à cette paix se rattachait un projet qui datait de la mort du jeune fils de son frère Louis. Il s'agissait de son divorce et d'une alliance avec une fille des Césars.

LVIII. — L'ASSASSIN DE SCHŒNBRUNN.

> Jeune homme, il y a loin du poignard
> d'un assassin au cœur d'un honnête homme.
> LE PRÉSIDENT MOLÉ.

Pendant les pourparlers qui préparaient une paix que l'on croyait enfin sérieuse, Napoléon s'était établi au château de Schœnbrunn avec son état-major. Les conditions de la paix se discutaient lentement. Napoléon exigeait cent millions; on n'en voulait accorder que cinquante. Le 11 octobre enfin, l'Autriche supplia qu'on diminuât cette énorme contribution : on la réduisit de quinze millions.

On exigeait encore de l'Autriche l'abandon de plusieurs provinces, tant à la France et au royaume d'Italie qu'aux princes de la Confédération du Rhin qui restaient attachés à l'Empereur.

Mais, à travers ces discussions, un incident subit eut lieu. Le 13 octobre, l'Empereur à Schœnbrunn passait la revue de sa garde, lorsqu'un jeune Allemand, de figure bonne et douce, s'avança tout à coup au-devant de l'Empereur, qui se trouvait entre le prince de Neufchâtel (Berthier) et le général Rapp. On pensait qu'il voulait présenter un placet. Il adressa à l'Empereur la parole en allemand. Napoléon le renvoya au général Rapp, qui entendait cette langue. Rapp, en l'éloignant un peu, crut sentir qu'il portait une arme cachée. Il appela un gendarme, qui trouva sur lui un poignard et un portrait. C'était celui de sa jeune fiancée.

Après la revue, Napoléon ordonna qu'on lui amenât ce jeune homme. « D'où êtes-vous ? lui dit-il. — Je suis d'Erfurt. — Que vouliez-vous de moi ? — Vous demander la paix. — Pensiez-vous que je pusse écouter un homme sans mission ? — En ce cas, je vous aurais tué ; à mes yeux ce n'est pas un crime, c'est un devoir. — Quel mal vous ai-je fait ? — Vous opprimez ma patrie et le monde entier. — Est-ce la religion qui vous inspire ? — Non ; mon père, ministre luthérien, ne soupçonne pas même mon projet. — Êtes-vous des francs-maçons ou des illuminés ? — Non.

— Cet homme est fou ou malade, dit l'Empereur. Appelez Corvisart. »

Le docteur arriva bientôt, et, sur le désir de Napoléon, il tâta le pouls du jeune homme. « Ce jeune homme se porte bien, dit-il. — Vous voyez que je ne suis ni fou ni malade, » ajouta le prévenu avec une sorte de fierté.

Napoléon, frappé de l'assurance de ce déterminé, lui dit :

« Si vous demandez pardon de votre crime, je vous ferai grâce. — En ce cas je n'aurais que le regret de n'avoir pas réussi. — Vous savez l'histoire de Brutus? — Il y en a eu deux; le dernier est mort pour la liberté. — On a trouvé sur vous un portrait? — C'est celui d'une jeune fille à qui je devais m'unir. — Quoi! votre cœur contient des sentiments si doux, et vous ne craignez pas de compromettre par un crime les êtres que vous aimez? — J'ai cédé à une voix plus forte. — Mais en me frappant au milieu de mon armée, comment pensiez-vous vous échapper? — Je suis étonné d'exister encore. — Celle que vous aimez sera bien affligée. — Elle sera affligée d'apprendre que je n'ai pas réussi.... — Mais enfin, si je vous faisais grâce. — Je chercherais encore à vous tuer. »

Napoléon demeura stupéfait devant ce fanatisme. On garda l'assassin. La paix fut signée le lendemain 14, et le 17, après que le jeune fanatique eut refusé de boire et de manger pendant quatre jours, et qu'il eut répété sans relâche ses farouches déclarations, on le ramena à Vienne, où un conseil de guerre le condamna à passer par les armes.

Au moment où les fusils s'abaissaient pour lui donner la mort, on lui annonça que la paix était signée; il ne répondit à cette nouvelle qu'en criant d'une voix forte : « Vive la liberté! vive l'Allemagne! »

Ce jeune insensé s'appelait Stabs. Il était un des illuminés.

LIX. — LE DIVORCE.

> Ne faites pas ce que Dieu désapprouve;
> C'est vous heurter contre plus fort que vous.
> PIERRE MATTHIEU.

L'Empereur avait encore élevé sa grandeur par la victoire de Wagram, et l'Autriche se trouvait dans une position désespérée, lorsqu'elle avait proposé un armistice. « Napoléon eut la générosité d'y consentir, dit ici M. de Bausset. S'il avait été aussi ambitieux que l'ont dit ses détracteurs, il avait une belle occasion de se satisfaire. » Mais à côté de sa générosité incontestable il cédait aussi à un autre sentiment. Résolu, après pourtant de sérieuses hésitations, à divorcer avec Joséphine, il voyait dans une jeune archiduchesse d'Autriche une épouse qui lui convenait. Une glorieuse union avec une fille des Césars lui souriait, et il mettait cette condition dans les articles secrets de la paix accordée.

Quand tout fut convenu, il laissa son armée dans ses campements et partit de Schœnbrunn le 18 octobre. Il arriva le 24 à Strasbourg et le 26 à Fontainebleau. Le 29 il fit publier à Paris le traité de paix entre la France et l'Autriche, et le mois de novembre fut un mois de fêtes. Les rois de Saxe, de Wurtemberg, de Naples, de Hollande et de Westphalie, et avec eux un grand nombre de princes, arrivèrent à Paris. Le *Te Deum* fut chanté à Notre-Dame le 2 décembre, en présence de tous ces rois, de tous ces princes souverains, et de tous les corps de l'État.

Le prince Eugène, vice-roi d'Italie, arriva à Paris le 10 décembre, et fut suivi peu de jours après par le roi et la reine de Bavière. Napoléon voulait que tous ceux qui lui étaient chers consacrassent en quelque sorte par leur présence les actes qu'il préparait.

Nous ne pouvons retracer ici les scènes intimes qui annoncèrent à Joséphine le divorce comme nécessité d'État. Elle supporta sa peine avec dignité. Donc, le 16 décembre, le Sénat prononça la dissolution du mariage de Napoléon avec Joséphine, en statuant, de la volonté de l'Empereur, qu'elle conserverait son titre d'impératrice-reine; et le 9 janvier 1810, l'officialité de Paris déclara, par une sentence, la nullité, quant aux liens spirituels, de ce mariage.

Le 17 février, un autre sénatus-consulte réunit Rome et l'État romain à l'Empire français.

Dix jours après, le prince archichancelier de l'Empire lut

au Sénat un message de l'Empereur qui annonçait le départ du prince de Neufchâtel, chargé de demander solennellement la main de l'archiduchesse Marie-Louise, fille de l'Empereur d'Autriche.

Le lendemain 28, par un décret, l'Empereur établit loi générale de l'Empire la déclaration faite par le clergé de France en 1682 sur la puissance ecclésiastique. Il eût fallu dire : malgré le clergé de France, et sur l'exigence impérieuse de Colbert, et ne pas oublier que dix ans après Louis XIV avait retiré et condamné cette déclaration.

Mais on marchait alors en hostilité contre Rome.

LX. — MARIE-LOUISE.

A l'âge heureux où tout sourit,
On ne prévoit pas les jours sombres.
Pus.

Le 5 mars 1810, le maréchal Berthier, prince de Neufchâtel, faisait en grande pompe son entrée solennelle à Vienne, comme ambassadeur extraordinaire chargé d'une mission importante, celle d'obtenir pour l'Empereur son maître la main de l'archiduchesse Marie-Louise.

Le 9 mars, car on allait vite alors, l'impératrice Joséphine, endolorie et résignée, signait sa renonciation entière à ses droits et à son titre d'épouse de l'Empereur; et deux jours après, le 11 mars, le prince de Neufchâtel épousait à Vienne, au nom de l'Empereur son maître, la jeune archiduchesse. Deux jours après encore, Marie-Louise était emmenée de Vienne (le 13 mars) et se laissait conduire en France. Nous emprunterons ici quelques lignes aux souvenirs d'une dame qui eut l'honneur d'être attachée longtemps à la nouvelle épouse de Napoléon :

« Marie-Louise avait alors dix-huit ans et demi, une taille majestueuse, une démarche noble, beaucoup de fraîcheur et d'éclat, des cheveux blonds, mais qui n'avaient rien de fade, des yeux bleus, mais animés, une main et un pied qui auraient pu servir de modèles, un peu trop d'embonpoint peut-être, défaut qu'elle ne conserva pas longtemps en France; tels étaient les avantages extérieurs qu'on remarqua d'abord en elle. Rien n'était plus gracieux, plus aimable que sa figure, quand elle se trouvait à l'aise, soit dans l'intimité, soit au milieu de personnes avec lesquelles elle était particulièrement liée. Mais dans le grand monde, et surtout dans les premiers moments de son arrivée en France, sa timidité lui donnait un air d'embarras, que bien des gens prenaient mal à propos pour de la hauteur.

» Elle avait reçu une éducation très-soignée; ses goûts étaient simples, son esprit cultivé. Elle s'exprimait en français presque avec autant d'aisance qu'en sa langue naturelle. Calme, réfléchie, bonne et sensible, quoique peu démonstrative, elle avait tous les talents agréables, aimait à s'occuper et ne connaissait pas l'ennui. Nulle femme n'aurait pu mieux convenir à Napoléon. Douce et paisible, étrangère à toute espèce d'intrigue, jamais elle ne se mêlait des affaires publiques, et elle n'en était instruite le plus souvent que par les journaux.

» Pour mettre le comble au bonheur de Napoléon, il se trouva que cette princesse, qui aurait dû ne voir en lui que le persécuteur de sa famille, l'homme qui l'avait obligée deux fois à fuir de Vienne, se trouva flattée de captiver celui que la renommée proclamait le héros de l'Europe et bientôt éprouva pour lui un tendre attachement (1). »

Empruntons encore au même récit : « L'Impératrice (car elle l'était déjà, son mariage par représentation ayant été solennellement bénit à Vienne), l'Impératrice marchait à petites journées, et une fête était préparée dans chaque ville où elle passait.

(1) *Mes souvenirs sur Napoléon, sa famille et sa cour*, par madame veuve du général Durand, attachée pendant quatre ans à l'impératrice Marie-Louise.

A Munich, on lui remit une lettre de Napoléon; et les choses avaient été arrangées de telle manière que tous les matins à son lever, un page, arrivant de Paris, lui en apportait une nouvelle. Elle y répondait avant son départ, et le page repartait pour Paris avec sa réponse. Ce commerce épistolaire dura pendant tout le voyage, qui fut de quinze jours. Et l'on remarqua que Marie-Louise lisait chaque fois avec plus d'intérêt les billets qui lui était remis....

» De son côté, Napoléon brûlait du désir de voir sa jeune épouse. Sa vanité était plus flattée de ce mariage qu'elle ne l'aurait été de la conquête d'un empire. Ce qui le charmait encore davantage, c'est qu'il savait (on le lui disait du moins) que Marie-Louise y avait consenti volontairement, et non en princesse qu'on sacrifie à de grands intérêts politiques. On l'entendit plusieurs fois maudire le cérémonial et les fêtes qui retardaient cette entrevue si désirée et qui devait avoir lieu à Soissons, où un camp avait été formé pour la réception de l'Impératrice.

» Ne pouvant modérer son impatience, l'Empereur s'y rendit vingt-quatre heures avant l'arrivée de la princesse; et dès qu'il apprit qu'elle n'en était plus qu'à dix lieues, il partit avec le roi de Naples pour aller au-devant d'elle. Les deux voitures se rencontrèrent à quatre lieues de Soissons. L'Empereur descendit de la sienne; on ouvrit la portière de celle de l'Impératrice, et il s'y précipita plutôt qu'il n'y monta.

» Napoléon la trouva charmante; et il était si enthousiasmé qu'à peine voulut-il s'arrêter quelques instants à Soissons et qu'on se rendit de suite à Compiègne », où tout était préparé pour la recevoir avec splendeur. C'était le 28 mars.

Trois jours auparavant, l'Empereur avait fait un décret qui, à l'occasion de son mariage avec Marie-Louise, rendait à la liberté tous les prisonniers pour dettes, dotait six mille jeunes filles qui devaient épouser des militaires, accordait amnistie entière à tous les déserteurs, et répandait d'autres grandes faveurs.

Le 30 mars, Napoléon et Marie-Louise quittèrent Compiègne et arrivèrent à Saint-Cloud. Le lendemain, 1er avril, le prince archichancelier Cambacérès procéda à l'union civile de l'Empereur et de l'Impératrice.

Le 2 avril, Napoléon et Marie-Louise firent en grande pompe leur entrée à Paris, où les attendait une somptueuse chapelle préparée dans le Louvre. Leur mariage fut là célébré et bénit par le cardinal Fesch, oncle de l'Empereur et grand aumônier, en présence des cardinaux, archevêques, évêques, des grands dignitaires de l'Empire et des députations de tous les corps de l'État. Il y eut ce jour-là à Paris et dans toutes les grandes villes des fêtes immenses.

Le 5 avril, l'Empereur et l'Impératrice retournèrent à Compiègne, ce qui retarda les fêtes que Paris voulait donner à propos de ce mariage auguste. Ils y séjournèrent trois semaines. Le 27, l'Empereur emmena sa jeune épouse en Belgique; il s'arrêta le 30 au château royal de Laeken. Le 1er mai, il inspecta les travaux du port d'Anvers. Après une station de sept jours dans cette place, il visita Middelbourg, Flessingue et quelques autres rades. Il forma des îles de Walcheren, de Sud-Beveland, de Nord-Beveland et de quelques autres îlots un nouveau département de l'Empire, qu'il appela le département des Bouches-de-l'Escaut; et le 14 mai Napoléon et Marie-Louise entrèrent à Bruxelles.

LXI. — NAPOLÉON A BRUXELLES.

Ah! le beau jour que c'était là!
MARTIAL D'AUVERGNE.

Ce jour où Napoléon allait présenter aux Bruxellois sa jeune épouse, le cri de *Vive l'Empereur!* qui fait encore vibrer les fibres de plus d'un vieux cœur, retentissait avec frénésie, poussé par cent mille voix dans toutes les rues de Bruxelles.

Marie-Louise était pour les Belges, si constants dans leurs affections, la petite-fille de Marie-Thérèse. Comme ils étaient heureux de revoir le sang de cette grande souveraine qui les avait gouvernés avec amour! Comme ils étaient fiers aussi d'avoir pour chef ce géant qui les appelait l'un des plus beaux fleurons de sa couronne impériale! Comme il était séduit ce beau pays, le berceau des Francs, qui regrettait moins sa nationalité devant la gloire de faire partie du grand empire!

C'est que l'homme immense qu'on appelait l'homme du siècle, et qui alors en était le maître, était en vérité si grand, qu'il l'eût été trop s'il n'avait pas eu ses torts religieux. C'est qu'il charmait les regards, qu'il imposait à la fois aux masses et aux sommités, qu'il avait une marche surhumaine, qu'il parlait un langage inouï. C'est qu'il dépassait toutes les grandeurs humaines du passé. C'est qu'il était si brillant, qu'on lui pardonnait ses erreurs et ses fautes. C'est qu'il payait à ses peuples, avec la gloire qu'il semblait prodiguer à pleines mains, ce qu'il enlevait à la liberté, qui voulait grandir trop vite.

Ce fut donc fête immense dans Bruxelles le soir du 14 mai de l'année 1810, année orgueilleuse, où Dantzig, Anvers, Cologne, Bruxelles, Paris et bientôt Amsterdam étaient des villes d'un même empire.

Le 14 mai au soir, l'Empereur (ce nom ne semblait plus fait que pour lui), l'Empereur était entré subitement dans la capitale de la Belgique. Parvenu, entre deux haies mouvantes d'admirateurs éblouis, jusqu'à la porte de France, il avait parcouru la rue d'Anderlecht, la Grande-Place, la rue de la Madeleine, la Montagne de la Cour. Il s'était arrêté un moment à la place Royale; de là, avec son œil d'aigle, il avait projeté une vaste rue droite, qui devait mettre la tour de Saint-Michel en face de l'élégant portique de Saint-Jacques. Un peu après, il annonçait que le parc deviendrait le centre de Bruxelles. Cet homme organisait tout en courant.

Avec la fille des Césars, sa jeune et fraîche épousée, il avait gagné le château de Laeken, où quelques instants de repos remontaient, comme par un prodige, les forces de l'homme qui se faisait honneur d'avoir reconstitué l'empire de Charlemagne, et qui, en quelque sorte, avait pris en main les rênes du monde.

Le lendemain, il fit dans Bruxelles, qui lui remit ses clefs, une entrée plus solennelle, au milieu des clameurs et des bannières flottantes. La nouvelle porte de Laeken avait pris le nom de Napoléon; plus tard, hélas! on l'a appelée porte Guillaume; on la nomme aujourd'hui prosaïquement porte d'Anvers. Ce fut partout une fête de famille, dont les Bruxellois ne perdront jamais le souvenir. On vit la promenade des géants, les cavalcades, les jeux des anciens jours. Les chiffres enlacés de Napoléon et de Marie-Louise, entourés l'un de lauriers, l'autre de roses, brillaient en rayons de flamme sous un dais pompeux devant l'hôtel de ville, dont la gracieuse tour fut toute la nuit illuminée jusqu'au sommet.

Ce n'est pas ici le lieu de retracer tous les détails de ces grandes réjouissances. Bornons-nous à conter deux petites anecdotes, dont l'une n'est qu'une légère facétie : l'autre mérite peut-être de vivre.

Un ancien échevin de Bruxelles, devenu conseiller de préfecture dans la capitale, en ce temps-là chef-lieu du département de la Dyle, voulut distinguer son zèle pour l'Empereur par une ambitieuse production poétique. Beaucoup de vers, plus ou moins remarquables, formaient des transparents dans les rues. On chantait des ballades, des vaudevilles, des ariettes, des airs de triomphe; on avait inscrit des quatrains jusque sur la porte de Napoléon. Le vieux conseiller, au moment de la remise des clefs de Bruxelles, avec une bonhomie dont on retrouve encore les heureux types, lança hardiment ce distique à l'Empereur :

> Il n'a pas fait une sottise
> En épousant Marie-Louise.

Et l'ancien échevin fut si content de lui-même à l'occasion de ces vers, qui avaient fait sourire les lèvres impériales, qu'il les fit écrire pour le soir sur une gaze éclairée devant la porte de sa maison, située dans la rue de Laeken.

Durant cette magnifique soirée, où l'allée Verte fut illuminée en verres de couleurs, où toutes les maisons, pavoisées de bannières, chargées de guirlandes de fleurs, festonnées de lampions enflammés, témoignaient de l'ivresse publique, le distique du conseiller ne fut pas celui qu'on remarqua le moins.

Et le jour suivant, quand l'Empereur ouvrit ses mains pour répandre à grands flots les grâces et les faveurs, il donna au vieux poëte une tabatière, qu'il accompagna aussi de cet impromptu, digne réplique de l'allocution de la veille :

> Lorsque vous prendrez une prise,
> Souvenez-vous de Marie-Louise.

Or, ce petit trait a été souvent écrit. Il n'en est pas de même, je crois, de ce qui va suivre.

L'Empereur (c'était pour lui un des ornements de toutes ses fêtes) passa une revue du peu de troupes qui se trouvaient alors à Bruxelles. L'allée Verte en fut le théâtre. — Peut-être faudrait-il ici vous dire quelques mots de cette belle promenade, si chérie des Bruxellois, de ces beaux arbres que le maréchal de Saxe épargna en 1746, à la prière des dames de la ville qu'il assiégeait ; plus gracieux en cela que le duc de Wellington, qui en 1815 saccagea le bois de Boulogne, malgré les instances des dames de Paris. Peut-être aussi faudrait-il vous rappeler que, le 2 juillet 1803, Napoléon, faisant son entrée à Bruxelles monté sur un cheval blanc, avait parcouru l'allée Verte illuminée avec une magnificence qui ne s'est pas répétée là depuis le premier empire. Mais nous ne voulons pas nous écarter de la brillante époque à laquelle nous donnons un souvenir.

Parmi les épisodes qui marquèrent la revue du maître,

nous ne mentionnerons toutefois que celui-ci. En distribuant ses regards à tous ses braves, l'Empereur distingua un vieux soldat qui portait les insignes de sergent-major. Il avait des yeux grands et fermes, qui brillaient comme des flambeaux sur un visage noirci par vingt campagnes. Une barbe énorme, couvrant la moitié de cette figure, la rendait encore plus formidable ou plus bizarre. L'Empereur le fit sortir des rangs.

Le cœur du vieux brave, si ferme, si intrépide, ressentit de l'émotion. Une vive rougeur parut sur ce qu'on pouvait distinguer de ses traits, car il était modeste.

« Je vous ai vu, lui dit l'Empereur. Votre nom?

— Noël, Sire, répondit-il d'une voix déjà altérée.

— N'étiez-vous pas en Italie?

— Oui, Sire, tambour au pont d'Arcole.

— Et vous êtes devenu sergent-major?

— A Marengo, Sire.

— Mais depuis?

— J'ai pris ma part de toutes les grandes batailles. »

L'Empereur fit un signe. Le sergent-major rentra dans les rangs, et pendant deux minutes Napoléon s'entretint avec le colonel. Quelques regards lancés sur Noël pouvaient faire penser qu'il s'occupait de lui. En effet, c'était un de ces précieux soldats, vaillants et calmes, esclaves du devoir et de la discipline, constants et dévoués comme les aimait l'Empereur. Il s'était distingué dans toutes les affaires; sa modestie ne lui ayant pas permis de solliciter de l'avancement, on l'avait oublié dans toutes les promotions. L'Empereur le rappela.

« Vous avez mérité la croix, lui dit-il en lui remettant la sienne. Vous êtes un brave! »

Le soldat, en ce moment, se trouvait entre son colonel et son Empereur. Il ne sut pas répondre un mot; mais ses grands yeux dirent beaucoup à celui qui savait si habilement récompenser.

Sur un geste du prince, les tambours battirent un ban :

le silence se fit, et le colonel, présentant à l'armée le nouveau chevalier de la Légion d'honneur, qui tremblait en plaçant avec transport sa croix sur sa poitrine, s'écria d'une voix forte :

« Au nom de l'Empereur! reconnaissez le sergent-major Noël comme sous-lieutenant dans votre régiment. »

Toute la ligne présenta les armes. Noël, dont tout le cœur s'était ébranlé, entendit ce mot comme le prestige d'un rêve; il voulut se jeter à genoux : mais la figure impassible de l'Empereur, qui alors semblait plutôt rendre justice que donner des grades, le retint.

Sans voir son mouvement, sans faire attention aux sentiments qui agitaient le brave, Napoléon fit un nouveau signal, les tambours battirent un second ban; le colonel reprit de sa voix puissante :

« Au nom de l'Empereur! reconnaissez le sous-lieutenant Noël comme lieutenant dans votre régiment. »

Ce nouveau coup de tonnerre faillit renverser le bon soldat. Ses genoux le soutenaient à peine; ses yeux, qui depuis vingt ans n'avaient jamais su pleurer, se mouillèrent de grosses larmes; il chancelait; ses lèvres balbutiaient, sans parvenir à exprimer aucun son; il ne se reconnaissait déjà plus, lorsqu'un troisième roulement de tambours acheva d'égarer sa tête; et le colonel dit :

« Au nom de l'Empereur! reconnaissez le lieutenant Noël comme capitaine dans votre régiment. »

Après cette promotion, l'Empereur, avec ce calme supérieur aux passions qui lui donnait tant de majesté, continua gravement et froidement sa revue.

Mais le pauvre Noël s'était évanoui, les yeux gonflés de larmes, dans les bras de son colonel, en poussant à moitié, d'une voix étouffée, son cri de *Vive l'Empereur!*

En 1815, ce brave servait encore ardemment son souverain chéri. Il n'allait qu'à cheval, car il avait alors une jambe de bois. Après la bataille de Waterloo, il en avait deux.

LXII. — FÊTES DU MARIAGE.

Les plus belles fêtes ont souvent aussi leurs tristesses. AMELOTTE.

En quittant la Belgique, Napoléon et Marie-Louise visitèrent Lille, Dunkerque, le Havre et Rouen. Les deux augustes époux rentrèrent à Paris le 1er juin. On s'occupa aussitôt des fêtes projetées et préparées à l'occasion de leur mariage. La première, donnée par la capitale, eut lieu le 10 juin; elle fut splendide : l'Empereur et l'Impératrice prirent part au somptueux banquet de l'hôtel de ville avec les plus hauts personnages de l'État et les ambassadeurs des grandes puissances alliées.

Quelques jours après, il y eut d'autres démonstrations, parmi lesquelles on remarqua la fête donnée par la garde impériale, en son nom et au nom de l'armée. Elle eut lieu au Champ de Mars.

L'ambassadeur d'Autriche, prince de Schwarzenberg, avait annoncé une autre grande fête en l'honneur de l'union glorieuse de l'archiduchesse et de l'Empereur. Elle devait se célébrer sous une tente immense et richement ornée qui occupait tout le jardin de l'ambassade. Mais elle est devenue si douloureusement célèbre par la catastrophe qui la termina dès le début, que, comme le baron de Meneval (1), nous n'osons pas entrer dans le détail des malheurs occasionnés par l'incendie qui dévora cette salle de bal improvisée.

La famille impériale fut l'objet de la première sollicitude du prince de Schwarzenberg. Il fit sortir bien entouré l'Empereur, emportant dans ses bras sa jeune épouse. Dès que Napoléon la vit en sûreté, « il la fit monter dans sa voiture et s'y plaça à côté d'elle afin de la rassurer. Puis, arrivé aux

---

(1) *Napoléon et Marie-Louise, Souvenirs historiques*, t. Ier, chap. v.

Champs-Élysées, il la laissa continuer sa route sur Saint-Cloud et revint à l'hôtel de l'ambassade, pour contribuer par sa présence à disputer quelques victimes à l'incendie.

» Ce malheur fit une triste diversion aux réjouissances, qu'aucun accident n'avait troublées jusque-là. Le souvenir de la calamité qui affligea les fêtes du mariage de Louis XVI avec Marie-Antoinette se présenta à tous les esprits (1); de fâcheux pressentiments réveillèrent des inquiétudes, dont l'impression passagère se perdit bientôt pourtant dans l'éclat de cette union et dans le prestige de la fortune de Napoléon. Le lendemain, le premier soin de l'Empereur fut d'envoyer demander des nouvelles des personnes qui avaient souffert de cet affreux accident. »

Les secours des incendies étaient depuis Louis XVI apportés par des agents qu'on appelait les garde-pompes, mais si mal organisés qu'ils n'arrivèrent que deux heures après que tout était consumé. Napoléon, le lendemain aussi, ordonna la dissolution du corps des garde-pompes, et constitua à l'instant le corps des sapeurs-pompiers comme nous le voyons aujourd'hui.

LXIII. — ABDICATION DE LOUIS-NAPOLÉON.

Plus fait douceur que violence.
LA FONTAINE.

Le surlendemain de cette fête, si cruellement étouffée par un désastre affreux, le 3 juillet 1810, une nouvelle peine allait frapper l'Empereur. Son frère Louis, ce jour-là, abdiquait sa couronne de Hollande.

---

(1) On sait qu'au mariage de Louis XVI cent ou cent cinquante personnes furent écrasées dans des fossés laissés ouverts à droite et à gauche de la rue Royale. De semblables catastrophes eurent lieu aux fêtes du mariage du fils aîné de Louis-Philippe avec une princesse de Mecklembourg. Beaucoup de curieux furent écrasés dans les fossés qui entouraient alors le Champ de Mars.

Napoléon avait élevé lui-même ce jeune frère; et le voyant doux et calme, il avait conquis sur lui une grande influence. Quelquefois il en avait abusé. Lorsque Louis eut vingt-quatre ans et qu'il fut question de le marier, quoiqu'on sût qu'il avait un penchant pour une demoiselle de la Pagerie, il lui fit épouser la fille de Joséphine, mademoiselle Hortense de Beauharnais, jeune fille charmante et chère à tous. Il faisait ainsi une gracieuseté à Joséphine, et croyait assurer le bonheur de son frère en qui il voyait trop un enfant. Ce mariage fut bénit le 3 octobre 1802. Mais le cœur de Louis fut un peu froissé. Cependant les grâces et l'extrême bonté d'Hortense, qui comme lui était pieuse et douce, conquirent bientôt ses affections; et la bonne entente était rentrée entre les deux frères lorsqu'il naquit un fils à Louis, le 10 octobre 1803. Plus tard, Napoléon, élevé à l'empire, demanda à son frère Louis cet enfant et l'adopta; on l'avait nommé au baptême Napoléon-Charles; Napoléon, qui désapprouvait alors le divorce, voyait en lui le successeur qu'il désirait.

Cet enfant fut élevé avec soin par sa mère, et on remarqua bientôt chez lui les dispositions les plus heureuses. Louis eut un second fils qui naquit aussi à Paris le 11 octobre 1804.

Le 5 mai 1806 Louis fut appelé au trône de la Hollande. On comprenait sous ce nom tous les États des anciennes Provinces-Unies qui forment présentement le royaume des Pays-Bas. Napoléon, charmé de ce que promettait son fils adoptif, le proclama prince royal de Hollande et s'occupa avec le plus vif intérêt de son éducation. Mais l'homme propose et Dieu dispose. Un an après, ce petit prince mourut à la Haye (le 5 juin 1807).

Ce fut une vive douleur pour le roi et la reine de Hollande; et cette douleur ne fut pas moindre au cœur de l'Empereur. Il crut devoir solliciter le second fils de Louis, mais Louis, désolé de la perte de l'aîné, ne voulut pas hasarder le second; c'était son expression. Napoléon s'en irrita, et dès lors il se décida au divorce.

Dès lors aussi il tracassa fréquemment son frère. Les Hollandais n'avaient de ressource que dans le commerce. Le blocus continental les paralysait. Les Anglais faisaient des invasions dans leurs ports, enlevaient leurs navires et apportaient de la contrebande. Louis ne pouvait se décider à rechercher violemment ceux qui observaient mal les lois du blocus; et Napoléon, nous l'avons dit déjà, appelait tout haut son frère *le fraudeur de Hollande*. Il s'emparait de ses ports où il mettait ses troupes. Sept semaines auparavant (le 13 mai), Napoléon lui avait enlevé, comme nous l'avons vu, les îles de Walcheren, Sud-Beveland, Nord-Beveland et d'autres îlots, pour en faire un département de son empire.

A ce dernier envahissement que Napoléon avait accompli à peu de distance d'Amsterdam et sans l'en aviser, sans lui donner signe de vie, Louis s'était décidé à l'abdication ; ce qui fut pour la Hollande une vive douleur. En quittant les Hollandais qui n'avaient cessé de le bénir, il leur conseilla le seul moyen qui pût soutenir leur prospérité ; c'était de demander leur réunion à l'Empire français, qui offrait alors à son commerce quarante millions de consommateurs. Puis, en descendant du trône, le jeune roi se retira à Gratz en Styrie.

Une commission de notables hollandais partait aussitôt pour Paris. Elle exposa à l'Empereur, en audience solennelle, que, dans l'état présent, le pays des Bataves ne pouvait pas vivre isolé; que ce pays faisait partie des Gaules, comme on le voit dans Tacite et dans Pline, et comme l'a complétement démontré le savant géographe de Dantzick Philippe Cluvier. Elle lui rappela l'allocution du héros batave Civilis, lorsqu'il se ligua avec le Langrois Sabinus pour secouer le joug des Romains. « Nous aussi, nous sommes Gaulois, » disait-il.

Les commissaires ajoutèrent que le Rhin, la Meuse, l'Escaut et les autres fleuves de leur pays étaient des fleuves français. Ils demandaient, comme on dirait aujourd'hui, l'annexion. Elle leur fut accordée; et les écrivains qui depuis se sont étonnés de ce qu'en réunissant le pays des Bataves à l'Empire, l'Empereur motivait cette réunion sur le fait que cette contrée était une alluvion des fleuves français, s'étonnaient d'une vérité.

Ce fait consommé, l'Empereur envoya, pour organiser et gouverner ces nouveaux départements, un des grands noms de l'Empire, l'architrésorier prince Lebrun, duc de Plaisance, avec le titre de gouverneur général de la Hollande. C'était un noble vieillard, plein de vigueur, dont l'administration sage et bienveillante devait soutenir le pays des Bataves, où il n'a laissé que de bons et honorables souvenirs.

L'Empereur ne permit le départ des commissaires hollandais qu'après les avoir comblés de prévenances, et il leur promit, en les quittant, d'aller bientôt visiter les nouveaux départements dont leur adhésion agrandissait l'Empire.

LXIV. — NAISSANCE DE L'HÉRITIER DU TRONE.

> Jamais pour un fils de la France
> Fut-il un avenir plus beau?
> L'Amour, la Gloire et l'Espérance
> Veillent autour de son berceau.
> ÉTIENNE, dans *la Fête du village*.

Le reste de l'année 1810 conserva l'Empereur à Paris, occupé de grands actes administratifs et surveillant avec espoir l'état intéressant de Marie-Louise. Les guerres d'Espagne se continuaient, comme nous l'avons dit; l'Empereur nommait l'abbé Maury archevêque de Paris; l'abbé acceptait cette dignité sans rechercher la sanction du Pape. Bernadotte, adopté par le vieux roi de Suède, allait aussi devenir roi, mais en abdiquant son titre de Français et sa foi de chrétien catholique.

Cependant Napoléon, se berçant de l'espoir qu'il aurait un fils, voulait lui préparer un palais. C'était un peu hâtif.

Il chargea son architecte Fontaine d'en étudier le plan; on l'exposa; il fut trouvé admirable. Ce palais devait être élevé sur un terrain accidenté au haut des Champs-Élysées et près de Longchamps. Il s'agissait d'acquérir une portion de ce terrain, qui était vague, mais sur lequel un tonnelier nommé Jobert s'était bâti une baraque où il se sentait chez lui, parce qu'on le lui avait permis et qu'il connaissait cet axiome : Possession vaut titres.

Cette baraque pouvait valoir quatre à cinq cents francs. L'Empereur chargea M. Fontaine de l'acheter. Il en offrit mille francs. Jobert répondit qu'il en voulait dix mille. Rapport à l'Empereur, qui dit sans hésiter : « Achetez dix mille francs. »

Quand le lendemain M. Fontaine revint, Jobert, qui avait consulté, en voulut vingt mille; et les raisonnements de l'architecte ne ramenèrent pas le tonnelier à la raison. Il avait appris que l'Empereur avait besoin de la place qu'il occupait.

Autre entrevue de M. Fontaine avec Napoléon. Murat, qui s'y trouvait présent, dit à l'Empereur : « Sire, envoyez là une douzaine de sapeurs et faites disparaître l'obstacle.

— Non, répondit l'Empereur, c'est le pendant du moulin de Sans-Souci. Je veux que cette maison reste, comme un monument de mon respect pour la propriété. »

L'imbécile qui avait ainsi refusé une fortune ne retira de sa baraque que les matériaux, sous la Restauration, qui la fit abattre.

Enfin le 19 mars, Marie-Louise fut prise des douleurs de l'enfantement; l'accouchement fut pénible, et le 20 mars 1811, à neuf heures et demie du matin, l'empereur Napoléon se vit père d'un fils bien constitué, qui fut annoncé par cent un coups de canon à la ville de Paris enchantée, parce qu'elle voyait là des fêtes encore. Le jardin des Tuileries était rempli d'une foule immense et compacte, qui poussait des vivat et des clameurs de joie et de triomphe; car l'Empereur et l'Impératrice étaient aimés.

L'enfant fut solennellement ondoyé ce même jour, à la chapelle des Tuileries. La cérémonie, qui eut lieu à neuf heures du soir, fut très-pompeuse et très-digne, aux chants du *Veni, Creator* et ensuite du *Te Deum*. Le ministre de l'ondoiement était le cardinal Fesch, en présence de Napoléon, de sa famille et de toute sa cour. Les témoins officiels étaient le grand-duc de Wurtzbourg, oncle de l'Impératrice, et le prince Eugène, vice-roi d'Italie. On nomma l'enfant Napoléon-François-Charles-Joseph.

Son avenir était d'être un jour Napoléon II. En attendant, l'Empereur le nomma roi de Rome, idée fâcheuse et qui ne devait pas porter bonheur au jeune prince. Car c'était consacrer l'imprudence malheureuse qui avait réuni les États de l'Église à l'Empire français. On oubliait qu'en devenant chrétien Constantin le Grand, ne croyant pas que Rome pût avoir deux majestés dans son sein, avait emporté son trône à Constantinople et laissé Rome au vicaire de Jésus-Christ; que cette cession avait été confirmée solennellement par Pépin et Charlemagne, qui avaient agrandi les domaines du Saint-Siége. On oubliait aussi que tous ceux qui depuis avaient porté la main sur ces domaines avaient expié leur témérité.

LXV. — LE BERCEAU DU PETIT PRINCE.

> Le raisonnement ne produit pas les idées;
> il les sent naître ou il les suppose, et il en
> tire parti.   BOURLIER.

Quelles que soient les sympathies ou les antipathies (ces dernières sont rares) que produise le nom immense de Napoléon Ier, il est constant néanmoins que ses ennemis, comme ses amis, ne peuvent pas lire sans intérêt ce qui le touche, et que son nom donne du relief aux plus petites choses. Il est constant aussi que les haines les plus passionnées, que les pamphlets les plus violents, n'ont pas pu l'amoindrir, et que la satire s'est empoisonnée elle-même en cherchant à l'atteindre de ses dents vénéneuses. Son génie au coup d'œil si prompt et si sûr, son activité incomparable, ses déterminations rapides qui éclataient comme des arrêts inévitables, sa prodigieuse aptitude à tout ce qui était grand et digne, tout cela joint à ses paroles graves et profondes, ont imprimé sa trace, qui est devenue tout d'un coup du granit.

Dans les campagnes françaises, où le bon sens fait sa demeure, on voyait en lui plus qu'un homme, plus qu'un monarque; on voyait un prodige, et le bon sens ne se trompe pas. On l'appelait le bras de Dieu. Quand il fut bien loin, en 1816, pendant les misères de cette affreuse année, on disait, dans les hameaux et dans les villages, que Napoléon avait emporté le beau temps. Et jusqu'au 15 décembre 1840, où son cercueil, revenu à Paris, causa de si grandes et de si universelles émotions, les campagnes attendaient son retour et n'avaient jamais voulu croire au récit de sa mort. C'est à ces idées, qui ont fait de Napoléon Ier un être surnaturel, qu'il faut attribuer l'empressement avec lequel on accueille partout ce qui se rattache à son souvenir.

Un de ses admirateurs disait à un critique :

« Ne touchez pas à mon grand homme, ou je me bouche les oreilles. »

Mais nous nous éloignons de ce qui fait le titre de cette anecdote. Nous y revenons par un autre préambule, en faisant remarquer un autre fait curieux de notre héros. C'est qu'à côté de ce puissant génie qui embrassait le monde, Napoléon, dans son intérieur, possédait les plus charmantes qualités, et que le vainqueur de Marengo et d'Austerlitz était chez lui plein de bonhomie et de joyeuse humeur, et cela avec une dignité si gracieuse, que celui qui a dit qu'il n'y a pas de grand homme pour son valet de chambre aurait restreint ce jugement absolu s'il avait connu l'Empereur.

Or un savant, plus habile sans doute à débrouiller un point d'érudition qu'à s'enrichir, eut un jour une idée, ce qui est rare chez les savants. Il songea qu'il pourrait remplir une certaine place, passablement payée, aussi bien que tant de têtes creuses qui n'ont pour elles que leur audace et leur présomption, éléments avec lesquels on arrive.

Ce n'était là que la préface de son idée.

Il demandait un emploi dont le traitement devait donner six mille francs. Mais sans protecteurs, et le mérite seul n'ayant jamais appuyé personne, il avait fait quatre pétitions qui, selon l'usage, n'avaient pas même été mises sous les yeux de l'Empereur. La nécessité est parfois bonne conseillère. De concert avec elle, il élabora l'idée que nous signalions et qui se présentait comme un stratagème qu'un courtisan n'eût pas négligé. Content de lui-même et passablement raffermi, le savant écrivit, avec beaucoup de soin, son placet, qu'il adressa à *Sa Majesté le Roi de Rome,* alors âgé de cinq à six mois. C'était là l'idée.

Plein de l'espoir du succès, il alla se présenter à un homme de cœur et de dévouement qu'il savait attaché à l'Empereur. C'était le baron Fain. Après qu'il se fut nommé, il lui mit sous les yeux son placet. Le baron Fain était un de ces hommes que les grandeurs ne rendent pas inaccessibles; il vit là de quoi réjouir un instant Napoléon. Il introduisit le savant, en accentuant son nom.

L'Empereur étendit la main, prit le placet et remarqua l'adresse, qui parut le surprendre agréablement.

« Sire, dit en même temps le baron Fain, c'est une pétition pour Sa Majesté le Roi de Rome.

— Eh bien, répliqua l'Empereur, portez-la à son adresse. »

En disant ces mots avec un sourire, il remettait le papier au suppliant.

Le roi de Rome trônait alors dans son berceau. Deux

chambellans conduisirent devant la petite Majesté le pétitionnaire ébloui, mais parfaitement remonté, car il avait vu dans les yeux de l'Empereur la fortune lui sourire.

On parlait encore le style classique sous le premier Empire.

Pour compléter son personnage, le savant s'inclina respectueusement devant le berceau du prince, déplia son placet et en fit gravement la lecture.

L'enfant-roi, qui avait ri pendant cette cérémonie, marmota pour réponse quelques syllabes et s'endormit. Le savant n'en fit pas moins trois profondes révérences et fut reconduit devant l'Empereur, qui demanda quelle réponse on avait obtenue.

« Sire, répliqua un chambellan, Sa Majesté le Roi de Rome n'a rien dit.

— Qui ne dit rien consent, » répliqua Napoléon; et la place fut accordée (1).

LXVI. — LE BAPTÊME.

> Quel tableau! le Roi de gloire
> Vient du haut du firmament.
> C'est l'Esprit-Saint qui descend
> Sur le fils du héros si cher à la victoire.
>
> Ant. Sérieys, *Cantate sur le baptême de Napoléon II.*

Le baptême du prince nouveau-né fut célébré à Paris avec le plus grand éclat, dans l'église de Notre-Dame, le 9 juin 1811. L'héritier de l'Empire, âgé de trois mois, avait pour parrain l'empereur d'Autriche, pour marraines

---

(1) Joséphine, qui avait adressé à Napoléon ses félicitations les plus cordiales sur la naissance de son fils, lui fit parvenir quelques semaines après l'expression bien vive du bonheur qu'elle aurait à le voir, ne fût-ce que peu d'instants. L'Empereur le lui fit porter à Bagatelle; elle en fut charmée et l'embrassa avec le cœur d'une mère. Pourtant elle pleura un peu.

madame mère de l'Empereur et la reine Hortense ; pour témoins le roi de Westphalie, le roi de Naples, le roi de Saxe, le roi de Wurtemberg, des reines, des ducs et presque toutes les sommités de l'Europe.

Ce baptême, qui se fit à cinq heures du soir, fut suivi d'un dîner splendide, offert par l'opulente cité dans l'hôtel de ville, et dont les convives étaient l'Empereur et l'Impératrice, accompagnés des Majestés et des Altesses qui alors faisaient cortége à l'Empereur.

Après le dîner, il y eut bal-gala. L'Empereur, tenant à son bras l'Impératrice qu'il ne quittait pas, entra dans ce bal, souriant et adressant des paroles gracieuses à toutes les dames, qui faisaient la haie sur son passage. M. Marco de Saint-Hilaire, alors page de l'Empereur et témoin de ces fêtes, raconte de ce bal un petit trait qui a sa valeur :

En traversant les deux lignes de fleurs animées dont nous parlions, Napoléon, frappé de la rare beauté d'une jeune personne que tout le monde remarquait, demanda avec bienveillance à sa mère :

« Est-ce là votre fille, madame?

— Oui, Sire.

— Madame, je vous en félicite. Elle est belle comme un ange.

— Sire, la beauté de ma fille est le moindre des avantages qu'elle possède. »

Et cette dame fit l'énumération des talents de sa fille, qui savait peindre, chanter, danser, parler plusieurs langues, monter à cheval. C'était évidemment appeler pour sa fille un brillant mariage.

« Madame, reprit l'Empereur en l'interrompant, votre fille sait-elle coudre?

— Mais, Sire...., certainement.....

— A la bonne heure. Une jeune personne doit savoir coudre avant tout; c'est essentiel. »

Et il s'éloigna...,

LXVII. — LE CONCILE DE PARIS.

> Un concile où le Pape n'est ni présent ni représenté n'est ordinairement qu'un conciliabule. *Théologie.*

Napoléon était chrétien de cœur. Il aimait Dieu sincèrement, ce Dieu qui l'avait honoré de tant de succès. Mais entouré d'incrédules et d'impies, et ce qui n'est pas moins dangereux, pour ménager les termes, de jansénistes, il s'était assez abstenu des devoirs que Dieu attend de nous; il s'était peu à peu isolé de l'Église, qui pourtant avait fait beaucoup pour sa grandeur; il avait ainsi fait approuver le divorce de son jeune frère et le sien par une puissance sans pouvoir. Il ne s'était pas assez troublé de sa part dans l'excommunication lancée à regret par le Saint-Siége; il laissait l'Église en souffrance.

Il voulut régulariser cette situation; et le 25 avril 1811, il écrivit à tous les évêques de l'Empire, au nombre de cent dix à cent vingt, les appelant à Paris pour la tenue d'un concile national qui devait pourvoir aux siéges sans évêques et maintenir ce qu'on appelait les libertés de l'Église gallicane. Encore alors et peut-être aujourd'hui, dans certaines têtes politiques, mais peu conséquentes, on appelle libertés les servitudes formulées par Colbert et imposées par lui sous le titre fastueux des quatre articles.

De ces évêques, quatre-vingt-quinze arrivèrent à Paris, le 17 juin 1811, jour où l'Empereur ouvrait la session du Corps législatif. Trois jours après, le 20 juin, jour de l'octave du Saint-Sacrement, les quatre-vingt-quinze évêques ouvraient à leur tour le concile à Notre-Dame, au milieu d'une foule immense de fidèles. L'orateur qui devait aborder les questions à résoudre était monseigneur Étienne-Antoine de Boulogne, l'illustre évêque de Troyes. Il monta en chaire et fit un discours remarquable, dont nous ne citerons qu'un fragment :

« Quelle que soit, dit-il, l'issue de vos délibérations, quel que soit le parti que la sagesse et l'intérêt de nos Églises pourront nous suggérer, jamais nous n'oublierons ces principes immuables qui nous attachent à l'Unité, à cette pierre angulaire, à cette clef de la voûte sans laquelle tout s'écroulerait de lui-même. Jamais nous ne nous détacherons de ce premier anneau, sans lequel tous les autres se dérouleraient et ne laisseraient plus voir que confusion, anarchie et ruines. Jamais nous n'oublierons tout ce que nous devons de respect et d'amour à cette Église romaine qui nous a engendrés à Jésus-Christ et qui nous a nourris du lait de sa doctrine, à cette chaire auguste que les Pères appellent la citadelle de la vérité, et à ce chef suprême de l'épiscopat, sans lequel tout l'épiscopat se détruirait de lui-même et ne ferait plus que languir, comme une branche détachée du tronc, ou s'agiter au gré des flots comme un vaisseau sans gouvernail et sans pilote.

» Oui, quelques vicissitudes qu'éprouve le siége de Pierre, quels que soient l'état et la condition de son auguste successeur, toujours nous tiendrons à lui par les liens du respect et de la révérence filiale. Ce siége pourra être déplacé, il ne pourra pas être détruit; on pourra lui ôter sa splendeur; on ne pourra pas lui ôter sa force. Partout où ce siége sera, là tous les autres se réuniront. Partout où ce siége se transportera, là tous les catholiques le suivront, parce que partout où il se fixera, il sera la tige de la succession, le centre du gouvernement et le dépôt sacré des traditions apostoliques.

» Tels sont nos sentiments invariables, que nous proclamons aujourd'hui, à la face de tout l'univers, à la face de toutes nos Églises, dont nous portons en ce moment les vœux et dont nous attestons la foi; à la face des saints autels et dans cette basilique où nos pères assemblés sont venus plus d'une fois cimenter la paix de l'Église et apaiser par leur sagesse les troubles et les différends, hélas! trop ressemblants à ceux qui nous occupent aujourd'hui. Il me semble en ce moment les entendre; il me semble voir leurs ombres vénérables apparaître au milieu de nous, pour nous dire de ne rien faire qui ne soit digne d'eux, qui ne soit digne de nous, et de ne jamais dévier de l'antique chemin qu'ont tenu nos ancêtres..... »

Après ce discours, dont nous ne citons que quelques mots, tous les évêques se lèvent affermis et suivent le cardinal Fesch, qui, la mitre en tête et la crosse à la main, s'avance vers l'autel. Là, à genoux devant le sanctuaire, il prononce ce serment auquel tous les prélats adhèrent à haute voix :

« Je reconnais la sainte Église Catholique, Apostolique, Romaine, mère et maîtresse de toutes les Églises; je promets et je jure une véritable obéissance au pontife romain, successeur de saint Pierre, prince des apôtres et vicaire de Jésus-Christ. »

Tous les prélats étaient émus. L'un d'eux, monseigneur Dessoles, s'écria : « Nous ne pouvons pas délibérer pendant que le père commun est dans les chaînes comme l'apôtre. Je propose que l'assemblée se rende au palais de Saint-Cloud et réclame de l'Empereur la liberté du Pape. »

Mais monseigneur Duvoisin, évêque de Nantes, qui se trouvait un des secrétaires du concile, se leva aussitôt et empêcha le vote proposé en proclamant la clôture de la séance.

L'Empereur ne fut pas moins informé de ce fait qu'un concile était impossible sans le Pape; et il reconnut qu'on peut dominer les hommes, mais qu'on ne domine pas les consciences chrétiennes.

LXVIII. — LE VOYAGE DE HOLLANDE.

> Pour connaître les vœux et les besoins d'un pays, il faut l'étudier, voir de ses yeux et entendre de ses oreilles.
>
> L'ABBÉ PRÉVOST.

Les sourdes hostilités de la Russie et de l'Angleterre, les soins de l'Empire, la grossesse de Marie-Louise et la naissance d'un héritier avaient reculé le voyage de l'Empereur en Hollande. On n'avait pas alors les chemins de fer. Il ne put renouveler sa promesse aux envoyés de ce bon pays que lorsqu'il les revit dans les nombreuses députations venues de tous les lieux pour les fêtes de ce baptême qui mit la France en si vive allégresse. Elles eurent lieu, comme on l'a vu, le 9 juin 1811, cette année-là dimanche de la Trinité; et l'Empereur ne put partir qu'aux approches de septembre.

Si la plupart des historiens ont peu parlé de ce voyage, le baron Menneval en a conservé quelques détails et on a pu en recueillir d'autres en Hollande. Mais cette excursion, qui dura près de trois mois, ferait un volume. Nous ne pouvons que mentionner les inspections de l'Empereur dans les ports et dans les travaux d'Anvers, de Flessingue et du Texel, pour arriver à Amsterdam, où le héros séjourna quinze jours entiers.

L'entrée solennelle de Napoléon et de Marie-Louise à Amsterdam eut lieu le 9 octobre 1811. L'Impératrice était dans une voiture dorée, à huit glaces; l'Empereur était à cheval, entouré d'un brillant état-major. Une garde d'honneur, composée des jeunes gens des premières familles du pays, était venue au-devant de Leurs Majestés, que des arcs de triomphe improvisés attendaient de place en place. L'Empereur passa en revue les troupes, qui l'accueillirent avec des cris de joie. Les Hollandais paraissaient avoir oublié ce jour-là leur calme naturel. L'enthousiasme fut si grand partout que, depuis cette fête, le 9 octobre n'a cessé d'être consigné chez ces hommes sérieux comme un de leurs grands jours.

Dans cette station parmi eux, l'Empereur allait apprendre à les connaître. Tout en désirant les voir de près, il avait apporté contre eux des préjugés; ils eurent bien vite toutes ses sympathies, au point qu'il comprit et regretta les embarras qu'il avait suscités à son frère Louis, en l'obligeant à des mesures impossibles.

Il admira la sagesse et la modération de ce peuple, ses institutions prévoyantes et ses mœurs douces et loyales. En travaillant tous les jours avec le prince Lebrun, il recueillit d'utiles renseignements dont il voulait profiter pour Paris, sa ville bien-aimée. Mais ses ennemis ne lui laissèrent pas le temps d'appliquer ses études. Les quinze jours qu'il passa à Amsterdam furent les derniers jours heureux de sa vie, jours comblés d'hommages sincères et de fêtes splendides. Avant de quitter ce pays, il avait visité les écluses de Katwyck, travail de géant qui arrête la mer devant la dernière bouche du Rhin et qui a été exécuté par le roi Louis.

Mais il devait revoir d'autres contrées de son vaste Empire. Il ne rentra à Saint-Cloud que le 11 novembre.

LXIX. — L'ANNÉE MIL HUIT CENT DOUZE.

> Ne jugez point, afin que vous ne soyez point jugés. S. MATTHIEU, chap. VII.

On a, depuis cinquante ans, jugé bien légèrement la campagne de Russie et ces désastres de 1812 qui donnaient tant de fierté à l'empereur Nicolas. Les politiques de café et les diplomates de comptoir ont longtemps traité d'étourderie et de coup de tête la tentative colossale de Napoléon Ier.

Bien des gens encore se figurent que l'illustre Empereur n'entreprenait cette guerre que dans des vues envahissantes; ils lui attribuent ce projet de monarchie universelle que le czar Pierre Ier et ses successeurs ont repris en sous-œuvre, et qui était, dit-on, un rêve de Charles-Quint. Mais la lumière se fait tous les jours; et sur cette question si grave, nous croyons à propos de citer M. le baron de Ladoucette, préfet de la Roër, sous le premier Empire. Le lecteur intelligent en tirera les conséquences :

« Au mois de novembre 1811, dit-il, l'Empereur venait de la Hollande avec Marie-Louise; je lui remis plusieurs mémoires qui, le jour même, furent expédiés aux divers ministres : il en conserva trois d'une grande importance.

» L'un de ces mémoires concernait le désir manifesté par le grand-duché de Berg d'être réuni à l'Empire français, ou, en d'autres termes, d'être affranchi de la surveillance des douanes, qui empêchaient les nombreux fabricants de cette contrée de vendre leurs produits en France, en Italie, en Espagne, et qui les décidaient à venir en foule s'établir dans le département de la Roër. « Je ne doute pas, disais-je
» à l'Empereur, qu'à Dusseldorf on ne se détermine à payer
» avec des millions une décision favorable; mais le Rhin est
» la limite de la France. Après vous, peut-être sous votre
» règne, la fortune contraire peut ramener nos drapeaux
» sur ses rives, et il importe que la France proprement dite
» reste en possession de toutes les branches d'industrie qui
» peuvent la vivifier. »

« L'idée d'un revers de fortune fut écoutée de sang-froid par Napoléon, à l'apogée de sa gloire, et les offres les plus éblouissantes ne purent le déterminer à prononcer la réunion du grand-duché de Berg. Du reste, il voulut tellement maintenir ce pays dans son intégrité que, bien qu'il me chargeât ensuite d'une mission qui avait pour but de créer dans Vesel beaucoup d'établissements propres à en faire une ville de second ordre, et le chef-lieu d'un arrondissement de cent cinquante mille âmes, de la rive droite du Rhin, qu'on aurait pu réunir à la population de la Roër, il refusa d'étendre la circonscription de cette place sur le territoire d'un seul village du grand-duché de Berg. Une telle conduite ne montre-t-elle pas que Napoléon n'avait point, dans sa fortune, la téméraire et ridicule confiance qui lui a été si gratuitement attribuée ? Ajoutons que, loin d'avoir cette ardeur envahissante que lui ont prêtée les historiens inférieurs, il savait résister non-seulement aux tentations, mais aux plus vives instances qui auraient séduit tout autre que cette grande âme. »

Dans un autre mémoire, M. le baron de Ladoucette exposait à Napoléon les plaintes vives du commerce français contre l'ukase de l'empereur Alexandre, ukase qui remontait aux derniers jours de 1810 et qui prohibait la vente et même *le transit* des étoffes sortant des ateliers du continent. Un État indépendant a droit de prendre envers les neutres, et même à l'égard de ses alliés, les mesures qu'il juge nécessaires à la prospérité de ses propres manufactures. Sous ce point de vue, on pouvait réclamer contre une partie de l'ukase, puisque, d'après des renseignements précis, la Russie n'avait pas ses magasins suffisamment garnis, qu'elle ne pouvait de longtemps être en état de fabriquer ce qu'exigeait sa consommation, et que, dès lors, la mesure avait pour objet, ou du moins pour résultat, de s'approvisionner avec les produits de la Grande-Bretagne, et de se soustraire au système continental, sur lequel nous ne pensons pas devoir élever ici une discussion.

« Afin de particulariser la question, la draperie du pays entre Rhin et Meuse passait dans la Perse et la Chine, en traversant l'empire du Czar : on pouvait bien l'assujettir à des formes sévères, à des droits considérables, mais en interdire le transit, c'était commettre un acte hostile, contre lequel les chambres de commerce m'avaient prié de réclamer près de l'Empereur.

» Nos manufacturiers se plaignaient aussi de ce que la loi permettait aux négociants russes de ne pas rembourser le capital d'une dette, lorsqu'ils pouvaient en servir les intérêts.

» Napoléon promit de faire adresser à la Russie des représentations énergiques; » et comme le remarque l'habile administrateur que nous citons, les besoins du commerce furent une des causes de la guerre de Russie.

Voilà ce que n'ont pas compris ceux qui ont condamné sans réserve une campagne motivée, lorsqu'on la vit malheureuse, et qui l'eussent admirée si elle eût réussi.

Nous suivrons rapidement les faits de cette nouvelle guerre que les Anglais allaient solder encore avec l'or de l'Inde, alliant largement leurs guinées aux lances des Cosaques.

Le mémoire présenté par le baron de Ladoucette à propos de la Russie avait indigné l'Empereur. Il fit adresser ses justes réclamations à Alexandre, qui maintint son ukase. Alors Napoléon comprit qu'il y avait là un cas de guerre, et que l'empereur de Russie était un Grec du Bas-Empire. Il se prépara donc. Le 24 janvier 1812 il fit un traité d'alliance offensive et défensive avec le roi de Prusse; et le 1er mars une armée française entrait dans la Poméranie.

LXX. — LA CAMPAGNE DE RUSSIE.

> Ce n'est pas nous qui soulevons la guerre ;
> Ce n'est pas nous qui repoussons la paix.
> Mais on nous ferme une issue étrangère
> Dont il nous faut reconquérir l'accès.
> COUTURIER, *Chanson de* 1812.

Le 11 mars 1812, le maréchal Davoust, qui commandait cette armée, rappelait à tous ses soldats et à leurs chefs que les Prussiens étaient désormais les alliés et les amis de la France et que les troupes devaient observer chez eux la plus stricte discipline. En même temps Napoléon à Paris, prévoyant tout, organisait la garde nationale en trois bans. Elle devait maintenir l'ordre en l'absence des armées. Le 14 mars il faisait un traité d'alliance avec l'Autriche, en échangeant avec cet empire les provinces Illyriennes contre une partie de la Gallicie qui devait arrondir le royaume de Pologne, car alors Napoléon voulait reconstituer ce royaume; et si son désir ne s'est pas exécuté, c'est que la noblesse polonaise, aussi imprudente que la noblesse française en 1789, refusait d'adopter notre Code civil et d'affranchir les serfs; ce qui en eût été la conséquence.

Le 28 mars, en même temps que se signait une capitulation militaire entre l'Empire français et la Confédération suisse, l'un des corps de l'armée française commandé par le duc de Reggio entrait à Berlin, où le roi de Prusse et les princes le passaient en revue avec admiration.

Tout s'agitait donc dans la direction de la Russie, sans qu'aucun discours, ni aucune proclamation eussent annoncé au peuple français le sujet de ces grands mouvements. Une partie des troupes occupées aux luttes stériles de l'Espagne revenait à Paris pour marcher vers le Nord. Le roi de Westphalie, Jérôme Napoléon, établissait le 8 mai son quartier général à Varsovie; et le lendemain de ce jour, l'Empereur partait de Paris, accompagné de Marie-Louise. Le 11 mai les augustes époux entraient à Metz, le 12 à Mayence, le 13 à Francfort.

Le 17 mai, l'Empereur et l'Impératrice, à Dresde, dînaient et tenaient leur cour chez le roi de Saxe, entourés de rois et de princes souverains, au milieu desquels l'Empereur paraissait devenu le maître du monde. La cour d'Autriche elle-même était venue là saluer l'Empereur, à qui elle paraissait sincèrement rattachée. Mais de mauvaises nouvelles devaient alors faire contraste aux splendeurs qui entouraient Napoléon.

Il était convenu avec le sultan des Turcs, dont il allait attaquer l'ennemi séculaire, qu'en même temps qu'il marcherait sur la Russie, cent mille Turcs tomberaient sur les Russes; et il comptait aussi sur Bernadotte, qui, en s'unissant à lui, eût pû reprendre la Finlande et agrandir son royaume de Suède, dont il était héritier.

Mais, une fourberie de Castlereagh fit annoncer au sultan, au moyen d'une pièce diplomatique, adroitement fabriquée par un faussaire, que Napoléon s'unissait à Alexandre pour envahir frauduleusement la Turquie et se la partager. Le sultan trompé se tint sur ses gardes et ne fit aucun mouvement.

En même temps, Napoléon reçut une lettre de Bernadotte, qui, travaillé aussi par la même voie, avait fait avec Alexandre un traité d'alliance secret, et qui demandait à l'Empereur pour se rallier à lui la Norvége et un subside....

Napoléon en lisant sa lettre la froissa et s'écria : « Qu'on ne me parle plus de cet homme! »

Napoléon, que ces perfidies indignaient sans l'abattre, fit son entrée à Posen le 2 juin. Le 5, il était à Prague avec Marie-Louise, qui de là retourna à Paris (1).

Il passa des revues les jours suivants; et le 17, il établit son quartier général à Pulstuck, le 19 à Gumbinen, le 22 à Wilkowiski, où il ouvrit la campagne contre la Russie par cette proclamation :

« Soldats!

» La seconde guerre de Pologne est commencée. La pre-
» mière s'est terminée à Friedland et à Tilsitt. La Russie a
» juré éternelle alliance à la France et guerre à l'Angleterre;
» elle viole aujourd'hui ses serments; elle ne veut donner
» aucune explication de cette étrange conduite, que les
» aigles françaises n'aient repassé le Rhin, laissant par là
» nos alliés à sa discrétion. La Russie nous croirait-elle
» donc dégénérés? Ne sommes-nous plus les soldats d'Aus-

(1) Où elle rentra le 19 juillet.

» terlitz? Elle nous place entre le déshonneur et la guerre :
» le choix ne saurait être douteux. Marchons donc en avant;
» passons le Niémen; portons la guerre sur son territoire.
» La seconde guerre de Pologne sera glorieuse aux armées
» françaises comme la première. Mais la paix que nous
» conclurons portera avec elle sa garantie, et mettra un
» terme à la funeste influence que la Russie a exercée depuis
» cinquante ans sur les affaires de l'Europe. »

Le lendemain, 23 juin, l'Empereur arrivait à Kowno, où il voulait passer le Niémen et marcher sur Wilna.

« Il entrait en campagne, dit M. de Norvins, avec quatre cent mille hommes, Français ou alliés, partagés en dix corps d'armée. Sur ce nombre immense de soldats, deux cent mille passèrent avec lui le Niémen aux environs de Kowno, le 24 juin, presque sans opposition de la part des Russes. Le corps que commandait Macdonald avait également franchi le fleuve à Tilsitt. Désormais nous sommes maîtres du Niémen, que nos approvisionnements vont remonter sans obstacle. Quelques troupes occupent Kowno. L'Empereur, après avoir donné aux officiers du génie l'ordre de mettre cette place à l'abri d'un coup de main, fait avancer ses corps d'armée, rejoint les avant-postes du prince d'Eckmühl et la cavalerie aux ordres de Murat et s'élance sur Wilna, capitale de la Pologne russe, ville forte et influente, autour de laquelle l'empereur Alexandre avait concentré son armée. Tout annonçait une bataille générale, et Napoléon s'y préparait. »

Mais à l'approche des Français, Alexandre n'osa les attendre. Il fit sauter le pont de la Willia, grande rivière qui traverse Wilna, brûla ses magasins et abandonna la ville, par une retraite en grand désordre qui laissait plusieurs détachements au hasard des rencontres.

Napoléon resta dix-sept jours à Wilna, où il pourvut à tout avec son ardeur ordinaire. Il y était entré le 28 juin. Deux jours après le roi de Westphalie arrivait à Grodno;

et de toutes parts on organisait la sécurité des marches. Le 13 juillet, le maréchal Oudinot, pénétrant dans la Russie, passe la Dwina près de Dunabourg; et le 16 Alexandre effrayé, quoiqu'il eût avec lui le Livonien Barclay de Tolly, l'un de ses plus habiles généraux, évacue son camp retranché aux bords de la Drissa, et qui allait être tourné par quelques corps de l'armée française.

Le 18 juillet, il y eut un combat sans résultats précis, à Sibesch, entre le maréchal Oudinot et le général russe comte de Wittgenstein. Mais cinq jours après eut lieu la bataille de Mohilow, où le prince Bagration, commandant la seconde armée russe, fut battu par le maréchal Davoust. Le 25 juillet, à Ostrowno, le corps d'armée russe commandé par le général Ostermann est battu par le général Nansouty, enfant de Bordeaux; le 27, au même lieu, l'armée russe commandée par le général Barclay de Tolly est battue par le prince Eugène et mise en pleine déroute. Le même jour les Français entrent à Witepsk, ville forte sur la Dwina.

Le 30 juillet, à Jakubowo, le général russe Koulniew est battu par le général français Legrand. Le 1er août, le général russe comte de Wittgenstein est battu par Oudinot. Le 12 août, bataille de Grodeczna, où le prince de Schwarzenberg, commandant l'aile droite de l'armée française, défait complétement l'armée russe que commande le général Tormasow. Le même jour Wittgenstein est battu à Polotsk par Oudinot, et Barclay de Tolly est défait à Krasnoï par le maréchal Ney. Le 16 août, Tormasow est de nouveau défait à Kobryn, par le général Regnier et le prince de Schwarzenberg.

Le lendemain, 17, est signalé par la grande bataille de Smolensk. L'armée française, commandée par Napoléon, met en déroute et en fuite précipitée les deux armées russes que dirigent Barclay de Tolly et le prince Bagration. Le lendemain, à Polotsk, le général Gouvion Saint-Cyr gagne son bâton de maréchal de l'Empire en battant à son tour, mieux qu'il ne l'avait été jusque-là, le général russe Wittgenstein. Le 19, le maréchal Ney met en un affreux désordre le corps d'armée que Barclay de Tolly avait laissé en arrière pour protéger sa retraite; et cette bataille est encore une victoire.

Cependant on avançait tous les jours sur Moscou, et le 30 août l'armée française se concentrait à peu de distance de cette ville.

LXXI. — LA BATAILLE DE LA MOSCOWA.

> Hélas! de grandes victoires mêmes ont eu de tristes revers de médaille.
> FANTIN DES ODOARDS.

L'Empereur savait que le général russe Kutusow était chargé par Alexandre, comme le plus habile et le plus intrépide de ses guerriers, de défendre Moscou. Kutusow avait donc réuni, dans les plaines de cette capitale, la première armée russe qui avait été conduite aux débuts par Alexandre et Barclay de Tolly, à la seconde armée que dirigeait le prince Bagration et aux autres corps qui avaient eu pour chefs Wittgenstein, Korff et Tormasow. Les Russes allaient combattre devant leur ville sainte, et le Czar, en qui ils voyaient leur souverain spirituel et temporel, devait les observer des minarets du Kremlin. On comptait donc chez ces Tartares sur une victoire assurée. Napoléon, qui n'avait jamais refusé une bataille, accepta celle-là d'autant plus volontiers qu'elle était ce qu'il avait désiré.

Le 7 septembre, aux premières lueurs du jour, il passa son armée en revue et fit lire, devant tous les groupes, cette proclamation :

« SOLDATS!

» Voilà la bataille que vous avez tant désirée. Désormais la victoire dépend de vous. Elle nous est nécessaire; elle nous donnera de l'abondance, de bons quartiers, et un prompt retour dans la patrie. Conduisez-vous comme à Austerlitz, à Friedland, à Witepsk, à Smolensk; et que la postérité la plus reculée cite avec orgueil votre conduite dans cette journée; que l'on dise de vous : *Il était à cette grande bataille dans les plaines de Moscou!* »

Le signal fut donné aussitôt par les tambours, les trompettes et le canon; en ce même instant le soleil paraît radieux et l'armée française s'écrie : « Voilà le soleil d'Austerlitz! » On s'élança aussitôt des deux parts, les Russes, voulant se laver de leurs nombreuses défaites, les Français, se disant qu'ils n'étaient pas venus si loin pour reculer. D'ailleurs ils apercevaient les mille clochers et les coupoles dorées des neuf cents églises de Moscou, et ils voulaient pouvoir raconter à leur retour les merveilles de cette cité. Bientôt huit cents pièces de canon semèrent la mort dans les rangs; et les Français firent connaissance là avec des noms qu'ils entendaient pour la première fois : Platoff et ses Cosaques, Miloradovitch, Rostopchin, Tchitchakoff, Koutaisoff, Toutchkoff et autres aussi peu harmonieux.

Il y eut des deux parts de grandes pertes. Mais la victoire resta aux Français. Les héros de cette journée furent le prince Eugène, le prince Poniatowski, le maréchal Ney, qui gagna ce jour son titre de prince de la Moskowa (1), Davoust, Lariboissière, Compas, Caulaincourt et plusieurs autres encore. Mais nous avions perdu quelques généraux aussi. L'ennemi avait cinquante mille hommes hors de combat; les Français leur avaient fait cinq mille prisonniers; leur avaient pris soixante pièces de canon et un très-grand trophée de drapeaux. Les Russes s'enfuyaient en pleine déroute par tous les chemins, nous laissant le champ de bataille.

Or nous avions aussi beaucoup de morts et une foule de

(1) Nom de la rivière devant laquelle on se battait, rivière qui arrose Moscou et qui se perd ensuite dans le Volga.

blessés. L'Empereur, qui faisait cas de la vie de ses braves, resta sept jours occupé à faire panser les blessures et enterrer les morts, avant d'entrer à Moscou. Et ce qui a une certaine originalité, digne des Grecs du Bas-Empire, que les Russes suivaient assez bien, c'est que pendant que les Français s'occupaient des blessés et des morts, les autorités russes firent courir partout des bulletins où, loin de mentionner la bataille et ses résultats, on annonçait aux bonnes gens que les Français avaient été taillés en pièces, que la garde impériale (qui n'avait pas donné) n'existait plus; que Platoff avec ses Cosaques avait détruit toute notre cavalerie, et d'autres mensonges aussi gros, qui étaient, dit-on, l'œuvre de Kutusoff.

Mais quand on vit les Français entrer victorieux à Moscou, les habitants de cette capitale s'effrayèrent comme s'ils avaient vu des revenants; et le plus grand nombre se sauva hors de la ville. C'était le 14 septembre, sept jours après la bataille.

L'Empereur, un peu plus tard, s'établit au Kremlin, l'ancien palais des Czars, masse d'édifices somptueux que tous les voyageurs ont vantés avec quelque raison. L'Empereur et l'armée se flattaient d'avoir là d'assez bons quartiers d'hiver; car le temps devenait rude et froid, par suite des gelées qui avaient commencé en septembre. Hélas! ils devaient être promptement déçus et reconnaître que les Russes étaient alors aussi sauvages que les musulmans des déserts. Deux jours après l'installation de l'Empereur au Kremlin, Rostopchin, qui était gouverneur de Moscou, imagina un expédient contre lequel il prévoyait que les Français ne triompheraient pas. C'était le 16 septembre : des groupes de séides payés mirent le feu à la ville, qui devait brûler un mois; et cela, pendant que l'Empereur envoyait le général Lauriston proposer la paix au czar Alexandre. Mais Kutusow, que cette démarche dérangeait, car il aimait la guerre, répondit que la campagne n'était qu'entamée; et il retint Lauriston, qui ne put communiquer avec Alexandre.

La guerre allait donc se poursuivre. A Wenkovo, le corps d'armée commandé par le roi de Naples Murat combattit et mit en déroute l'armée du général Orloff-Denisoff; Gouvion Saint-Cyr se battait en même temps avec Wittgenstein, dans une lutte sanglante qui dura trois jours. A Esen, le général Regnier défit le général russe Tchitchakoff. L'Empereur, voyant que la paix n'était pas possible avec ces Tartares, se décida à la retraite; et il partit du Kremlin, avec sa garde, traversant la vieille cité partout dévorée par les flammes. Trois jours après, selon l'ordre de l'Empereur, le général Mortier, avant de partir aussi, fit sauter le Kremlin; et alors se développe l'histoire lamentable de la retraite de Russie.

LXXII. — LA CONSPIRATION DE MALET.

> Messieurs les juges, hâtez-vous :
> Pendez le lâche qui conspire;
> De tous les forfaits c'est le pire.
> *Complainte de Damiens.*

Le 23 octobre 1812, le jour même où l'Empereur et ses braves se trouvaient dans les vives peines de leur retraite, où Paris et la France ne recevaient plus de nouvelles quelque peu rassurantes, la conspiration de Malet surgissait dans la capitale.

Malgré les habiletés de la police, beaucoup de vieux républicains s'entendaient assez avec ceux qu'on appelait les royalistes pour amener une révolution, sauf à s'entre-déchirer après le succès.

Claude-François de Malet (et non pas Mallet, comme on l'écrit presque toujours) était un général français né à Dôle en 1754. A l'âge de 16 ans il avait pris du service dans les mousquetaires. A la réforme de ce corps, il s'était retiré avec le brevet de capitaine. Il avait salué avec transport la Révolution et il était rentré dans l'armée au début des guerres de la République. Son avancement avait été rapide. Il s'était battu sur le Rhin ; il avait fait les campagnes d'Italie. Mais, républicain déterminé, il s'était montré vivement opposé à l'Empire, et il s'était vu disgracié.

Lié dès lors à Paris avec les démagogues, il avait inquiété la police, qui, ayant saisi les preuves de ses intrigues, l'avait fait arrêter en 1808. Il avait passé quatre ans en prison. Au moment où l'Empereur partait pour la campagne de Russie, il s'était dit malade et avait obtenu son transfert dans une maison de santé. Là, ayant plus de facilité pour communiquer au dehors, il avait renoué habilement avec ses anciens amis une vaste conspiration, qui s'appuyait depuis longtemps sur un certain nombre de vieux royalistes, et qui pouvait avoir à sa disposition un bataillon de la garde de Paris. L'éloignement de Napoléon, dont on n'avait plus de nouvelles depuis la bataille de la Moscowa, était une circonstance favorable. En conséquence, dans la nuit du 22 au 23 octobre, le général Malet s'échappa de sa maison de santé.

Au moyen des relations qu'il avait pu réveiller dans Paris, il avait fait imprimer clandestinement un faux sénatus-consulte qui annonçait la mort de l'Empereur et la formation d'un gouvernement provisoire. Sorti à neuf heures de la maison de santé qui ne se doutait de rien, il joint ses amis qu'il avait avisés, revêt l'uniforme de général, et, suivi de quelques affidés habillés en aides de camp, il va à la caserne de Popincourt, où se trouvait une cohorte de la garde de Paris ; il demande le colonel, lui annonce la mort de l'Empereur, lui présente les ordres qui le chargeaient de sa mission (il avait pris dans cet écrit le nom de général Lamothe), lit, devant la cohorte rassemblée aussitôt, le sénatus-consulte, et demande au colonel de mettre sa troupe à sa disposition.

Sa démarche a un succès complet. Aussitôt, il charge le capitaine Soulié d'aller occuper l'hôtel de ville. Il va lui-même à la Force, où étaient détenus deux républicains déterminés, les généraux Guidal et Lahorie. Il les fait sortir d'autorité; il leur remet leurs nominations et les charge de s'emparer du préfet et du ministre de la police.

Pendant que Frochot, le préfet de la Seine, faisait préparer les salons de l'hôtel de ville pour la réunion du prétendu gouvernement provisoire, que Guidal envoyait M. Pasquier, le préfet de police, à la Force, que Lahorie arrêtait le duc de Rovigo, ministre de la police générale, Malet se rend, toujours accompagné, à l'hôtel du général Hullin, gouverneur de Paris. Il lui importe surtout d'enlever cet homme dévoué à l'Empereur et qu'il sait redoutable. Il lui répète ce qu'il a dit avec succès au colonel de la cohorte de Popincourt, lui présente le sénatus-consulte prétendu, se nomme et montre ses pouvoirs qui l'établissent à son tour gouverneur de Paris.

Mais Hullin ne voyait pas ces papiers assez réguliers; il voulait d'autres preuves et trouvait l'heure avancée un peu singulière. Devant cette méfiance du général Hullin, Malet, qui n'avait pas un moment à perdre, lui tira un coup de pistolet; et sans prendre le temps de s'assurer s'il l'avait tué, il courut à l'état-major, qui n'était qu'à quelques pas, sur la place Vendôme. Il jouait là son personnage comme chez le général Hullin; mais pendant qu'il remettait ses pièces au commandant, un inspecteur de police le reconnut et lui demanda qui l'avait autorisé à sortir de sa maison de santé, à prendre le nom du général Lamothe et à porter des insignes qui lui étaient défendus.

Prompt à répondre à ces apostrophes, comme il avait fait aux doutes du général Hullin, il tira de sa poche un autre pistolet. Mais on se jeta sur lui. Le chef de bataillon Laborde éclaira la troupe, et la conspiration cessa d'être.

Malet et ses complices furent arrêtés sur-le-champ. On

les jugea militairement le 23 octobre et des vingt-six agents de cette tentative, treize furent fusillés.

Lorsque Napoléon, à son retour, apprit cet excès de sévérité, il dit que c'était là une boucherie; car il n'y avait dans ce complot que trois rebelles.

LXXIII. — LE RETOUR DE RUSSIE.

Ils sont là-bas qui dorment sous la neige;
Et le tambour ne les réveille plus.
EM. DE BRAUX.

La retraite de Moscou fut horrible. Les Russes acharnés poursuivent en bandes furibondes les Français et les devancent pour les assaillir partout, à l'abri des bois et des accidents de terrain, qu'ils connaissent. Le prince Eugène gagne sur eux la bataille de Maloïjaroslaw, le 24 octobre; et tous les jours se comptent par des combats, comme si les rigueurs de cet horrible hiver n'eussent pas suffi pour décimer tant de fois les héros de la Moscowa.

Dans ces pénibles circonstances, « l'attitude de Napoléon était celle d'une grande âme aux prises avec l'adversité : les souffrances de l'armée, son héroïsme, le soin de son salut, la prévoyance des projets de l'ennemi, la France inquiète, occupent sa vaste pensée sans troubler son génie (1) ».

Outre les guet-apens des Russes et de leurs Cosaques, le temps, dans cette saison funeste et dans ces affreux climats, eût suffi pour exterminer nos braves. Qu'il nous suffise de reproduire ici la description des souffrances de l'armée, écrite par M. le comte Philippe de Ségur, qui a fait cette retraite et qui a eu le bonheur de lui survivre. Après avoir rappelé tous les désastres de novembre, le douloureux passage de

---

(1) M. de Norvins.

la Bérésina et le départ en avant de Napoléon (1), qui laissait à Murat le commandement de l'armée, il poursuit :

« Le 6 décembre, le jour même qui suivit le départ de Napoléon, le ciel se montra plus terrible encore. On vit flotter dans l'air des molécules glacées ; les oiseaux tombaient roidis et gelés ; l'atmosphère était immobile et muette ; il semblait que tout ce qu'il y avait de mouvement et de vie dans la nature, que le vent même fût atteint, enchaîné et comme glacé par une mort universelle. Alors plus de paroles, aucun murmure ; un morne silence, celui du désespoir, et les larmes qui l'annoncent.

» On s'écoulait dans cet empire de la mort comme des ombres malheureuses. Le bruit sourd et monotone de nos pas, le craquement de la neige et les faibles gémissements des mourants interrompaient seuls cette vaste et lugubre taciturnité. Alors plus de colère, ni d'imprécations ; rien de ce qui suppose un reste de chaleur. A peine la force de prier restait-elle. La plupart tombaient même sans se plaindre....

» Ceux de nos soldats jusque-là les plus persévérants se rebutèrent. Tantôt la neige s'ouvrait sous leurs pieds ; plus souvent sa surface miroitante ne leur offrant aucun appui, ils glissaient à chaque pas et marchaient de chute en chute. Il semblait que ce sol ennemi refusât de les porter, qu'il s'échappât sous leurs efforts, qu'il leur tendit des embûches, comme pour embarrasser, pour retarder leur marche et les livrer aux Russes qui les poursuivaient, ou à leur terrible climat.

» Et réellement, dès qu'épuisés ils s'arrêtaient un instant, l'hiver, appesantissant sur eux sa main de glace, se saisissait de cette proie. C'était vainement qu'alors ces malheureux, se sentant engourdis, se relevaient, et que, déjà sans voix, insensibles et plongés dans la stupeur, ils faisaient quelques pas, tels que des automates ; leur sang, se glaçant dans leurs

---

(1) Il avait près de deux mois partagé les peines de ses soldats.

veines, comme les eaux dans le cours des ruisseaux, alanguissait leur cœur; puis il refluait vers leur tête; alors ces moribonds chancelaient dans un état d'ivresse. De leurs yeux rougis et enflammés par l'aspect continuel d'une neige éclatante, par la privation du sommeil, par la fumée des bivouacs, il sortait de véritables larmes de sang; leur poitrine exhalait de profonds soupirs; ils regardaient le ciel, nous et la terre d'un œil consterné, fixe et hagard. C'étaient leurs adieux à cette nature barbare qui les torturait, et leurs reproches peut-être. Bientôt ils se laissaient aller sur les genoux, ensuite sur les mains; leur tête vaguait encore quelques instants à droite et à gauche, et leur bouche béante laissait échapper quelques sons agonisants; enfin elle tombait à son tour sur la neige, qu'elle rougissait aussitôt d'un sang livide, et leurs souffrances avaient cessé.

» Leurs compagnons les dépassaient sans se déranger d'un pas, de peur d'allonger leur chemin, sans détourner la tête, car leur barbe, leurs cheveux étaient hérissés de glaçons, et chaque mouvement était une douleur. Ils ne les plaignaient même pas; car enfin qu'avaient-ils perdu en succombant? que quittaient-ils? On souffrait tant! on était si loin de la France! si dépaysé par les aspects, par le malheur, que tous les doux souvenirs étaient rompus et l'espoir presque détruit. Aussi, le plus grand nombre était devenu indifférent sur la mort, par nécessité, par habitude de la voir, par ton, l'insultant même quelquefois; mais, le plus souvent, se contentant de penser, à la vue de ces infortunés étendus et aussitôt roidis, qu'ils n'avaient plus de besoins, qu'ils se reposaient, qu'ils ne souffraient plus. Et en effet la mort, dans une position douce, stable, uniforme, peut bien être un événement toujours étrange, un contraste effrayant, une révolution terrible; mais, dans ce tumulte, dans ce mouvement violent et continuel d'une vie toute d'action, de dangers et de douleurs, elle ne paraissait qu'une transition, un faible changement, un déplacement de plus et qui étonnait peu.... »

Nous pourrions de cette retraite citer beaucoup de petits faits qui ont leur héroïsme, mais il faudrait des volumes.

Le capitaine Réguis, qui commandait un détachement d'artillerie, suivant son chemin de retour, se retournait de temps en temps pour envoyer quelques boulets aux Cosaques, lorsqu'il entendit sortir, d'un amas de cadavres qui bordait la route, des plaintes qui paraissaient s'échapper de la poitrine d'un blessé, confondu avec les morts. Aussi humain que brave, le capitaine descend de cheval, remue ces cadavres glacés, et, comme par une récompense que Dieu accordait à son mouvement pieux, celui qu'il relève est son frère, le lieutenant Louis Réguis, dont il était sans nouvelles depuis deux mois. Il le met en croupe sur son cheval, et, avec d'immenses peines sans doute, il eut le bonheur de le remmener à Paris (1).

La Sentinelle de l'armée, journal qui a conservé tant de souvenirs remarquables, publiait, il y a trente ans et plus peut-être, sous le titre d'*Histoire d'une compagnie de grenadiers*, le récit qu'on va lire.

Au glorieux combat de Maloïjaroslaw, livré par le prince Eugène, à la tête du 4e corps, contre les forces concentrées de l'armée ennemie (24 octobre), le colonel Kobilinski, aide de camp du maréchal Davoust, traversant la ligne de bataille pour porter un ordre, fut atteint par un boulet et laissé parmi les morts. Le soir de cette brillante journée, le maréchal Davoust, parcourant le champ de bataille, entendit une voix qui criait : « Eh bien! camarades, me laisserez-vous mourir sans secours? »

C'était le colonel Kobilinski.

Un brancard est dressé aussitôt par les hommes de l'escorte; et le blessé, à qui le boulet avait emporté une jambe, est confié aux chirurgiens, dont les soins furent heureux. Le lendemain, il fallait partir dans la direction de Wilna.

(1) Le lieutenant Louis Réguis ne quitta pas le service, et dans la terrible campagne de France en 1814, il fut tué à Montmirail par un boulet ennemi.

Qu'allait devenir l'infortuné colonel? Par une inspiration soudaine, le maréchal Davoust s'adresse à une compagnie de grenadiers : « Soldats, leur dit-il, mon aide de camp, le colonel Kobilinski, a eu la cuisse emportée par un boulet. Il ne doit pas rester ici au pouvoir des Russes ; je vous le confie ; gardez-le comme votre drapeau. »

Quelques minutes après, Kobilinski, porté sur son brancard au centre de la compagnie, suivait la marche de l'armée. Tantôt formée en cercle autour du brancard, repoussant des charges échelonnées ou des hourras sauvages, tantôt reprenant l'offensive et se faisant jour à travers les bandes ennemies, toujours calme et silencieuse, la compagnie de grenadiers comprenait que ce n'était plus sa vie qu'il fallait défendre, mais le dépôt confié à son honneur. Cette marche dura six semaines et Wilna ne paraissait pas encore.

La compagnie, de quarante hommes au départ, était plusieurs fois décimée ou par les balles ennemies, ou par les privations, ou par l'affreux climat. Il n'en restait que cinq hommes lorsque Kobilinski, stupéfait de tant de sacrifices que faisaient pour lui ces hommes de cœur, les supplia de l'abandonner et de pourvoir à leur propre salut. Le plus vieux de cette troupe, devenue un débris, lui répondit : « Mon colonel, mort ou vif, nous vous ramènerons ; c'est notre consigne. Le reste à la grâce de Dieu! »

A quelques jours de là, le 9 décembre au soir, on aperçoit un rideau de maisons. C'est Wilna. Un cri de joie a ranimé le courage des cinq braves sur qui repose toujours souffrant le malheureux Kobilinski. Mais ce dernier effort épuise leur vigueur, et trois de ces cœurs dévoués cessent de battre en approchant des faubourgs ; le quatrième meurt à l'entrée de la ville. Le dernier se charge du colonel, qu'il porte sur ses épaules, aidé de quelques soldats ; il entre dans la maison délabrée où le maréchal Davoust a établi son quartier général, et il fait annoncer le colonel Kobilinski. Davoust accourt : « Où est mon aide de camp? dit-il vivement. — Le voilà.

mon général! — Et la compagnie? — La voilà!... » répond le vieux troupier en portant la main à sa poitrine.

Le maréchal comprit ce terrible laconisme. Il serra dans ses bras le seul et vaillant reste d'une compagnie d'hommes de cœur; il lui assura un sort qui le mit à l'abri du besoin; et, vingt-cinq ans après, cet homme héroïque s'attendrissait encore au souvenir de cette journée.

Napoléon avait suivi la retraite de l'armée jusqu'au 5 décembre, partageant ses peines et ses dangers. Ce jour-là, il avait laissé, comme on l'a vu, le commandement en chef à Murat et s'était dirigé sur Paris, où il savait qu'on était inquiet. Le 10 décembre, après une journée de déceptions, l'armée évacua Wilna, laissant dans cette ville inhospitalière un grand nombre de malades, dont bien peu se relevèrent. La retraite de l'armée était toujours poursuivie. Le 14 décembre, le maréchal Ney battit à plate couture Platow et ses Cosaques à Kowno.

Mais le retour en France est encore retardé.

LXXIV. — LES SUITES DE LA GUERRE DE RUSSIE.

> Les revers amènent des revers et des lâchetés. Ils sont épidémiques.
> SAAVEDRA.

L'Empereur, rentré à Paris le 18 décembre 1812, y reçoit le surlendemain les félicitations de tous les corps constitués. Mais il sait déjà que les populations consternées sont travaillées par les partisans des Bourbons d'une part, et de l'autre par les républicains de quatre-vingt-treize, plus nombreux encore alors qu'on ne le croirait. Ils exagéraient nos désastres et donnaient tort à ceux qui en étaient les victimes. C'est, hélas! l'usage des masses dans les revers; et c'est lâcheté.

Le 21 décembre, par un message au Sénat, l'Empereur

demande qu'une levée de trois cent cinquante mille hommes soit mise à la disposition du gouvernement. Peut-être eût-il été sage à lui de faire alors ce qu'il ne fera que le 11 décembre 1813, le traité qui renvoyait Ferdinand VII en Espagne. Il eût fait rentrer en France près de deux cent mille soldats dispersés dans la Péninsule indomptable, et se fût vu en paix au midi. Mais les affaires d'Espagne, faute par lui d'avoir été mal renseigné dans les débuts et de n'avoir compris ni les mœurs ni l'esprit public de ce pays stationnaire, devaient lui être funestes jusqu'au bout.

De mauvaises nouvelles lui arrivèrent bientôt. Quand les revers se dressent contre une puissance un peu secouée, ils pullulent vite. Napoléon apprit que le 30 décembre les troupes prussiennes, jusque-là nos alliées, avaient capitulé avec le général russe Diebitch. Le 18 janvier 1813, Joachim Murat, le roi de Naples, séduit par les paroles diplomatiques de Metternich, qui l'entamait depuis longtemps, désertait le poste qui lui était confié par l'Empereur et regagnait ses États.

Par ce départ, les divers corps d'armée, répandus encore en cinquante places du Nord, se trouvaient tous sous le commandement du prince Eugène. Et la paix n'était pas faite, et la guerre continuait.

Ce même jour, 18 janvier, comme pour adoucir quelque peu les peines vives de l'Empereur, le corps municipal de Paris et toutes les cohortes de la garde nationale lui adressent les protestations sincères d'un dévouement qui ne reculera pas.

A côté de la fidélité inébranlable du prince Eugène, le roi de Saxe, qui voit son peuple entraîné par les ennemis de la France, abandonne sa capitale (Dresde), en déclarant, par une proclamation publique, que, quels que soient les événements, il restera, lui, fidèle à l'alliance de l'empereur Napoléon.....

Le 20 janvier, les armées alliées contre la France (ce n'est plus la Russie seule) investissent la place importante de

Dantzig, pendant que les premières colonnes envoyées par l'Empereur pour relever la grande armée arrivent à Berlin, qu'elles doivent évacuer le 4 mars, et pendant que le roi de Saxe appelle aux armes tous les Polonais (30 janvier).

Le 7 février, l'armée française évacue la ligne de la Vistule. Le 12, le prince Eugène fait évacuer Posen. Cependant cette retraite ne se fait pas sans luttes. Le 13 février, le général ennemi Wintzingerode attaque le général français Regnier. La France triomphe et l'ennemi est repoussé avec pertes. Le 16 février, Stettin et les autres forteresses prussiennes occupées par les Français, suivant les traités, sont bloquées tout à coup. Deux jours après, le quartier général du prince Eugène est à Francfort. Le 9 mars, il est à Leipzig.

En même temps que tous ces malheurs, les princes allemands, à l'exemple de Schwerin, renoncent à la Confédération du Rhin et s'unissent à la Prusse, ou à la Russie, ou à l'Autriche. Le 12 mars les autorités françaises doivent quitter Hambourg. Le 19, le maréchal Davoust fait sauter le pont de Dresde et se retire auprès du vice-roi d'Italie à Leipzig. Trois jours après, les Russes avec Blucher entrent à Dresde, d'où les Français se retirent, et les inquiétudes, qui sont, comme la peur, mauvaises conseillères, se propagent par des rapports hostiles odieusement exagérés.

LXXV. — LE CONCORDAT DE MIL HUIT CENT TREIZE.

> Se heurter contre l'infaillibilité, c'est se heurter contre le roc. SANCHEZ.

Cependant Napoléon sentait, depuis quelque temps déjà, qu'il était sorti de sa mission, et que Dieu, qui l'avait si évidemment conduit, dirigé et protégé, l'abandonnait visiblement. Il regretta l'usurpation des domaines de l'Église. Il comprit qu'il avait eu tort de ne pas désavouer l'enlèvement du Pape; il eût voulu le fixer en France, et il s'étonnait de la résistance du saint vieillard. L'Empereur ne comprenait pas encore que le Saint-Siége ne peut pas être ailleurs qu'à Rome.

Il s'était peu effrayé de la bulle d'excommunication; mais depuis qu'elle avait fait tomber les armes des mains de ses soldats dans les neiges de la Russie, il voyait son sommeil fréquemment troublé par ces reproches que pousse une conscience éclairée. Il avait eu le tort aussi de donner à son fils le titre de roi de Rome, et il ne s'en félicitait plus.

D'un autre côté, à la mort de monseigneur de Belloy, Napoléon avait nommé son oncle dévoué le cardinal Fesch archevêque de Paris. Mais il n'était pas préconisé encore lorsque Napoléon laissa envahir Rome; et dès lors l'oncle de l'Empereur, qui devait au concile de Paris témoigner de son dévouement sans bornes au Saint-Siége, ne voulut pas occuper un siége où le Pape ne pouvait plus donner librement son assentiment; et l'Empereur fit archevêque de Paris le cardinal Maury, tombé alors de sa dignité passée.

Napoléon comprit qu'il devait reculer un peu. Nous disons un peu, parce que son entourage l'avait seul entraîné, et qu'il sentait bien qu'il ne dominait plus sa situation. Il fit donc venir le Pape, avec qui il espéra qu'il ferait mieux que ses agents. Pie VII arriva à Fontainebleau le 20 juin 1812. Les cardinaux qui se trouvaient à Paris et les autres prélats furent invités à aller offrir leurs hommages au souverain Pontife. Ils avaient été précédés par le ministre des cultes et par l'intendant de la couronne, qui entourait le Saint-Père d'une grande magnificence. Le public crut que la bonne intelligence était rétablie dès lors entre le Pape et l'Empereur; et comme on faisait de grands préparatifs à l'évêché, les fidèles se réjouissaient de l'espoir que le Saint-Père allait habiter Paris.

Le Pape, toujours doux et bienveillant, accueillait tout le monde avec une extrême affabilité.

Pendant ces démarches, Napoléon était à la tête de ses

armées et entamait avec des succès sa campagne de Russie, qui allait amener de si grands désastres. L'Impératrice, régente en l'absence de son auguste époux, fit plusieurs visites au Saint-Père et en fut toujours accueillie avec la plus grande bonté. C'est dans la retraite de Moscou, qui fut si longue, si lente et si hérissée de désastres, que l'Empereur vit, comme nous l'avons dit, les armes tomber des mains des soldats et ses soldats eux-mêmes tomber en si grand nombre. Il ne rentra à Paris que le 18 décembre, harassé de soucis, de travaux, d'embarras et d'affaires. Il lui fallut mettre la main à tout dans la dévastation où il se trouvai.

Il lui fallait aussi relever l'opinion publique, qui, jusque-là gorgée de triomphes et de gloire, s'abattait déplorablement devant les revers. Ce ne fut que le 19 janvier 1813 qu'il put se présenter devant Pie VII avec des paroles d'apaisement.

Il avait compris que la résistance apostolique du souverain Pontife était un obstacle indispensable; il avait reconnu que ses conseils ecclésiastiques et ses conciles nationaux n'étaient que de vaines tentatives. L'abbé Émery, en qui il avait toute confiance, et qui la méritait par sa droiture et sa sainteté, l'avait quelque peu éclairé sur ces graves matières. Il proposa donc au Pape la paix, au moyen d'un nouveau Concordat qui réglerait tous les désaccords. Et le 25 janvier, il présenta et lut au Saint-Père le projet ou canevas qui suit :

« Sa Majesté l'Empereur et Roi et Sa Sainteté, voulant mettre un terme aux différends qui se sont élevés entre eux et pourvoir aux difficultés survenues en plusieurs affaires de l'Église, sont convenus des articles suivants, *comme devant servir de base à un arrangement définitif* :

» 1° Sa Sainteté exercera le pontificat en France et dans le royaume d'Italie de la même manière et avec les mêmes formes que ses prédécesseurs.

» 2° Les ambassadeurs, ministres, chargés d'affaires des puissances près le Saint-Père, et les ambassadeurs, ministres et chargés d'affaires que le Pape pourrait avoir près des puissances étrangères, jouiront des immunités et priviléges dont jouissent les membres du corps diplomatique.

» 3° Les domaines que le Saint-Père possédait et qui ne sont pas aliénés seront exempts de toute espèce d'impôts. Ils seront administrés par des agents ou chargés d'affaires. Ceux qui seront aliénés seront remplacés jusqu'à deux millions de francs de revenu.

» 4° Dans les six mois qui suivront la notification d'usage de la nomination par l'Empereur aux évêchés et archevêchés de l'Empire et du royaume d'Italie, le Pape donnera l'institution canonique, conformément aux concordats et en vertu du présent indult. L'information préalable sera faite par le métropolitain. Les six mois expirés sans que le Pape ait accordé l'institution, le métropolitain, et à son défaut, ou s'il s'agit du métropolitain, l'évêque le plus ancien de la province procédera à l'installation de l'évêque nommé, de manière qu'un siége ne soit jamais vacant plus d'une année.

» 5° Le Pape nommera, soit en France, soit dans le royaume d'Italie, à des évêchés qui seront ultérieurement désignés de concert.

» 6° Les six évêchés suburbicaires (1) seront rétablis. Ils seront à la nomination du Pape. Les biens actuellement existants seront restitués, et il sera pris des mesures pour les biens vendus. A la mort des évêques d'Agnati et de Rieti, leurs diocèses seront réunis auxdits évêchés, conformément au concert qui aura lieu entre Sa Majesté et le Saint-Père.

» 7° A l'égard des évêques des États romains absents de leurs siéges par les circonstances, le Saint-Père pourra exercer en leur faveur son droit de donner des évêchés *in partibus*. Il leur sera fait une pension égale aux revenus dont ils jouissaient, et ils pourront être replacés aux siéges vacants, soit de l'Empire, soit du royaume d'Italie.

1) Dans la banlieue de Rome.

» 8° Sa Majesté et Sa Sainteté se concerteront en temps opportun sur la réduction à faire, s'il y a lieu, aux évêchés de la Toscane et du pays de Gênes, ainsi que pour les évêchés à établir en Hollande et dans les départements hanséatiques.

» 9° La Propagande, la Pénitencerie, les archives, sont établies dans le lieu du séjour du Saint-Père.

» 10° Sa Majesté rend ses bonnes grâces aux cardinaux, évêques, prêtres, laïques, qui ont encouru sa disgrâce par suite des événements actuels.

» 11° Le Saint-Père se porte aux dispositions ci-dessus par considération de l'état actuel de l'Église, et dans la confiance que lui a inspirée Sa Majesté qu'elle accordera sa puissante protection aux besoins si nombreux qu'a la religion dans les temps où nous vivons.

» Fontainebleau, 25 janvier 1813. »

Après qu'on eut lu cet écrit, Napoléon le signa; puis il passa la plume à Pie VII.

Le saint Pontife avait soixante et onze ans. Affaibli par trois années de souffrances morales, ne vivant plus pour ainsi dire que de son âme, avant de signer il regarda les prélats qui étaient là présents : leurs signes d'assentiment lui firent comprendre qu'il pouvait signer, puisque ce n'était là qu'un projet. Il signa donc.

La rédaction qu'on vient de lire était l'œuvre de deux des jansénistes du conseil de l'Empereur. Quand ils virent cette pièce signée, ils s'applaudirent en disant qu'on pouvait rassurer les populations et annoncer qu'un nouveau Concordat venait d'être signé par le Pape et l'Empereur, et que les dissentiments avaient cessé. Ce qui eut lieu.

Peu de jours après, l'Empereur, obsédé de mille autres soins, fit statuer par le Sénat la régence de l'impératrice dans les absences de l'Empereur, et au besoin son couronnement et celui du jeune prince impérial, qu'on appelait toujours le roi de Rome. Ce sénatus-consulte fut promulgué le 2 février.

Or, pendant les jours qui suivirent, le Pape, considérant le vice de l'article qui au besoin attribuait à un évêque les droits du Vicaire de Jésus-Christ, et s'étonnant qu'on ne donnât pas suite à ce qui ne lui avait été présenté que comme un projet, apprenant de plus qu'on ne parlait de cette pièce que comme d'un concordat formel, tomba dans de grandes inquiétudes religieuses et se reprocha ce qu'il avait fait comme une faute grave. Enfin, voulant sortir d'un état de douleur qui l'accablait, il se décida à rétracter son aveu qu'on n'avait pas compris, et il écrivit à l'Empereur une lettre où l'on aimera à lire les passages suivants :

« Bien que la confession que nous allons faire à Votre Majesté, Sire, coûte à notre cœur, la crainte des jugements de Dieu, dont nous sommes si près, attendu notre âge avancé, nous doit rendre supérieur à toute autre considération. Contraint par nos devoirs, avec cette sincérité, cette franchise qui conviennent à notre dignité et à notre caractère, nous déclarons à Votre Majesté que depuis le 25 janvier, jour où nous signâmes les articles qui devaient servir de base à ce traité définitif dont il y est fait mention, les plus grands remords et le plus vif repentir ont continuellement déchiré notre esprit, qui n'a plus ni repos ni paix.

» De cet écrit que nous avons signé, nous disons à Votre Majesté ce qu'eut occasion de dire notre prédécesseur Pascal II (en l'an 1117), lorsque, dans une circonstance semblable, il eut à se repentir d'un écrit relatif à une concession faite à l'empereur Henri IV : « Comme nous reconnais-
» sons notre écrit fait mal, nous le confessons fait mal, et
» avec l'aide du Seigneur, nous désirons qu'il soit cassé
» tout à fait, afin qu'il n'en résulte aucun dommage pour
» l'Église et aucun préjudice pour notre âme. »

» Nous reconnaissons que plusieurs de ces articles peuvent être corrigés par une rédaction différente et avec quelques modifications et changements. Votre Majesté se souviendra certainement des hautes clameurs que souleva en Europe et en France même l'usage fait de notre puissance en 1801, lorsque nous privâmes de leurs siéges, toutefois après une interpellation et une demande de leur démission, les anciens évêques de France. Ce fut une mesure extraordinaire, mais reconnue nécessaire et indispensable en ces temps calamiteux, pour mettre fin à un schisme déplorable et ramener au centre catholique une grande nation. Existe-t-il aujourd'hui une de ces sortes de raisons pour justifier devant Dieu et devant les hommes la mesure prise dans un des articles dont il s'agit? Comment pourriez-vous admettre, Sire, un règlement tellement subversif de la constitution de l'Église de Jésus-Christ, qui a établi la primauté de saint Pierre et de ses successeurs, comme l'est évidemment le règlement qui soumet notre puissance à celle du métropolitain, et qui permet à celui-ci d'instituer les évêques nommés, que le souverain Pontife aurait cru, en diverses circonstances et dans sa sagesse, ne pas devoir instituer, rendant juge ainsi et réformateur de la conduite du suprême Hiérarque celui qui lui est inférieur dans la hiérarchie, et qui lui doit soumission et obéissance?

» Pouvons-nous introduire dans l'Église de Dieu cette nouveauté inouïe, que le métropolitain institue en opposition au chef de l'Église? Dans quel gouvernement bien réglé est-il concédé à une autorité inférieure de pouvoir faire ce que le chef du gouvernement a cru ne pas devoir faire?...... »

Cette lettre se terminait par ces paroles :

« Nous offrons à Dieu les vœux les plus ardents afin qu'il daigne répandre lui-même sur Votre Majesté l'abondance de ses célestes bénédictions.

» Fontainebleau, le 24 mars de l'an 1813. »

Napoléon fut désagréablement frappé par cette lettre. Lorsqu'il en parla au Conseil d'État, un de ses membres s'écria que, si on ne faisait pas sauter la tête de quelques-uns des cardinaux, on ne sortirait pas de ces affaires; un autre dit très-haut qu'il fallait que Napoléon, comme Henri VIII, se déclarât chef de la religion de l'État. Ces exclamations rendirent à Napoléon tout son calme : « Ce qu'on propose là, dit-il, ce serait casser les vitres. Ne parlons plus de cette lettre. »

LXXVI. — MIL HUIT CENT TREIZE.

> Cum exurgerent homines in nos, forte vivos deglutissent nos. PSAUME CXXIII.

Le 30 mars, Napoléon, décidé à reprendre bientôt le commandement suprême de ses armées, conféra la régence à l'impératrice reine Marie-Louise. Le lendemain eut lieu sa déclaration de guerre à la Prusse. Trois jours après, le Sénat mit à la disposition du ministre de la guerre cent quatre-vingt mille hommes; et l'Empereur regretta encore de n'avoir pas plus tôt rappelé les troupes françaises dispersées en Espagne.

Ce même jour 3 avril, le prince Eugène, marchant en avant de Mockern, culbute sur tous les points les troupes alliées et jette l'épouvante dans Berlin, où l'on redoutait l'arrivée des Français. Le 6 avril, Lunebourg est repris par le maréchal Davoust; et des rencontres se succèdent avec des chances diverses entre les Français et les alliés redevenus leurs ennemis.

Le 16 avril, Napoléon est à Mayence. Le lendemain, au combat de Sprakenshel, le général russe Doernberg est défait par le général français Sébastiani. Le 25, dans un combat où le maréchal Ney bat le général ennemi Lanskoï, les Français sont maîtres de Weissenfels. Le général russe Wintzingerode accourt à Weissenfels pour reprendre la place et venger Lanskoï: il est à son tour battu à plate couture par le maréchal Ney, et ses Russes taillés en pièces, sauf quelques-uns qui se débandent et s'enfuient. Mais dans cette bataille le maréchal Bessières, duc d'Istrie, avait été tué par un boulet.

Le lendemain de cette victoire, attristée par une grande perte, était le 2 mai, jour marqué par la bataille de Lutzen, livrée par Napoléon en personne. La grande armée alliée est mise en déroute dans cette bataille formidable, où les Français ont perdu douze mille hommes; mais les ennemis en ont perdu plus de vingt mille; leur déroute est une fuite, et l'Empereur les poursuit sur la route de Dresde. Il arrive le 9 devant cette ville et en reprend possession le 11. Il est rejoint là par le roi de Saxe, qui est reçu, à côté de l'Empereur, aux accents victorieux des canons et des cloches et aux acclamations du peuple et des troupes.

Le 16 mai, l'Empereur propose aux ennemis battus la réunion d'un congrès à Prague pour la paix générale. Son offre est refusée par les souverains alliés. Il renvoie le prince Eugène dans ses États, car il prévoit la défection prochaine de l'Empereur d'Autriche, et il faut réorganiser une armée en Italie.

Cependant on célébrait le 17, à Paris, la victoire de Lutzen par un *Te Deum* solennel. Mais d'autres grandes actions devaient marquer cette terrible campagne. Le 20 mai, eut lieu, sous les yeux de l'Empereur, la bataille de Bautzen, où les Français vainqueurs eurent à peine le temps de se reposer quelques heures, car, le lendemain 21, les deux armées en présence devaient livrer une autre bataille générale à Wurtchen, lieu très-fortifié par les alliés ennemis.

Nous ne décrirons pas cette terrible bataille où nos jeunes conscrits égalèrent les vieilles troupes. Elle fut longue. Napoléon et Alexandre commandaient là, et les péripéties se succédèrent longtemps. Enfin le champ de bataille resta aux Français. Les troupes ennemies avaient perdu dix-neuf à vingt mille hommes, et les Français en avaient dix mille hors de combat.

Le lendemain, 22 mai, une autre rencontre eut lieu à Reichenbach, entre l'arrière-garde de l'armée russe que commandait le général Miloradowitch, et le septième corps de l'armée française. Les Russes furent culbutés; mais Napoléon perdit là un de ses fidèles, le général Duroc, grand maréchal du palais. Le général Reynier, qui venait de battre là les Russes, les battit de nouveau le 23 à Gorlitz. Le 28, le général Sébastiani s'emparait d'un grand convoi ennemi à Sprottau, pendant que le maréchal Oudinot, au combat d'Hoyerswerda, toujours dans la vieille Lusace, chassait devant lui des corps débandés de Russes et de Prussiens.

Le 29, le comte de Schouvalow, envoyé par l'empereur Alexandre, et le général Kleist, envoyé par le roi de Prusse, venaient demander à Napoléon un armistice qu'il accorda jusqu'au 20 juin; et quand ce délai fut expiré, l'empereur d'Autriche en demanda la prolongation. Napoléon, qui ne voulait que la paix, et à qui son beau-père promettait un congrès dans cette vue, consentit à maintenir l'armistice jusqu'au 10 août.

En conséquence, après beaucoup de démarches pour la paix de la part de celui qu'on a tant accusé d'aimer trop la guerre, le général Caulaincourt, duc de Vicence, et le comte de Narbonne, tous deux ministres plénipotentiaires de l'Empire français, arrivèrent à Prague et présentèrent leurs pouvoirs tendant à ce que le congrès pour la paix fût immédiatement ouvert. Ils s'étonnèrent de voir qu'aucun des ministres des autres puissances ne fût au rendez-vous et qu'ils ne trouvassent personne à qui parler.

Cependant les jours s'écoulaient. Le 3 août, Napoléon écrivit à son beau-père une lettre confidentielle où il lui demandait de quelle manière l'Autriche entendait que la paix se fît et si, lui Napoléon adhérant à ses propositions, l'Autriche ferait cause commune avec la France ou si elle resterait neutre. L'Autriche répondit, le 7, qu'elle demandait le partage de la Pologne entre elle, la Russie et la

Prusse, l'indépendance des villes anséatiques, l'agrandissement de la Prusse jusqu'à l'Elbe, et pour elle (l'Autriche) toutes les provinces illyriennes, y compris Trieste. Le général Caulaincourt, qui avait porté la lettre de Napoléon, rapportait cette réponse; et le 10 août, le comte de Metternich, qui n'avait demandé du temps et entretenu de vaines espérances que pour refaire ses armées, manda au duc de Bassano que, l'armistice étant expiré, on ne pouvait plus ouvrir de congrès.

Le 12 août, le duc de Bassano reçoit du comte de Metternich la déclaration de guerre de l'empereur d'Autriche à son gendre.

Le 15 août, Napoléon part de Dresde pour se mettre à la tête de son armée en Silésie, et les hostilités recommencent simultanément en Allemagne et en Italie, où le prince Eugène commande désormais. Le 21 août, au combat de Trebbine, le duc de Reggio culbute tous les avant-postes de l'armée du prince royal de Suède, Bernadotte, uni aux ennemis de la France; en même temps nos troupes en Silésie éprouvent quelques échecs, et l'Empereur ramène sa garde à Dresde, que menace la grande armée alliée.

Le 23 août, au combat de Goldberg, le général Lauriston bat les troupes du général Blucher et lui fait subir de grandes pertes. A Gross-Beeren, le même jour, Bernadotte prend sa revanche et repousse le duc de Reggio, qui allait attaquer Berlin.

La grande armée alliée s'avançait sur Dresde. Le 26 août, à la Katzbach, Blucher attaqua l'armée de Silésie que commandait Macdonald, et battit ces troupes que le grand nombre écrasait. Et ce même jour un autre combat se livrait sous les murs de Dresde, où Napoléon était présent; les troupes alliées que commandait le prince autrichien de Schwarzenberg étaient complétement battues par le maréchal Gouvion Saint-Cyr et se retiraient avec de grandes pertes. Mais on comptait sur le lendemain.

LXXVII. — DRESDE ET MOREAU.

> Moreau imita le connétable de Bourbon ;
> et comme lui il eut une mort sans honneur.
> TISSOT.

Ce qui inspira aux alliés les manœuvres perfides que l'on a exposées tout à l'heure et qui arrêtèrent si longtemps Napoléon dans l'espoir d'un congrès où l'on eût fait la paix, c'est qu'ils attendaient un homme qu'ils savaient ennemi de l'Empereur, et qui, avec une grande mollesse de cœur, avait pourtant dans la guerre une énergie et des talents sur lesquels on comptait pour abattre enfin le héros. Il est arrivé secrètement, et le 27 août 1813 eut lieu, à la même place, la bataille de Dresde, livrée par l'Empereur à la grande armée alliée, que commandaient l'empereur Alexandre et le prince de Schwarzenberg. L'homme attendu était le général Moreau, rentré peu glorieusement en Europe pour s'unir aux ennemis de sa patrie. Les Russes et leurs alliés comptaient fermement sur l'habileté renommée de ce général pour abattre enfin l'Empire français. Mais cet espoir fut déçu. Le premier boulet que lancèrent les Français coupa les deux jambes de Moreau, qui en mourut tristement quelques jours après.

L'ennemi, battu sur tous les points, perdit quarante mille hommes, dont dix-huit mille prisonniers, presque tous Autrichiens, et avec cela vingt-six pièces de canon, cent trente caissons et dix-huit drapeaux....

Hélas ! à côté de ces victoires, dans cette campagne effrayante, il y avait aussi des revers, qui étaient peut-être des leçons pour tous. Le 30 août, le prince de Schwarzenberg, dans sa retraite, ayant pu reformer une armée de soixante à soixante-dix mille hommes, rencontra et cerna un corps de soldats français qui allaient à Dresde rejoindre l'Empereur, sous le commandement du général Vandamme. Quatre fois et au delà plus nombreux que ce corps d'armée, Schwarzenberg l'environna si complétement que Vandamme fut obligé de se faire un passage les armes à la main, en abandonnant toute son artillerie et les trois quarts de ses braves.

Le 6 septembre, le maréchal Ney fit une perte aussi grande en combattant, à Jutterbock, son ancien camarade Bernadotte, passé au service des Russes; et il se vit obligé de réorganiser entièrement son corps d'armée. Pourtant, le 14 septembre, Napoléon battit les alliés au combat du Geyersberg; le lendemain, il força le général russe Wittgenstein à se replier sur Kulm, et il prépara à ses ennemis d'autres défaites.

Le prince de la Moskowa y prélude en battant à Dessau un corps avancé des alliés. Deux jours après, le 14 octobre, Napoléon met en déroute tous les postes du prince de Schwarzenberg; et le 16 octobre eut lieu la bataille de Wachau, gagnée par Napoléon sur les troupes alliées, commandées par le même prince de Schwarzenberg général en chef ce jour-là de toutes les troupes armées contre la France.

Le lendemain 17 et le surlendemain 18 furent les suites de ces débuts. Ces deux jours ont acquis un souvenir funeste, car ils furent occupés par la bataille de Leipzig. Nous ne décrirons pas non plus ces deux terribles journées. Les ennemis étaient au delà de deux fois les plus nombreux; et pourtant le génie de Napoléon eût triomphé, sans l'infâme trahison des troupes saxonnes, qui, le second jour, passèrent à l'ennemi et retournèrent leurs canons contre les Français. Dès lors tout fut perdu et nos armées durent commencer leur périlleuse retraite, hérissée de perfides rencontres. Elles battirent à Ollendorf les Cosaques de Platow, le 22 octobre.

Le 30, l'armée française est arrêtée dans sa marche, en vue d'Hanau, par l'armée bavaroise, qui a passé aussi à la coalition. Mais elle est battue complétement; les Français lui tuent six mille hommes, lui font quatre mille prisonniers, et continuent leur marche, pendant que le duc de Raguse, qui commandait notre arrière-garde, culbute à Hanau le reste des Bavarois et les met en fuite.

Le 2 novembre, l'Empereur et l'armée française passaient le Rhin à Francfort.

L'Empereur ne rentra que le 9 à Paris, où d'autres soins ne lui promettaient pas le repos. Les nouvelles qu'on recevait du dehors ne pouvaient pas toutes consoler Napoléon. Le maréchal Gouvion Saint-Cyr, resté à Dresde avec trente mille hommes, avait été réduit le 11 novembre à capituler. Dans cette cruelle extrémité, il avait été convenu qu'il pourrait ramener en France son corps d'armée. Mais, à leur honte, les alliés rompirent la capitulation dès que Dresde leur fut remise; et les trente mille soldats qui eussent été, dans de telles circonstances, si précieux à l'Empereur, furent gardés comme prisonniers de guerre.

D'un autre côté, à force de courage et d'habileté, le prince Eugène était parvenu à se maintenir en Italie. Le 15 novembre, il avait défait complétement les Autrichiens au combat de Caldiero. Le 18, il les avait battus à Saint-Michel. Le 8 décembre ils allaient être mis en déroute à Rovigo par le général Marcognet.

L'Empereur faisait rentrer en France les corps d'armée retenus depuis quatre ans en Espagne sans résultats sérieux. Par une autre mesure, malheureusement tardive, il avait signé à Valençay, le 11 décembre, un traité qui renvoyait Ferdinand VII en Espagne; et Ferdinand VII s'obligeait à faire évacuer l'Espagne par les Anglais et à ne persécuter aucun des Espagnols qui avaient pris parti pour le roi Joseph.

En même temps que l'Empereur reconstituait son armée, au moyen des nouveaux conscrits mis à sa disposition, il organisait les gardes nationales en cohortes pour la défense du territoire, et il se posait lui-même leur commandant général. Il nommait une commission extraordinaire pour négocier la paix avec les ennemis.

Mais, le 25 décembre, les alliés avaient assiégé Huningue; ils étaient aux portes de la France. Le 29 décembre, Dantzig, où nous avions pied encore, avait capitulé.

Or il y avait sur le pont Neuf, à la seconde arche, du côté de la rue qui va à Saint-Eustache, une fontaine chère aux Parisiens. Elle était ornée d'un groupe représentant la scène si connue de la Samaritaine; le groupe était surmonté d'un carillon qui charmait les passants. Cette fontaine, bâtie en 1607, sous Henri IV, alimentait les bassins des Tuileries. On l'avait réparée en 1712; et une prophétie courait, depuis lors, dans le peuple, annonçant que lorsqu'on démolirait la Samaritaine les ennemis de la France envahiraient l'Empire et entreraient dans Paris. Par une singulière coïncidence, dans l'automne de cette année 1813, on venait d'abattre et de supprimer la Samaritaine; et les bonnes gens se persuadaient que la prophétie allait nécessairement s'accomplir. Ce qui n'était pas d'un heureux effet.

LXXVIII. — MIL HUIT CENT QUATORZE.

> Les flatteries caressent la prospérité; elles se retirent lâchement dans les revers.
> OXENSTIERN.

Le dernier jour de l'an 1813, Napoléon dut clore cette année malheureuse en dissolvant le Corps législatif. Au lieu des paroles d'appui et de dévouement généreux qui devaient sortir seules alors et sortir avec élan du cœur des représentants du peuple français, quelques députés à l'esprit étroit affligèrent de paroles de blâme l'homme immense qui luttait contre quatorze armées, contre les défections, contre les revers, et qui dans toutes ses guerres n'avait marché que lorsque les intérêts de la France et son honneur lui en faisaient un devoir. Il avait été odieusement trahi; il avait subi de cruelles désertions; les bandes coalisées lui avaient manqué de foi. Comme si ses malheurs et ses peines eussent été des torts, quelques âmes peu élevées eurent la bassesse de lui jeter à la face ce cri des Gaulois sauvages : *Væ victis!* Pourtant, il n'était pas vaincu; et par sa campagne de 1814 il allait prouver que son génie et son grand cœur n'avaient rien d'amoindri.

On nous comprendra mieux dans l'exposé des faits.

L'Empereur, quelques jours auparavant, avait ouvert la séance des corps constitués, et il avait dit :

« Sénateurs, conseillers d'État, députés des départements au Corps législatif,

» D'éclatantes victoires ont illustré les armes françaises dans cette campagne. Mais des défections sans exemple ont rendu ces victoires inutiles. La France même serait en danger, sans l'énergie et l'union de ses enfants.

» Je n'ai jamais été séduit par la prospérité; l'adversité me trouvera au-dessus de ses atteintes.

» J'ai plusieurs fois donné la paix aux nations lorsqu'elles avaient tout perdu. D'une part de mes conquêtes j'ai élevé des trônes pour des rois qui m'ont abandonné. J'avais conçu de grands desseins pour la prospérité et le bonheur du monde. Cependant, monarque et père, je sens que la paix ajoute à la sécurité des trônes et à celle des familles. Des négociations ont été entamées avec les puissances coalisées; j'ai adhéré aux bases préliminaires qu'elles m'ont présentées : rien ne s'oppose de ma part au rétablissement de la paix.... »

Et il déposa les pièces, c'est-à-dire les bases proposées par les alliés pour la paix :

« La France sera renfermée entre le Rhin, les Alpes et
» les Pyrénées. L'Angleterre reconnaîtra à la France la
» liberté du commerce et de la navigation. Après l'acceptation

» de ces bases, une ville sera neutralisée sur la rive droite
» du Rhin. »

L'Empereur avait proposé Manheim pour la réunion du congrès et nommé le duc de Vicence son plénipotentiaire à cette réunion. Mais c'était là encore un leurre infâme. Comme l'Autriche avait fait prolonger deux mois l'armistice qu'il lui avait accordé le 4 juin, ce qui lui avait donné le temps de reconstituer son armée et d'amener à elle les corps de troupes allemandes alliées à Napoléon, les propositions qu'on a lues n'avaient d'autre but que de gagner une seconde fois du temps, pour réunir toutes les forces ennemies et violer la neutralité de la Suisse.

Le Sénat répondit, dans son adresse, avec convenance : « Le moment est décisif, disait-il; les étrangers tiennent un langage pacifique; mais quelques-unes de nos frontières sont envahies, et la guerre est à nos portes. Trente-six millions d'hommes ne peuvent trahir leur gloire et compromettre leurs destinées. Rallions-nous autour de ce diadème, où l'éclat de cinquante victoires brille au travers d'un nuage passager. »

La réponse du Corps législatif était bien différente : « Les alliés ne veulent pas nous humilier, disait-elle; on veut seulement nous renfermer dans nos limites et réprimer l'élan d'une activité ambitieuse, si fatale depuis vingt ans à tous les peuples de l'Europe..... » Et le reste sur ce ton hostile et peu français. Cette réponse avait été rédigée par une fraction du Corps législatif, qui était évidemment travaillée par les ennemis de l'Empire. Aussi Napoléon la supprima comme incendiaire.

Cependant le 6 janvier 1814 les ennemis commençaient à mettre le pied sur le territoire français. Le 9, il appela la garde nationale à un service actif. Le 11, il apprit que Joachim Murat, qui devait tant à Napoléon, dont il avait épousé la sœur, venait de signer à Naples un traité d'alliance avec les Autrichiens contre lui.

Napoléon le surveillait, depuis qu'à Wilna il avait abandonné misérablement l'armée française dans la retraite de Russie. Cet abandon l'avait affligé, mais ne l'avait pas étonné, car il savait que depuis longtemps il correspondait avec Metternich. Il n'avait reparu un instant aux batailles de Dresde et de Leipzig que parce que les succès de Napoléon paraissaient renaître. Mais, aux premiers désastres sérieux, il avait de nouveau regagné son royaume.

Le 22 janvier, Napoléon, que tant de peines éclairaient, rendit au Pape Pie VII et à ses cardinaux la liberté de retourner à Rome, ce qu'ils firent ce même jour. L'Empereur comprenait enfin, et l'histoire eût pu le lui apprendre, qu'il n'est jamais avantageux de toucher au représentant de Celui qui a dit : *Nolite tangere christos meos*. Les dix-sept cardinaux qui entouraient le Pape au moment où l'Empereur les rendait libres se jetèrent aux pieds de Pie VII, et les chaises de poste partirent bientôt.

On a écrit l'histoire de ce voyage, où, comme toujours, le Pape fut reçu partout avec les plus vives marques de respect et d'affection. A Orléans, levant les yeux au ciel, il s'écria : « Je bénis la bonne ville d'Orléans. » A Cahors, deux dames pieuses de grande maison, n'ayant pu approcher du Saint-Père à cause de la foule, s'introduisirent dans l'auberge où il devait dîner et le servirent à table, habillées en villageoises. A Nîmes, tout le clergé alla au-devant du Pape, entouré du peuple, qui criait : Vive le Saint-Père! A Beaucaire les prêtres le portèrent sous un dais dans la ville. Partout il fut reçu avec les mêmes démonstrations de vénération et de joie.

Le Pape ne voyageait pourtant que comme évêque d'Imola. Arrivé à Savone, il y resta jusqu'au 19 mars. Puis il envoya un délégué à Rome, pour reprendre possession en son nom de la capitale du monde chrétien; et il séjourna ensuite à Imola et à Césène, sa patrie. Nous ne le verrons que plus tard à Rome.

Le jour même où le Pape quittait Fontainebleau, le duc

de Vicence arrivait à Châtillon-sur-Marne, envoyé par Napoléon comme plénipotentiaire, pour essayer d'obtenir la paix ; et le 24 janvier Napoléon conférait à Marie-Louise la régence de l'Empire en son absence. Le lendemain, au château des Tuileries, il faisait ses adieux à la garde nationale de Paris et lui recommandait avec chaleur son épouse et son fils. Puis ayant longuement et tendrement embrassé le petit prince, qu'il voyait, hélas! pour la dernière fois, il partit pour se mettre à la tête de ses armées, car les ennemis étaient aux lisières de la Champagne, gagnant du terrain tous les jours.

LXXIX. — NAPOLÉON ET SON FILS.

Je ne l'ai pas encore embrassé d'aujourd'hui.
RACINE, Andromaque.

L'Empereur avait pour son fils une tendresse inouïe. Sa figure rayonnait lorsqu'il le tenait dans ses bras, sur ses genoux, dans son cabinet, où il s'arrachait à ses travaux pour le lutiner. Nous ne pouvons mieux faire à ce sujet que reproduire ici quelques passages de madame Durand, veuve d'un fidèle général, qui a été quatre ans attachée à Marie-Louise et qui nous a laissé des souvenirs précieux :

« L'Empereur, toutes les fois qu'il voyait son fils, le prenait dans ses bras, le caressait, le contrariait, le portait devant une glace et lui faisait des grimaces de toute espèce. Lorsqu'il déjeunait, il le mettait sur ses genoux, trempait un doigt dans la sauce, le lui faisait sucer et lui en barbouillait le visage. La gouvernante grondait, l'Empereur riait, et l'enfant, presque toujours de bonne humeur, paraissait recevoir avec plaisir les caresses bruyantes de son père.

» Avant l'âge de deux ans, il assistait régulièrement au déjeuner de Napoléon, où l'Impératrice se rendait aussi.

» Dès que le jeune Napoléon sut parler, il devint, comme la plupart des enfants, grand questionneur. Il aimait beaucoup à regarder le peuple qui se promenait dans le jardin des Tuileries, et qui se rassemblait souvent sous ses fenêtres pour le voir. Il ne tarda pas à remarquer que beaucoup de personnes entraient dans le château avec de grands rouleaux de papier sous le bras. Il demanda à sa gouvernante ce que cela signifiait. Elle lui dit que c'étaient des gens infortunés qui venaient demander quelque grâce à son papa. Depuis ce temps, chaque fois qu'il voyait passer une pétition, il criait, pleurait, et n'avait pas de repos qu'on ne la lui eût apportée, et il ne manquait jamais de présenter chaque jour à son père, au déjeuner, toutes celles qu'il avait ainsi recueillies la veille. On juge bien que, lorsque cette habitude fut connue du public, on ne laissa pas l'enfant manquer de pétitions.

» Il vit un jour sous ses fenêtres une femme en deuil, qui tenait par la main un petit garçon de trois ou quatre ans, aussi en deuil. Celui-ci tenait dans sa petite main une pétition qu'il montrait de loin au jeune prince. L'enfant de Napoléon voulut savoir pourquoi « ce pauvre petit » était habillé tout en noir. La gouvernante lui répondit que c'était sans doute parce que son papa était mort. Il témoigna aussitôt un grand désir de parler à cet enfant. Madame de Montesquiou (1), qui saisissait toutes les occasions de développer sa sensibilité, y consentit et donna ordre qu'on le fît entrer avec sa mère. C'était une veuve, dont le mari avait été tué à l'armée, qui se trouvait sans ressources et qui sollicitait une pension. Le jeune Napoléon prit la pétition et promit de la remettre à son papa.

» Le lendemain, il fit son petit paquet ordinaire, mais il garda séparément cette pétition, à laquelle il prenait un intérêt particulier; et après avoir remis à l'Empereur les autres pétitions en masse, suivant sa coutume : « Papa, lui

(1) La gouvernante.

dit-il, en voici une d'un petit garçon bien malheureux. Tu es cause que son papa est mort; il n'a plus rien; donne-lui une pension, je t'en prie. » Napoléon prit son fils dans ses bras, l'embrassa tendrement, accorda la pension, et en fit expédier le brevet dans la journée. Ce fut ainsi qu'un enfant, qui n'avait encore que trois ans, eut déjà le bonheur de sécher les larmes d'une famille. »

Madame Durand atteste alors qu'on n'a jamais employé, à l'égard de cet enfant, aucun châtiment corporel. « Madame de Montesquiou, dit-elle, recourait à des moyens plus sages et plus utiles pour le corriger de ses défauts. Il était généralement doux, docile, et il écoutait assez le langage de la raison. Quelquefois cependant il se livrait à des accès de colère. Un jour qu'il se roulait par terre en poussant de grands cris, sans vouloir écouter ce que lui disait sa gouvernante, celle-ci ferma les fenêtres et les contrevents. L'enfant, étonné, se releva aussitôt, oublia ce qui l'avait contrarié, et lui demanda pourquoi elle agissait ainsi. « C'est de peur qu'on ne vous entende, répondit-elle. Croyez-vous que les Français voudraient d'un prince comme vous, s'ils savaient que vous vous mettez de la sorte en colère? — Crois-tu qu'on m'ait entendu? s'écria-t-il; j'en serais bien fâché. Je ne le ferai plus. » C'est de cette manière qu'une femme spirituelle inspirait au jeune prince la crainte du blâme, le respect pour l'opinion publique, si nécessaires dans toutes les classes, et qu'elle cherchait à tirer parti des heureuses dispositions qu'il avait reçues en naissant. »

Presque toujours l'Empereur, dans ses travaux les plus sérieux, voulait avoir son fils avec lui. Dès qu'on le lui amenait, il s'empressait d'aller au-devant de lui, le prenait dans ses bras et l'emportait en le couvrant de baisers. « Ce cabinet, qui vit éclore tant de combinaisons savantes, fut bien souvent aussi, dit M. de Meneval, le confident des tendresses d'un père. Combien de fois ai-je vu, continue-t-il, l'Empereur y retenir son fils auprès de lui, comme s'il eût été impatient de l'initier dans l'art de gouverner!... Son fils, placé sur ses genoux ou serré contre sa poitrine, ne le quittait pas. Doué d'une merveilleuse puissance d'attention, il savait dans le même temps vaquer aux affaires sérieuses et se prêter aux caprices d'un enfant. Quelquefois, faisant trêve aux grandes pensées qui occupaient son esprit, il se couchait par terre à côté de ce fils chéri, jouant avec lui comme un autre enfant, attentif à ce qui pouvait l'amuser ou lui épargner une contrariété.

» Il avait fait faire des pièces de manœuvre : c'étaient de petits morceaux de bois d'acajou de longueurs inégales et de figures différentes, dont le sommet était travaillé, et qui représentaient des bataillons, des régiments et des divisions. Quand il voulait essayer quelques nouvelles combinaisons de troupes, quelque nouvelle évolution, il se servait de ces pièces, qu'il rangeait sur le tapis du parquet pour se donner un champ plus vaste. Quelquefois son fils le surprenait sérieusement occupé de la disposition de ces pièces, et préludant à quelqu'une de ces savantes manœuvres qui lui assuraient le succès dans les batailles. Son fils, couché à ses côtés, charmé de la forme et de la couleur de ces pièces de manœuvre, qui lui rappelaient ses jouets, y portait à chaque instant la main et dérangeait l'ordre de bataille, souvent au moment décisif et quand l'ennemi allait être battu. Mais telle était la présence d'esprit de l'Empereur, qu'il n'était pas troublé par ce désordre momentané; et il recommençait, sans s'impatienter, ses dispositions stratégiques. Sa patience, sa complaisance pour cet enfant étaient inépuisables. Ce n'était pas seulement l'héritier de son nom et de sa puissance qu'il aimait dans son fils. Lorsqu'il le tenait dans ses bras, les idées d'ambition et d'orgueil étaient loin de son esprit. » Il était père.

LXXX. — BATAILLE DE BRIENNE. — INCIDENT.

> Dans les soucis et les revers, on ne revoit pas froidement les lieux où se sont écoulés si doucement les jours du premier âge.
>
> MERCIER.

Or avec cinquante mille hommes les troupes françaises, débris de tant de guerres, devaient disputer le sol de la patrie à un million d'ennemis.

Napoléon arriva à Châlons-sur-Marne, assit son quartier général à Vitry, et s'occupa sur-le-champ d'étudier la marche des troupes alliées, en même temps qu'il soulevait les habitants de l'Alsace et des Vosges; et dès le lendemain il se mettait en mouvement. Le 27, il attaquait le corps d'armée de Blucher à Saint-Dizier, et à ce début il le chassait de cette ville et coupait en deux l'armée de Silésie. Cette première victoire épouvante les coalisés. Elle ranime le courage des habitants et nous amène en foule de nouveaux défenseurs. On déterre ses armes, on se précipite sur l'ennemi; on lui fait de nombreux prisonniers; l'enthousiasme est universel.

« Napoléon, pour empêcher la jonction de Blucher avec Schwarzenberg, se dirige vers Troyes par Brienne…. Il voudrait qu'une grande bataille, livrée pour le salut de la France, immortalisât cette ville de Brienne, son second berceau, cette école militaire que, trente ans après en être sorti, il est réduit à défendre contre les Russes et les Prussiens (1)…. »

Au gré de ses désirs, non pourtant pour une de ces grandes journées qui décidaient le succès incontestable, mais au moins pour une de ces rencontres où il déployait son génie, il trouva de grands détachements ennemis. Une bataille

---

(1) M. de Norvins, chapitre LXII.

eut lieu le 29 janvier 1814, à Brienne. Nous ne voulons en raconter ici qu'un événement, qui n'a pas de place dans les récits de cette grande scène. Cependant il est bien connu de toutes les familles de Brienne qui vivaient à cette époque. De plus, cet incident a laissé sa trace dans le château de la vieille cité, de 1814 à 1848, temps qui a suffi pour le constater. Depuis cette dernière époque, la princesse de Baufremont possède ce noble manoir, historique longtemps avant les croisades ; fondé, suivant les traditions, par l'un des Brennus de l'ère ancienne, possédé au moyen âge par l'un des rois de Jérusalem, dont il était le berceau, béni aujourd'hui de toute la contrée en raison des bienfaits que répand autour d'elle la châtelaine vénérée. Mais dans les grandes réparations qui ont fait disparaître les énormes plaies de la guerre, il est probable qu'on a déplacé le câble de soie lacéré qu'on faisait remarquer à tous les visiteurs.

C'était donc le 29 janvier 1814. Dès l'aube du jour, Napoléon, apprenant que l'ennemi s'était emparé de Brienne et que Blucher, le féroce Prussien, avait établi là son quartier général, sentit tout à coup son cœur froissé. Il se rappelait les six belles années qu'il avait passées à l'école de Brienne ; il se rappelait sa chère visite de 1805, lorsqu'il allait à Milan où l'attendait la couronne d'Italie. Il n'oubliait pas le vieux serviteur qui, dans cette partie de plaisir, l'avait conduit à tous les lieux des environs où s'étaient promenées ses jeunes années.

Ce vieux serviteur était Claude Poncet, qui avait été son domestique à l'école militaire et qui s'était établi boulanger à Troyes. Il le fit appeler derechef et il savait bien que c'était lui donner une nouvelle joie. Poncet se hâta d'accourir ; il rencontra Napoléon qui arrivait de son côté en vue de Brienne. Là, Blucher avait cinquante mille hommes, et Napoléon quinze mille seulement.

En même temps que Blucher attendait Schwarzenberg, Napoléon attendait le maréchal Ney, qu'il avait fait avertir et qui ne paraissait pas. La nuit était venue, et malgré quelques escarmouches d'avant-poste, comme l'ennemi ignorait la présence de Napoléon et ne s'effrayait pas de la petite armée qu'on lui annonçait, Blucher, qui avait grandement faim, se disposait à bien dîner, pendant que les Prussiens pillaient et mettaient le feu à la petite ville de Brienne.

Une table immense était dressée dans le salon d'honneur du château. Le grand lustre était allumé comme en fête. La table était couverte de mets, de flacons et de verres, et la bonne odeur des plats réjouissait les appétits avides. Blucher se mit à table devant ce copieux dîner, et avec lui son nombreux état-major. Il y avait trois minutes qu'on n'entendait que le cliquetis des fourchettes, quand tout à coup un boulet français, lancé par Napoléon, troua la fenêtre du milieu et coupa le câble de soie qui soutenait le lustre magnifique dont la salle était splendidement éclairée; le lustre tomba comme une bombe dans la vaste soupière, qui vola en éclats. Toutes les lumières s'étaient éteintes. Blucher et ses convives, épouvantés d'un avertissement si imprévu, sautèrent par les fenêtres et se sauvèrent à travers les jardins.

Les Français s'avancèrent aussitôt avec une vive fusillade et entrèrent dans le château, la baïonnette en avant, pendant que Blucher s'exhalait en jurons effroyables contre les hommes de Napoléon qui mangeaient son dîner à la course. Il revint bientôt, poussant devant lui un corps d'armée et se croyant sûr de chasser les Français. Les Prussiens, repoussés deux fois à la baïonnette, durent, à son grand étonnement, battre en retraite, ce qui lui fit comprendre que Napoléon pouvait bien être là!

Les Français restèrent pour le moment maîtres du terrain. Ils l'avaient conquis, en perdant un certain nombre de braves. Mais Schwarzenberg arrivait à marches forcées pour appuyer Blucher; et la petite armée impériale ne pouvait tenter une autre bataille contre cent cinquante mille hommes. Napoléon se retira, pendant que son vieux Poncet, légèrement blessé dans une mission, regagnait Troyes avec deux rouleaux d'or.

Un instant après ce départ d'un lieu où les pertes des deux côtés avaient été égales, une bande de Cosaques se jeta sur la petite troupe qui entourait Napoléon, et l'un de ces sauvages allait l'atteindre de sa lance, quand Gourgaud, qui veillait toujours, l'abattit d'un coup de pistolet.

Blucher le lendemain avait fait sa jonction avec Schwarzenberg, et les deux armées ennemies, fortes ensemble de cent cinquante mille hommes, se posaient, non loin de Brienne, au village de la Rothière. Ils se proposaient d'arrêter la marche de Napoléon. Il les prévint; et quoiqu'il n'eût pas quarante mille hommes, dont la moitié n'étaient que des conscrits, il attaqua l'élite des armées alliées, et maintint la bataille toute la journée du 1er février, contre des forces trois fois plus nombreuses que les siennes.

Cette bataille sanglante ne s'arrêta que quand la nuit eut ramené l'obscurité complète. Blucher comptait bien nous détruire le lendemain. Mais Napoléon profita de la nuit pour se retirer sur Troyes et passa sur la rive gauche de l'Aube; après quoi il coupa le pont de Lesmont, pour arrêter les poursuites du lendemain. Cette journée n'avait été victorieuse pour personne, mais les Français avaient vaillamment battu les déserteurs perfides de leur alliance.

LXXXI. – A TRAVERS LES LUTTES. – UN ÉPISODE.

> L'incognito a parfois ses mystères.
> MADAME DE GENLIS.

A travers les batailles qui vont se succéder sans relâche dans les premiers jours du second mois de l'invasion, une dame de la bonne ville de Provins, dont la maison recevait sans cesse des militaires à héberger, se trouvant libre enfin le 6 février, s'occupait à mettre de l'ordre dans ses appartements, lorsqu'à la nuit tombante son domestique vint lui annoncer qu'un officier, qui avait l'air d'un commandant ou d'un chef de bataillon, venait loger chez elle.

Pendant qu'on lui disait ces mots, elle vit entrer un homme de taille assez petite avec des cheveux noirs. C'était l'officier annoncé. Quoique en uniforme, il n'avait ni épaulettes ni décorations.

La dame, tout en témoignant que cette visite la dérangeait un peu, demanda à l'officier d'où il venait? Il répondit qu'il venait de Bray-sur-Seine.

« Eh bien, lui dit-elle, vous deviez être à cette bataille où il s'en est fallu si peu que l'empereur de Russie et le roi de Prusse fussent nos prisonniers. Vous pourrez me raconter ce qui s'est passé là.

— Volontiers », répondit-il. — Et il désigna avec beaucoup de clarté le terrain et l'emplacement que chaque corps d'armée occupait pour couper la retraite aux ennemis. Puis, s'interrompant, il ajouta :

« Madame, connaissez-vous l'Empereur?

— Je ne l'ai vu qu'une fois, répondit-elle, lorsqu'il était général en chef de l'armée d'Italie. Je ne le reconnaîtrais certainement pas.

— Eh bien, regardez-moi, ce sera comme si vous le voyiez. Je lui ressemble étonnamment. Jamais je ne le quitte, et à moins d'être dans sa chemise, on ne peut en être plus près que moi. »

La dame pensa que cet officier plaisantait, et elle reprit :

« Mais où allez-vous présentement?

— Je vais à Paris. Quand je dirais à une belle dame que je vais lever des cadres, elle ne me comprendrait pas.

— Certainement non. Mais vous dites que vous ne quittez jamais l'Empereur; et vous voilà ici?

— C'est juste; mais il y a des occasions.

— Avez-vous un billet de logement? Vous savez que

nous ne pouvons recevoir que ceux qui ont des billets de logement.

— En ce cas, vous allez me renvoyer, car je n'ai point de billet.

— Oh! non, vous ne vous en irez certainement pas. Mais vous qui paraissez savoir tant de choses, dites-moi donc si les ennemis viendront jusqu'ici?

— Gardez-vous d'en douter. On ne nous soutient pas. Si seulement les femmes voulaient prendre des chapeaux et se mettre derrière nous, nous ferions fuir les ennemis par delà le Rhin. Mais tout le monde nous abandonne. »

Comme il achevait ces mots, la dame entendit sonner violemment à sa porte. Elle s'écria en se levant : « Ah! mon Dieu, quel embarras! ma maison va être envahie! »

L'officier lui prit les mains et lui dit d'un ton très-doux :

« Rassurez-vous, calmez-vous, madame, c'est simplement quelqu'un qui vient me parler. »

En effet, le domestique vint annoncer deux chirurgiens-majors qui demandaient le commandant; et en même temps entrèrent deux messieurs, dont l'un était d'une taille remarquable. Tous deux laissaient voir sous leur capote l'uniforme des généraux.

Celui qu'ils appelaient le commandant s'était assis auprès du feu et se balançait sur sa chaise. Il ne se dérangea pas et fit aux deux nouveaux venus un signe en mettant un doigt sur sa bouche. Puis il leur dit :

« Saluez madame, et demandez-lui pardon de vous présenter devant elle comme vous voilà, et de crotter son beau tapis. »

Ils allèrent droit à lui, le saluèrent en abaissant leur chapeau jusqu'à terre. Après quoi, ils se retournèrent et saluèrent aussi la dame, pendant que, pour leur faire honneur, elle allumait une seconde bougie.

Le commandant leur fit signe de s'asseoir; ils se tinrent

sur le bord de leurs fauteuils, et lui dirent quelques mots que la dame n'entendit pas.

Lorsqu'ils furent partis, elle offrit à souper au commandant.

« J'attendrai votre heure, dit-il.

— Vous attendriez trop longtemps, répliqua-t-elle; car j'ai une fièvre nerveuse qui ne me permet pas de manger. Mais il me reste un poulet, et puisque les ennemis vont venir, je vais vous le faire préparer. Je veux que ce soit un Français qui le mange.

— Un poulet! s'écria-t-il, un poulet! de la soupe à l'oignon et des pommes de terre : c'est tout ce qu'il faut à un soldat.

— Avez-vous de la suite? demanda la dame.

— Non, je suis seul. Mais puisque vous avez tant de bonté, me permettrez-vous de vous demander une grâce? Ce serait de dîner sur cette table, auprès de ce bon feu, sur ce tapis. Je vous promets que je ne vous gâterai rien. »

La dame consentit en souriant, et pendant qu'on préparait le souper, elle causa beaucoup avec son hôte. Elle lui parla de l'Empereur. Elle lui dit que c'était un héros, mais qu'elle le blâmait de ne pouvoir se tenir en place; qu'elle ne concevait pas comment un petit Corse ne se trouvait pas content d'être empereur des Français. L'officier l'écoutait en se balançant, et quand il la voyait s'animer, il se levait, il allait à elle et lui disait en lui prenant les mains :

« Mais calmez-vous donc! vous vous ferez du mal. Mon Dieu! que vous êtes vive! »

Il ajouta ensuite :

« L'Empereur a trois sottises à se reprocher. La première d'avoir trop enrichi ses généraux, qui ne songent plus qu'à jouir de leur fortune; la seconde d'avoir quitté Joséphine qui l'aimait tant; la troisième d'avoir épousé une Autrichienne.

— Eh bien, lui dit la dame, si les ennemis viennent, je m'enfuis.

— Ne faites pas cette folie-là, répliqua-t-il vivement en lui prenant encore les mains; vous perdriez tout. Je m'y connais, madame, suivez mon conseil. Vous avez une habitation charmante : demandez toujours de gros chefs; vous et vos propriétés serez respectées. »

Pendant ces conversations, on apporta le souper. La soupe à l'oignon lui fut servie dans une casserole. Il mangea le poulet presque entier et s'écria plusieurs fois : « Quel bon souper! »

A huit heures et demie, son hôtesse lui dit :

« Commandant, il faut vous aller reposer et moi aussi. »

Il la remercia de la bonne réception qu'elle lui avait faite et lui annonça qu'il ne lui ferait pas ses adieux le lendemain, pour ne pas interrompre son sommeil.

En entrant dans son appartement, il s'écria : « Oh! quel bon feu! quel bon lit! il y a longtemps que j'aurai été si bien couché. »

La dame lui souhaita une bonne nuit et se retira.

Le lendemain, son domestique, qui s'était levé à cinq heures, lui dit qu'il avait vu le commandant occupé à se faire la barbe et se promener ensuite d'une fenêtre à l'autre, les bras croisés derrière le dos.

Le soir de ce même jour, 7 février, cette bonne dame logea deux colonels d'état-major qui, sur les détails qu'elle leur raconta, lui dirent : « C'était l'Empereur (1) »

LXXXII. — LA BATAILLE DE PARIS.

> Un traître est de tous les ennemis le plus abominable. DÉMOSTHÈNE.

La France et le monde avaient donné aux combats et aux batailles du général Bonaparte, dans ses débuts en Italie, le nom de combats de géants. La rapide campagne de 1814 n'est pas

---

(1) Ce qu'on vient de lire est emprunté à un récit écrit par la dame de Provins elle-même et publié dans un des bulletins de l'Académie d'Évreux. Nous n'en avons omis aucun détail.

moins prodigieuse. En Italie, l'année 1796 a vu plusieurs fois deux et trois batailles en un jour. Il en a été ainsi dans les premiers mois de 1814, sur le sol de la France envahi. Et si ces faits s'étaient passés il y a mille ans, on n'y verrait aussi qu'une légende ou un roman de chevalerie. Nous ne décrirons donc pas ces luttes de cinquante mille hommes contre un million de soldats fournis par dix-sept puissances, qui avaient dégarni d'hommes de guerre l'Europe et une portion de l'Asie pour renverser un homme, — et qui ne l'eussent jamais renversé s'il n'avait pas été trahi.

Nous ne citerons des combats qui eurent lieu en février et en mars que les plus importants, car il y en avait tous les jours et sur tous les points. Pour les décrire, il faudrait des volumes. Le 8 février, Napoléon reprit Troyes, que les Russes et les Prussiens avaient occupé depuis quelques jours. Le 10, à la bataille de Champ-Aubert, il battit l'armée russe commandée par le général Alsufiew et la mit en déroute. Le 11, il battit Blucher à Montmirail. Le 12, il fut vainqueur à Château-Thierry d'abord et ensuite à Vaux-Champ, où Blucher ne put fuir qu'en abandonnant ses équipages. Les jours suivants ne furent que de petites rencontres.

Le 16 février, l'Empereur délivre Guignes, investie par le prince de Schwarzenberg, et il le bat à Mormant. Le 18, il remporte sur la grande armée alliée la bataille de Montereau. Là, il pointe lui-même les canons. Il poursuit les vaincus, que d'autres corps d'armée renforcent, et les bat derechef à Méry-sur-Seine. Il passe à Plancy, d'où il chasse les Cosaques.

Là, le 23 au soir, les princes alliés contre nous lui demandent un armistice, pour traiter de la paix, comme ils avaient fait à Francfort et à Châtillon. Mais ils voulaient, comme toujours, gagner quelques jours pour rétablir leurs corps d'armée.

Les pourparlers ne déterminant rien, les ennemis sont battus à Meaux le 27 février et le 28. Le général Blucher, qui marche sur Paris, est obligé de reculer. Le 1er mars, à Lisy, Blucher bat en retraite; le 2, il est poursuivi par Napoléon; le 3, à Neuilly Saint-Front, il est vaincu par l'Empereur, et sa retraite devient une fuite.

Malheureusement alors toute la France était inondée d'ennemis, et l'Empereur ne pouvait pas être partout. Ses généraux le secondaient de leur mieux, la plupart du moins; mais ils n'avaient pas son prestige. Les soldats savaient qu'avec Napoléon jamais on ne reculait. Le 6 et le 7 mars sont signalés par la bataille de Craonne, qui dura deux jours; Blucher y est vaincu de nouveau.

L'Empereur allait au secours de Laon, occupée par une armée de cent mille hommes; il n'en avait pas trente mille, et Laon, comme on le sait, est assise sur une montagne qui en fait une place forte. Il n'avait pas le temps de l'assiéger; il savait que ses ennemis marchaient sur Paris; il apprit, le 11 mars, que les conférences ouvertes à Lusigny pour la paix étaient rompues. Il poursuit les alliés, qui se rejettent dans le département de l'Aube, les bat à Reims, les bat à Fère-Champenoise, et, le 20 mars, gagne la grande bataille d'Arcis-sur-Aube, qui dura deux jours. Dans cette bataille, une bombe éclata devant son cheval. De là il marche sur Saint-Dizier, où il met en pleine déroute le général russe Wintzingerode et son armée. C'était le 26 mars, et d'inquiétantes nouvelles lui arrivent de Paris. Il part pour Troyes le 29, ne fait qu'y passer, et le 30 il court à Paris.

Mais, hélas! il était trop tard de quelques heures.

En battant Wintzingerode, il avait cru battre Blucher, et il ignorait que Blucher et Schwarzenberg avaient fait leur jonction le 23. Ils étaient aux environs de Paris. Ces faits imprévus n'eussent été rien, si à Paris on avait suivi les ordres formels laissés par l'Empereur. Il avait recommandé surtout à son frère Joseph et à Marie-Louise de ne jamais quitter Paris avant son retour. Or, malgré ses ordres formels, Joseph et Marie-Louise, effrayés par des traîtres, sortirent de Paris le

28 mars et se retirèrent à Blois avec le petit prince, sans être troublés par aucune rencontre, quoique les ennemis fussent partout. Marie-Louise était faible, et on peut lire dans les Mémoires de la veuve du général Durand que le petit prince impérial Napoléon II, appelé si tristement le roi de Rome, fut le seul qui résista à ce départ.

« Je ne puis m'empêcher de consigner ici, dit-elle, une anecdote, que bien des gens pourront trouver puérile, mais qui ne laisse pas d'être remarquable. Au moment de monter en voiture, le jeune Napoléon, qui était accoutumé à faire de fréquents voyages à Saint-Cloud, à Compiègne, à Fontainebleau, ne voulait pas quitter sa chambre, poussait des cris, se roulait par terre, disait qu'il voulait rester à Paris.... Sa gouvernante avait beau lui promettre de nouveaux joujoux, dès qu'elle le voulait prendre par la main pour l'entraîner, il recommençait à se rouler par terre, en criant qu'il ne voulait pas quitter Paris. Il fallut employer la force pour le porter dans la voiture.... »

Une autre page qui suit dans les Mémoires de cette dame ne sera pas déplacée ici : « La générale avait été battue pendant une partie de la nuit (du 29 au 30); toute la garde nationale était sur pied, je ne dirai pas sous les armes, car une grande portion des hommes qui la composaient n'en avaient pas. Les chefs en firent demander au duc de Feltre (Clarke), qui répondit qu'il n'en avait point à sa disposition. Cependant quand les troupes alliées entrèrent dans la capitale, elles en trouvèrent encore des magasins considérables.... » Il y avait vingt mille fusils à l'Arsenal.

L'Empereur, le 28 mars, comme on l'a vu, était parti de Saint-Dizier pour Troyes. De là, le 29, il avait envoyé à franc-étrier le général Dejean annoncer son arrivée à Paris; le soir de ce même jour, il avait expédié un second courrier; c'était l'aide de camp général Girardin. Le 30 au matin, après quelques heures de repos, Napoléon s'élance pour Paris. Aussitôt qu'il trouve un relais, il se jette dans une carriole de poste, en demandant des nouvelles de Marie-Louise et de son fils. On lui dit, ce qui lui cause un grand trouble, que, la veille, effrayés par Clarke, ils ont quitté Paris, et qu'on se bat autour de la capitale. A dix heures du soir, il n'en est plus qu'à deux heures de chemin. Il trouve au relais de Fontainebleau le général Belliard, qui lui annonce que Paris vient de capituler. Ce même jour, 30 mars, les troupes alliées avaient attaqué Paris et occupé sa banlieue à cinq heures du matin; et la bataille avait commencé.

Mortier et Marmont avaient soutenu le combat. Jamais les Français n'avaient déployé une plus grande valeur. Les forces de Paris consistaient en quelques milliers d'invalides et d'hommes des dépôts, en dix mille hommes déterminés fournis par la garde nationale, en quelques compagnies d'artillerie formées par les élèves de l'École polytechnique, en tout environ trente mille combattants (1). Mais si la trahison n'eût pas aidé les alliés, si on n'avait pas refusé à vingt mille volontaires les vingt mille fusils renfermés dans l'Arsenal, si l'on n'avait pas fait sortir de Paris soixante canons de gros calibre, si Clarke, alors ministre de la guerre, avait organisé, comme il le devait, la défense de Paris, l'Empereur eût eu le temps d'arriver.

A midi, toute la ville était cernée. Alors Clarke ordonna aux deux maréchaux Mortier et Marmont de capituler. Marmont fit et signa la capitulation, en vertu de laquelle la petite armée qui avait si vaillamment lutté put sortir de Paris par les barrières du Maine et d'Orléans et se diriger sur Fontainebleau.

(1) Il y eut de grands traits de courage, surtout aux buttes Chaumont et à la barrière de Clichy, où commandait le général Moncey.

LXXXIII. — L'ABDICATION.

Descendu de si haut, qui ne fléchirait pas?
Alexandre Garnier.

Sur les explications que lui donna le général Belliard, Napoléon comprit qu'il ne pouvait entrer dans sa capitale, cernée de cent cinquante mille hommes. Il envoya à Bondy, où se trouvait l'empereur Alexandre, le duc de Vicence, porteur d'une communication urgente. Alexandre se contenta de dire :

« Je répondrai demain, après mon entrée à Paris. »

Napoléon dut attendre. Il avait en tout cinquante mille hommes disséminés à d'assez proches distances, et il donna le commandement du camp de Fontainebleau à Marmont, qui avait capitulé si vite.....

Le lendemain donc, 31 mars, eut lieu l'entrée des alliés dans Paris frémissant. L'empereur de Russie, le roi de Prusse et les autres princes étaient à la tête de troupes d'élite. Mais l'empereur d'Autriche n'entra pas avec eux. Ces souverains furent plus qu'étonnés de la froideur avec laquelle on les recevait. Il n'y avait que silence sur les boulevards et dans les grandes voies qu'ils traversaient. Une vingtaine d'hommes seulement, ayant mis à leurs chapeaux des cocardes blanches, criaient : « Vivent les Bourbons! » Et ce parti, auquel les masses n'avaient jamais songé, afficha des placards où le retour des Bourbons était annoncé. Peu après, on vit à quelques murailles une proclamation de Louis XVIII, qu'on avait répandue et affichée depuis les premiers jours de février, dans les villes où les alliés étaient entrés, et qui étaient partout déchirées, ce qui a fait dire à un historien espagnol que le jour où le Pape quittait Fontainebleau pour regagner Rome, Louis XVIII régnait sur les Français. Il régnait depuis bien plus longtemps dans ce sens-là, puisque son placard, qui débutait par la formule : « Louis, par la grâce de Dieu, roi de France et de Navarre, » se datait : « l'an 1814, *de notre règne le dix-neuvième* »; ce qui a autorisé Jacques-Corentin Royou, dans son humble *Histoire de France* en six volumes in-octavo, à placer les batailles de Marengo, d'Austerlitz, d'Iéna, de Wagram, et une multitude d'autres, sous le règne de Louis XVIII.

Cependant les alliés n'avaient pas de parti pris. Des dames s'étaient précipitées à travers les troupes pour demander à Alexandre le rétablissement de la famille royale : c'était leur cri. Alexandre, par un sentiment de délicatesse, n'avait voulu habiter ni l'Élysée ni les Tuileries. Il se rendit à cinq heures chez le prince de Talleyrand, qui avait pressé la fuite de Marie-Louise, mais qui ne l'avait pas suivie. C'est là qu'on décida le parti à prendre. Il y en avait trois : ou faire la paix avec Napoléon en prenant des sûretés, ou établir la régence de Marie-Louise, ou ramener les Bourbons. L'avis d'Alexandre était pour la paix avec Napoléon; le prince de Schwarzenberg, qui parlait au nom de l'empereur d'Autriche, et qui avait toujours été hostile à Napoléon, se déclarait contre lui et contre son fils; Talleyrand, de concert avec les Anglais, votait pour les Bourbons, en affirmant que le Sénat, qui était de son avis, entraînerait Paris, et que Paris entraînerait la France. Il introduisit alors quelques personnages politiques, qui osèrent déclarer que toute la France était royaliste.....

Si Napoléon n'avait pas centralisé tout à Paris, les nombreux et ardents partisans de l'Empereur eussent pu lutter contre la décision qui repoussait la dynastie impériale; mais quatre ou cinq personnages la renversèrent.

Nous avons vu Charles X et Louis-Philippe détrônés de la sorte.

Le roi de Prusse s'unit à Talleyrand, et il fut décidé qu'on ne traiterait ni avec Napoléon ni avec aucun membre de sa famille. Dès lors, on ne consulta aucunement le vœu national.

On fit demander au Sénat qu'il fît une constitution qui fût convenable. Le lendemain, le Sénat déclara que Napoléon était déchu du trône, que le droit d'hérédité était aboli dans sa famille, et que le peuple et l'armée étaient déliés envers lui du serment de fidélité. Marmont entraîna son corps d'armée à faire acte de soumission au gouvernement provisoire, et cette parade fit croire à Alexandre que l'armée ne tenait pas à l'Empereur. Alors il fit appeler le duc de Vicence, et le chargea d'aller dire à Napoléon qu'il devait abdiquer.

Tous ces faits avaient occupé les trois premiers jours d'avril, pendant lesquels Napoléon, ayant réorganisé son armée, se disposait à tenter de nouveau ce qu'on appelle le sort des armes. Mais ses maréchaux se montrant découragés, le 4 avril il envoya au duc de Vicence, qui était son mandataire à Paris, cette abdication :

« Les puissances alliées ayant déclaré que l'empereur Napoléon était le seul obstacle au rétablissement de la paix en Europe, fidèle à son serment, il déclare qu'il est prêt à descendre du trône, à quitter la France et même la vie pour le bien de la patrie, inséparable des droits de son fils, de ceux de la régence de l'Impératrice et du maintien des lois de l'Empire. »

L'Empereur n'apprit qu'alors la faiblesse de Marmont, la défection de Clarke et celle du Sénat. Pour répondre aux calomnies que ceux qui l'abandonnaient commençaient à répandre, il adressa à son armée l'ordre du jour suivant :

« L'Empereur remercie l'armée pour l'attachement qu'elle lui témoigne, et principalement parce qu'elle reconnaît que la France est en lui, et non pas dans le peuple de la capitale. Le soldat suit la fortune et l'infortune de son général, son honneur et sa religion. Le duc de Raguse n'a pas inspiré ces sentiments à ses compagnons d'armes; il a passé aux alliés. L'Empereur ne peut approuver la condition sous laquelle il a fait cette démarche; il ne peut accepter la vie et la liberté d'un sujet.

» Le Sénat s'est permis de disposer du gouvernement français ; il a oublié qu'il doit à l'Empereur le pouvoir dont il abuse maintenant ; que c'est l'Empereur qui a sauvé une partie de ses membres des orages de la Révolution, tiré de l'obscurité et protégé l'autre contre la haine de la nation.

» Le Sénat se fonde sur les articles de la Constitution pour la renverser ; il ne rougit pas de faire des reproches à l'Empereur, sans remarquer que, comme premier corps de l'État, il a pris part à tous les événements. Il est allé si loin, qu'il a osé accuser l'Empereur d'avoir changé les actes dans leur publication. Le monde entier sait qu'il n'avait pas besoin de tels artifices. Un signe était un ordre pour le Sénat, qui toujours faisait plus qu'on ne désirait de lui.

» Le bonheur de la France était le vœu de l'Empereur ; aujourd'hui que la fortune s'est déclarée contre lui, la volonté de la nation seule pourrait le persuader de rester plus longtemps sur le trône. S'il se doit considérer comme le seul obstacle à la paix, il fait volontiers ce sacrifice à la France. Il a, en conséquence, envoyé le prince de la Moskowa et les ducs de Vicence et de Tarente à Paris, pour entamer la négociation. L'armée peut être certaine que l'honneur de l'Empereur ne sera jamais en contradiction avec le bonheur de la France. »

Cependant, quand les mandataires de Napoléon, revenant à Fontainebleau, lui annoncèrent que l'abdication qu'il avait donnée ne suffisait pas à ses ennemis, qui exigeaient qu'il abandonnât encore les droits de son fils, son premier mouvement fut de rompre la négociation. Il avait autour de lui vingt-cinq mille hommes ; il pouvait en rallier vingt-cinq mille de l'armée de Lyon, cinquante mille des troupes rentrées de l'Espagne avec Soult et Suchet, vingt mille qui revenaient de l'Italie. Il pouvait remplacer par de jeunes et habiles généraux ceux des maréchaux qui l'abandonnaient. Les places fortes lui restaient, et il avait de grandes chances, car il avait à Paris bien plus de partisans qu'on ne le disait. Beaucoup de fidèles venaient s'offrir à lui, à l'exemple du comte de Plancy, qu'on a appelé le dernier préfet de l'Empire, avec toute leur fortune et tout leur pouvoir. Mais on déclarait à l'Europe qu'il était le seul obstacle à la paix : il se dévoua, et signa le 11 avril cette nouvelle abdication :

« Les puissances alliées ayant proclamé que l'Empereur était le seul obstacle au rétablissement de la paix en Europe, l'Empereur, fidèle à son serment, déclare qu'il renonce pour lui et ses enfants aux trônes de France et d'Italie, et qu'il n'est aucun sacrifice, même celui de la vie, qu'il ne soit prêt à faire aux intérêts de la France. »

Le traité de paix fut signé le lendemain à Fontainebleau. On laissait à l'Impératrice ses titres et qualités, ainsi qu'aux membres de la famille impériale. L'île d'Elbe était donnée à l'Empereur en toute propriété, avec deux millions de revenu, payables par la France. On indemnisait les princes dépossédés; on faisait à l'impératrice Joséphine un traitement annuel d'un million. On donnait à Marie-Louise, en toute propriété, les duchés de Parme, de Plaisance et de Guastalla. On consacrait deux millions à gratifier les aides de camp et tout le personnel de la maison de l'Empereur, qui devenait dissoute dès lors. Puis il y avait d'autres articles stipulant les sacrifices à faire par la France en compensation de la paix.

On a dit un fait que l'on suppose avoir eu lieu durant les agitations de l'Empereur à Fontainebleau, et ce fait doit être démenti. On a dit que l'Empereur, avec un poison inventé par Cabanis (1), avait tenté de s'empoisonner, mais que le poison avait manqué son effet. On appuyait ce dire sur ce fait que, le jour où il se reconnaissait si largement trahi, on l'avait vu la figure bouleversée; comme si sa situation, dans une chute de si haut, n'eût pas suffi!

Napoléon n'avait jamais craint la mort, et il avait le cœur trop grand et trop chrétien pour déserter la vie.

(1) D'autres disent par le docteur Yvan. Les prétendus inventeurs de ce poison ont eux-mêmes démenti.

LXXXIV. — LES ADIEUX DE FONTAINEBLEAU.

L'ILE D'ELBE.

> Il pleurait ; ils pleurèrent aussi.
> NORVINS.

« Officiers, sous-officiers et soldats de ma vieille garde, je vous fais mes adieux. Depuis vingt ans que nous sommes ensemble, je suis content de vous. Je vous ai toujours trouvés au chemin de la gloire. Toutes les puissances de l'Europe se sont armées contre moi. Quelques-uns de mes généraux ont trahi leur devoir et la France. Elle-même a voulu d'autres destinées. Avec vous et les braves qui me sont restés fidèles, j'aurais pu entretenir la guerre civile; mais la France eût été malheureuse.

» Soyez fidèles à votre nouveau roi, soyez soumis à vos nouveaux chefs, et n'abandonnez point notre chère patrie. Ne plaignez pas mon sort; je serai heureux lorsque je saurai que vous l'êtes vous-mêmes. J'aurais pu mourir. Si j'ai consenti à survivre, c'est pour servir encore à votre gloire : j'écrirai les grandes choses que nous avons faites. Je ne puis vous embrasser tous; mais j'embrasse votre général. — Venez, général Petit, que je vous presse sur mon cœur!...

» Qu'on m'apporte l'aigle! que je l'embrasse aussi!... Ah! chère aigle! puisse le baiser que je te donne retentir dans la postérité!...

» Adieu, mes enfants. Mes vœux vous accompagneront toujours. Gardez mon souvenir. »

Tels furent les adieux de Napoléon à Fontainebleau. Ses traits et sa parole avaient quelque chose de déchirant, et son cœur était navré. Après ces adieux, qui retentiront, en effet, dans la postérité, Napoléon se hâta de monter en voiture avec le général Bertrand, et il prit la route qui devait le mener à l'île d'Elbe.

M. de Norvins remarque, dans son *Histoire de Napoléon*, que ce même jour, 20 avril 1814, à l'heure où l'Empereur partait pour l'exil, le comte de Provence, frère émigré de Louis XVI, faisait, comme roi de France, son entrée solennelle à Londres. Annoncé au palais sous le nom de Louis XVIII, et félicité par le prince régent comme roi de France, il disait au prince : « C'est à Votre Altesse Royale et à ce glorieux pays (l'Angleterre) que j'attribuerai toujours, après la divine Providence, le rétablissement de notre maison sur le trône de ses ancêtres. »

Partout, dans son voyage d'exil, Napoléon fut salué du cri de *Vive l'Empereur!* Il s'embarqua pour l'île d'Elbe, et le 3 mai, deux heures avant le coucher du soleil, il prenait terre à Porto-Ferrajo, avec les quatre cents grenadiers qu'on lui avait accordés pour sa garde, et qui étaient tous de ses vieux braves. D'autres hommes de cœur se joignirent à eux, entre autres le général Drouot, le plus constamment honorable de ses fidèles, le plus sincèrement dévoué, parce qu'il était chrétien. En entrant à l'île d'Elbe, il allait être le major général de la petite troupe qui entourait l'Empereur, et Napoléon le nommait gouverneur de l'île.

Napoléon fut reçu devant Porto-Ferrajo par le général Duhesme, qui commandait là pour la France :

« Général, lui dit-il, j'ai sacrifié mes droits aux intérêts
» de ma patrie, et je me suis réservé la propriété et la souve-
» raineté de l'île d'Elbe. Faites connaître aux habitants le
» choix que j'ai fait de leur île pour mon séjour. Dites-leur
» qu'ils seront toujours pour moi l'objet de mon intérêt le
» plus vif. »

Il entra dans la ville, dont on lui remettait les clefs, et il se rendit tout droit à la cathédrale, où il fit chanter un *Te Deum* d'actions de grâces. De l'église, il descendit à l'hôtel de la mairie, qui devint son palais. Dès lors, il occupa sa vaste activité à des travaux qui relevèrent les habitants et leur ouvrirent les chemins du bien-être. Son auguste mère, Marie-Lætitia, et sa sœur, la princesse Pauline, quittèrent leurs palais de Rome pour venir le visiter; ce que firent aussi quelques fidèles. »

Mais pendant ces jours si pleins de contrastes, douleurs généreuses et triomphes ingrats, que devenaient Marie-Louise et le petit prince si cher à son père, qui ne le reverra plus? Nous empruntons ces détails à des mémoires dont l'exactitude n'est pas douteuse (1) :

« L'Impératrice n'avait fait que passer à Rambouillet, et s'était rendue à Blois avec le conseil de régence et une partie de la cour. On jouissait dans cette ville de la plus grande sécurité, les troupes alliées ne s'étant pas avancées de ce côté-là. On laissait ignorer à Marie-Louise tout ce qui se passait à Paris. Les arrêts du gouvernement provisoire, les décrets du Sénat, lui étaient inconnus. On éloignait d'elle tous les journaux : jamais on ne lui parlait des Bourbons : elle ne prévoyait donc encore d'autres malheurs que la nécessité où serait Napoléon de faire la paix à telles conditions qu'on voudrait lui imposer. Elle était bien loin de croire, d'ailleurs, que l'empereur d'Autriche, que son propre père voulût détrôner son gendre et priver son petit-fils d'une couronne qui devait lui appartenir un jour. Ce ne fut que le 7 avril au matin que la vérité lui fut connue. Une de ses premières dames, qui était restée à Paris pour voir la tournure qu'allaient prendre les événements, vint la rejoindre, et lui apprit la véritable situation des choses, la disposition des esprits dans la capitale, et l'abdication probable et très-prochaine de l'Empereur. L'Impératrice reconnut qu'elle avait eu tort de quitter Paris; elle prit la résolution d'y retourner sur-le-champ, malgré la présence des troupes alliées, dont elle sentait fort bien qu'elle n'avait rien à redouter. Peut-être sa présence eût-elle déconcerté les nouveaux projets et déjoué les intrigues qui les favo-

(1) *Mes souvenirs sur Napoléon, sa famille et sa cour*, par madame veuve du général Durand.

risaient. Malheureusement elle crut devoir soumettre sa résolution au conseil de régence, et elle y fut universellement désapprouvée. Tous les membres se réunissant pour combattre son projet, il fut abandonné. Deux jours plus tard, elle apprit l'abdication de Napoléon, qui allait être suivie de son départ pour l'île d'Elbe, dont on lui laissait la souveraineté. »

Tout était conspiration autour de l'Empereur et de l'Impératrice. Les chefs du parti royaliste empêchaient le retour de Marie-Louise, et ne voulaient pas même qu'elle suivît son époux à l'île d'Elbe. Ils comprenaient que leur réunion pouvait amener une réconciliation avec l'empereur d'Autriche, et ils avaient dans leur parti le prince de Schwarzenberg, qui détestait Napoléon.

« Dès qu'on vit à Blois l'Impératrice hésiter sur ce qu'elle avait à faire, et qu'on l'entendit parler d'aller rejoindre Napoléon à Fontainebleau, on fit partir de Blois M. de Champagny, pour en porter l'avis au prince de Schwarzenberg, qui était alors dans les environs de Troyes, et celui-ci envoya sur-le-champ l'hetman des Cosaques, qui arriva avec sa troupe à l'instant où Marie-Louise allait se mettre en route. »

Mais pendant ces intrigues, Napoléon, à qui Marie-Louise écrivait tous les jours, ne la voyant pas arriver à Fontainebleau, où il l'attendait, et prévoyant qu'on voulait le séparer d'elle, avait fait partir un nombreux détachement de sa garde, qu'il suivait de près, pour rejoindre son épouse et son fils. Mais en arrivant à Étampes, il avait appris qu'elle venait d'avoir une entrevue avec son père, à Rambouillet, que de là il l'avait renvoyée à Vienne. Il ne pouvait la poursuivre à travers les bandes ennemies. Et il restait seul.....

Nous retrouverons plus loin Marie-Louise et le jeune Napoléon II, légitime héritier de son père.

LXXXV. — LES BOURBONS.

> M. Bonaparte était un bon locataire.
> *Paroles de Louis XVIII en rentrant aux Tuileries.*

Les alliés, que l'on appelait *nos amis les ennemis*, trônaient donc à Paris, où l'on avait établi un gouvernement provisoire, où le Sénat avait fait, le 7 avril, une constitution improvisée si ridicule, que ce premier corps de l'État en fut tué.

Le 10 avril, le maréchal Soult, qui ne savait rien de la reddition de Paris, livrait bataille, auprès de Toulouse, au duc de Wellington, et, avec moins de quarante mille hommes, soutenait l'honneur français contre cent mille ennemis.

Le 12 avril, le comte d'Artois faisait son entrée dans Paris. Talleyrand l'attendait à la porte qu'on appelait alors la barrière de Bondy. Il était accompagné des membres du gouvernement provisoire, et il fit au prince cette harangue :

« Monseigneur, le bonheur que nous éprouvons en ce jour de régénération est au delà de toute expression, si vous recevez, avec la bonté céleste qui caractérise votre auguste maison, l'hommage de notre religieux attendrissement et de notre dévouement respectueux. »

Après avoir franchi la barrière, le lieutenant général du royaume (c'était la dignité du comte d'Artois, en attendant l'arrivée du comte de Provence, désormais Louis XVIII), le lieutenant général, ayant mis le pied dans Paris, fut complimenté par le baron de Chabrol, préfet du département, qui lui dit :

« Monseigneur, après *vingt ans de malheurs*, la France revoit avec transport la famille auguste qui pendant *huit siècles* assura sa gloire et *son bonheur*. La ville de Paris, objet de l'amour constant de ses rois, met ce jour au rang *des plus beaux* qui aient brillé pour elle depuis l'origine de la monarchie. La France *entière* soupire après le retour de son Roi..... Votre Altesse Royale agréera les vœux de tout un peuple qui va se presser sur ses pas.... »

Un cortége assez nombreux suivit le prince à Notre-Dame et de là aux Tuileries; mais il ne put admirer l'enthousiasme qu'on lui promettait, car jusqu'au 3 avril les Parisiens ne savaient pas s'il y avait encore des Bourbons, et peu de personnes pensaient à eux. Les journaux, en peu de jours, firent connaître à la foule ce qui restait de cette grande famille.

Au reste, le comte d'Artois était bon et bienveillant, et ses alentours contaient qu'en parcourant la capitale, qu'il revoyait enfin, il avait dit : « Il n'y a rien de nouveau ; il n'y a qu'un Français de plus. » Au fait, il se montrait heureux.

Mais en même temps que les compliments des grands personnages qui désertaient avec si peu de vergogne l'homme héroïque qu'ils avaient si prodigieusement flatté, les actes et les écrits, les caricatures odieuses et les affiches hostiles jusqu'au scandale, que répandaient les ennemis de l'aigle enchaîné, toutes ces lâches faiblesses auraient dû inspirer au comte d'Artois ce mépris des hommes qu'on a reproché à Napoléon.

Dans une brochure où les Anglais admiraient ce qu'ils appelaient le chef-d'œuvre de l'invective oratoire, Chateaubriand reprochait à Napoléon les plaies de nos guerres, de 1793 à 1814, sans reconnaître que c'était l'œuvre des Anglais qui, possesseurs, par des voies assez généralement iniques et odieuses, des immenses trésors de l'Inde, les prodiguaient pour épuiser la France. Plus tard, il a regretté cette brochure et modifié ses jugements (1). D'autres écrivains se sont oubliés ainsi.

(1) *De Buonaparte et des Bourbons*, tel était le titre de la brochure de Chateaubriand. Il reprochait à l'Empereur, dont il décriait les talents, de n'avoir pas su faire une retraite. Un officier qui lisait cela écrivait en marge : « C'est qu'il n'en a pas fait souvent. » Parmi les écrivains anglais hostiles, nous ne citerons que Chassing et Walter Scott.

Louis XVIII, qui ne manquait pas de dignité et d'une certaine grandeur, ne quitta l'Angleterre que le 23 avril. Deux jours après, il entrait à Paris avec la duchesse d'Angoulême, qui excitait très-vivement l'intérêt. Le 2 mai, il reçut les félicitations des grands corps de l'État, et il data de Saint-Ouen la Charte constitutionnelle, qui lui rallia des partisans. Il supprimait le Sénat, le remplaçait par une Chambre des pairs, et le Corps législatif par une Chambre des députés des départements.

Il gouverna avec prudence; mais il eut le tort ou le défaut d'habileté de licencier la vieille garde de l'Empereur, qui depuis vingt ans ne vivait que de la vie militaire. Il fit d'autres suppressions qui augmentèrent le nombre des mécontents. De plus, il ne paya rien des deux millions attribués à l'empereur Napoléon dans sa retraite de l'île d'Elbe, et il donna ainsi un sérieux prétexte au retour de l'Empereur.

Mais nous devançons les événements. Dans tous les faits que nous venons d'énumérer succinctement, nous n'avons pas assez dit la douleur de Napoléon, à qui l'empereur d'Autriche avait enlevé et envoyé à Vienne Marie-Louise et son fils bien-aimé, qu'il n'eut pas même le bonheur d'embrasser encore une fois, et que nul n'avait le droit de lui ôter….

LXXXVI. — MORT DE JOSÉPHINE.

> Quels fidèles pinceaux, illustre impératrice,
> Nous diront votre grâce et vos touchants attraits?
> De tant d'infortunés aimable bienfaitrice,
> Nos cœurs vous suivront sous le dais.
> LABLÉE, *Chant du sacre.*

Nous devons dire ici que les souverains alliés, qui se donnaient la joie d'un long séjour à Paris, et qui n'avaient jamais oublié Joséphine, en qui ils avaient vu toujours l'impératrice des Français, voulurent, après avoir respiré un peu, rendre une visite solennelle à cette femme héroïque, qui avait tout sacrifié à son époux.

Reléguée à la Malmaison, avec son fils Eugène et sa fille Hortense, elle gémissait de l'exil et surtout de l'abandon de Napoléon, privé si cruellement d'un fils qu'il avait si vivement désiré, et qui était désormais son seul amour.

Ils essayèrent de la consoler; mais les peines de Napoléon étaient dans son cœur plus vives que les siennes.

Cette visite avait lieu le 26 mai 1814. Malgré les politesses et les compliments dont on la berçait, elle comprit qu'elle embarrassait, et les bouquets qu'on lui offrait ne la séduisirent pas. Épuisée d'émotions, le soir de cette somptueuse visite, elle se trouva indisposée. Dès le milieu de la nuit, sa situation devint grave, puis menaçante. Ses enfants l'entouraient. Le docteur Sue, son médecin, ne la quittait pas, et parvenait si peu à la soulager, qu'elle ne cessa de souffrir deux longs jours, et que le troisième (29 mai) elle rendit son dernier soupir, après avoir remis son âme entre les mains de Dieu.

Ses dernières paroles furent :

« L'île d'Elbe! Napoléon! me voilà! me voilà!.... »

L'empereur Alexandre, seul de ces souverains, se fit représenter à son convoi. Elle fut inhumée dans l'église de Ruel, où ses enfants obtinrent en 1821 l'autorisation de lui ériger un monument.

LXXXVII. — LE FILS DE L'EMPEREUR.

> Hélas! si vous m'aimez, vous tous en qui j'espère,
> Rendez-moi le bonheur en me rendant mon père!
> EUSTACHE LENOBLE.

Revenons maintenant au jeune prince, qui n'oublie ni Paris, ni la France, ni les tendresses paternelles. Marie-Louise avait rejoint l'empereur François à Rambouillet. Elle en sortit le 2 mai pour retourner à Vienne. Le petit prince, qui tous les jours redemandait son père, se désolait à mesure qu'il s'éloignait de lui. En arrivant en Suisse, il fut séparé de toute sa petite cour, exceptées madame de Montesquiou et madame Marchant. Il s'écria avec douleur : « Ah! je vois bien que je ne suis plus roi (le pauvre enfant avait cru l'être)! mon grand-père m'a retiré tous mes pages. »

M. de Bausset raconte qu'en passant à Inspruck, l'Impératrice, qu'il accompagnait, visitant les tableaux du palais, s'arrêta devant un portrait de Marie-Thérèse, auprès de laquelle l'artiste avait peint son fils Joseph II, alors âgé de dix ans. On fut frappé de sa ressemblance avec le jeune Napoléon II; mais le prince parut médiocrement satisfait de ressembler à un empereur d'Autriche, et il dit d'un air chagrin à madame de Montesquiou (qu'il appelait maman) : « On m'a toujours dit que je ressemble à mon père !... »

L'Impératrice, son fils et leur nombreux cortége arrivèrent à Schœnbrunn vers le milieu de mai ; toute la famille de Marie-Louise l'attendait là et la reçut de son mieux. Son père, à qui elle restait soumise, ne devait l'embrasser qu'un mois plus tard. Il se reposait à Paris.

L'empereur d'Autriche était ce qu'on appelle un homme bon. M. de Bausset recommande de « ne pas confondre le souverain qui a mérité l'attachement et le respect de tous ses sujets par ses qualités et ses vertus privées avec les ministres qui gouvernaient en son nom ». — Mais un souverain qui ne gouverne pas ne règne pas; et si, à côté de ses vertus privées, il a laissé ses ministres désoler la Gallicie de ces massacres odieux que M. Villemain appelait une jacquerie absolutiste, le monarque en est responsable devant Dieu et devant l'histoire.

Madame de Montesquiou se sépara du jeune Napoléon à la fin de mai. Une Allemande lui succéda, au grand déplaisir du noble enfant, qui avait horreur de la langue de ce pays, et qui voyait avec douleur s'éloigner de lui tous les Français. Le général Niepperg fut donné à Marie-Louise pour chevalier d'honneur. Il était borgne, mais assez bien fait du reste, élégamment équipé, beau parleur et fort galant. Il fut chargé de la conduire aux eaux d'Aix-la-Chapelle, où il parvint à gagner le cœur de l'ex-Impératrice. En Autriche, Napoléon étant considéré comme mort civilement, elle pouvait se remarier : elle épousa cet homme de la main gauche. Le jeune Napoléon resta à Schœnbrunn pendant les mois que sa mère passa à Aix, ne trouvant de bienveillance que de la part de son grand-père et des sœurs de Marie-Louise. « Les autres » membres de la famille impériale ne portaient pas à cet » enfant l'intérêt dû à son âge et à sa position. Ils ne parlaient » de rien moins que de faire de lui un évêque. Ces sentiments » étaient partagés par une foule de subalternes (1). »

Le congrès de Vienne, entre tous les souverains qui allaient organiser ce qu'on appelait la Sainte-Alliance, s'ouvrit au mois de septembre 1814.

Le propos le plus généralement répété là était qu'il fallait envoyer Napoléon à Sainte-Hélène... Quant à son fils, il fallait l'élever pour en faire un prêtre, et cacher sous le froc cet héritier de tant de gloire.

Ces propos furent publiés au mois d'octobre 1814, et il est permis de faire « coïncider ces explosions comminatoires avec les motifs *qui durent décider Napoléon à quitter l'île d'Elbe*, et qui ne purent lui faire éviter l'exil et la mort sur le rocher de cette île Sainte-Hélène, dont le nom était dans toutes les bouches officielles.

» Ces rumeurs prophétiques prouvaient assez combien d'infractions et de mépris étaient déjà réservés au traité de Fontainebleau, qui avait été le prix et la condition de l'abdication de l'Empereur (2).... »

(1) M. de Bausset.
(2) M. de Bausset, Mémoires, t. III, p. 66.

LXXXVIII. — NAPOLINO A L'ILE D'ELBE.

> Visite dans l'adversité
> Est une œuvre de charité.
> *Viel adage.*

Près de vingt-deux ans s'étaient écoulés depuis le départ du jeune Bonaparte, échappant à Paoli et s'embarquant à Calvi pour la France, lorsque, vers la fin de 1814, on annonça à Napoléon, alors dans l'île d'Elbe, qu'un paysan corse sollicitait l'honneur de lui être présenté.

« Son nom? » demanda l'Empereur.

On lui dit qu'il s'obstinait à le taire.

« Eh bien, faites-le entrer. »

A peine parut-il, que Napoléon, qui n'oubliait rien, s'écria :

« C'est donc ainsi que tu m'as tenu parole, Napolino? « Vous devez savoir qu'un brave Corse n'y a jamais manqué, » me disais-tu il y a bientôt vingt-deux ans, et tu viens me voir au moment où je ne puis rien faire pour toi.

— Sire, l'honneur de vous voir est assez pour moi. Si je ne me suis pas présenté à Votre Majesté dans des temps meilleurs, c'est que je craignais de ne pouvoir pénétrer jusqu'à vous, et, s'il faut l'avouer, que vous ne m'eussiez oublié.

— Cette crainte était mal fondée, Napolino. Mais je te pardonne. Comment pouvais-tu me juger, toi qui ne m'as vu qu'un instant, quand ceux qui vivaient avec moi m'ont si peu connu et m'ont payé d'ingratitude! »

Napolino sortit les larmes aux yeux, emportant une gratification qui lui apprit que le souverain de l'île d'Elbe était, dans de plus larges proportions, aussi généreux que le jeune lieutenant.

La visite de Napolino ne fut pas la seule que l'Empereur reçut à l'île d'Elbe. S'il s'était trouvé quelques traîtres et beaucoup d'ingrats parmi ceux qui l'avaient servi et qui lui devaient leur fortune, il y avait encore en assez grand nombre, à l'honneur du cœur humain, bien des gens qui n'avaient pas battu des mains à sa chute, qui l'aimaient toujours fidèlement, qui le suivaient de leurs regrets et qui allaient le voir comme les personnes pieuses vont à leurs pèlerinages.

On croyait le consoler en lui grossissant les fautes du gouvernement qui remplaçait le sien ; on l'affligeait, et on l'agitait en lui disant qu'il était vivement regretté. Peu à peu, on l'entama si bien, qu'il crut la France affectée de plus de souffrances qu'il n'y en avait réellement. Beaucoup le regrettaient ; mais on lui peignait la France comme si tout le monde le redemandait, quand ce n'était qu'un grand nombre, ou peut-être le plus grand nombre. Le fait est que le peuple était mécontent. D'un autre côté, on lui apportait des nouvelles du congrès de Vienne. Or, dans ce congrès, on avait témoigné de l'effroi qu'inspirait Napoléon à si peu de distance de la France, et on manipulait la question de le transporter dans une île de l'Amérique ou de l'Asie. On lui apprenait que les Anglais imaginaient pour son exil l'île de Sainte-Hélène, au climat délétère, à quatre mille lieues de Paris. Et puis on lui disait, du ton le plus rassurant, que s'il voulait rentrer en France, il y serait reçu partout à bras ouverts. D'autres ajoutaient que, puisqu'on ne payait pas la pension qui lui était formellement allouée, il était dégagé.....

Dans le dernier mois de l'année 1814, *le Moniteur*, qu'il lisait, lui signalait les aberrations de la politique réactionnaire du gouvernement des Bourbons, et « semblait l'avertir, dit M. de Norvins, que le moment de son retour était arrivé ».

Au commencement de 1815, il apprenait encore que les mécontentements étaient au comble, et il eut connaissance d'une démarche de Fouché, qui, dans son habileté infernale, entretenait des relations avec tous les partis. Cet homme écrivait à Metternich : « Le nouveau gouvernement a tellement indisposé les esprits, que si le fils de l'Empereur, conduit par un paysan sur un âne, venait à paraître à Strasbourg, le premier régiment auquel il serait présenté l'amènerait sans obstacle jusqu'à Paris. »

Napoléon, malgré toutes ces lumières, eût hésité, car il respectait les engagements et les devoirs. Mais en pesant sincèrement sa situation, il comprit que, les Bourbons n'exécutant pas le traité, il était réellement dégagé.

« Des lettres de Vienne et les nouvelles que lui adressait son beau-frère Joachim Murat, à qui il avait pardonné sa défection, et qui entretenait des agents auprès du congrès, le fortifiaient dans la pensée de retour, en lui dévoilant le plan proposé aux alliés par les ministres de l'enlever de l'île d'Elbe et de le transporter, comme on l'en avertissait, à Sainte-Hélène. Deux nobles Anglais, indignés de ce projet de trahison, dont la honte allait retomber encore sur leur nation, quittèrent Vienne et vinrent eux-mêmes donner à Napoléon des détails qui lui confirmèrent l'imminence du péril qu'il courait (1). » Il fit donc secrètement ses préparatifs.

Or, le souverain de l'île d'Elbe recevait toujours les visiteurs en tête-à-tête, et aucun d'eux ne s'ouvrait qu'à lui. A la fin de février 1815, n'ayant aucune nouvelle de sa pension, et sans avoir consulté aucun des hommes dévoués qui partageaient son exil (on en a la certitude dans les déclarations du général Drouot, le seul qui eût mérité cette confidence), Napoléon annonça à sa petite troupe qu'on allait partir.

C'était le 26 février. A huit heures du soir, l'Empereur s'embarqua avec sa suite sur le brick *l'Inconstant*, en disant : « Le sort en est jeté! »

Le lendemain, 27 février, il avoua le secret de l'expédition : « Grenadiers, dit-il à ses braves, nous allons à Paris! »

(1) M. de Norvins.

LXXXIX. — LE RETOUR DE L'ILE D'ELBE.

> La violation d'un traité consenti des deux parts est aussi odieuse au ciel que la violation d'un serment. ÆLIEN.

Le 1ᵉʳ mars 1815, après une traversée heureuse, Napoléon, envers qui on avait violé la foi d'un traité solennel, débarquait, selon son droit, au golfe Juan, entre Antibes et les îles de Lérins. Le premier paysan qui vint à lui le reconnut; c'était un vieux soldat; il déclara qu'il ne voulait plus le quitter. « Eh bien, Bertrand, dit l'Empereur, voilà du renfort! »

Il avait fait copier en pleine mer plusieurs exemplaires des proclamations qu'il voulait adresser au peuple français et à l'armée; il les expédia de là. Mais quelques jours devaient se passer avant qu'elles parvinssent à Paris. Il y maintenait son titre d'Empereur, qui lui avait été conservé par le traité de Fontainebleau. Voici la première de ces déclarations :

« Napoléon, par la grâce de Dieu et les Constitutions de
» l'Empire, Empereur des Français :

» Soldats!

» Nous n'avons pas été vaincus. Deux hommes sortis de
» nos rangs ont trahi nos lauriers, leur pays, leur prince, leur
» bienfaiteur. Dans mon exil, j'ai entendu votre voix; je suis
» arrivé à travers tous les obstacles et tous les périls. Nous
» devons oublier que nous avons été les maîtres des nations,
» mais nous ne devons pas souffrir qu'aucune se mêle de nos
» affaires. Qui prétendrait être le maître chez nous? Reprenez
» ces aigles que vous aviez à Ulm, à Austerlitz, à Iéna, à
» Montmirail. Les vétérans de l'armée de Sambre-et-Meuse,
» du Rhin, de l'Italie, de l'Égypte, de l'Ouest, de la grande
» armée, sont humiliés. Venez vous ranger sous les drapeaux

» de votre chef, et la Victoire marchera encore au pas de
» charge. L'aigle, avec les couleurs nationales, volera de
» clocher en clocher jusqu'aux tours de Notre-Dame. Dans
» votre vieillesse, entourés et considérés de vos concitoyens,
» ils vous entendront avec respect raconter vos hauts faits.
» Vous pourrez dire avec orgueil : « Et moi aussi je faisais
» partie de cette grande armée qui est entrée deux fois dans
» les murs de Vienne, dans ceux de Berlin, de Madrid, de
» Moscou, qui a délivré Paris de la souillure que la trahison
» et la présence de l'ennemi y ont empreinte! »

L'autre est adressée à la nation :

« Français!

» La défection du duc de Castiglione livra Lyon sans défense
» à nos ennemis. L'armée dont je lui avais confié le comman-
» dement était, par le nombre de ses bataillons, par la bra-
» voure et le patriotisme des troupes qui la composaient, en
» état de battre le corps d'armée autrichien qui lui était
» opposé, et d'arriver sur les derrières du flanc gauche de
» l'ennemi, qui menaçait Paris.

» Les victoires de Champ-Aubert, de Montmirail, de Châ-
» teau-Thierry, de Vaux-Champs, de Montereau, de Craonne,
» de Reims, d'Arcis-sur-Aube, de Saint-Dizier, l'insurrection
» des braves paysans de la Lorraine et de la Champagne, de
» l'Alsace, de la Franche-Comté et de la Bourgogne, et la
» position que j'avais prise sur les derrières de l'armée enne-
» mie, en la séparant de ses magasins, de ses parcs de réserve,
» de ses convois et de tous ses équipages, l'avaient placée dans
» une situation désespérée. Les Français ne furent jamais sur
» le point d'être plus puissants, et l'élite de l'armée ennemie
» était perdue sans ressource. Elle eût trouvé son tombeau
» dans les vastes contrées qu'elle avait si impitoyablement
» ravagées, lorsque la trahison du duc de Raguse livra la
» capitale et désorganisa l'armée. La conduite inattendue de
» ces deux généraux, qui trahirent à la fois leur patrie, leur

» prince et leur bienfaiteur, changea le destin de la guerre.
» La situation de l'ennemi était telle, qu'à la fin de l'affaire
» qui eut lieu devant Paris, il était sans munitions par la sépa-
» ration où il se trouvait de ses parcs de réserve.... »

L'Empereur exposait en finissant que, dans ces pénibles circonstances, il avait mieux aimé se sacrifier que de voir la France livrée à la guerre civile.

Après avoir expédié ces proclamations, l'Empereur se mit en marche. Il arriva à Digne le 4 mars, le 5 à Gap, sans rencontrer d'obstacles qui ne s'aplanissent aussitôt. Il traversa Sisteron, où les habitants lui fournirent un drapeau tricolore. En sortant, il vit venir à lui une colonne envoyée de Grenoble, où l'on venait d'apprendre qu'il approchait. Comme cette colonne montrait des dispositions hostiles, Napoléon s'avança seul au-devant d'elle, et lui dit fermement en découvrant sa poitrine : « S'il en est un parmi vous qui veuille tuer son général, son Empereur, il le peut : le voici ! » Toute la colonne répondit par les cris de *Vive l'Empereur!* fraternisa avec la petite armée de l'île d'Elbe, et s'unit à elle pour marcher sur Grenoble.

Dans cette marche, le colonel Labédoyère lui amena le 7e de ligne. Le bruit de cet événement était arrivé à Grenoble, où le général Marchand avait fermé les portes et pris des mesures de défense. Mais lorsque la troupe qui ramenait l'Empire s'approcha de la ville, la garnison et les habitants, voyant du haut des remparts ces soldats enthousiasmés marchant l'arme renversée aux cris de *Vive l'Empereur! vive la France! vive Grenoble!* il se fit un mouvement électrique : les spectateurs de la ville fermée s'unirent aux acclamations des braves, et coururent aux portes. La foule les brisa et en porta les débris aux pieds de Napoléon, en lui disant : « Au défaut des clefs de votre bonne ville, en voici les portes. » C'était le soir ; l'entrée fut un triomphe, et, le lendemain, toutes les autorités de la ville vinrent complimenter l'Empereur, qui leur dit qu'il ne revenait pas pour faire encore la guerre, mais

« pour rendre la France libre, heureuse et indépendante. Je veux être, ajouta-t-il, moins son souverain que le premier et le meilleur de ses citoyens. »

Et il partit de Grenoble sur Lyon, accompagné de six mille hommes. Le comte d'Artois, le duc d'Orléans et le maréchal Macdonald arrivaient dans cette ville avec des troupes pour fermer la retraite de Napoléon; mais à son approche tous ces hauts personnages s'étaient enfuis. L'Empereur entra donc à Lyon le soir du 10 mars. Il descendit à l'archevêché, et annonça qu'il ne voulait pour garde dans cette ville que la garde nationale à pied. Il repoussait la garde nationale à cheval, en apprenant qu'elle avait refusé d'escorter le comte d'Artois dans sa pénible retraite, et qu'un seul homme de cette troupe avait eu assez de cœur pour accompagner le prince jusqu'à ce que sa personne fût hors de tout danger. Il fit appeler cet homme, et lui dit : « Je n'ai jamais laissé une bonne action sans récompense : je vous donne la croix d'honneur. »

De toutes parts, l'armée et les populations saluaient le retour de l'Empire; et, quoique Napoléon sût qu'une ordonnance royale invitait tous les Français à lui courir sus, promettant un million à celui qui le tuerait, il se mêlait partout aux foules. Le 18 mars, il était à Auxerre, où il embrassait le maréchal Ney. Jusqu'à Paris, où il entra le soir du 20 mars, il marcha entouré des masses populaires, qui se joignaient à ses soldats et faisaient son escorte.

XC. — LE CONGRÈS DE VIENNE.

> Prenez garde! les coquins qui vous trahissent, si vous découvrez leurs menées, vont crier à la trahison. DUFRESNY.

Les souverains réunis au congrès de Vienne, où l'on s'occupait plus de festins et de bals que de discussions sérieuses, se préparaient donc à redoubler de rigueur envers Napoléon.

lorsqu'ils apprirent qu'il avait quitté l'île d'Elbe. Cette nouvelle leur arriva le 7 mars 1815. Comme on crut d'abord qu'il était débarqué en Italie, on ne s'alarma pas trop, « car, disait-on, les Allemands sont là ». Mais le lendemain on sut qu'il avait pris pied en France, et qu'il était accueilli par l'enthousiasme des masses. La stupeur fut générale. Aux proclamations de l'Empereur, ils se hâtèrent d'opposer les leurs. La première concordait avec celle de Louis XVIII, qui promettait un million à celui qui, courant sus à Napoléon, le tuerait.

Voici cette première :

« Les puissances qui ont signé le traité de Paris (ou de Fontainebleau), réunies en congrès à Vienne, informées de l'évasion de Napoléon et de son entrée en France à main armée, doivent à leur propre dignité et à l'intérêt de l'ordre social une déclaration solennelle des sentiments que cet événement leur a fait éprouver.

» En rompant la convention qui l'avait établi à l'île d'Elbe, Bonaparte a détruit le seul titre légal auquel son existence se trouvait attachée.

» En reparaissant en France avec des projets de trouble et de bouleversement, il s'est privé lui-même de la protection des lois; il a manifesté à la face de l'univers qu'il ne saurait y avoir ni paix ni trêve avec lui.

» Les puissances déclarent, en conséquence, que Napoléon Bonaparte est placé hors des relations civiles et sociales, et que, comme ennemi et perturbateur du monde, il s'est livré à la vindicte publique. »

Voici quelques phrases d'une autre :

« La guerre qui s'allume est contre les Français, et non contre Napoléon. La vanité est l'essence prédominante du sang français. Pour satisfaire cette vanité, il lui faut des révoltes et des conquêtes. Si nous avions des raisons politiques pour supprimer Napoléon comme souverain, nous en avons de plus grandes aujourd'hui pour anéantir les Français comme peuple. Il ne faut que leur donner beaucoup de princes sans empires et les organiser à l'instar des peuples allemands. Le monde ne peut rester en paix aussi longtemps que le peuple français existera. Qu'on le change donc en peuples de Bourgogne, de Champagne, de Neustrie, d'Aquitaine, etc., et l'on sera enfin tranquille. Mais cette nouvelle organisation est plus difficile aujourd'hui qu'elle ne l'était à l'époque où l'on a rendu aux Bourbons leur trône..... »

La troisième proclamation est adressée aux soldats :

« Braves camarades!

» Cette nation, si longtemps fière de ses triomphes et dont nous avons courbé le front orgueilleux devant les aigles germaniques, menace de troubler encore la paix de l'Europe. Elle ose oublier que, maîtres de sa capitale et de ses provinces, nous devions, aux dépens d'un gouvernement dangereux, nous indemniser, il y a un an, par un partage que tous les sacrifices que nous avions faits pour affranchir l'Allemagne rendaient nécessaire et légitime. Elle a laissé pénétrer sans résistance jusqu'au trône de la France un guerrier turbulent que notre prudence avait relégué sur le rocher brûlant de l'île d'Elbe; elle a accueilli cet homme; elle a vu fuir la famille des Bourbons, et s'est plutôt armée contre elle que pour le soutien de sa cause.

» Allemands! un pays ainsi livré au désordre de l'anarchie, et dans lequel les révolutions se succèdent sans fin, menacerait l'Europe d'une entière dissolution, si tous les hommes de cœur ne s'armaient contre lui. Ce n'est plus dans l'intention de lui rendre des princes dont elle ne veut pas, ce n'est plus pour chasser le guerrier dangereux qui s'est mis à leur place, que nous nous levons aujourd'hui; c'est pour dévorer cette terre impie, que la politique des princes ne peut plus laisser subsister un instant sans danger pour leur trône; c'est pour vous indemniser, par une juste part de ses provinces, de tous les sacrifices que nous avons faits depuis vingt-cinq ans pour résister à ses désordres.

» Guerriers! cette fois, vous ne combattrez plus à vos dépens. La France, dans ses fureurs démagogiques, a vendu à vil prix des biens immenses pour attacher le peuple à sa cause. Ces biens, qu'on a osé appeler nationaux, sont-ils légitimement acquis? Une sage administration ressaisira la masse, et cette masse formera enfin de nobles dotations à nos braves de tous les rangs et de tous les mérites. Ainsi les princes et les sujets allemands trouveront à la fois, dans la fin de cette guerre contre la tyrannie, les premiers, des vassaux que nos lois courberont sous la discipline, et les seconds, des biens fertiles, dans un pays que nos baïonnettes maintiendront dans une terreur nécessaire.

» Dusseldorf, le 13 avril 1815.

» Le gouverneur général, J. GRIENER. »

XCI. — LES CENT JOURS.

> La première Restauration avait créé des partis.
> BENJAMIN CONSTANT.

L'Empereur descendit dans la cour des Tuileries, et de là il fut porté jusqu'à ses appartements sur les bras de la multitude. Il se vit tout à coup entouré d'une partie de ses anciens ministres, des maréchaux, des officiers et des dames du palais. Il se retrouvait en famille, « et il eût été complétement heureux, si les deux êtres qui manquaient, Marie-Louise et son fils, eussent pu recevoir ses embrassements. Une garde improvisée, toute composée de généraux, fut placée à sa porte. Les acclamations extérieures se prolongèrent longtemps, et Paris, qui s'était éveillé capitale d'un royaume, s'endormit capitale d'un empire (1). »

Dès le lendemain, Napoléon passa en revue l'armée réunie à Paris : « Soldats! dit-il, je suis venu avec six cents hommes en France, parce que je comptais sur l'amour du peuple et sur le souvenir des vieux soldats. Je n'ai pas été trompé dans mon attente; soldats, je vous en remercie. La gloire de ce que nous venons de faire est toute au peuple et à vous. La mienne se réduit à vous avoir connus et appréciés. »

Louis XVIII s'était retiré à Gand; le comte d'Artois, en quittant Lyon, avait pris la route de l'étranger. Le duc de Bourbon, qui avait fait de vaines tentatives pour soulever la Bretagne, sortait de France le 22 mars. Il ne restait chez nous que le duc d'Angoulême, qui essayait à Toulouse de se faire une armée, et la duchesse, qui voulait défendre Marseille. Cette princesse fut obligée de s'embarquer sur un vaisseau anglais, pendant que le duc son mari, qui avait rassemblé une troupe, se vit cerné entre la Durance, le Rhône, la Drôme et les montagnes par le général Grouchy, et obligé de capituler. L'Empereur, qui en fut instruit fort vite, écrivit à Grouchy :

« L'ordonnance du roi en date du 6 mars (2) et la déclaration signée à Vienne le 13, par ses ministres, pourraient m'autoriser à traiter le duc d'Angoulême comme cette ordonnance et cette déclaration voulaient qu'on me traitât, moi et ma famille. Mais, constant dans les dispositions qui m'avaient porté à ordonner que les membres de la famille des Bourbons pussent sortir librement de France, mon intention est que vous donniez des ordres pour que le duc d'Angoulême soit conduit à Cette, où il sera embarqué; que vous veilliez à sa sûreté, en écartant de sa personne tout mauvais traitement. »

Le duc d'Angoulême partit pour l'Espagne.

(1) M. de Norvins, chap. XLV.
(2) L'ordonnance qui mettait sa tête à prix.

L'Empereur cependant recevait les adresses des corps constitués. Il répondit à celle du Conseil d'État qu'il renonçait aux idées du grand Empire dont depuis quinze ans il n'avait encore posé que les bases, et que désormais le bonheur et la consolidation de l'Empire français seraient l'objet de toutes ses pensées.

Mais, dès le 25 mars, le congrès de Vienne avait vu signer par tous les souverains l'engagement d'attaquer Napoléon, et de ne déposer les armes qu'après l'avoir mis hors d'état de troubler encore la paix de l'Europe. Si en ce moment l'Empereur avait suivi l'inspiration qui lui était venue en rentrant aux Tuileries, s'il eût repris la Belgique, où il était très-aimé, et qu'il eût commencé la guerre pendant que Wellington était à Vienne, Blucher à Berlin, et que les troupes des diverses puissances ennemies étaient dispersées, il eût certainement triomphé. Mais il voulait tenir ce qu'il avait promis, d'éviter la guerre. Il écrivit le 4 avril aux souverains de l'Europe la lettre que voici :

« Monsieur mon frère,

» Vous aurez appris, dans le cours du mois dernier, mon retour sur les côtes de France, mon entrée à Paris, et le départ de la famille des Bourbons. La véritable nature de ces événements doit être maintenant connue de Votre Majesté : ils sont l'ouvrage d'une irrésistible puissance, l'ouvrage et la volonté unanime d'une grande nation, qui connaît ses devoirs et ses droits. L'attente qui m'avait décidé au plus grand des sacrifices avait été trompée. Je suis venu, et du point où j'ai touché le rivage, l'amour de mes peuples m'a porté jusqu'au sein de ma capitale. Le premier besoin de mon cœur est de payer tant d'affection par une honorable tranquillité. Le rétablissement du trône impérial étant nécessaire au bonheur des Français, ma plus douce pensée est de le rendre en même temps utile à l'affermissement du repos de l'Europe. Assez de gloire a illustré tour à tour les drapeaux des diverses nations. Les vicissitudes du sort ont assez fait succéder de grands revers à de grands succès. Une plus belle arène est aujourd'hui ouverte aux souverains, et je suis le premier à y descendre. Après avoir présenté au monde le spectacle de grands combats, il sera plus doux de ne connaître désormais d'autre rivalité que celle des avantages de la paix, d'autre lutte que la lutte sainte de la félicité des peuples. La France se plaît à proclamer avec franchise ce noble but de tous ses vœux. Jalouse de son indépendance, le principe invariable de sa politique sera le respect le plus absolu pour l'indépendance des autres nations. Si tels sont, comme j'en ai l'heureuse confiance, les sentiments personnels de Votre Majesté, le calme général est assuré pour longtemps, et la Justice, assise aux confins des États, suffit seule pour en garder les frontières..... »

Mais, au congrès de Vienne, les potentats qui dominaient rêvaient autre chose que le calme : ils voulaient, en remaniant tout, se partager l'Europe, et dans le retour de Napoléon ils ne voyaient qu'un obstacle qu'il fallait renverser. La lettre qu'on vient de lire resta sans réponse, et les cris de guerre éclatèrent plus vivement.

En même temps que la démarche qu'on vient de signaler, Napoléon, qui avait promis une constitution libérale, rédigeait, en prélude, un *acte additionnel aux Constitutions de l'Empire* qui satisfit assez peu et fut fort critiqué. Il faisait sonder le prince de Talleyrand, ne sachant pas sans doute que c'était lui qui avait fait le plus pour entraîner les empereurs de Russie et d'Autriche à rétablir les Bourbons. Ces autres démarches furent donc vaines, et la France dut se préparer à la guerre, puisqu'on armait de tous les côtés autour d'elle.

En récompense de ce que Joachim Murat s'était quelque temps séparé de Napoléon après la campagne de Russie, les alliés lui avaient laissé son trône de Naples. Mais il savait qu'il y était mal affermi, puisque les Anglais ne l'avaient pas reconnu et ne voulaient pas le reconnaître. De plus, il se repentait vivement de sa demi-défection, dont sa femme, la reine Caroline, lui avait fait comprendre l'indignité. Il voulut préluder à cette guerre qui se préparait, et, sans attendre le signal de Napoléon, il attaqua les Autrichiens, à la tête de cinquante mille hommes, les chassa de Florence le 6 avril, et les poursuivit jusqu'aux rives du Pô. Mais les Autrichiens, qu'il avait surpris, se relevèrent bien vite, dispersèrent les bandes napolitaines, détruisirent l'armée de Murat dans la Marche d'Ancône, et l'obligèrent à quitter l'Italie dès les premiers jours de mai. Au milieu de ce même mois, toute l'Europe s'ébranlait pour marcher sur Paris, au cri de colère : *Mort à Napoléon!*

Tout se préparait en France avec l'activité qui était l'essence même de l'Empereur. Il avait annoncé un champ de mai, comme en faisaient les Francs, nos ancêtres, pour décider leurs grandes résolutions. Il l'ouvrit solennellement le 1ᵉʳ juin, au Champ de Mars, où deux cent mille Français étaient réunis. L'Empereur fut élevé sur une estrade qui rappelait le pavois de nos premiers monarques. Au sein de ce grand conseil national, il répondit à l'orateur des corps électoraux réunis autour de lui :

« Empereur, Consul, soldat, je tiens tout du peuple. Dans la prospérité, dans l'adversité, sur le champ de bataille, au conseil, sur le trône, dans l'exil, la France a été l'objet unique et constant de mes pensées et de mes actions. Comme ce roi d'Athènes, je me suis sacrifié pour mon peuple, dans l'espoir de voir se réaliser la promesse donnée de conserver à la France son intégrité naturelle, ses honneurs et ses droits. L'indignation de voir ces droits sacrés, acquis par vingt-cinq années de victoires, méconnus et perdus à jamais, le cri de l'honneur français flétri, les vœux de la nation, m'ont ramené sur ce trône, qui m'est cher parce qu'il est le palladium de l'indépendance, de l'honneur et des droits du peuple. »

Il exposa ensuite que sa pensée se portait tout entière à fonder notre liberté sur une constitution conforme à notre volonté et à nos intérêts. Il avait, dans ce but, soumis à l'acceptation de tous l'Acte additionnel, et en même temps il remettait à la nation le choix des personnages qui devaient former les deux corps constitués : une Chambre des pairs et une Chambre des représentants. C'était, hélas! aller trop vite, car la guerre était debout.

Il termina son allocution à tous par ces paroles :

« Français! ma volonté est celle du peuple; mes droits sont les siens; mon honneur, ma gloire, mon bonheur, ne peuvent être autres que l'honneur, la gloire et le bonheur de la France! »

Ces paroles, prononcées d'une voix ferme, furent accueillies par un tonnerre d'applaudissements et de cris de *Vive l'Empereur!*

Le 7 juin, l'Empereur fit l'ouverture des deux Chambres et prépara aussitôt ses mesures de défense. Il avait pu former une armée imposante; et, quoiqu'il lui fallût en détacher vingt mille hommes pour aller réduire les Vendéens, que les Anglais avaient armés et qu'ils soldaient, il fit partir sur Avesnes, le 8 juin, la garde impériale et les autres corps de ce qu'on appelait de nouveau la grande armée, et le 11 il partit de Paris, qu'il avait fait fortifier activement.

XCII. — LA BATAILLE DE WATERLOO.

> Il faut donc te rouvrir, tombe longtemps fermée,
> Sanglante Josaphat de notre grande armée!
> BARTHÉLEMY ET MÉRY.

L'histoire a aussi ses douleurs et ses angoisses, et ce chapitre devrait s'écrire avec du sang et des larmes. Nous ne pouvons entrer dans les détails trop souvent amers de cette catastrophe. Elle occupe un volume dans les récits de M. Thiers.

Napoléon avait préparé avec une habileté inouïe tous les éléments qui devaient réparer les trahisons du 30 mars 1814. Les alliés occupaient la Belgique; ils savaient l'attachement de ce noble pays à l'Empereur. Wellington avait son quartier à Bruxelles, et Blucher massait ses troupes dans la province de Namur, Wellington avec cent quatre-vingt mille hommes, et Blucher avec cent vingt mille.

Napoléon, qui n'avait que cent vingt-deux mille hommes, entra dans la Belgique par le Hainaut et le pays de Namur. Son armée s'épanouissait entre Thuin et Ligny, le matin du 14 juin, avec trois cent cinquante canons, avant que les Prussiens eussent soupçonné son arrivée. Ils l'apprirent bien vite par la proclamation suivante, dont quelques copies leur furent transmises :

« Soldats! c'est aujourd'hui l'anniversaire de Marengo et
» de Friedland, qui décida deux fois du destin de l'Europe.
» Alors, comme après Austerlitz, comme après Wagram,
» nous fûmes trop généreux. Nous crûmes aux protestations
» et aux serments des princes que nous laissâmes sur le
» trône. Aujourd'hui cependant, coalisés entre eux, ils en
» veulent à l'indépendance et aux droits les plus sacrés de la
» France. Ils ont commencé la plus injuste des agressions.
» Marchons à leur rencontre! Eux et nous, ne sommes-nous
» plus les mêmes hommes? Soldats! à Iéna, contre ces mêmes
» Prussiens aujourd'hui si arrogants, vous étiez un contre
» deux, et à Montmirail un contre trois. Que ceux d'entre
» vous qui ont été prisonniers des Anglais vous fassent le
» récit des maux affreux qu'ils ont soufferts sur les pontons!
» Les Saxons, les Belges, les Hanovriens, les soldats de la
» Confédération du Rhin, gémissent d'être obligés de prêter
» leurs bras à la cause des princes ennemis de la justice et
» des droits de tous les peuples. Les insensés! un moment de
» prospérité les aveugle. L'oppression, l'humiliation du peuple
» français, sont hors de leur pouvoir. S'ils entrent en France,
» ils y trouveront leur tombeau. Soldats! nous avons des

» batailles à livrer, des périls à courir ; mais, avec de la
» constance, la victoire sera à nous..... »

Ce jour-là, Blucher allait être surpris ; mais au moment de marcher à l'ennemi, une défection abominable, et qu'on n'eût pas soupçonnée, éclata tout à coup. Le général Bourmont, qui, sur la vive recommandation du fidèle général Gérard, avait reçu le commandement d'une division du quatrième corps, passa à l'ennemi avec deux complices, le colonel du génie Clouet et le chef d'escadron Villoutrey ; celui-là était écuyer de l'Empereur.

Ces transfuges, accueillis par Blucher, lui donnèrent des renseignements qui lui firent comprendre qu'il devait se rapprocher des Anglais. C'était déjà plus qu'un revers.

Napoléon, qui voyait vite, mais que rien ne pouvait abattre, dut changer rapidement plusieurs de ses dispositions ; et la bataille, qui devait se livrer le 14 juin, ne put s'entamer que le lendemain 15, où Jérôme, le plus jeune des frères de l'Empereur, ouvrit la campagne en culbutant et dispersant les Prussiens auprès de Thuin, et les forçant à évacuer Charleroi, qui est à trois lieues de là. L'armée passa la Sambre ; l'Empereur entra à Charleroi, et les Français gagnèrent ce premier jour la bataille de Fleurus.

Le lendemain, 16, eut lieu la bataille de Ligny, ou des Quatre-Bras, ainsi nommée du croisement de deux routes. C'était encore une victoire, où le maréchal Ney se couvrit de gloire, où les Prussiens perdaient vingt-cinq mille hommes.

Ces débuts promettaient d'autres succès, et pendant que Napoléon avançait sur Bruxelles, Wellington, à peine instruit de ce qui le menaçait, figurait dans un bal que lui donnait la capitale de la Belgique. De son côté, Blucher, qui venait de lui envoyer un troisième courrier, réunissait ses forces et reformait son armée.

Napoléon avait chargé Grouchy de se porter vers Sombreff avec trente mille hommes et une vaillante artillerie, pour empêcher Blucher et ses Prussiens de se réunir aux Anglais.

En même temps, il ordonnait au maréchal Ney de s'avancer au delà des Quatre-Bras et de disperser tout ce qui viendrait de Bruxelles. Il lui laissait l'aile droite de son armée, c'est-à-dire trente-huit mille hommes, avec quatre-vingt-seize pièces de canon.

Wellington, devant ces forces, se retirait sur Bruxelles; mais il couvrait sa retraite en laissant une forte arrière-garde en face des Quatre-Bras. Napoléon, qui devinait ce mouvement, envoya à Ney l'ordre d'attaquer sur-le-champ les Anglais. Il répéta deux fois encore ce message, et, voyant qu'il n'attaquait pas, il lui fit porter ce quatrième ordre écrit :

« Vous devez manœuvrer à l'instant, de manière à enve-
» lopper la droite de l'ennemi, et tomber à bras raccourci sur
» ses derrières. Cette armée est perdue si vous agissez vigou-
» reusement. *Le sort de la France est dans vos mains.* Ainsi
» n'hésitez pas à faire le mouvement que l'Empereur vous
» ordonne, et dirigez-vous sur les hauteurs de Bry et Saint-
» Amand, pour concourir à une victoire peut-être décisive :
» l'ennemi est pris au moment où il cherche à se réunir aux
» Anglais. »

A la vue des inquiétudes de Napoléon, un des braves de la jeune garde, le général Mellinet, s'approcha et dit à l'Empereur : « Sire! le maréchal Ney se croirait perdu s'il lui fallait reculer d'une semelle; chargez-nous d'attaquer, nous, de votre jeune garde; nous serons vainqueurs ou nous mourrons. »

L'Empereur lui répondit : « Il est trop tard! »

Et le quatrième ordre, reçu à six heures du soir, ne fut pas exécuté non plus.

D'un autre côté, Grouchy restait inactif, et on n'avait pas de ses nouvelles. Cependant tout était prêt pour une bataille formidable dans les vastes champs de Waterloo. Elle s'entama le lendemain, 18 juin, et fut terrible. L'Empereur, ce jour-là, fut quinze heures à cheval. La bataille s'ouvrit dans ces grandes plaines, où les Français n'étaient qu'un contre quatre. Elle devint bientôt acharnée, et le maréchal Ney, qui avait si malheureusement hésité la veille, se montra alors un lion frémissant. Tout reculait devant lui.

Mais, quoique l'Empereur eût envoyé à Grouchy courriers sur courriers, Grouchy n'arrivait pas. S'il fût arrivé, la victoire était à nous.

« Si tous mes courriers sont interceptés, disait Napoléon, il entend nos canons! »

Et tout à coup, au milieu de la mêlée furieuse, il voit arriver des habits bleus et s'écrie : « Ah! voilà Grouchy!... » Hélas! c'étaient Blucher et ses Prussiens que Grouchy avait laissé passer.....

On se battit pourtant jusqu'à la nuit. Napoléon lui-même se jetait l'épée à la main aux lieux où le péril était le plus grand. Ney avait eu cinq chevaux tués sous lui; il combattait encore, sans chapeau et couvert de sang, quand commença la retraite désolée.

C'est alors que les braves de la jeune garde, en avant de tous les dangers, étant sommés de se rendre, Cambronne répondit cette parole célèbre, qui fut entendue par son entourage et par les Anglais : « La garde meurt et ne se rend pas (1)! »

A l'honneur de l'humanité, les Anglais respectèrent tant de grandeur.

La bataille perdue, Napoléon voulait reconstituer son armée à Laon et arrêter les ennemis. Ses vieux généraux, las sans doute, l'en détournèrent d'un air qui semblait dire que tout était perdu désormais; et pourtant, si Grouchy eût été là, le désastre eût été conjuré, et l'Empire se relevait pour se maintenir.

De ses vieux fidèles, ceux qui l'entouraient le conduisirent avec M. Adrien de Mesgrigny, son écuyer, dans un village des

(1) Cette vaillante parole fut entendue par le général Mellinet et d'autres sommités en courage, qui l'ont toujours attestée.

Ardennes françaises, où il put se reposer deux heures dans un lit; après quoi il se remit en chemin pour Paris, où d'odieuses trahisons l'attendaient.

Ainsi ce monarque, qu'on a dit si absolu, cédait aux conseils, même en comprenant qu'il avait tort de rentrer à Paris sans son armée (1).

XCIII. — LA SECONDE ABDICATION.

> L'héritage du père ne peut être enlevé
> à son fils.   DOMAT.

Les Français se troublent et s'effarouchent devant une défaite : c'est, dit-on, parce qu'ils ne sont pas habitués à subir ces humiliations. Pourtant, une partie perdue ne l'est tout à fait que lorsqu'on a aussi perdu la revanche.

En rentrant à Paris, Napoléon n'avait pensé y demeurer que deux jours pour organiser la défense, et retourner de là à Laon. Mais il n'y rentra que le 21 juin, et il était précédé par le bulletin du revers affreux de Waterloo. Au lieu de se rendre avec confiance aux Tuileries, il descendit à l'Élysée à quatre heures du matin, comme s'il eût été intimidé. C'était un tort malheureux.

Il en avait commis un autre : celui de réunir les Chambres deux jours avant de marcher à l'ennemi, dans des circonstances où quelques semaines de dictature eussent tout sauvé.

Or les Chambres, ce même jour, 21 juin, n'allèrent pas

---

(1) Les Anglais et les Prussiens de bonne foi ont reconnu et déclaré que, si Grouchy eût arrêté Blucher, comme il en avait l'ordre, ou même s'il fût arrivé sur le champ de bataille, la victoire était à l'Empereur et les troupes alliées prisonnières, car elles n'avaient pas d'issue ; en second lieu, que, si Ney n'eût pas hésité devant les quatre ordres successifs de Napoléon, l'Empereur fût entré à Bruxelles le 16, pendant que les Français vainqueurs seraient tombés sur les Prussiens.

faire à Napoléon des compliments de condoléance et de dévouement; au contraire, elles se déclarèrent en permanence, sur la proposition de La Fayette, la Chambre des représentants, et sur l'adhésion de Boissy d'Anglas, la Chambre des pairs. La Fayette, qui s'était toujours cru le Washington de la France, influa sur les trembleurs par ce discours :

« Lorsque, pour la première fois depuis bien des années,
» j'élève une voix que les vieux amis de la liberté reconnaî-
» tront encore, je me sens appelé à vous parler des dangers
» de la patrie, que vous seuls maintenant avez le pouvoir de
» sauver..... Voici le moment de nous rallier autour du vieil
» étendard tricolore, celui de 89, celui de la liberté, de l'éga-
» lité et de l'ordre public. C'est enfin le seul que nous avons
» à défendre contre les prétentions étrangères et contre les
» tentatives intérieures. Permettez à un vétéran de cette cause
» sacrée, qui fut toujours étranger à l'esprit de faction, de
» vous soumettre quelques résolutions :

» La Chambre des représentants déclare que l'indépendance
» de la patrie est menacée.

» La Chambre se déclare en permanence. Toute tentative
» pour la dissoudre est un crime de haute trahison. Quiconque
» se rendrait coupable de cette tentative sera traître et jugé
» comme tel. »

La Fayette, en voyant sa proposition accueillie, se persuadait qu'il allait être enfin président d'une république. C'était son rêve en permanence (1). Mais ceux qui votèrent cette résolution malheureuse étaient loin de sa pensée. La plupart, troublés par la peur, n'avaient en vue que les Bourbons, qui attendaient aux portes.

(1) M. le chevalier de Beauterne peint en quatre lignes les gloires de La Fayette : « Que l'on flétrisse donc, dit-il, La Fayette! qu'on le déclare traître, comme il est déclaré flétri, enregistré dans le testament de l'Empereur! On vengera à la fois Louis XVI livré aux assassins du 5 et du 6 octobre par La Fayette, chef de la force armée, Napoléon livré aux Anglais par La Fayette, Charles X expulsé de son royaume par La Fayette », et, en août 1830, Napoléon II repoussé par La Fayette....

Si Napoléon, qui avait passé trois jours et trois nuits sans repos et sans sommeil, et qui se sentait épuisé, eût pu aller à la Chambre des représentants, il eût fait rejeter cette motion égoïste de La Fayette, ou il eût dissous une assemblée qui dépassait ses pouvoirs et faussait sa mission. Il envoya son frère Lucien et ses ministres, qui ne furent pas écoutés. A leur retour, voyant tout son entourage consterné et ses frères l'engageant à résigner la couronne, il fit écrire par Lucien, le lendemain matin, la déclaration suivante :

AU PEUPLE FRANÇAIS.

« En commençant la guerre pour l'indépendance nationale,
» je comptais sur la réunion de tous les efforts, de toutes les
» volontés, et sur le concours de toutes les autorités natio-
» nales. J'étais fondé à en espérer le succès, et j'avais bravé
» toutes les déclarations des puissances contre moi. Les cir-
» constances me paraissent changées. Je m'offre en sacrifice
» à la haine des ennemis de la France. Puissent-ils être sin-
» cères dans leurs déclarations, et n'en avoir voulu seulement
» qu'à ma personne! Ma vie politique est terminée, et je pro-
» clame mon fils, sous le titre de NAPOLÉON II, Empereur
» des Français. Les ministres actuels formeront provisoire-
» ment le conseil du Gouvernement. L'intérêt que je porte
» à mon fils m'engage à inviter les Chambres à organiser sans
» délai la régence par une loi. Unissez-vous tous pour le salut
» public et pour rester une nation indépendante.

» Au palais de l'Élysée ; 22 juin 1815.

» NAPOLÉON. »

Cette déclaration fut portée aux deux Chambres, qui envoyèrent à l'Élysée des députations chargées de remercier l'Empereur. Comme rien de leur part ne faisait soupçonner qu'elles s'écartassent de la ligne tracée par Napoléon, il leur répondit :

« Je vous remercie des sentiments que vous m'exprimez.

Je désire que mon abdication puisse faire le bonheur de la France. Mais je ne l'espère pas. Elle laisse l'État sans chef, sans existence politique. Le temps perdu à renverser la monarchie aurait pu être employé à mettre la France en état d'écraser l'ennemi. Je recommande aux Chambres de renforcer promptement les armées. Qui veut la paix doit se préparer à la guerre. Ne mettez pas cette grande nation à la merci des étrangers. Craignez d'être déçus dans vos espérances : c'est là qu'est le danger. Dans quelque position que je me trouve, je serai toujours bien si la France est heureuse. Je recommande mon fils à la France ; j'espère qu'elle n'oubliera pas que je n'ai abdiqué que pour lui. Je l'ai fait aussi, ce grand sacrifice, pour le bien de la nation : ce n'est qu'avec ma dynastie qu'elle peut espérer d'être libre, heureuse et indépendante. »

Le lendemain, sur la proposition de Fouché, on élut une commission de cinq membres comme Gouvernement provisoire. La Chambre des représentants nomma Fouché, que Napoléon avait fait duc d'Otrante, le comte Carnot et le général Grenier. La Chambre des pairs nomma le duc de Vicence et le baron Quinette. Cette commission fut présentée à Napoléon, qu'elle rassura un peu.

Dès lors donc Napoléon II était reconnu Empereur, héritier des droits de son père.

Mais en même temps que ces faits, le baron de Vitrolles s'était glissé clandestinement au quartier général des alliés, et peu après jusque dans le cabinet du ministre de la guerre ; et nous empruntons les détails qui vont suivre à un récit publié à Clermont-Ferrand, il y a trente ans :

« Fouché, dont le nom se trouve toujours le premier partout où il y a défection et trahison, Fouché, qui au 20 mars avait dit aux courtisans de Louis XVIII : « Sauvez le monarque, je réponds de la monarchie », Fouché, par des moyens occultes, exerçait un pouvoir mystérieux sur les Chambres ; il fit proposer et adopter (comme on l'a vu) une commission de Gouvernement dont, par les mêmes moyens, il obtint la présidence.

» Le premier acte du Gouvernement provisoire fut de mettre la personne de Napoléon sous la garde d'un membre de la Chambre des députés, et le général Becker fut appelé à ce poste de gardien responsable.

» Le prétexte était de pourvoir à la sûreté de l'Empereur, et la mission de l'assassiner que s'étaient donnée, après sa première abdication, des hommes d'une triste célébrité, semblait justifier cette précaution; mais Napoléon ne se méprit pas sur la véritable intention de ceux qui venaient de l'ordonner. Il dit au général Becker, quand celui-ci lui présenta ses lettres de service : « On aurait dû m'informer officiellement » d'un acte que je regarde comme une affaire de forme et non » comme une mesure de surveillance à laquelle il était inutile » de m'assujettir, puisque je n'ai pas l'intention d'enfreindre » mes engagements. »

» Alors Napoléon avait quitté l'Élysée, où il était d'abord descendu, et s'était retiré à la Malmaison. Dans les premiers moments, beaucoup d'anciens serviteurs s'y présentèrent, les uns pour rendre un dernier hommage au héros vaincu, d'autres pour le conjurer de ne point abandonner l'armée, qui le rappelait et l'attendait; quelques-uns même y vinrent pour solliciter encore des grâces et des récompenses. Mais bientôt les rangs s'éclaircirent, et la Malmaison, que l'Empereur habitait depuis le 25 juin, ne reçut plus ni grands dignitaires, ni maréchaux, ni généraux. La solitude de cette résidence impériale ne fut troublée que par l'arrivée et le départ de quelques officiers supérieurs, qui accouraient du champ de bataille pour assurer Napoléon du dévouement de l'armée à sa personne, et lui proposer d'en prendre le commandement pour la conduire à l'ennemi.

» Dès le 27, la cour du prince qui avait été reconnu Empereur des Français, Roi d'Italie, Protecteur de la Confédération du Rhin et Médiateur de la Confédération suisse, ne se composait plus que de la reine Hortense, qui était venue avec ses enfants lui apporter ses diamants et lui prodiguer les soins de la piété filiale la plus touchante, et du fidèle général Bertrand. Alors les domaines du conquérant qui avait régné depuis Terracine jusqu'à Oldenbourg ne dépassaient pas l'étroit enclos de la Malmaison. Plus tard, on y vit arriver le cardinal Fesch et sa sœur, la mère de Napoléon, puis aussi M. Maret et le général Savary, qui venait y reprendre sous cape ses anciennes fonctions.

» Dans sa chute profonde, l'Empereur se montra sobre de réflexions ; s'il parlait de sa situation et de l'avenir de la France, c'était toujours avec une grande mesure et beaucoup de calme. Mais à travers l'apparente sérénité de ses traits, il était intérieurement en proie à l'inquiétude sur le sort que les étrangers lui réservaient. Le général Becker lui ayant dit : « Votre Majesté aurait singulièrement embarrassé son beau-
» père, si, faisant abnégation d'elle-même pour sauver nos
» institutions, elle se fût mise à sa discrétion », Napoléon, effleurant légèrement de la main la joue du général, lui répondit : « Vous ne connaissez pas ces gens-là ! »

» Il avait demandé deux frégates et des passe-ports pour se rendre aux États-Unis. Après quelque hésitation, les frégates furent accordées, mais non pas les sauf-conduits. La commission, ou plutôt Fouché, pressait son départ pour Rochefort. Un passe-port fut expédié au général Becker pour se rendre sans délai dans cette ville, accompagné de *son secrétaire* et d'un domestique. L'Empereur, en lisant cette pièce, dit au général avec un sourire amer : *Me voilà donc votre secrétaire !* Il n'ajouta pas un mot à cette exclamation, mais la répugnance qu'il avait toujours eue de quitter la Malmaison devint plus forte. »

Si pourtant on lui eût accordé sur-le-champ les deux frégates, il fût parti avant que ses ennemis pussent l'atteindre. Il savait que Blucher faisait des démarches pour se saisir de sa personne et le tuer de sa main. Mais la Malmaison était surveillée par un noyau de fidèles qui se seraient fait tuer pour protéger les jours de leur cher général. Le 28 juin, Bertrand et deux autres de ses généraux lui conseillaient de se livrer à l'empereur Alexandre : « Ce serait un beau dévouement, répondit-il; mais une grande nation qui le souffrirait serait à jamais déshonorée. »

Et pourtant il allait se livrer à Castlereagh!

Il nous paraît à propos de citer ici quelques réflexions du frère aîné de l'Empereur, de Joseph Napoléon, sur l'outrecuidance des Chambres, qui abandonnèrent si misérablement le héros trahi :

« On ne doit pas faire retomber sur la nation le blâme que méritent les membres de la Chambre des députés qui en 1813 se rallièrent à M. Lainé, dont les opinions d'alors ne peuvent être jugées par celles qu'il a professées depuis en faveur des Bourbons, ni par les opinions et la conduite des membres de la Chambre de 1815, présidée par Lanjuinais, honnête homme à courtes vues, Caton bourgeois et dupe perpétuelle des intrigants de toutes les couleurs et de tous les partis. La nation française n'est pas dans une coterie de pairs; elle est dans l'atelier du journalier, dans le ménage du bourgeois, dans le cabinet de l'homme occupé, dans le champ du cultivateur, dans toutes les âmes palpitantes au souvenir de la gloire nationale, dans ces vieux restes de tant de héros. La nation française est celle qui accueillit Napoléon à son retour de l'île d'Elbe, celle qui a la conscience du juste et de l'injuste, celle qui n'accuse pas l'homme qu'elle admire et dont elle sent qu'elle sera longtemps veuve. Cette nation n'est pas légère, capricieuse, changeante, comme on voudrait le faire croire; elle sent aujourd'hui ce qu'elle sentait le lendemain d'Austerlitz...

» Pour le malheur de la France, il a fallu que des hommes comme Sieyès, Merlin, Carnot, Rœderer, Boulay de la Meurthe, etc., etc., n'aient pas été en majorité dans la Chambre. Ceux qui ont conduit la majorité étaient des hommes ou de mauvaise foi ou sans avenir dans l'esprit, guidés par une petite vanité, voulant faire les Romains au temps de Brennus ou les Mirabeau au Jeu de paume, tandis qu'il fallait se rallier à la dictature de Camille pour expulser les étrangers. »

Et ces étrangers sont là qui vont occuper la France, l'humilier et la piller.

XCIV. — DÉPORTÉ A SAINTE-HÉLÈNE.

> Un ami d'Aristide exilé lui disait : « Ce n'est pas à vous qu'est l'opprobre, mais à votre patrie. » STOBÉE, Sermo XXXVII.
>
> Tout est gradation dans le monde, disait l'Empereur; l'île d'Elbe, trouvée si mauvaise il y a un an, est un lieu de délices comparée à Sainte-Hélène.
> *Mémorial.*

L'Empereur partit le 29 juin de la Malmaison, et partout où il s'arrêta, il fut acclamé par les garnisons et par les masses. A Niort, les officiers et les soldats le suppliaient de se mettre à leur tête et de reconstituer son armée. Enfin il arriva à Rochefort le 8 juillet (1). Il devait y trouver ses deux frégates; mais le Gouvernement provisoire avait donné avis de son départ aux alliés, et une croisière anglaise était déjà établie devant le port.

Ce même jour, 8 juillet, le gouvernement qui devait établir la régence et proclamer Napoléon II, Empereur depuis le 22 juin et désiré par le peuple français, ce fantôme de gouvernement remettait Paris aux alliés et faisait passer les vieilles troupes de l'Empereur au delà de la Loire.....

Pendant son séjour à Rochefort, Napoléon reçut des offres de troupes pour reprendre la campagne, notamment du géné-

(1) Ce même jour Louis XVIII rentrait à Paris.

ral Lamarque, qui était dans la Vendée; du général Clausel, qui commandait à Bordeaux, et de plusieurs vaillants officiers. Mais il voyait là une guerre civile, et il en avait profonde horreur.

Le 12 juillet, n'ayant reçu ni sauf-conduit ni passe-port, il s'embarqua sur une de ses frégates et s'arrêta à l'île d'Aix, qui n'est qu'à quelques milles de Rochefort. Devant cette île se montrait la croisière anglaise, à qui Fouché avait annoncé l'arrivée du *prisonnier*.

Beaucoup de dévouements à l'Empereur palpitaient dans les cœurs généreux. Un aspirant de marine âgé de vingt-six ans, le jeune M. Doret, qui est mort sénateur en février 1866, était alors à l'île d'Aix, enseigne de vaisseau. Il apprit l'arrivée de Napoléon, dont il déplorait les malheurs. Aussitôt, de concert avec plusieurs jeunes officiers de marine, intrépides et dévoués comme lui, il arma une embarcation dont les mousses étaient remplacés par des aspirants de marine sur lesquels il savait pouvoir compter, et il proposa à l'Empereur de le transporter aux États-Unis sur ce bâtiment, certain de passer, sans exciter aucun soupçon, à travers l'escadre anglaise qui croisait devant le port, et sans être remarqué par la croisière qui était devant l'île d'Aix. Mais Napoléon n'accepta pas cette offre généreuse : il ne voulait pas être accusé d'avoir fui (1).

Et alors il fit porter à la croisière anglaise cette lettre, qu'il adressait au prince régent. Il ne songeait pas que, dans les pays d'utopie où les rois règnent et ne gouvernent pas, ce sont les ministres qui règnent et gouvernent en réalité :

« Altesse Royale,

» En butte aux factions qui divisent mon pays et à l'inimitié des plus grandes puissances de l'Europe, j'ai terminé ma carrière politique, et je viens, comme Thémistocle, m'asseoir au foyer du peuple britannique. Je me mets sous la protection

(1) M. Doret, pour ce fait généreux, fut destitué par la Restauration.

de ses lois, que je réclame de Votre Altesse Royale, comme du plus puissant, du plus constant et du plus généreux de mes ennemis.

» NAPOLÉON.

» Rochefort, le 13 juillet 1815. »

Cette lettre fut remise par le général Gourgaud au capitaine Maitland, qui conduisit le prince abandonné à l'amiral Hotham sur le *Bellérophon*, où il fut entouré du profond respect de tout l'équipage, et le navire cingla pour l'Angleterre. La traversée dura jusqu'au 24. A l'arrivée du navire qui portait l'hôte de l'Angleterre, les côtes, partout où il apparaissait, se couvraient de foules curieuses qui le saluaient par de longs hourras. Il se crut bien accueilli. Mais en rade devant Plymouth, où l'on écartait tous les canots qui couvraient la mer pour voir Napoléon, il reçut la visite de l'amiral Keith, qui lui apportait une décision ministérielle où il lut avec un grand serrement de cœur « qu'il ne pouvait convenir » aux devoirs du gouvernement anglais envers son pays et » envers ses alliés que le général (1) Bonaparte conservât le » moyen de troubler de nouveau la paix du continent ; que » l'île de Sainte-Hélène avait été choisie pour sa future rési-» dence ; que le climat en était sain ; que la situation locale » permettrait qu'on le traitât là avec plus d'indulgence qu'on » n'aurait pu le faire ailleurs, vu les précautions indispensa-» bles qu'on était obligé d'employer pour s'assurer de sa » personne... »

Napoléon bondit en lisant cette pièce : « Relégué pour ma » vie, s'écria-t-il, dans une île entre les tropiques, à une dis-» tance immense du continent, privé de toute communication » avec le monde et avec tout ce qu'il renferme de cher à mon » cœur ! Autant valait signer tout de suite mon arrêt de » mort !..... »

Mais on resta glacé à ses plaintes, et sans souci de ses

(1) On ne lui donna plus d'autre titre.

douleurs. Une heure après, il écrivit ce qui suit à l'amiral Keith :

« Je proteste solennellement ici, à la face du ciel et des hommes, contre la violence qui m'est faite, contre la violation de mes droits les plus sacrés, en disposant par la force de ma personne et de ma liberté. Je suis venu librement à bord du *Bellérophon*; je ne suis pas prisonnier, je suis l'hôte de l'Angleterre. J'y suis venu à l'instigation même du capitaine, qui a dit avoir des ordres du gouvernement de me recevoir et de me conduire en Angleterre avec ma suite, si cela m'était agréable. Je me suis présenté de bonne foi, pour venir me mettre sous la protection des lois de l'Angleterre. Aussitôt à bord du *Bellérophon*, j'étais sur le foyer du peuple britannique. Si le gouvernement, en donnant des ordres au capitaine de me recevoir ainsi que ma suite, n'a voulu que me tendre une embûche, il a forfait à l'honneur et flétri son pavillon. Si cet acte se consommait, ce serait en vain que les Anglais voudraient parler désormais de leur loyauté, de leurs lois et de leur liberté. La foi britannique se trouverait perdue dans l'hospitalité du *Bellérophon*. J'en appelle à l'histoire : elle dira qu'un ennemi, qui fit vingt ans la guerre au peuple anglais, vint librement, dans son infortune, chercher un asile sous ses lois. Quelle plus éclatante preuve pouvait-il lui donner de son estime et de sa confiance? Mais comment répondit-on en Angleterre à une telle magnanimité? On feignit de tendre une main hospitalière à cet ennemi, et quand il se fut livré de bonne foi, on l'immola (1).

» Napoléon.

» En mer, à bord du *Bellérophon*. »

---

(1) Napoléon ne connaissait pas tous ses ennemis. Outre Castlereagh en Angleterre, Schwartzemberg et un autre en Autriche, Bernadotte qui l'avait déserté, et ceux qui le trahissaient et le vendaient à Paris, il avait l'ennemi le plus féroce dans Blucher. La *Gazette de Prusse* du 16 juillet 1851 rapportait trois lettres de Blucher, qui voulait, en juillet 1815, se donner la joie de tuer Napoléon. On lit dans la première, datée de Compiègne le 27 juin 1815 :

Le 10 août, Napoléon passa sur le *Northumberland*, qui devait le transporter à Sainte-Hélène. On lui signifia les instructions données à ses gardiens. Il devait être désarmé, lui et sa suite, dépouillé de son argent; et les lettres qu'il écrirait comme celles qu'il pourrait recevoir, lues avant tout par le gouverneur qui allait être chargé de sa garde.

Le 17 août, l'escadre (car le *Northumberland* était accompagné de deux corvettes chargées de troupes anglaises) passa en vue des côtes de France. Napoléon reconnut le cap de la Hogue, qui est une des têtes du département de la Manche. A cette vue qui fuyait, il s'écria avec des larmes dans la voix :

« Adieu! adieu, terre des braves! Adieu, chère France! » Quelques traîtres de moins, et tu serais encore la grande » nation et la maîtresse du monde. »

Sept jours après, l'escadre s'arrêta à Madère, où elle ne stationna que quelques heures; après quoi elle fit voile pour Sainte-Hélène. La navigation eut des vents constamment favorables. Le 13 octobre, Napoléon put déjà apercevoir de loin le rocher qui allait être sa dernière demeure. Le *Northumberland* jeta l'ancre le 15, et le 17 Napoléon mettait le pied sur cette terre qu'il ne devait plus quitter vivant. — Cent onze jours avaient passé, de son départ de la Malmaison à son arrivée au rocher de Sainte-Hélène.

La traversée de Napoléon, si amère à son cœur, avait été pourtant adoucie par tout l'équipage, qui l'entourait des plus

---

« Bonaparte est déclaré hors la loi par les puissances alliées. Le duc de Wel-
» lington pourrait peut-être, par des modérations parlementaires, hésiter à
» mettre à exécution la sentence des puissances. Veuillez en conséquence
» donner aux négociations sur cet objet une direction telle que Bonaparte nous
» soit livré pour être mis à mort.... » Dans la seconde, datée de Senlis le
28 juin : « Le feld-maréchal m'ordonne encore de vous charger de déclarer
» au duc de Wellington que la volonté du feld-maréchal a été de faire exécuter
» Bonaparte.... Veuillez donc conduire les négociations de manière à ce qu'il
» nous soit livré. » Dans la troisième, datée aussi de Senlis le 29 juin, on lit :
« Si le duc de Wellington se déclare contre la mort de Bonaparte, il pense
» et agit en Anglais, etc. »

grands égards; et au débarquement sur le sol qui allait dévorer sa vie, tous, officiers, soldats et matelots, versaient, en le déposant là, des larmes muettes, qui protestaient par un morne silence contre la férocité de leur gouvernement.

L'île de Sainte-Hélène recevait donc le géant des temps modernes et peut-être de tous les temps; c'est ce que l'avenir affirmera. Avec lui, une suite peu nombreuse : le comte de Las Cases, le général Gourgaud, le comte de Montholon, le général Bertrand; ces deux derniers, accompagnés de leurs femmes et de leurs enfants; Marchant, le fidèle valet de chambre de l'Empereur, et quelques autres serviteurs dévoués.

La maison de Longwood, qu'on lui destinait, se trouvait à trois lieues du débarquement. Il l'alla visiter le lendemain avec l'amiral Cockburn, qui l'avait amené, et qui était provisoirement gouverneur de l'île. Pendant qu'on disposait cette maison, construite en bois, et qui avait servi de grange, il s'installa en un lieu appelé les Ronces, dans un petit pavillon qui consistait en une chambre assez vaste, surmontée d'un premier étage et de quelques mansardes au-dessus. Cette pièce devint sa chambre à coucher, son salon et sa salle à manger. A l'exception de son valet de chambre, sa suite s'établit comme elle put dans le voisinage, gardé par de nombreuses sentinelles.

Aussitôt posé là, il dicta rapidement une note que nous transcrivons ici :

« L'Empereur désire, par le retour du prochain vaisseau, avoir des nouvelles de sa femme et de son fils. Il profite de cette occasion pour réitérer et faire parvenir au gouvernement britannique les protestations qu'il a déjà faites.

» 1° Le gouvernement l'a déclaré prisonnier de guerre. L'Empereur n'est pas prisonnier de guerre : sa lettre écrite au prince régent, et communiquée au capitaine Maitland, avant de se rendre à bord du *Bellérophon*, prouve assez au monde entier les dispositions et la confiance qui l'ont conduit librement sous le pavillon anglais.

» L'Empereur eût pu ne sortir de France que par des stipulations qui eussent prononcé sur ce qui était relatif à sa personne ; mais il a dédaigné de mêler des intérêts personnels avec les grands intérêts dont il avait constamment l'esprit occupé. Il eût pu se mettre à la disposition de l'empereur Alexandre, qui avait été son ennemi, ou de l'empereur François, qui était son beau-père ; mais, plein de confiance dans la nation anglaise, il n'a voulu d'autre protection que ses lois, et, renonçant aux affaires publiques, il n'a cherché d'autre pays que les lieux qui étaient gouvernés par des lois fixes, indépendantes des volontés particulières.

» 2° Si l'Empereur eût été prisonnier de guerre, les droits des nations civilisées sur un prisonnier de guerre sont bornés par le droit des gens, et finissent d'ailleurs avec la guerre même.

» 3° Le gouvernement anglais, considérant l'Empereur, même arbitrairement, comme prisonnier de guerre, son droit se trouvait alors borné par le droit public, ou bien il pouvait, comme il n'y avait point de cartel entre les deux nations dans la guerre actuelle, adopter vis-à-vis de lui les principes des sauvages, qui donnent la mort à leurs prisonniers (1). Ce droit eût été plus humain, plus conforme à la justice que celui de le déporter sur cet affreux rocher. Les contrées les plus infortunées de l'Europe ne sauraient lui être comparées. Privé de tout ce qui peut rendre la vie supportable, il est propre à renouveler à chaque instant les plus cruelles angoisses. Les premiers principes de la morale chrétienne, ce grand devoir imposé à l'homme de suivre sa destinée, quelle qu'elle soit, peuvent seuls empêcher l'Empereur de mettre lui-même un terme à une si horrible existence. Il met de la gloire à demeurer au-dessus d'elle. Mais si le gouvernement britannique devait persister dans ses violences envers lui, il regarde comme un bienfait qu'il lui fasse donner la mort. »

(1) C'était ce que voulait Blucher.

Il fit remettre cette note au capitaine Desmont, qui retournait en Europe et promettait de la faire parvenir au gouvernement anglais. Ce gouvernement, c'étaient lord Castlereagh et lord Bathurst, deux hommes qui avaient du fiel à la place du cœur.

L'Empereur repoussait néanmoins les pensées désolantes. Quelquefois il disait : « Les malheurs ont aussi leur héroïsme et leur gloire. L'adversité manquait à ma carrière. Si je fusse mort sur le trône, dans les nuages de ma puissance, je serais demeuré un problème pour bien des gens; aujourd'hui, grâce au malheur, on pourra me juger à nu. »

D'autres fois il s'écriait : « Comment les souverains de l'Europe peuvent-ils laisser polluer en moi ce caractère sacré de la souveraineté! Ne voient-ils pas qu'ils se tuent de leurs propres mains?... »

Dans les heures d'abattement que lui donnait le climat de Sainte-Hélène, il disait encore : « Ce pays est mortel. Partout où les fleurs sont étiolées, l'homme ne peut pas vivre. Ce calcul n'a pas échappé aux élèves de Pitt. »

Et il disait vrai, car dans cette île malheureuse il est rare qu'un homme vive quarante-cinq ans.

Enfin, le 10 décembre, Napoléon se transporta dans sa maison de Longwood, posée sur un sol élevé de deux mille pieds au-dessus du niveau de la mer, battue par les vents et les pluies, et fréquemment couverte de nuages que traverse par caprice un soleil dévorant.

Cette habitation se composait de vingt petites pièces. Napoléon en occupait une, tendue de nankin, et qui n'avait pour décoration que les portraits de son fils et des deux Impératrices. Près de cette chambre, il avait un cabinet de bain, un billard et une petite salle à manger. Les personnes qui l'avaient suivi étaient logées sous ce même toit ou dans des maisons voisines.

Aussitôt installé là, il se rappela sa promesse à ses braves : « Dans mon exil, j'écrirai les grandes choses que nous avons faites. » Et dès lors, tous les jours, il dictait quelques pages que l'on appelle ses *Mémoires*. Ses conversations étaient recueillies, et se trouvent dans le *Mémorial de Sainte-Hélène* et dans les récits connus de ses compagnons à l'île d'Elbe et à Sainte-Hélène. Nous y avons puisé souvent.

L'Empereur, qui pendant quinze ans avait eu tant d'influence sur l'Europe, en prévoyait les conséquences. Lorsqu'on lui disait que les nations qui l'avaient occupé retournaient aux idées féodales, il s'écriait :

« La contre-révolution, même en la laissant aller, doit inévitablement elle-même se noyer dans la révolution. Les idées libérales, ces grandes et belles vérités, doivent demeurer à jamais, tant nous les avons entrelacées de lustre, de monuments, de prodiges ! Nous en avons lavé les premières souillures dans des flots de gloire : elles sont désormais immortelles. Sorties de la tribune française, cimentées du sang des batailles, décorées des lauriers de la victoire, saluées des acclamations des peuples, sanctionnées par les traités et les alliances des souverains, devenues familières aux oreilles comme à la bouche des rois, elles ne sauraient plus rétrograder. Elles vivent dans la Grande-Bretagne; elles éclairent l'Amérique; elles sont nationalisées en France. Voilà le trépied d'où jaillira la lumière du monde. Elles le régiront,... et cette ère mémorable se rattachera, quoi qu'on en ait voulu dire, à ma personne, parce que, après tout, j'ai fait briller le flambeau, consacré le principe, et qu'aujourd'hui la persécution achève de m'en rendre le messie. »

Il prononçait ces grandes paroles à propos de la réaction qui se faisait alors en France, et qui a grandement nui à la seconde Restauration. Elle avait fusillé, le 7 décembre 1815, le maréchal Ney, ce brave des braves, couvert de tant de lauriers, mais emporté souvent par une sorte d'enthousiasme, et qui avait si ardemment cherché la mort au désastre de Waterloo. Dieu voulait que ce grand cœur mourût en chrétien, et il avait été relevé de ses fautes par le curé de Saint-

Sulpice, de qui il avait demandé les secours suprêmes. Il reçut la mort avec une résignation héroïque.

D'autres exécutions de ce genre indignèrent les cœurs, et si la France ne s'est pas soulevée alors, c'est que, désarmée, elle était surveillée par cent cinquante mille soldats qu'il fallait subir et nourrir pendant cinq années, en vertu du traité de Paris, imposé par nos ennemis.

Jusqu'au mois d'avril 1816, l'amiral Cockburn, homme sévère, mais homme de cœur, avait été le gouverneur de l'île de Sainte-Hélène. Mais, le 17 de ce mois, on vit arriver le gouverneur définitif, sir Hudson Lowe, dont le nom a été assez maudit. Il sortait des pontons qui venaient de rendre à la liberté les Français prisonniers. Il les avait, disait-on, martyrisés. Aussitôt débarqué, il alla se présenter avec son titre à Napoléon, dont il se voyait le geôlier; et dès qu'il fut sorti, Napoléon dit, après un moment de silence : « Il est hideux! c'est une face patibulaire. Mais le moral peut raccommoder ce que cette figure a de sinistre. »

Hélas! le moral répondait au physique.

On eût dit que cet homme était mécontent de son poste, et qu'il craignait pour lui-même les influences délétères de l'île Sainte-Hélène, tant il employait ses rigueurs à miner au plus vite la santé de Napoléon. Il rétrécit tellement l'espace où pouvait se promener son prisonnier, qu'il dut renoncer à l'exercice du cheval et se priver souvent de se promener à pied, surveillé qu'il était de toutes parts par un cordon de sentinelles. Et puis, la maison de Longwood n'eut plus la liberté de communiquer, ni avec les habitants de l'île, ni avec les officiers de la garnison. De plus, un voyageur qui avait vu Marie-Louise et le jeune Napoléon II descendit à Sainte-Hélène : cette nouvelle fit tressaillir le cœur de Napoléon; mais le gouverneur lui refusa la joie de voir cet homme. De plus, les agents de sir Hudson Lowe visitaient à tout propos, et souvent plusieurs fois par semaine, les appartements de Longwood, où l'on savait qu'il n'y avait ni armes, ni ressources.

Le 11 décembre 1816, l'Empereur eut une autre douleur. Le comte de Las Cases, ayant donné à un étranger qui partait de Sainte-Hélène une lettre qu'il n'avait pas remise ouverte à sir Hudson, ce geôlier fit enlever Las Cases et son fils, le jeune Emmanuel, sous les yeux de Napoléon, les fit embarquer ; et ce ne fut qu'après avoir été retenu près d'une année au Cap par la police anglaise qu'il put regagner la France, où il publia, avec le titre de *Mémorial,* tout ce qu'il avait écrit sous la dictée de Napoléon.

Ceux qui déjà vivaient alors se rappelleront l'immense sensation que produisit ce livre.

Passons aussi en Europe, pour exposer la situation du jeune Napoléon II, qui allait grandir.

XCV. — LE DUC DE REICHSTADT.

> Si devant moi vous attribuez des torts à mon père, vous êtes mon ennemi.
>
> Philippe le Hardi.

Le fils de l'Empereur, le jeune Napoléon, inquiétait le monde et ses parents. On le gardait toutefois comme une menace contre les Bourbons, s'ils secouaient le frein qu'on leur avait imposé. Mais on l'élevait à l'allemande. On avait remplacé auprès de lui madame de Montesquiou par la veuve du général Metrowski, et on lui permettait rarement de voir des Français. Cependant le baron Méneval, secrétaire jusqu'à la chute de Marie-Louise, eut le bonheur de lui être présenté. Le jeune prince l'attira à une fenêtre et lui dit tout bas : « Vous direz à mon père que je l'aime toujours bien. »

Madame Marchant, femme du valet de chambre de Napoléon, elle qui la première avait reçu dans ses bras le petit prince à sa naissance, lui avait été laissée jusque-là. Elle lui fit écrire secrètement, en lui tenant la main, une lettre de quelques lignes à son père, et joignant à cette lettre une boucle des cheveux de l'enfant, elle trouva moyen de faire parvenir ce petit paquet au père exilé, pour qui ce fut une joie immense, aussi vive que celle qu'il avait éprouvée le jour où M. de Bausset lui porta au Kremlin le portrait de cet enfant, peint par Gérard.

Mais peu de temps après, on renvoya en France madame Marchant. Puis, non content d'avoir enlevé à Napoléon II son héritage paternel, on signa, le 18 juin 1817, second anniversaire de Waterloo, une convention internationale où il fut établi que Marie-Louise ne pourrait transmettre à son fils son duché de Parme, ce que pourtant le congrès de Vienne avait stipulé. On le dépouilla ensuite de son nom de Napoléon; on l'appela Charles et on le fit duc de Reichstadt, en Bohême. Mais on lui accorda le titre d'Altesse Sérénissime.....

Vers ce même temps, sa mère quitta Vienne pour aller gouverner ses États de Parme, et laissa son fils auprès de son père. Dès lors ce fut le comte de Diédrichstein que Metternich chargea de diriger son éducation. On ne l'empêcha pas trop d'admirer la gloire militaire de Napoléon; mais tous ses autres actes lui furent présentés comme des étourderies. On alla si loin dans cette voie, qu'il en devint taciturne et n'osa plus s'épancher, sinon avec quelques Français desquels on ne prenait pas d'ombrage.

M. de Montbel, ancien ministre de Charles X, nous a conservé, dans le récit de son voyage en Autriche, d'intéressants détails sur le prince enfant. Il les tenait du capitaine Foresti, chargé de son éducation militaire.

L'honnête et loyal capitaine lui racontait qu'à l'âge de cinq ans, cet aimable enfant était remarquablement beau; que tous ses mouvements avaient de la grâce et de la gentillesse; qu'il parlait avec l'accent parisien, et qu'il faisait des observations d'une extrême justesse.

Quand on voulut lui apprendre l'allemand, il opposa une

résistance déterminée. « On eût dit qu'en parlant cette langue, il craignait d'abdiquer sa qualité de Français. Il soutint fort longtemps cette résolution. » Il ne céda que lorsqu'il comprit qu'il devait entendre ce qu'on disait autour de lui; et « alors il apprit l'allemand avec une prodigieuse facilité. Il le parla bientôt dans la famille impériale.

» C'était une satisfaction réelle d'assister au travail rapide de cette jeune imagination. Les fautes mêmes qu'il commettait décelaient une vive intelligence et une véritable réflexion. Il s'appuyait sur des analogies, sur des observations étymologiques fort ingénieuses. Il y avait déjà dans cette jeune tête une faculté logique très-intéressante à observer.....

» Il montrait dès lors les qualités distinctives de son caractère : bon pour les subalternes, ami de ses gouverneurs, mais sans démonstration vive, il obéissait par conviction, mais presque toujours il commençait par essayer de la résistance. Il aimait à produire de l'effet. Du reste, il recevait nos réprimandes avec fermeté, et quelque mécontentement qu'il en éprouvât, jamais il ne conservait de rancune; il finissait toujours par convenir de la justesse des représentations qu'on lui avait faites. A un âge si tendre, il possédait déjà un grand empire sur lui-même......

» Il y avait dans son caractère un trait distinctif : il ne pouvait tolérer la pensée qu'on voulût le tromper; il détestait les contes. La morale ne pouvait recourir à ce moyen pour le persuader; il restait insensible à ce genre de narration : « C'est faux, disait-il; à quoi cela est-il bon? »

» Ses souvenirs étaient restés assez distincts relativement à la situation brillante où il s'était trouvé en France. Il y pensait, et souvent il en était occupé. Il n'ignorait pas qu'on l'avait appelé roi, et que son père était un grand homme. Un jour, dans une réunion de la famille impériale, un des archiducs lui montra une de ces petites médailles d'or qu'on avait frappées à l'époque de sa naissance, et qui furent distribuées au peuple à son baptême. Son buste y était représenté. On

lui demanda : « Savez-vous quelle est cette image ? —
» C'est moi, répondit-il sans hésiter, quand j'étais roi de
» Rome. »

» Un autre jour, il demandait naïvement à l'empereur
d'Autriche ce que c'était qu'être roi de Rome. L'Empereur lui répondit : « Mon enfant, quand vous serez plus
» âgé, il me sera plus facile de vous expliquer cela. Pour
» le moment, je me bornerai à vous dire qu'à mon titre
» d'empereur d'Autriche je joins celui de roi de Jérusalem,
» sans avoir aucune sorte de pouvoir sur cette ville. Eh
» bien, vous étiez roi de Rome comme je suis roi de
» Jérusalem. »

» Un autre jour, le général Sommariva, commandant militaire de l'Autriche, nomma trois illustres personnages qu'il cita comme les plus grands capitaines de leur temps. Le jeune enfant écoutait attentivement ; tout à coup il interrompt le général avec vivacité : « J'en connais un quatrième que
» vous n'avez pas nommé, » dit-il en rougissant de honte et de colère. « Et lequel, Monseigneur ? — Mon père ! » s'écria-t-il avec force, et il s'enfuit rapidement.

» Le général Sommariva courut après lui et le ramena en lui disant : « Vous avez eu raison, Monseigneur, de parler
» comme vous l'avez fait de votre père ; mais vous avez eu
» tort de vous enfuir. »

» Son goût prononcé pour la guerre avait engagé l'Empereur à lui donner l'uniforme. » Il eut donc d'abord l'habit de soldat. Il apprit le maniement des armes avec un grand zèle et une véritable application ; et quand, pour le récompenser, on lui accorda les insignes du grade de sergent, il fut au comble de la joie et courut se vanter de son avancement à ses jeunes amis. Il avait alors sept ans.

Son respect pour les militaires se manifestait en toute occasion. Sa place à la table impériale était à côté de l'archiduc François. Un jour de grand dîner, au lieu de s'asseoir à sa place désignée, il se recula vers l'extrémité de la table. On lui en demanda la raison : « Je vois, dit-il, des généraux ; ils doivent passer avant moi. »

Les études déployèrent vite le génie du fils de l'Empereur, qui annonçait un noble et grand avenir, lorsqu'un événement, hélas! trop prévu vint porter un grand ébranlement à cette jeune âme si ardente et si vive.

XCVI. — LES DERNIERS JOURS DU PRISONNIER.

« Adieu, O'Méara, nous ne nous reverrons plus!
NAPOLÉON.

L'épigraphe qu'on vient de lire est la dernière parole que l'Empereur dit au docteur O'Méara le 25 juillet 1818, lorsque, à la requête de son geôlier sir Hudson Lowe, le gouvernement anglais lui enleva son médecin, parce qu'il l'aimait et qu'il en était aimé.

Trois années d'exil pesaient alors sur le cœur de Napoléon. Les horreurs d'une étroite captivité et les rigueurs du climat et du sol détruisaient peu à peu, mais sans relâche, la santé du héros. Il ne savait rien de son fils ni de sa femme, rien de sa famille, et lui, catholique, était cloué dans un pays sans religion et sans culte. Il s'écriait :

« Ah! où est la France? où est son riant climat? Si je pouvais respirer au moins un peu d'air qui eût touché cet heureux pays! Quel spécifique que le sol qui nous a vus naître! Je le sens, je serais revivifié si j'apercevais nos côtes. La patrie! la patrie! Si Sainte-Hélène était la France, je me plairais sur cet affreux rocher! »

Un jour qu'il se promenait en calèche : « C'est dimanche aujourd'hui, dit-il; nous aurions la messe, si nous étions en pays chrétien. » Il ajouta : « J'ai toujours aimé le son des cloches. Il y a deux choses dans cette île hérétique, inhospitalière, qui me manquent et dont la privation m'est insupportable, point de cloches, et puis on nous refuse un prêtre (1). »

« Napoléon, comme le dit M. de Beauterne, était chrétien par sa naissance et son éducation; de plus, il était chrétien par le génie et par le cœur; il avait la foi qui naît d'une grande âme. Mais tel est l'orgueil humain : lui qui eût regardé comme un crime et une folie de retrancher un seul iota de l'Évangile, dont il vénérait également tous les dogmes, il en avait éludé la pratique par une de ces aberrations trop communes qui sont la plaie et l'ulcère de notre époque. Le sacrement essentiel du christianisme, et qui est tout le christianisme, c'est le sacrement de l'Eucharistie. Aucun chrétien, si relâché qu'il soit, n'ose en discuter, même en idée, la vérité mystérieuse. Mais on ne se fait pas de scrupule de faire des objections contre la confession; et cependant quelle inconséquence! La confession est l'escalier de l'autel chrétien; brisez-le, vous ne pouvez plus en approcher. Sur le trône, Napoléon avait dit : « Un souverain peut-il, doit-il se confesser? Alors que devient la question des deux puissances, la temporelle et la spirituelle? Le souverain c'est le prêtre. »

L'année 1819 et l'année 1820 virent s'aggraver continuellement la maladie de l'Empereur. Cependant le docteur O'Méara avait écrit au ministère anglais « que la mort prématurée de Napoléon était aussi certaine, sinon aussi prochaine, si le même traitement était continué à son égard, que si on l'avait livré au bourreau ».

---

(1) L'Empereur avait désiré que l'abbé Buonavita, qui était l'aumônier des Tuileries pendant les cent jours, l'accompagnât à Sainte-Hélène, et c'était convenu; mais La Fayette et les autres ennemis de Napoléon avaient si vivement pressé le départ de l'auguste exilé que l'abbé Buonavita n'arriva à Londres pour s'embarquer que deux jours après que la flottille qui déportait l'homme du siècle fut partie pour l'île-ponton.

Le comte Bertrand écrivit de Longwood le 2 septembre 1820 à lord Liverpool :

« Mylord,

» J'ai eu l'honneur de vous écrire le 25 juin 1819, pour vous faire connaître l'état de santé de l'empereur Napoléon, attaqué d'une hépatite chronique depuis le mois d'octobre 1817.

» A la fin de septembre dernier est arrivé le docteur Antomarchi, qui lui a donné des soins; il en a d'abord éprouvé quelque soulagement; mais depuis, ce docteur a déclaré, comme il résulte de son journal et de ses bulletins, que le malade est venu à un état tel, que les remèdes ne peuvent plus lutter contre la malignité du climat; qu'il a besoin des eaux minérales; que tout le temps qu'il demeurera dans ce séjour ne sera qu'une pénible agonie; qu'il ne peut éprouver de soulagement que par son retour en Europe, ses forces étant épuisées par cinq ans de séjour dans cet affreux climat, privé de tout, en proie aux plus mauvais traitements.... »

Mais sir Hudson Lowe ne laissa pas partir cette lettre, parce qu'on y donnait à Napoléon le titre d'empereur. Depuis qu'il s'était livré aux Anglais, il n'était plus permis de l'appeler autrement que « le général ».

« Là! c'est là » disait-il en montrant sa poitrine au docteur Antomarchi; et comme il lui présentait un flacon d'alcali : « Eh non! s'écria-t-il, ce n'est pas faiblesse; c'est la force qui m'étouffe, c'est la vie qui me tue. » Puis s'élançant à une fenêtre et regardant le ciel : « 17 mars! disait-il, à pareil jour, il y a six ans, nous étions à Auxerre; il y avait des nuages au ciel. Ah! je serais guéri si je voyais ces nuages. »

Quelques jours après il disait : « Aucun remède ne peut me guérir. Ma mort sera un baume salutaire pour nos ennemis. J'aurais désiré revoir ma femme et mon fils; mais que la volonté de Dieu soit faite! »

Il disait ensuite : « Il n'y a rien de terrible dans la mort. Elle a été la compagne de mon oreiller pendant ces trois semaines, et à présent elle est sur le point de s'emparer de moi pour jamais. »

Le 15 avril, il dit à ses fidèles, qu'il allait quitter bientôt : « Mon vœu le plus cher est que mes cendres reposent sur les bords de la Seine et que vous disiez à mon fils de ne jamais oublier qu'il est né prince français. »

Le 19 avril, il était un peu mieux. Il reçut la visite du docteur Arnott, chirurgien anglais ; et il lui dit :

« C'en est fait, le coup est porté. Je touche à ma fin. Je vais rendre mon corps à la terre. Appprochez, Bertrand ; traduisez à monsieur ce que vous allez entendre. N'omettez pas un mot.

« J'étais venu m'asseoir au foyer du peuple britannique.
» Je demandais une loyale hospitalité. Contre tout ce qu'il
» y a de droits sur la terre, on me répondit par des fers.
» J'eusse reçu un autre accueil d'Alexandre, de l'empereur
» François, du roi de Prusse. Mais il appartenait à l'Angle-
» terre de surprendre, d'entraîner les rois et de donner au
» monde le spectacle inouï de quatre grandes puissances
» s'acharnant sur un seul homme. C'est votre ministère qui
» a choisi cet affreux rocher où se consume en moins de
» trois ans la vie des Européens, pour y achever la mienne
» par un assassinat. Et comment m'avez-vous traité depuis
» que je suis sur cet écueil ? Il n'y a pas une indignité dont
» vous ne vous soyez fait une joie de m'abreuver. Les plus
» simples communications de famille, celles mêmes qu'on n'a
» jamais interdites à personne, vous me les avez refusées....
» Ma femme, mon fils n'ont plus vécu pour moi. Vous m'avez
» tenu six ans dans les tortures du secret. Dans cette île
» inhospitalière, vous m'avez donné pour demeure l'endroit
» le moins fait pour être habité, celui où le climat meurtrier
» des tropiques se fait le plus sentir. Il a fallu me renfermer
» entre quatre cloisons, moi qui parcourais à cheval toute

» l'Europe. Vous m'avez assassiné longuement, avec prémé-
» ditation, et l'infâme Hudson a été l'exécuteur des hautes
» œuvres de vos ministres. Vous finirez comme la superbe
» république de Venise; et moi, mourant sur cet affreux
» rocher, privé des miens et manquant de tout, *je lègue*
» *l'opprobre de ma mort à la maison régnante d'Angleterre*.... »

Maintenant laissons-nous guider par les détails exacts et consciencieux de M. le chevalier de Beauterne sur la mort chrétienne de Napoléon :

L'Empereur avait ordonné qu'on dressât un autel dans sa chambre. « Déjà il avait eu plusieurs entretiens avec l'abbé Vignali (c'était le confesseur (1) que lui avait envoyé le pape Pie VII), lorsque, le 20 avril (1821), l'autel se trouva dressé, à l'issue de la messe l'Empereur se confessa et fut administré. C'est-à-dire qu'il reçut l'extrême onction. Le malade désirait aussi recevoir le saint viatique; mais la maladie ne le permit pas alors, à cause des vomissements.

» Le lendemain 21, il demanda de nouveau l'abbé Vignali et il lui dit : Monsieur l'abbé, savez-vous ce que c'est qu'une chapelle ardente? — Oui, Sire. — En avez-vous desservi? — Aucune. — Eh bien! vous desservirez la mienne. Et il entra à cet égard dans les plus minutieux détails.... »

C'est le docteur Antomarchi qui rapporte cela. Mais comme il n'était pas un chrétien sérieux, il poussa un éclat de rire qui fit bondir le malade. Napoléon indigné le traita si énergiquement que les autres témoins n'ont pas osé nous transmettre cette sortie. Antomarchi, dans son récit, l'a adoucie, en prêtant ces exclamations à l'Empereur, qui lui aurait dit :

« Vous êtes un athée : vous êtes médecin; les médecins

---

(1) En lui envoyant ce confesseur avec tous pouvoirs, le Pape dit à ceux qui s'en étonnaient : « Oubliez-vous donc que tous les torts de ce grand prince ont été l'œuvre acharnée de l'effroyable entourage qu'il lui a fallu subir, et que, sans lui et ses luttes persévérantes, la France, quand elle s'est donnée à lui par une grâce de Dieu, tombait dans un schisme sauvage? Dieu l'a purifié dans des épreuves qui sont *un martyre*.

ne croient jamais à rien, parce qu'ils ne brassent que de la matière. Je ne suis ni philosophe, ni médecin; je crois en Dieu; je suis chrétien, catholique, romain. Soyez athée, monsieur; pour moi, je veux remplir tous les devoirs que la religion impose, et recevoir tous les secours qu'elle administre. »

Et se tournant vers l'abbé Vignali, il poursuivit : « Monsieur l'abbé, vous direz la messe tous les jours, et vous continuerez à la dire après ma mort. Aussitôt que je serai mort, vous poserez un crucifix sur mon cœur; vous mettrez votre autel à ma tête. Je veux en outre que dès à présent vous exposiez tous les jours le saint sacrement et que vous disiez tous les jours les prières des quarante heures. »

Tous les jours suivants, l'Empereur faisait appeler l'abbé Vignali; il restait seul avec lui des heures entières, sa porte étant fermée par ordre. Tous les détails de sa vie qui avaient pu offenser Dieu et sa foi de chrétien furent exposés et expiés.

Le 29 avril, les vomissements cessèrent. Napoléon, heureux de cette merveille, pria M. de Montholon, qui avait passé trente-neuf nuits à son chevet, d'aller se reposer, et de faire venir à sa place l'abbé Vignali; et comme il s'en étonnait, l'Empereur reprit : « Oui, c'est le prêtre que je demande; veillez à ce qu'on me laisse seul avec lui, et ne dites rien. » M. de Montholon amena aussitôt l'abbé Vignali, en le prévenant du saint ministère qu'il allait remplir.

L'Empereur avait épuré sa conscience; il voyait une grâce de miséricorde dans ses vomissements cessés; et il voulait recevoir son Dieu. « Or, quelle fut cette communion différée jusqu'à la mort par celui qui avait dit : « Je ne suis pas assez pieux pour communier, mais je le suis trop pour commettre un sacrilége! » Quelle en fut la ferveur et la sincérité! Quel triomphe de la foi! »

Et quand le général Montholon reparut devant Napoléon,

il lui dit : « Général, je suis heureux; j'ai rempli tous mes devoirs; je vous souhaite à votre mort le même bonheur. »

Les jours suivants, il ne parla guère que de ses joies d'être en paix avec Dieu. Il pardonna à tous ceux qui l'avaient offensé, même à ses ennemis les plus odieux, et le 3 mai il reçut le saint viatique.

Après ce dernier acte, il dit adieu à tous les compagnons de son exil, et sentant sa fin prochaine, il dit encore : « Je suis en paix avec le genre humain. »

Le 4 mai, sa tête se troubla par instants. Mais prévoyant qu'on ne laisserait pas aussitôt transporter ses restes en France, il demanda qu'on l'enterrât auprès de la fontaine dont l'eau avait arrêté ses vomissements.

Le 5 mai, une tempête effroyable désola jusqu'au soir l'île Sainte-Hélène, déracinant les arbres et bouleversant le sol. Napoléon s'en allait; il ne disait que des mots entrecoupés : « Tête d'armée » ou « désarmé », et des sons plutôt que des mots. Il expira ce même jour, 5 mai 1821, à cinq heures et demie du soir. Sa dernière parole, ou plutôt son dernier soupir, fut : *Mon Dieu!*

Son corps fut exposé le 6 et le 7 mai dans une chapelle ardente. Le manteau qu'il avait porté à la bataille de Marengo couvrait le corps; un crucifix reposait sur sa poitrine; derrière sa tête était un autel où l'abbé Vignali, inondé de larmes, récitait des prières.

Le 8 mai, par une journée magnifique, l'office des morts s'accomplit avec toute la solennité possible à Sainte-Hélène. Toute la garnison et toute la population de l'île assistaient à cette pompe funèbre. L'exilé fut mis en terre au lieu qu'il avait prescrit, au bruit de trois salves de quinze canons; et l'île Sainte-Hélène devint un pèlerinage.

XCVII. — NAPOLÉON II.

> L'héritier légitime est celui qui recueille
> les biens qu'a laissés son père.
>
> S. Thomas d'Aquin.

La mort de Napoléon Ier eut donc lieu le 5 mai 1821. C'était un samedi. Jamais, depuis la mort de Charlemagne, le martyre de Jeanne d'Arc, le supplice de Marie Stuart et l'assassinat de Louis XVI, aucune mort n'eut dans le monde un tel retentissement. Jamais les cœurs humains ne ressentirent une impression plus vive. Ce ne fut que soixante-dix-huit jours après, le dimanche 22 juillet, que son fils bien-aimé et digne d'une si tendre affection apprit que jamais plus ici-bas il ne recevrait les embrassements de son père.

Il s'était vu pour la dernière fois dans ses bras le 25 janvier 1814. Il n'avait pas encore quatre ans. Il avait pleuré en grande amertume lorsqu'on l'enlevait de Paris, le 29 mars, comme s'il eût prévu qu'il allait devenir orphelin; et depuis il ne l'avait jamais revu.

Lorsqu'il apprit sa mort si triste, le jeune prince, qui n'avait que dix ans, mais qui avait mûri trop vite et qui pleurait depuis six longues années l'absence lamentable de son père, fut frappé d'une telle douleur qu'on s'en effraya.

On lui avait tout ôté, jusqu'à son nom, de ses premières années si douces. Il ne voyait autour de lui que les ennemis du héros-géant dont il sentait le sang dans ses veines. On ne lui parlait de son père immortel que pour lui intimer, chose impossible, qu'il devait l'oublier. Sa mère, hélas! par un odieux sacrilége, et bien des années avant que la mort eût rompu ses liens, avait obscurément remplacé un tel époux. De cet autre mariage, condamné par l'Église et par l'honneur, elle avait eu plusieurs enfants et ne voyait presque jamais le seul dont la naissance ne pouvait l'humilier.

Or la nouvelle terrible de la mort de l'Empereur sur le rocher de Sainte-Hélène arriva à Schœnbrunn le 22 juillet 1821. Elle était apportée par un courrier de la maison Rotschild ; et l'honnête capitaine Foresti fut chargé de l'annoncer au jeune prince. Il avait alors dix ans et quatre mois ; et une séparation de sept ans et six mois n'avait pu atténuer dans son cœur l'ardent amour filial qu'il entretenait sans relâche. Il fondit en larmes, éclata en sanglots et se désola si vivement qu'il fit pleurer aussi le capitaine. Il s'enferma avec sa douleur ; et plusieurs jours il fut morne et abattu. Il fut un peu compris par son grand-père, qui lui rappela le besoin de recourir à Dieu dans les désolations.

« L'enseignement religieux, comme l'a raconté M. de Montbel, lui était donné par le prélat de la cour, monseigneur Wagner, homme de mœurs douces et exemplaires et d'une vaste érudition dans la plupart des connaissances humaines. Il avait écrit pour le prince un recueil d'instructions dogmatiques et morales ; et deux fois par semaine il lui donnait des leçons que ses manières persuasives rendaient intéressantes à l'élève.

» On avait toujours remarqué chez ce jeune prince tant de réflexion, qu'à proprement parler il n'a pas eu d'enfance. » Dès le lendemain du 22 juillet, il prit le deuil de son père ; il le porta bien au delà des délais accoutumés ; et il fallut qu'on l'obligeât à supprimer ses crêpes.

Il savait, par des indiscrétions que la police qui l'entourait n'avait pu surprendre, que dans sa seconde abdication son père lui avait remis l'Empire français ; et, maintenant qu'il était mort, le jeune prince comprenait encore mieux qu'il devait être empereur. Il ne dévoilait pas ces pensées intimes.

Des années passèrent ainsi. Mais tous les ans, le 22 juillet, il s'enfermait, seul avec sa douleur, et priait vivement pour son père, dont il savait la mort chrétienne.

Il devint un jeune homme. « A l'âge de dix-huit ans, dit un de ses historiens (1), sa physionomie rappelait à la fois son père et sa mère. Il avait le front de Napoléon et son regard d'aigle; sa pâleur était celle de Bonaparte premier consul. Par le bas du visage, par la taille, par la nuance des cheveux, il tenait de sa mère. Plus grand que l'Empereur de cinq pouces au moins, blond, régulier de traits, c'était un type remarquable de beauté sérieuse, douce et mélancolique. Au premier coup d'œil, on sentait en lui quelque chose de contenu qui accusait la contrainte qu'on faisait douloureusement peser sur lui et contre laquelle semblaient se révolter de temps en temps des mouvements nerveux, de vifs tressaillements aussitôt comprimés.

» Il écrivait avec goût et précision. Nous ne reproduirons pas ses lettres, qui sont rares et incertaines. Mais dans ses études, il fit sur les Commentaires de César un travail remarquable, qui a été imprimé. Nous ne citerons rien de ces pages. Pourtant nous croyons devoir mettre ici sous les yeux du lecteur un jugement qui plaira aux militaires. Napoléon II s'élève là à la hauteur de son père :

« Les Français de nos jours ont hérité du dévouement et des instincts guerriers de leurs ancêtres; ils ont porté la pénétration qui les distingue dans la théorie de l'art de la guerre. Les travaux des Vauban, des Carnot, des Jomini resteront comme l'expression la plus élevée du génie et de la science stratégique. Les campagnes de Condé et de Turenne peuvent être comparées aux beaux faits d'armes de Gustave-Adolphe, du prince Eugène et de Frédéric II. Nul peuple n'a un sentiment plus exquis de l'honneur. Sous un chef éprouvé, leur résolution s'anime au péril. Dans la retraite de Ney, ils ont triomphé de toutes les formes de dangers par tous les genres de courage. A leurs yeux la gloire des armes couvre tout. Ils se dévoueront pour une

---

(1) M. Guy de l'Hérault.

belle cause perdue; mais ils s'estiment trop pour se sacrifier dans l'intérêt de passions mesquines. Leur prétendue inconstance n'est qu'un changement d'impressions motivé par un changement dans les choses. Ils vous admiraient hier; ils ne vous estiment plus aujourd'hui : vous n'êtes plus ce que vous étiez, comment resteraient-ils les mêmes? leur enthousiasme est tombé avec votre masque....

» C'est dans les tourmentes politiques que le peuple français est surtout beau à étudier. Quelle énergie soutenue dans cet effroyable régime de la Terreur! Et à côté de ces tribuns qui glissent dans le sang jusqu'à l'échafaud, de ces assemblées qui ne reculent devant aucune mesure, parce qu'elles ont tout à sauver, quel élan national! mais surtout quelle armée! quel peuple renouvellera les prodiges des campagnes d'Italie? Quel homme se trouvera digne de commander un tel peuple? Époque de révélations subites dans tous les rangs de la société, où dans le jeu de toutes les forces et de toutes les aptitudes, les natures d'élite brillaient ou mouraient à leur place! »

Tel était le prince après lequel aspirait la jeune France. Mais, comme son père, il était captif et séquestré. Le poëte Barthélemy partit pour Vienne, avec le désir de lui présenter son poëme de *Napoléon en Égypte*, œuvre de lui et de Méry, son collègue en poésie. Il fut recommandé au comte de Diédrichstein, qui dirigeait l'éducation de Napoléon II. Mais lorsqu'il eut exposé à ce seigneur le but de son voyage, le comte autrichien contracta ses traits et lui dit, le plus poliment qu'il put : « Est-il bien vrai que vous soyez venu à Vienne pour voir le jeune prince? Qui a pu vous engager à une pareille démarche? Est-il possible que vous ayez compté sur le succès de votre voyage? On se fait donc en France de bien ridicules idées sur ce qui se passe ici? Ne savez-vous pas que la politique de la France et celle de l'Autriche s'opposent également à ce qu'aucun étranger et surtout un Français soit présenté au prince? Ce que vous me demandez est donc tout à fait impossible; et je suis vraiment peiné de sentir que vous ayez fait un si long et si pénible voyage sans aucune chance de succès...... »

Le poëte fut donc éconduit avec ces paroles : « Contentez-vous de savoir que le prince est heureux, qu'il est sans ambition, que sa carrière est toute tracée; qu'il n'approchera jamais de la France, qu'il n'en aura pas même la pensée. Répétez tout cela à vos compatriotes et désabusez-les, s'il est possible..... »

XCVIII. — LA RÉVOLUTION DE JUILLET.

Salut au drapeau tricolore!
Chant de l'époque.

Les Bourbons n'étaient pas de mauvais princes. Mais, enfants du dix-huitième siècle, ils étaient restés dans les voies de leur temps et ils se trouvaient, malgré eux sans doute, embarrassés dans un pays qu'ils avaient déserté depuis un quart de siècle et où tout était neuf pour eux. Trois jours avant leur rentrée, la masse de la nation ne les connaissait pas. Ils étaient partis jeunes; ils revenaient vieux; ils ne devinaient pas la France nouvelle.

Napoléon, à ses adieux de Fontainebleau, avait engagé ses braves à servir le Roi comme ils l'avaient servi lui-même. Mais Louis XVIII, à sa rentrée, eut peur de ces hommes héroïques, les éloigna de lui, et se fit une garde qui lui rappelait le temps passé. Cependant s'il eût exécuté le traité de Fontainebleau, qui lui imposait de fournir à Napoléon une pension de deux millions, si de plus il n'eût pas inquiété le souverain de l'île d'Elbe, le règne des cent jours n'eût pas eu lieu.

A la seconde rentrée de Louis XVIII, il y eut des réactions violentes qui amenèrent des complots et des troubles. L'indignation gagna les masses; et partout des sociétés secrètes habilement organisées fomentèrent de permanentes conspirations.

Louis XVIII cependant ne craignait rien. Napoléon avait dit : « Je ne me crois pas assez fort pour gouverner un peuple qui lirait Voltaire et les idéologues. » Sous Louis XVIII, on réimprima sous toutes les formes Voltaire, Rousseau, Diderot, Condorcet et tous les écrits démolisseurs des philosophes les plus immondes.

Charles X lui succéda. Mais il avait des ministres qui n'étaient pas populaires. Il imposa au peuple français un milliard pour indemniser les émigrés; il cassa la garde nationale; et à côté de sa bonne volonté, il fit l'imprudence, qu'on ne peut expliquer que comme un piége, de publier d'un seul coup et très-brusquement les trois fameuses ordonnances du 25 juillet 1830. Par ces trois coups d'État insensés, il cassait la Chambre des députés qu'on venait d'élire; il faisait, de son chef, avec ses ministres, une nouvelle loi des élections plus restreinte; il rétablissait la censure.

Ces trois ordonnances parurent le lendemain, lundi, dans *le Moniteur*, et aucun autre journal, par un effet rétroactif, ne fut distribué ce jour-là. Dans un gouvernement faible, un coup si violent parut prodigieux. Il y eut partout des rassemblements; et la garde nationale, supprimée depuis quatre ans, n'était pas là pour les disperser sans coup férir.

Le lendemain, 27, ce fut une révolution. Mal conseillé ou mal avisé, Charles X, pour mettre les rebelles à la raison, donna le commandement des troupes qui devaient agir au maréchal Marmont, duc de Raguse. A tort ou à raison, le peuple n'aimait pas cet homme. Peut-être n'avait-il été que faible. Mais avec Klarke, duc de Feltre, et Talleyrand, prince de Bénévent, il avait remis Paris à l'ennemi, quand l'Empereur n'était qu'à une heure de sa capitale. Or on se battit si bien dans Paris pendant trois jours, que Charles X avait cessé de régner le 29 juillet.

Les trois ordonnances avaient fait bondir de joie les conspirations, qui étaient trois partis. Le plus rationnel et le plus populaire voulait Napoléon II. Le second était républicain; il n'avait d'aspirants que les hommes qui voulaient le pouvoir et les places. Lafayette en était la tête; et il se croyait enfin le Washington de la République française revenue à 89. Le troisième, plus fourni et préparé depuis 1821 par le duc d'Orléans, avait ses plus nombreux partisans à Paris. Ceux-là comptaient bien enlever les plus grosses parts dans la curée.

Les députés, légalement expulsés et qui n'avaient plus aucun caractère, ne se réunirent pas moins pour instituer un gouvernement provisoire. Ils le composèrent de cinq personnages, chargés de statuer. Deux de ces hommes étaient orléanistes, deux autres napoléonistes, le cinquième, Lafayette, voulait la république et rien que la république. Les masses comptaient qu'on allait recourir aux votes de tous. Il n'en fut rien.

Il n'y avait pourtant que deux prétendants sérieux : Napoléon II, qui eût réuni le plus de suffrages, et le comte de Chambord, appelé aussi duc de Bordeaux, en faveur de qui Charles X venait d'abdiquer.

Comme Charles X avait en même temps nommé lieutenant général du royaume le duc d'Orléans, à qui il remettait la tutelle de son petit-fils avec le gouvernement de l'État jusqu'à sa majorité, on croyait qu'il n'aurait pas la hardiesse de se poser prétendant aussi.

Lafayette, qui ne se réunissait ni aux napoléonistes, ni aux orléanistes, ne prêchait que son rêve persévérant du retour à 89. Les amis du duc d'Orléans mandèrent ce prince, qui partit de Neuilly dans un omnibus jusqu'aux Champs-Élysées et vint de là, à cheval, entre quatre combattants armés de piques, jusqu'à l'hôtel de ville. Il fit voir à Lafayette que la république était impossible et qu'on ne pouvait que fonder une monarchie appuyée sur des institutions républicaines. Il le nomma de suite commandant général de toutes les gardes nationales de France, qui formeraient une armée de quatre à cinq cent mille hommes. Lafayette, qui s'épuisait en vain depuis deux jours, se rendit; et alors le duc d'Orléans conquit les napoléonistes en leur représentant que jamais l'Autriche ne rendrait son prisonnier, qui pourrait en vouloir à ses geôliers et aux geôliers de son père; mais qu'on pouvait relever le drapeau tricolore, achever l'arc de triomphe de l'Étoile, remettre Napoléon sur sa colonne; qu'il s'y engageait formellement. Il rallia les avis.

Pourtant, jusque-là on n'avait pas décidé si le jeune comte de Chambord serait acclamé roi. Le duc d'Orléans se laissa persuader par ses amis qu'il était plus convenable qu'il prît le trône pour lui, qu'une régence avait ses dangers, que si le petit-fils de Charles X venait à mourir avant sa majorité, ce seraient encore des troubles, au lieu que lui il offrait à la France sept enfants pleins de vie. On savait que ce moyen charmerait le duc, la duchesse et leur famille. Et le 9 août, la Chambre, qui était sans pouvoir, proclama roi le tuteur à la place de son pupille, et le duc d'Orléans fut fait roi ainsi sous le nom de Louis-Philippe.

Ce coup d'État fut plus qu'un étonnement pour les masses, qui s'attendaient à l'appel loyal du suffrage universel. Mais les faiseurs savaient trop bien que le suffrage universel eût proclamé Napoléon II.

Or ce règne escamoté débuta par des émeutes de toutes les semaines, qui émaillèrent l'année 1830, l'année 1831 (1),

(1) Cette année-là, en février, le gouvernement de Louis-Philippe laissa piller et détruire de fond en comble le palais de l'archevêque (monseigneur de Quélen, le prélat vénéré, qui fut obligé de se cacher,) et saccager l'église de Saint-Germain l'Auxerrois. Le lendemain, dimanche, les bandes, sous les yeux de la police et de la garde nationale rétablie en grande splendeur, coururent à Conflans, où elles dévastèrent et dépouillèrent la maison de campagne du pieux et bon archevêque. — En retour de ces sauvageries, que Louis-Philippe laissa passer, d'autres bandes de même nature, à la révolution de février 1848, traitèrent le palais de Louis-Philippe et son beau château de Neuilly comme, dix-sept ans auparavant, on avait traité les résidences de monseigneur de Quélen.

et ne purent se calmer un peu qu'à la fin de 1832. Charles X et son petit-fils avaient été reconduits avec des honneurs à l'étranger. Mais s'ils avaient des partisans moins nombreux que l'héritier de Napoléon, ils avaient pour eux les grandes familles.

En 1832, l'événement qui va suivre servit la cause de Louis-Philippe, qui s'était attaché les napoléonistes les plus influents, et dont l'esprit sentait le besoin de rappeler les gloires de l'Empire et de conquérir les adhésions des républicains. Il avait replacé partout les monuments de Napoléon, à l'arc de triomphe du Carrousel, à la colonne, aux Invalides; il faisait achever l'arc de triomphe de l'Étoile.

XCIX. — LA MORT DU SECOND NAPOLÉON.

> Tous deux sont morts! Seigneur, votre droite est terrible!
> Vous avez commencé par le maître invincible,
>   Par l'homme triomphant;
> Puis vous avez enfin complété l'ossuaire :
> Dix ans vous ont suffi pour filer le suaire
>   Du père et de l'enfant!
>   Victor Hugo.

Pendant les conspirations qui avaient pour but le renvoi des Bourbons, plusieurs tentatives avaient été faites pour enlever le fils de l'Empereur, toujours surveillé à Schœnbrunn. Une de ses cousines, la comtesse Camerata, l'avait tenté comme bien d'autres, et comme les autres elle avait échoué. Le prince plus que jamais songeait à son père, et chaque année, le 22 juillet, il s'enfermait seul et pleurait. Mais il ne pouvait lire rien de ce qui eût pu l'enflammer. Hélas! son cœur lui suffisait; et il devinait en quelque sorte les vérités brillantes qu'on lui cachait. Il apprit avec une émotion immense la révolution de juillet. Il entrevoyait quel avenir s'ouvrait devant lui.

Dès qu'on put présager le succès de la révolution qui grondait, des démarches furent faites pour engager l'Autriche à rendre aux Français l'héritier de leur Empereur. « Pour prix de l'établissement de Napoléon II sur son trône, la France offrait aux puissances européennes toutes les garanties désirables d'union et de paix. On organiserait les conditions du pouvoir de telle manière que l'autorité ne serait plus un vain mot, et que l'anarchie comprimée n'oserait plus lever la tête et menacer le monde social. »

M. de Montbel, que nous citons ici, ajoute :

« A peu près à l'époque de mon arrivée à Vienne, s'y rendait aussi un personnage dont le nom, célèbre dans les fastes de la Révolution et de l'Empire, est mêlé à toutes les époques de nos convulsions politiques. Il vit M. de Metternich, qui lui dit : « Qu'attendez-vous de nous?

— Que vous nous laissiez conduire le duc de Reichstadt à la frontière de France : sa présence et le nom de Napoléon renverseront en un instant ce qui pèse sur notre patrie et qui sans cesse vous menace de ses ruines.

— Quelle garantie aura le duc de Reichstadt de son avenir?

— L'amour et le courage des Français feront un rempart autour de lui.

— Au bout de six mois, répondit Metternich, il se trouverait entouré d'ambitions, d'exigences, de ressentiments, de haines, de conspirations. Il se verrait au bord d'un abîme. Vous vous abusez sur l'issue de votre entreprise, ou plutôt sur la durée de ses résultats. Faire du bonapartisme sans Bonaparte est une idée absolument fausse.... »

Mais la santé altérée du jeune prince s'altéra encore par toutes les émotions que lui amenait la France. Dans ces circonstances, le duc de Raguse arriva aussi à Vienne. Le duc de Reichstadt, oubliant sa défaillance qui avait livré Paris en 1814, ne ressentit que le désir d'entretenir le maréchal célèbre qui avait été l'un des lieutenants chéris de son père.

Il eut bientôt la joie de le rencontrer dans un bal de la cour. On le lui présenta :

« Monsieur le maréchal, dit vivement le prince, je ne saurais vous exprimer quelle satisfaction j'éprouve en voyant l'un des généraux les plus illustres qui ont combattu sous les ordres de mon père. Vous avez été son aide de camp dans ses premières campagnes; vous le suiviez en Italie, en Égypte et en Allemagne. J'ai étudié attentivement son histoire; je désirerais vous interroger sur plusieurs faits.

— Je suis à vos ordres, monseigneur, » répondit le duc de Raguse; et séparé alors du prince, il alla demander à M. de Metternich si les entretiens que sollicitait le fils de Napoléon ne contrarieraient pas la politique de l'Autriche. Le ministre, qui savait comment le duc de Raguse s'était détaché de Napoléon, ne vit aucun danger à ces entrevues.

« Ces tête-à-tête, dit M. de Montbel, eurent lieu régulièrement et se succédèrent pendant trois mois sans interruption. Le jeune prince leur prêtait une vive attention. Ses yeux brillaient d'intelligence. Dans son profond regard, le maréchal croyait retrouver les yeux et l'âme de Napoléon. Il suivait les indications avec une insatiable avidité. Ses remarques étaient justes, précises; ses demandes annonçaient une haute conception; mais il en adressait rarement, parce qu'il évitait, autant que possible, d'interrompre des enseignements qui absorbaient toutes ses facultés. Toutes les fois qu'un appel était adressé à sa mémoire, elle se trouvait imperturbable aussi bien que son jugement. »

Un jour que la conversation tomba sur la révolution de juillet, le jeune prince dit : « Je comprends et j'admets jusqu'à un certain point le principe du droit divin; mais ce que je ne puis admettre, c'est ce qu'on vient de faire. Au nom d'une nécessité, d'une raison d'État fort douteuse, quelques hommes se sont arrogé le pouvoir de donner un roi à la France sans son consentement formel. C'est un crime de lèse-souveraineté. Des mains de Charles X tombé, la souveraineté était passée à la nation tout entière. On devait respecter son droit et la consulter, ou bien se souvenir que c'était à moi qu'elle avait donné la couronne en 1804. »

Cependant une ardeur secrète dévorait le jeune Napoléon II. Au printemps de 1831, l'empereur d'Autriche, voulant donner un aliment à son activité, le nomma commandant d'un bataillon d'infanterie hongroise. Dès lors sa vie se passait à la caserne et dans les champs de manœuvre. Mais le mal qui le rongeait faisait des progrès continuels. Il en résulta une fluxion de poitrine compliquée. Dans une lettre qu'il écrivit à la princesse Sophie, sa cousine, lettre qui est conservée dans l'histoire de la famille Bonaparte, écrite par M. Chopin, nous ne citerons que ces quelques mots :

« Je me trouve dans un état indéfinissable. A une faiblesse extrême succède tout à coup une exaltation fébrile qui ressemble à un délire suivi. Ceux qui m'entourent semblent n'avoir soin que de mon corps; ils ne savent pas, ou ils feignent d'ignorer que le mal de l'âme a réagi sur l'enveloppe, et que chacune de mes douleurs physiques répond à une souffrance analogue de ma nature morale. »

Hélas! il lui eût fallu, comme à son père, pour le relever à la vie, cette chère France, dont il disait : « l'Autriche n'est que ma nourrice; la France est ma mère. »

Le mois de juin 1832 ne laissait plus qu'un espoir vague. La lampe menaçait de s'éteindre, malgré tous les soins dont on l'entourait. Juillet devint encore plus alarmant. Sa mère, informée du danger où il était de n'être plus dans quelques jours, accourut enfin; elle ne vit qu'avec épouvante les ravages que la maladie et ses causes avaient faits dans son fils. Sa douleur fut grande; et elle dut assister à son agonie. Le tonnerre tomba dans ces circonstances sur le palais de Schœnbrunn, et tout le monde vit là un présage funeste. Cependant la nuit du 21 au 22 juillet, il se plaignit pour la première fois en disant : « Ah! que je souffre! »

M. de Montbel a peint exactement les derniers moments

du prince, qui n'aura que dans l'histoire le nom de Napoléon II :

« Le prince s'affaiblissait visiblement et son état s'aggravait chaque jour. On le transportait parfois dans une enceinte particulière des jardins de Schœnbrunn ; souvent on le plaçait sur le balcon saillant de son appartement, afin qu'il pût chercher là cet air que n'aspirait plus qu'avec effort sa poitrine déchirée. Bientôt il fut impossible de l'ôter de son lit. Il était dans cette fluctuation d'espoir et de découragement, symptôme caractéristique de sa maladie ; mais quand il nous parlait de sa mort prochaine, c'était avec la fermeté impassible d'un brave.

» Le 21 juillet, dans la matinée, ses souffrances devinrent si poignantes, il éprouva de telles angoisses que, pour la première fois, il avoua à son médecin qu'il souffrait. Alors il manifesta un profond dégoût de la vie. « Quand donc se terminera ma pénible existence ? » disait-il, au milieu des tourments d'une fièvre dévorante. Dans cet instant même Marie-Louise entrait : il eut la force de commander à son âme ; avec un calme apparent, il répondit à ses demandes craintives qu'il était bien. Il chercha même à la rassurer sur son sort. Pendant le reste du jour, quoique ses souffrances n'eussent pas diminué, il prit part à ce qu'on disait autour de lui, et parla plusieurs fois avec satisfaction du voyage qu'il devait faire en automne.

» Le soir, le docteur Malfatti nous annonça qu'il y avait tout à redouter pour la nuit suivante. Le baron de Moll ne quitta pas la chambre du prince, mais ce fut à son insu ; car il ne pouvait pas supporter la pensée que quelqu'un restât de nuit auprès de lui. Pendant quelque temps il parut s'assoupir ; vers trois heures et demie, il se leva tout à coup sur son séant, et s'écria : « Je succombe!... je succombe!... » Le baron de Moll et son valet de chambre le prirent dans leurs bras, cherchant à le calmer. « Ma mère!... ma mère!... » s'écria-t-il. Ce furent ses dernières paroles....

» Espérant d'abord que ce serait une faiblesse passagère, le baron de Moll hésitait encore à faire avertir l'archiduchesse; cependant, quand il vit les traits du prince se fixer et prendre un caractère de mort, il le confia au valet de chambre et courut avertir la grande maîtresse de Marie-Louise et l'archiduc François, à qui le prince avait demandé de l'assister dans ses derniers moments. Tous accoururent éperdus. Marie-Louise s'était cru la force de rester debout près de son fils expirant; elle tomba à genoux à côté de son lit. Le duc de Reichstadt ne pouvait plus parler. Ses yeux éteints, se fixant sur sa mère, cherchaient à lui exprimer les sentiments que sa bouche n'avait plus la faculté d'articuler. Alors le prélat qui l'assistait lui montra le ciel. Le prince leva les yeux pour répondre à sa pensée.... A cinq heures huit minutes, il s'éteignit sans convulsions, dans cette même chambre qu'avait occupée Napoléon triomphant; à cette même place où, pour la dernière fois, dictant la paix en conquérant, il s'endormait dans toutes les illusions de la victoire et de ses triomphes, se promettant un glorieux hymen et l'éternité de sa dynastie.... C'était le 22 juillet, anniversaire de l'acte qui avait donné au duc de Reichstadt son dernier nom et son dernier titre; anniversaire du jour où le jeune prince avait appris à Schœnbrunn la mort de Napoléon (1). »

C. — LE RETOUR DE SAINTE-HÉLÈNE.

Ici repose Napoléon.
Son nom suffit à sa gloire.
Par un pèlerin de l'île
Sainte-Hélène.

Après la mort de Napoléon II, Louis-Philippe respira en s'appuyant sur les fidèles de ce grand nom. Il oubliait un peu que l'Empire avait d'autres héritiers.

(1) Le 22 juillet 1832. C'était, comme en 1821, un dimanche.

Napoléon avait adopté, avant son second mariage, le fils aîné de son frère Louis, alors roi de Hollande. Mais cet enfant, qui annonçait les dispositions les plus heureuses, était mort à l'âge de cinq ans. Un autre enfant naquit de Louis Napoléon et de la reine Hortense, en 1808; comme le premier, il avait vu le jour à Paris. L'Empereur voulait l'adopter encore; et il l'adoptait dans son cœur. Mais le roi Louis, qui avait perdu le premier, par une certaine idée superstitieuse, ne voulut pas livrer les autres; et c'est, comme on l'a vu, ce qui entraîna l'Empereur au divorce.

Or toute la famille de Napoléon, étant exilée de la France, savait bien que les sympathies des Français vivaient toujours pour Napoléon et l'Empire. Le fils du roi Louis et de la reine Hortense devenait par la mort de Napoléon II l'héritier de ses droits. Mais il voulait les faire reconnaître par le peuple. Pour cela, il fallait se poser. Les deux tentatives de Strasbourg et de Boulogne annoncèrent à la nation que Napoléon pouvait revivre. Nous ne nous occuperons pas ici de ces préludes. La prison de Ham, qui en fut la suite, devint un nouveau fait qui intéressa les cœurs au jeune prétendant.

A l'appui de ces circonstances, le napoléonisme réveillé exigea de Louis-Philippe le retour des restes vénérés de Napoléon, laissés depuis vingt ans à Sainte-Hélène. Dès que les Chambres eurent voté l'accomplissement de cette réclamation, ce fut dans toute la France un réveil. C'était en 1840; et alors, dans une étude remarquable, M. le comte de Carné écrivait :

« La France donne à l'Europe un spectacle dont elle doit éprouver le besoin de se rendre compte à elle-même. A peine un ministre a-t-il annoncé à la tribune législative qu'une pieuse restitution est sur le point de s'accomplir, que l'assemblée, faisant trêve aux divisions qui la partageaient, semble subir la puissance d'un souvenir prestigieux et laisse échapper une acclamation semblable à la voix longtemps contenue de tout un peuple.

» Sortie de l'enceinte législative, la grande nouvelle circula, comme font les bruits populaires, jusqu'aux extrémités du royaume; et à cette heure, le seul événement pour la France, des grèves de la Bretagne aux chaumières des Pyrénées, c'est que les restes de l'Empereur vont, après vingt années, traverser l'Océan pour reposer aux bords de la Seine, dans son dernier tombeau, selon son dernier vœu.

» Il n'est pas un vieux soldat qui ne se redresse sur le soc de sa charrue, pas un enfant qui n'écoute avec un redoublement d'attention les merveilleuses histoires de l'Empire. Il n'est guère de familles, il n'est pas assurément de lieu public où ne se soit produit de quelque manière ce sentiment de toutes les classes, comme de tous les âges. On dirait que l'unité nationale s'est concentrée tout entière dans une seule pensée et autour d'une seule mémoire.....

» Ce n'est pas la liberté qu'on surprend seule ici en contradiction avec elle-même. Ne voyez-vous pas l'Europe, si souvent vaincue et foulée sous son talon, s'incliner aussi avec respect devant ces restes, grandissant chaque jour par son enthousiasme cette gloire conquise sur elle-même?.....

» Nous avons vu, spectacle prodigieux! l'Angleterre se précipiter en masse sur les pas d'un guerrier français (1), et lui préparer un accueil qu'elle n'eût certes pas fait au fils des rois, parce qu'elle entrevoyait sur son front un reflet de cette grande gloire!....

» D'autres hommes ont laissé sur la terre des traces plus permanentes de leur passage, des résultats plus durables de leurs combinaisons politiques (2)..... Et cependant que sont les noms de ces hommes, puissants par la politique et par la guerre (3), auprès de celui de Napoléon?... C'est que

(1) Le maréchal Soult.
(2) Quels sont donc ces hommes?
(3) Charles-Quint, Richelieu, Cromwell, Pierre de Russie, Frédéric de Prusse? Qu'ont-ils donc laissé que du bruit? Napoléon, avec les éléments les plus divers, a constitué l'unité, la liberté, l'égalité, qui ne sauraient nous être ravies, mais dont l'enfantement eut ses douleurs.

les uns n'exprimaient que des intérêts limités et locaux, quelle que fût d'ailleurs leur importance, pendant que l'autre était à la fois l'expression et l'instrument d'une universelle pensée....

» Deux choses sont donc à distinguer dans Napoléon, deux choses qui donnent la clef de tant de jugements incohérents, de tant de contradictions apparentes : sa mission et sa politique, son œuvre et sa volonté. Par l'une, il marcha toujours vers le but assigné à sa vie, lors même que par l'autre il sembla vouloir s'en détourner. C'est pour cela que l'instinct du peuple l'absout dans ses fautes et le glorifie jusque dans ses abaissements. Le sceau de la Providence est sur cette tête ; elle est sacrée pour l'humanité tout entière.....

» Lorsque, sur le rocher de Sainte-Hélène, loin de cette scène du monde qu'il avait occupée si longtemps, Napoléon se rendait à lui-même ce compte que Dieu et la postérité allaient lui demander bientôt, sa vie lui apparaissait sous ces deux faces, et vainement essayait-il de faire concorder toujours l'une avec l'autre..... Se dégageant alors des vanités de la terre, il rappelait dans son cœur ce Dieu de ses premières années, sous la main duquel il avait marché, instrument de sa providence et de sa justice : sublimes communications où dut s'illuminer pour lui la mystérieuse obscurité de sa vie!... »

Un peu plus loin l'honorable penseur revient aux titres de Napoléon Ier élevé à l'empire, et il dit :

« S'il fut dans le monde un droit suprême et manifeste, c'est assurément celui-là ; car aucun pouvoir ne fut jamais plus nécessaire et plus universellement accepté. Un homme avait été suscité d'en haut pour arracher la société à l'abîme, y rétablir l'empire des croyances et des lois ; et ce trône, élevé par l'impérieuse puissance des choses qui force les volontés elles-mêmes, cimenté par l'adhésion la plus éclatante qu'ait jamais donnée un grand peuple, ce trône, radieux de l'éclat d'une gloire incomparable, consacré par la religion dans ses plus augustes solennités et les plus mystérieuses expansions de sa puissance, n'aurait pas été légitime! Que faut-il donc de plus, grand Dieu! pour constater l'union des pouvoirs et des peuples?.... Qui porta jamais plus que Napoléon la légitimité de son titre écrite sur son front? légitimité incontestable autant qu'incontestée, que les temps seuls avaient faite et dont il est difficile de voir argüer sans sourire?..... »

Et pourtant il y eut des jours, après nos grands revers, où cette légitimité fut contestée. On a pu appeler Louis-Philippe usurpateur, puisqu'il détrônait l'héritier dont il était devenu le tuteur, et cela sans produire au moins une excuse, et sans faire appel aux suffrages. Napoléon n'a détrôné que l'anarchie.

Des historiens se sont étonnés devant le nom de grand, si fastueusement donné, disent-ils, à Napoléon. Mais s'il n'était pas grand, où trouvera-t-on la grandeur? On a remarqué que, s'il avait relevé les autels, il les avait plus tard contristés. On a oublié les circonstances. Napoléon disait de lui-même au duc d'Istries : « Je ne suis que l'instrument de la Providence. » Aussi longtemps qu'elle aura besoin de moi, elle me con- » servera. Quand je ne lui serai plus utile, elle me brisera » comme un verre. »

Napoléon surgit en effet dans le milieu le plus déplorable. Il n'avait autour de lui, pour le seconder, que des athées, des philosophes, des jansénistes, des déserteurs de l'Église, des régicides. On peut lire, dans les récits exacts et détaillés de M. Thiers, quels immenses obstacles il lui fallut surmonter pour relever les autels, et plus tard par quels assauts on l'amena à les contrister. Tout chrétiens que nous sommes, nous qui n'avons pas été offensés, nous sommes moins indulgents que le Saint-Siége. Pie VII, oubliant tous les torts et ne les attribuant dans sa sagesse lumineuse qu'à l'entourage de Napoléon, ne voyait de l'Empereur que l'admirable mission qu'il avait remplie, lorsque, malgré les oppositions furibondes des athées, des protestants, des philosophes, il avait rendu à la France abattue ses autels et son culte catholique. C'est dans ce sens que M. de Fontanes disait : « Les meilleurs papiers de l'Empereur seront toujours son Concordat. »

Et quoi qu'en disent les détracteurs insensés, cette gloire immense qui éclate autour du nom de Napoléon étend ses rayons sur la terre entière. L'Inde, on le sait, s'incline devant son image; la Chine brûle des papiers d'or devant son buste; les Tartares l'adoptent et le rattachent à leurs admirations. M. Ravergie a raconté quelque part que le savant géographe Huot, égaré chez les Tartares dans ses recherches géologiques, fut pris pour un espion russe et en danger assez grand; mais que, s'étant fait reconnaître Français, le scheick lui demanda s'il avait connu Napoléon. Il répondit qu'il l'avait vu. Alors il devint un hôte; il fut choyé, et on lui chanta une chanson tartare dont les couplets avaient tous ce refrain :

> Le grand Gengiz
> Et son neveu Napoléon.

La renommée de l'Empereur était parvenue jusque chez ces peuplades, sauvages encore, mais pour lesquelles Gengiz-Khan et Napoléon, deux hommes prodigieux, devaient être de la même famille.

CONSÉQUENCE. — NAPOLÉON III.

> Bion disait : La vie est courte; mais un nom glorieux traverse tous les siècles.
> DIOGÈNE LAERCE.

Nous revenons à Louis-Philippe, dont le règne s'affaiblissait de jour en jour devant les souvenirs de l'Empire, comparés à l'aplatissement du pays qui s'était vu si grand et si glorieux. De grandes fortunes se faisaient chez les bourgeois, pendant que ce qu'on appelait l'échelle mobile amenait de temps en temps de grandes misères dans les classes souffrantes. En 1847, où le pain tripla son prix, les détresses du peuple ne furent pas soulagées, pendant que les accapareurs des grains prélevaient des millions. Une révolution nouvelle éclata les 22, 23 et 24 février 1848; elle expulsa le roi bourgeois et sa famille.

Les trois partis qui s'étaient dessinés à la chute de Louis-Philippe ne furent plus les mêmes. Les orléanistes se turent en se voyant si peu nombreux. Les bonapartistes (c'est le nom qu'on donnait aux partisans de la famille impériale) étaient en majorité immense. Les bourboniens entrevoyaient le comte de Chambord. Mais ils ne faisaient qu'une masse facile à compter; de plus, le prince qu'ils espéraient et à qui ils conseillaient de faire un appel au peuple répondit que, vu son droit, il ne se rendrait qu'à l'appel du peuple. C'était tout simplement une impossibilité.

On ne songeait pas à un quatrième parti, que l'on croyait éteint, mais qui avait des adeptes parmi les avocats, les journalistes, les idéologues, tous gens avides d'un poste où ils puissent poser. Ils furent les plus hardis. Quelques-uns des députés qui avaient fait le roi des barricades se crurent en droit de le défaire et de rouvrir l'ère républicaine. Ceux-là, sans consulter la nation, se rendirent à l'hôtel de ville et se partagèrent le pouvoir. M. de Lamartine devint président provisoire de la République française, MM. Ledru-Rollin, Crémieux, Marie, Dupont de l'Eure, Arago, Recurt, Armand Marrast, députés parleurs, devinrent ministres.

On ne s'installe pas sans dépenses. Le nouveau gouvernement vota un impôt supplémentaire de 45 centimes par franc (4 décimes et demi, ou quatre fois et demie l'impôt de guerre), impôt qu'il fallut payer sur-le-champ pour alimenter la République. Elle fut peu saluée; mais on paya.

La Chambre des députés se donna encore le droit de

supprimer la Chambre des pairs, qu'elle n'avait pas consultée; elle fit une constitution qui établissait un seul pouvoir en France. Ce seul pouvoir était la Chambre qui fondait le nouveau régime. Le pouvoir exécutif était son président, dignité qui fut votée provisoirement au général Cavaignac. Tout cela rappelait le règne de la Convention, et pour signaler un peu plus encore ce rappel, le titre de citoyen remplaça l'humble terme de monsieur. On écrivait aux citoyens ministres, aux citoyens maires et on reprenait la formule de 93 : Salut et fraternité.

La Constitution, fruit d'interminables discussions, parut enfin, et le peuple français, qui nommait les députés, et qui avait dans plusieurs départements acclamé Louis-Napoléon Bonaparte, neveu et légitime héritier de l'Empereur, l'acclama plus vivement encore lorsqu'il s'agit d'élire le président sérieux. C'était le 10 décembre 1848. A peu près six millions de suffrages élevèrent à ce poste le neveu de l'Empereur. C'était là un signe manifeste qui troubla grandement les députés sur leurs bancs. Quelques-uns en frémirent; et bien des complots se dressèrent contre le prince! Ce n'est pas ici le lieu de les raconter. Le prince les déjoua. L'Assemblée nationale (c'est le nom qu'avait repris la Chambre des députés) fut dissoute le 2 décembre 1851, et le suffrage universel rétabli. Louis-Napoléon fut élu président pour dix ans, avec une majorité plus grande qu'en 1848; et le 2 décembre 1852, sept millions six cent mille suffrages relevèrent l'Empire en proclamant empereur Louis-Napoléon Bonaparte, sous le nom de Napoléon III.

Nous devons nous arrêter ici, en rendant grâces à Dieu.

FIN

TABLE DES MATIÈRES.

I.	La vocératrice.	1
II.	Le quinze août 1769.	5
III.	L'enfance de Napoléon.	7
IV.	Napoléon officier.	13
V.	La prise de Toulon.	19
VI.	Le treize vendémiaire.	24
VII.	Joséphine.	27
VIII.	La campagne d'Italie.	32
IX.	Continuation de la campagne.	38
X.	Fêtes à Paris.	45
XI.	L'expédition d'Égypte.	51
XII.	La peste de Jaffa.	58
XIII.	Le dix-huit brumaire.	65
XIV.	Le Consulat.	72
XV.	Le passage du mont Saint-Bernard.	80
XVI.	Marengo.	83
XVII.	La machine infernale.	87
XVIII.	Le Concordat.	92
XIX.	Les théophilanthropes.	100
XX.	Le culte catholique rétabli.	104
XXI.	Consul à vie.	108
XXII.	Rappel des émigrés.	111
XXIII.	La Légion d'honneur.	114
XXIV.	Médiateur de la Confédération suisse.	116
XXV.	L'Angleterre rompt la paix.	118
XXVI.	Le camp de Boulogne.	121
XXVII.	Les conspirations.	123
XXVIII.	L'Empire.	129
XXIX.	Fulton au camp de Boulogne.	133
XXX.	Les préparatifs du sacre.	135
XXXI.	Le sacre de l'Empereur.	138
XXXII.	Pie VII à l'Imprimerie impériale.	142

TABLE DES MATIÈRES.

XXXIII.	Napoléon à Brienne en 1805.	145
XXXIV.	La couronne de fer.	152
XXXV.	Napoléon à Strasbourg.	155
XXXVI.	La bataille d'Austerlitz.	157
XXXVII.	Joseph Napoléon roi de Naples.	161
XXXVIII.	Louis-Napoléon roi de Hollande.	164
XXXIX.	Le grand sanhédrin des juifs.	169
XL.	La Confédération du Rhin.	171
XLI.	La journée d'Iéna.	173
XLII.	La princesse de Hatzfeld.	176
XLIII.	La bataille d'Eylau.	179
XLIV.	La bataille de Friedland.	181
XLV.	Le radeau du Niémen.	185
XLVI.	Jérôme-Napoléon roi de Westphalie.	190
XLVII.	Les affaires d'Espagne.	192
XLVIII.	Le prince Ferdinand.	198
XLIX.	Le prince de la Paix.	201
L.	Le roi Charles IV.	204
LI.	Napoléon à Bayonne.	209
LII.	Joseph-Napoléon roi d'Espagne. Joachim Murat roi de Naples.	218
LIII.	L'entrevue d'Erfurth.	220
LIV.	Napoléon en Espagne.	223
LV.	Nouveaux armements de l'Autriche.	230
LVI.	La bataille de Wagram.	233
LVII.	Les affaires de Rome.	238
LVIII.	L'assassin de Schœnbrunn.	242
LIX.	Le divorce.	244
LX.	Marie-Louise.	246
LXI.	Napoléon à Bruxelles.	249
LXII.	Fêtes du mariage.	255
LXIII.	Abdication de Louis-Napoléon.	256
LXIV.	Naissance de l'héritier du trône.	259
LXV.	Le berceau du petit prince.	261
LXVI.	Le baptême.	264
LXVII.	Le concile de Paris.	266
LXVIII.	Le voyage de Hollande.	269
LXIX.	L'année mil huit cent douze.	270
LXX.	La campagne de Russie.	273
LXXI.	La bataille de la Moscowa.	278
LXXII.	La conspiration de Malet.	281

TABLE DES MATIÈRES.

LXXIII.	Le retour de Russie.	284
LXXIV.	Les suites de la guerre de Russie.	289
LXXV.	Le Concordat de mil huit cent treize.	291
LXXVI.	Mil huit cent treize.	298
LXXVII.	Dresde et Moreau.	302
LXXVIII.	Mil huit cent quatorze.	305
LXXIX.	Napoléon et son fils.	309
LXXX.	Bataille de Brienne. Incident.	313
LXXXI.	A travers les luttes, un épisode.	316
LXXXII.	La bataille de Paris.	320
LXXXIII.	L'abdication.	325
LXXXIV	Les adieux de Fontainebleau. L'île d'Elbe.	330
LXXXV.	Les Bourbons.	334
LXXXVI.	Mort de Joséphine.	336
LXXXVII.	Le fils de l'Empereur.	337
LXXXVIII.	Napoléon à l'île d'Elbe.	340
LXXXIX.	Le retour de l'île d'Elbe.	343
XC.	Le congrès de Vienne.	346
XCI.	Les cent jours.	349
XCII.	La bataille de Waterloo.	354
XCIII.	La seconde abdication.	359
XCIV.	Déporté à Sainte-Hélène.	366
XCV.	Le duc de Reichstadt	376
XCVI.	Les derniers jours du prisonnier.	380
XCVII.	Napoléon II.	387
XCVIII.	La révolution de juillet.	391
XCIX.	a mort du second Napoléon.	395
C.	Le retour de Sainte-Hélène.	400
Conséquence. — Napoléon III		405

PARIS, TYPOGRAPHIE DE HENRI PLON, RUE GARANCIÈRE, 8.

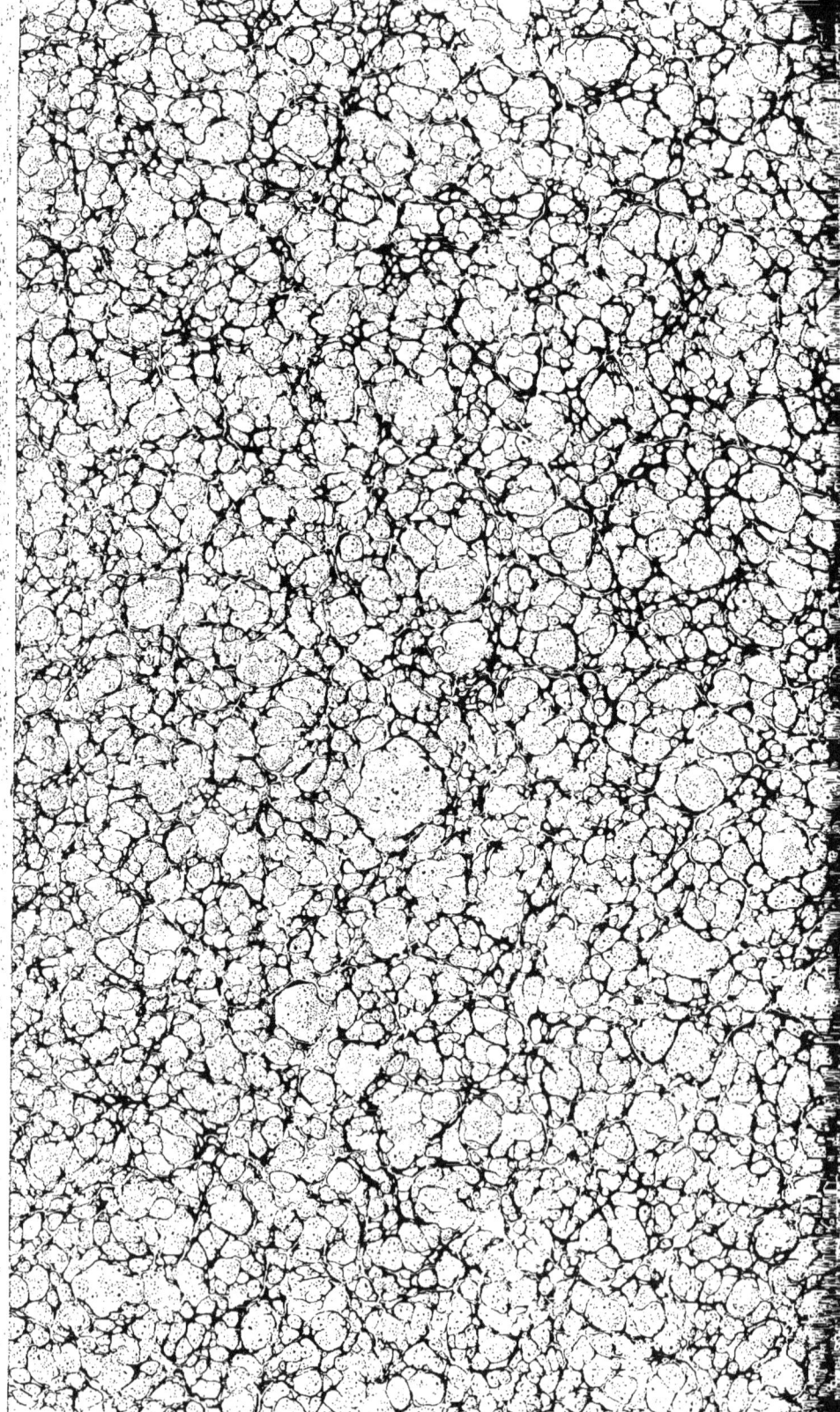